DE LA

PROPRIÉTÉ.

PARIS. — IMPRIMÉ PAR PLON FRÈRES
RUE DE VAUGIRARD, 36.

DE LA

PROPRIÉTÉ

PAR

M. A. THIERS

PARIS

PAULIN, LHEUREUX ET Cie, ÉDITEURS

RUE RICHELIEU, 60

1848

AVANT-PROPOS.

Puisque la société française en est arrivée à cet état de perturbation morale, que les idées les plus naturelles, les plus évidentes, les plus universellement reconnues, sont mises en doute, audacieusement niées, qu'il nous soit permis de les démontrer comme si elles en avaient besoin. C'est une tâche fastidieuse et difficile, car il n'y a rien de plus fastidieux, rien de plus difficile que de vouloir démontrer l'évidence. Elle se montre, et on ne la démontre pas. En géométrie, par exemple, il y a ce qu'on appelle les axiomes, auxquels on s'arrête, quand on y est arrivé, en laissant éclater leur évidence même. Ainsi on vous dit : Deux lignes parallèles ne doivent jamais se rencontrer. On vous dit encore : La ligne droite est le chemin le plus court d'un point à un autre. — Parvenu à ces vérités, on ne raisonne plus, on ne discute plus, on laisse la clarté du fait agir sur l'esprit, et on s'épargne la peine d'ajouter que si les deux lignes devaient se rencontrer, c'est qu'elles ne seraient pas à une distance constamment égale l'une de l'autre, c'est-à-dire point parallèles. On s'épargne encore la peine d'ajouter que si la ligne tracée d'un point à un autre n'était pas la plus courte, c'est qu'elle ne serait pas exactement droite. En un mot on s'arrête à l'évidence, on ne va point au delà.

Nous en étions là aussi à l'égard de certaines vérités morales, que nous regardions comme des axiomes indémontrables à cause de leur clarté même. Un homme travaille et recueille le prix de son travail; ce prix c'est de l'argent, cet argent il le convertit en pain, en vêtement, il le consomme enfin, ou s'il en a trop il le prête, et on lui en sert un intérêt dont il vit; ou bien encore il le donne à qui lui plaît, à sa femme, à ses enfants, à ses amis. Nous avions regardé ces faits comme les plus simples, les plus légitimes, les plus inévitables, les moins susceptibles de contestation et de démonstration. Il n'en était rien pourtant. Ces faits, nous dit-on aujourd'hui, étaient des actes d'usurpation et de tyrannie. On cherche à le persuader à la multitude émue, étonnée, souffrante; et tandis que nous reposant sur l'évidence de certaines propositions, nous laissions le monde aller de soi, comme il allait au temps où un grand politique a dit : *Il mondo va da se*, nous l'avons trouvé miné par une fausse science, et il faut, si on ne veut pas que la société périsse, prouver ce que, par respect pour la conscience humaine, on n'aurait jamais autrefois entrepris de démontrer. Eh bien, soit; il faut défendre la société contre de dangereux sectaires, il faut la défendre par la force contre les tentatives armées de leurs disciples, par la raison contre leurs sophismes, et pour cela nous devons condamner notre esprit, celui de nos contemporains, à une démonstration lente, méthodique, des vérités jusqu'ici les plus reconnues. Oui, raffermissons les convictions ébranlées, en cherchant à nous rendre compte des principes les plus élémentaires. Imitons les Hollandais, qui en apprenant qu'un insecte rongeur et inaperçu a envahi leurs digues, courent à ces digues pour détruire l'insecte qui les dévore. Oui, courons aux digues! Il ne s'agit plus d'embellir les demeures qu'habitent nos familles; il s'agit d'empêcher qu'elles ne s'écroulent dans les abîmes, et pour cela il faut porter la main aux fondements mêmes qui leur servent d'appui.

Je vais donc porter la main aux fondements sur lesquels la société repose. Je prie mes contemporains de m'aider de leur patience, de me soutenir de leur attention, dans la pénible argumentation à laquelle je vais me livrer, pour eux bien plus que pour moi, car déjà parvenu de la jeunesse à l'âge mûr, de l'âge mûr à cet âge qui sera dans peu d'années la vieillesse, témoin de plusieurs révolutions, ayant vu faillir les institutions et les caractères, n'attendant rien; ne désirant rien d'aucun pouvoir sur la terre, ne demandant à la Providence que de mourir avec honneur s'il faut mourir, ou de vivre entouré de quelque estime s'il faut vivre, je ne travaille pas pour moi, mais pour la société en péril, et si dans tout ce que je fais, je dis, j'écris, je cède à un sentiment personnel, c'est, je l'avoue, à l'indignation profonde que m'inspirent des doctrines filles de l'ignorance, de l'orgueil et de la mauvaise ambition, de celle qui veut s'élever en détruisant, au lieu de s'élever en édifiant. J'en appelle donc à la patience de mes contemporains. Je tâcherai d'être clair, bref, péremptoire, en leur prouvant ce qu'ils n'auraient jamais cru qu'il fallût leur prouver, c'est que ce qu'ils ont gagné hier est à eux, bien à eux, et qu'ils peuvent, ou s'en nourrir ou en nourrir leurs enfants. Voilà où nous sommes arrivés, et où nous ont conduits de faux philosophes coalisés avec une multitude égarée.

Le fond de cet ouvrage était conçu et arrêté dans ma tête il y a trois années. Je me reproche de ne l'avoir pas publié alors, avant que le mal eût étendu plus loin ses ravages. Les préoccupations d'une vie partagée entre les opiniâtres recherches de l'histoire et les agitations de la politique, m'en ont seules empêché. Retiré il y a trois mois à la campagne, et jouissant là du repos que m'avaient procuré les électeurs de mon pays natal, j'ai rédigé cet écrit qui n'était qu'en projet dans mon esprit. L'appel fait par l'Institut à tous ses membres, me décide à le publier. Je déclare cependant que je n'ai point soumis ce travail à la classe des sciences politiques et morales à laquelle j'appartiens. Je lui obéis en le publiant, mais je ne l'en rends nullement responsable, et si c'est son ordre que j'exécute, c'est ma pensée seule que j'exprime, et que j'exprime dans mon langage libre, véhément, sincère, comme il a toujours été, comme il sera toujours.

Paris, septembre 1848.

LIVRE PREMIER.

DU DROIT DE PROPRIÉTÉ.

LIVRE PREMIER.

DU DROIT DE PROPRIÉTÉ.

CHAPITRE PREMIER.

ORIGINE DE LA CONTROVERSE ACTUELLE.

Comment il a pu se faire que la propriété fût mise en question dans notre siècle.

Qui a pu faire que la propriété, instinct naturel de l'homme, de l'enfant, de l'animal, but unique, récompense indispensable du travail, fût mise en question? Qui a pu nous conduire à cette aberration, dont on n'a vu d'exemple dans aucun temps, dans aucun pays, pas même à Rome, où, lorsqu'on disputait sur la loi agraire, il s'agissait uniquement de partager les terres conquises sur l'ennemi? Qui a pu le faire? On va le voir en quelques lignes.

Vers la fin du dernier régime, les hommes qui combattaient le gouvernement fondé en 1830, se partageaient en diverses classes. Les uns ne voulant pas le détruire, voulant le sauver au contraire, ne plaçaient point la question dans la forme même de ce gouvernement, mais dans sa marche. Ils demandaient la liberté véritable, celle qui garantit les affaires du pays de la double influence des cours et des rues, une sage administration financière, une puissante organisation de la force publique, une politique prudente mais nationale. D'autres, ou convaincus, ou ardents, ou aimant à se distinguer de ceux avec lesquels ils combattaient, s'en prenaient à la forme même du gouvernement, et désiraient la république, sans toutefois oser le dire. Parmi ces derniers, les plus sincères consentaient à attendre que l'expérience de la monarchie constitutionnelle fût faite complétement, et ils s'y prêtaient avec une parfaite loyauté. Les plus pressés, cherchant à se distinguer des républicains eux-mêmes, tendaient à la république avec plus d'impatience, et, pour se composer un langage, parlaient sans cesse des intérêts du peuple, oubliés, méconnus, sacrifiés. D'autres, cherchant à se faire remarquer à des signes plus éclatants encore, affectaient de mépriser toutes les discussions politiques, demandaient une révolution sociale, et, entre ces derniers même, il y en avait qui, plaçant le but plus loin, voulaient une révolution sociale complète, absolue.

La querelle s'est envenimée en se prolongeant, et

enfin, lorsque la royauté trop tard avertie a voulu transmettre le pouvoir des uns aux autres, au milieu du trouble général elle l'a laissé échapper de ses mains. Il a été recueilli. Ceux qui le possèdent aujourd'hui, éclairés par un commencement d'expérience, ne sont pas pressés de tenir des engagements imprudents, que beaucoup d'entre eux d'ailleurs n'ont pas pris. Mais ceux qui n'ont pas le pouvoir, et qu'aucune expérience n'a éclairés, persistent à demander une révolution sociale. Une révolution sociale! Suffit-il de la vouloir pour l'accomplir? En eût-on la force, qu'on peut quelquefois acquérir en agitant un peuple souffrant, il faut en trouver la matière? Il faut avoir une société à réformer. Mais si elle est réformée depuis longtemps, comment s'y prendre? Ah! vous êtes jaloux de la gloire d'accomplir une révolution sociale, eh bien! il fallait naître soixante ans plus tôt, et entrer dans la carrière en 1789. Sans tromper, sans pervertir le peuple, vous auriez eu alors de quoi exciter son enthousiasme, et après l'avoir excité de quoi le soutenir! Dans ce temps-là en effet tout le monde ne payait pas l'impôt. La noblesse n'en supportait qu'une partie, le clergé aucune, excepté quand il lui plaisait d'accorder des dons volontaires. Tout le monde ne subissait pas les mêmes peines quand il avait failli. Il y avait pour les uns le gibet, pour les autres mille manières d'éviter l'infamie ou la mort les mieux méritées.

Tous ne pouvaient, quel que fût leur génie, arriver aux fonctions publiques, soit par empêchement de naissance, soit par empêchement de religion. Il existait, sous le titre de droits féodaux, une foule de dépendances, n'ayant pas pour origine un contrat librement consenti, mais une usurpation de la force sur la faiblesse. Il fallait faire cuire son pain au four du Seigneur, faire moudre son blé à son moulin, acheter exclusivement ses denrées, subir sa justice, laisser dévorer sa récolte par son gibier. On ne pouvait pratiquer les diverses industries qu'après certaines admissions préalables, réglées par le régime des jurandes et des corporations. Il existait des douanes de province à province, des formes intolérables pour la perception de l'impôt. La somme de cet impôt était écrasante pour la masse de la richesse. Indépendamment de propriétés magnifiques dévolues au clergé et soumises à la mainmorte, il fallait lui payer, sous le nom de dîmes, la meilleure partie des produits agricoles. Il y avait tout cela pour le peuple en particulier, et, quant à la généralité de la nation, les censeurs pour ceux qui étaient tentés d'écrire, la Bastille pour les caractères indociles, les parlements pour Labarre et Calas, et des intervalles de plusieurs siècles entre les États généraux qui auraient pu réformer tant d'abus.

Aussi, dans l'immortelle nuit du 4 août, toutes les classes de la nation, magnifiquement représentées dans l'Assemblée constituante, pouvaient venir immoler quelque chose sur l'autel de la patrie. Elles avaient toutes, en effet, quelque chose à y apporter : les classes privilégiées leurs exemptions d'impôt, le clergé ses biens, la noblesse ses droits féodaux et ses titres, les provinces leurs constitutions séparées. Toutes les classes, en un mot, avaient un sacrifice à offrir, et elles l'accomplirent au milieu d'une joie inouïe. Cette joie était non pas la joie de quelques-uns, mais la joie de tous, la joie du peuple affranchi de vexations de tout genre, la joie du tiers état relevé de son abaissement, la joie de la noblesse elle-même vivement sensible alors au plaisir de bien faire. C'était une ivresse sans mesure, une exaltation d'humanité qui nous portait à embrasser le monde entier dans notre ardent patriotisme.

On n'a pas manqué depuis quelque temps d'agiter tant qu'on a pu les masses populaires : a-t-on produit l'élan de 1789? Assurément non. Et pourquoi? C'est que ce qui est fait n'est plus à faire, c'est que, dans une nuit du 4 août, on ne saurait quoi sacrifier. Y a-t-il, en effet, quelque part un four ou un moulin banal à supprimer? Y a-t-il du gibier qu'on ne puisse tuer quand il vient sur votre terre? Y a-t-il des censeurs autres du moins que la multitude irritée, ou la dictature qui la représente? Y a-t-il des Bastilles? Y a-t-il des incapacités de religion ou de naissance? Y a-t-il quelqu'un qui ne puisse parvenir à tous les emplois?

Y a-t-il d'autre inégalité que celle de l'esprit, qui n'est pas imputable à la loi, ou celle de la fortune, qui dérive du droit de propriété? Essayez maintenant, si vous pouvez, une nuit du 4 août, élevez un autel de la patrie, et dites-nous ce que vous y apporterez? Des abus, oh! certainement; il n'en manque pas, il n'en manquera dans aucun temps. Mais quelques abus sur un autel de la patrie élevé en plein vent, c'est trop peu! il faut y apporter d'autres offrandes. Cherchez donc, cherchez dans cette société défaite, refaite tant de fois depuis quatre-vingt-neuf, et je vous défie de trouver autre chose à sacrifier que la propriété. Aussi n'y a-t-on pas manqué, et c'est là l'origine déplorable des controverses actuelles sur ce sujet.

Tous les partisans d'une révolution sociale ne veulent pas, il est vrai, sacrifier la propriété au même degré. Les uns la veulent abolir en entier, d'autres en partie; ceux-ci se contenteraient de rémunérer autrement le travail, ceux-là voudraient procéder par l'impôt. Mais tous, qui plus, qui moins, s'attaquent à la propriété, pour tenir l'espèce de gageure qu'ils ont faite en promettant d'accomplir une révolution sociale. Il faut donc combattre tous ces systèmes odieux, puérils, ridicules, mais désastreux, nés comme une multitude d'insectes de la décomposition de tous les gouvernements, et remplissant l'atmosphère où nous vivons. Telle est l'origine de cet état de choses, qui nous vaudra même si la société est sauvée, ou le mépris ou la compassion de l'âge suivant. Dieu veuille qu'il y ait place pour un peu d'estime, en faveur de ceux qui auront résisté à ces erreurs, éternelle honte de l'esprit humain !

CHAPITRE II.

DE LA MÉTHODE A SUIVRE.

Que l'observation de la nature humaine est la vraie méthode à suivre pour démontrer les droits de l'homme en société.

———

Avant de chercher à démontrer que la propriété est un droit, un droit sacré comme la liberté d'aller, de venir, de penser et d'écrire, il importe de se fixer sur la méthode de démonstration à suivre en cette matière.

Quand on dit : L'homme a le droit de se mouvoir, de travailler, de penser, de s'exprimer librement, sur quoi se fonde-t-on pour parler de la sorte? Où a-t-on pris la preuve de tous ces droits? Dans les besoins de l'homme, disent quelques philosophes. Ses besoins constituent ses droits. Il a besoin de se mouvoir librement, de travailler pour vivre, de penser, quand il a pensé, de parler suivant sa pensée, donc il a le droit de faire ces choses! Ceux qui ont raisonné ainsi ont approché de la vérité et ne l'ont pas atteinte, car il résulterait de leur manière de raisonner que tout besoin est un droit, le besoin vrai comme le besoin faux, le besoin naturel, simple, comme le besoin provenant d'habitudes perverses. S'il y a, en effet, des besoins vrais, il y en a de faux, qui naissent de fausses habitudes. L'homme, en se livrant à ses passions, se crée des besoins exagérés et coupables, tels que ceux du vin, des femmes, de la dépense, de la paresse, du sommeil, de l'activité désordonnée, des révolutions, des combats, de la guerre. Homme de plaisir, il lui faudra la femme de tout le monde; grossier amateur du vin, il lui faudra des torrents de boisson qui l'abrutiront; conquérant, il lui faudra la terre entière à ravager. Si les besoins étaient la source des droits, César à Rome aurait eu le droit de prendre la femme des Romains, leur liberté, leur bien, leur gloire, et dans ce cas le vice aurait fait le droit.

Je sais bien que les philosophes qui ont raisonné ainsi ont distingué et ont dit : Les vrais besoins font les droits. Alors reste à chercher quels sont les besoins vrais, à discerner les vrais des faux, à quoi on arrive, comment? par l'observation de la nature humaine.

L'exacte observation de la nature humaine est donc la méthode à suivre pour découvrir et démontrer les droits de l'homme.

Montesquieu a dit : Les lois sont les rapports des choses. J'en demande pardon à ce vaste et grand esprit, il aurait peut-être parlé plus exactement en disant : Les lois sont la permanence des choses. Newton observe les corps graves ; il voit une pomme tomber d'un arbre, suivant le langage terrestre des habitants de notre planète. Rapportant ce fait à un autre, à celui de la lune attirée vers la terre, de la terre attirée vers le soleil, il aperçoit dans un fait particulier et insignifiant, un fait général, permanent, et il dit : Les corps graves sont attirés les uns vers les autres, proportionnément à leur masse, et il appelle ce phénomène la loi de gravitation.

J'observe l'homme, je le compare à l'animal, je vois que, loin d'obéir à de vulgaires instincts, tels que manger, boire, s'accoupler, dormir, se réveiller, recommencer encore, il sort de ces étroites limites, et qu'à toutes ces manières de se comporter il en ajoute de bien plus relevées, de bien plus compliquées. Il a un esprit pénétrant; avec cet esprit il combine les moyens de satisfaire à ses besoins; il choisit entre ces moyens, ne se borne pas à saisir sa proie au vol comme l'aigle, ou à l'affût comme le tigre, il cultive la terre, apprête ses aliments, tisse ses vêtements, échange ce qu'il a produit avec ce qu'a produit un autre homme, commerce, se défend ou attaque, fait la guerre, fait la paix, s'élève au gouvernement des États, puis, s'élevant plus haut encore, arrive à la connaissance de Dieu. À mesure qu'il est plus avancé dans ces diverses connaissances, il se gouverne moins par la force brutale et plus par la raison, il est plus digne de participer au gouvernement de la société dont il est membre, et tout cela considéré, après avoir reconnu en lui cette sublime intelligence, qui se développe en s'exerçant, après avoir vu qu'en l'empêchant de l'exercer je la lui fais perdre, je le rabaisse, je le rends malheureux et presque digne de son malheur comme l'esclave, je me récrie, et je dis : L'homme a droit d'être libre, parce que sa noble nature exactement observée me révèle cette loi que l'être pensant doit être libre, comme la pomme en tombant a révélé à Newton que les corps graves tendaient les uns vers les autres.

Je défie donc qu'on trouve une autre façon de constater les droits, une autre que la saine et profonde observation des êtres. Quand on a bien observé leur manière constante de se comporter, on conclut à la loi qui les régit, et de la loi on conclut au droit. Cependant je dois ajouter encore une remarque, sans laquelle je donnerais prise à la contradiction. De la loi qui porte les corps graves les uns vers les autres, en conclurez-vous, me demandera-t-on, en conclurez-vous au droit? Direz-vous : La terre a le droit de graviter vers le soleil? Non, je réponds avec Pascal : Terre, tu ne sais pas ce que tu fais. Si tu m'écrases, tu ne le sais pas, et je le sais. Je suis donc ton supérieur! —

Non, le droit est le privilége des êtres moraux,

des êtres pensants. Je serais presque tenté de dire, mais je ne l'oserais point, que le chien qui vous sert, qui vous aime, a le droit d'être bien traité, parce que cette bête aimante et dévouée se jette à vos pieds et les baise tendrement. Et pourtant je manquerais, en m'exprimant ainsi, à la parfaite justesse du langage. Si vous devez quelque chose à cette créature attachante, c'est parce que vous comprenez ce qu'il lui faut. Quant à elle, elle n'a droit à rien, parce qu'elle désire sans savoir. Ce mot de droit n'appartient qu'aux relations des êtres pensants entre eux. Tous les êtres ont des lois dans cet univers, les êtres moraux comme les êtres physiques, mais les lois, pour les premiers, constituent des droits. Après avoir observé l'homme, je vois qu'il pense, qu'il a besoin de penser, d'exercer cette faculté, qu'en l'exerçant elle se développe, s'agrandit; et je dis qu'il a droit de penser, de parler, car penser, parler, c'est la même chose. Je le lui dois si je suis gouvernement, non pas comme au chien dont je viens de faire mention, mais comme à un être qui sait ce qu'il en est, qui a le sentiment de son droit, qui est mon égal, à qui je donne ce que je sais lui être dû, et qui reçoit fièrement ce qu'il sait lui appartenir. En un mot, c'est toujours la même méthode, c'est-à-dire l'observation de la nature. Je vois que l'homme a telle faculté, tel besoin de l'exercer, je dis qu'il faut lui en donner le moyen, et, comme la langue humaine est infiniment ménagée, et révèle dans ses nuances infinies les nuances infinies des choses, quand il s'agit d'un corps grave, je dis qu'il tend à graviter, parce qu'il y est forcé. Je dis du chien : Ne le maltraitez pas, car il sent vos mauvais traitements, et son aimable nature ne les a pas mérités. Arrivé à l'homme, mon égal devant Dieu, je dis : Il a droit. Sa loi à lui prend ce mot sublime.

Partons donc de ce principe que la propriété, comme tout ce qui est de l'homme, deviendra droit, droit bien démontré, si l'observation de la société révèle le besoin de cette institution, sa convenance, son utilité, sa nécessité, si, enfin, je prouve qu'elle est aussi indispensable à l'existence de l'homme que la liberté elle-même. Parvenu à ce point, je pourrai dire : La propriété est un droit, aussi légitimement que je dis : La liberté est un droit.

CHAPITRE III.

DE L'UNIVERSALITÉ DE LA PROPRIÉTÉ.

Que la propriété est un fait constant, universel dans tous les temps et dans tous les pays.

La méthode d'observation étant reconnue la seule bonne pour les sciences morales, aussi bien que pour les sciences physiques, j'examine d'abord la nature humaine dans tous les pays, dans tous les temps, à tous les états de civilisation, et partout je trouve la propriété comme un fait général, universel, ne souffrant aucune exception.

Les publicistes, dans le dernier siècle, voulant distinguer entre l'état naturel et l'état civil, se plaisaient à imaginer une époque où l'homme errait dans les forêts et les déserts, n'obéissant à aucune règle fixe, et une autre époque où il s'était aggloméré, réuni, et lié par des contrats appelés lois. On qualifiait du titre de droit naturel les conditions supposées de ce premier état, du titre de droit civil les conditions réelles et connues du second. C'est là une pure hypothèse, car l'homme n'a été découvert nulle part dans l'isolement, même parmi les sauvages les plus grossiers, les plus stupides de l'Amérique et de l'Océanie. De même que parmi les animaux il y en a qui, gouvernés par l'instinct, vivent en troupes, tels que les herbivores qui paissent en commun, tandis que les carnivores vivent isolés pour chasser sans rivaux, de même l'homme a toujours été aperçu en société. L'instinct, la première, la plus ancienne des lois, le rapproche de son semblable, et le constitue un animal sociable. Que ferait-il, s'il en était autrement, de ce regard intelligent par lequel il interroge et répond avant de savoir parler? Que ferait-il de cet esprit qui conçoit, généralise, qualifie les choses, de cette voix qui les désigne par des sons, de cette parole enfin, instrument de la pensée, lien et charme de la société? Un être si noblement organisé, ayant le besoin et le moyen de communiquer avec ses semblables, ne pouvait être fait pour l'isolement. Ces tristes habitants de l'Océanie, les plus semblables aux singes que la création nous présente, consacrés à la pêche, la moins instructive de toutes les manières d'être pour l'homme, ont été trouvés rapprochés les uns des autres, vivant en commun, et communiquant entre eux par des sons rauques et sauvages.

Toujours encore on a trouvé l'homme ayant sa demeure particulière, dans cette demeure sa femme, ses enfants, formant de premières agglomérations qu'on appelle familles, lesquelles juxtaposées les unes aux autres, forment des rassemblements ou peuplades, qui, par un instinct naturel, se défendent en commun, comme elles vivent en commun. Voyez les cerfs, les daims, les chamois paissant tranquillement dans les belles clairières de nos forêts européennes, ou bien sur les plateaux verdoyants des Alpes et des Pyrénées : qu'un souffle d'air porte à leurs sens si fins un son qui les avertisse, ils donnent de la voix ou du pied un signe d'émotion, qui à l'instant se communique à la troupe, et ils fuient en commun, car leur défense est dans la merveilleuse légèreté de leurs jambes. L'homme, né pour créer et braver le canon, l'homme au lieu de fuir, se jette sur les armes plus ou moins perfectionnées qu'il a imaginées, prend un bois à l'extrémité duquel il place une pierre tranchante, et, armé de cette lance grossière, se serre à son voisin, fait tête à l'ennemi, résiste ou cède tour à tour, suivant la direction qu'il reçoit du plus adroit, du plus hardi des membres de la peuplade.

Tous ces actes s'accomplissent d'instinct, avant qu'on ait rien écrit ni sur les lois ni sur les arts, avant qu'on soit convenu de rien. Les règles instinctives de cet état primitif, les plus rudimentaires de toutes, les plus générales, les plus nécessaires, peuvent bien être appelées droit naturel. Or la propriété existe dès ce moment, car on n'a jamais vu que, dans cet état, l'homme n'eût pas sa cabane ou sa tente, sa femme, ses enfants, avec quelques accumulations des produits de sa pêche, de sa chasse ou de ses troupeaux, en forme de provisions de famille. Et si un voisin ayant des instincts précoces d'iniquité veut lui ravir quelques-uns des biens modestes composant son avoir, il s'adresse à ce chef plus fort, plus adroit, autour duquel il a pris l'habitude de se ranger pendant le combat, lui demande redressement, protection, et celui-ci prononce en raison des notions de justice développées dans la peuplade.

Chez tous les peuples, quelque grossiers qu'ils soient, on trouve donc la propriété, comme un fait d'abord, et puis comme une idée, idée plus ou moins claire suivant le degré de civilisation auquel ils sont parvenus, mais toujours invariablement arrêtée. Ainsi le Sauvage chasseur a du moins la propriété de son arc, de ses flèches, et du gibier qu'il a tué. Le nomade qui est pasteur, a du moins la propriété de ses tentes, de ses troupeaux. Il n'a pas encore admis celle de la terre, parce qu'il n'a pas encore jugé à propos d'y appliquer ses efforts. Mais l'Arabe qui a élevé de nombreux troupeaux, entend bien en être le propriétaire, et vient en échanger les produits contre le blé qu'un autre Arabe, déjà fixé sur le sol, a fait naître ailleurs. Il mesure exactement la valeur de l'objet qu'il donne contre la valeur de celui qu'on lui cède, il entend bien être propriétaire de l'un avant le marché, propriétaire du second après. La propriété immobilière n'existe pas encore chez lui. Quelquefois seulement, on le voit pendant deux ou trois mois de l'année se fixer sur des terres qui ne sont à personne, y donner un labour, y jeter du grain, le recueillir, puis s'en aller en d'autres lieux. Mais pendant le temps qu'il a employé à labourer, à ensemencer cette terre, à la moissonner, le nomade entend en être le propriétaire, et il se précipiterait avec ses armes sur celui qui lui en disputerait les fruits. Sa propriété dure en proportion de son travail. Peu à peu cependant le nomade se fixe et devient agriculteur, car il est dans le cœur de l'homme d'aimer à avoir son *chez-lui*, comme aux oiseaux d'avoir leurs nids, à certains quadrupèdes d'avoir leurs terriers. Il finit par choisir un territoire, par le distribuer en patrimoines où chaque famille s'établit, travaille, cultive pour elle et sa postérité. De même que l'homme ne peut laisser errer son cœur sur tous les membres de la tribu, et qu'il a besoin d'avoir à lui sa femme, ses enfants, qu'il aime, soigne, protége, sur lesquels se concentrent ses craintes, ses espérances, sa vie enfin, il a besoin d'avoir son champ, qu'il cultive, plante, embellit à son goût, enclôt de limites, qu'il espère livrer à ses descendants couvert d'arbres qui n'auront pas grandi pour lui, mais pour eux.

Alors à la propriété mobilière du nomade succède la propriété immobilière du peuple agriculteur; la seconde propriété naît, et avec elle des lois compliquées, il est vrai, que le temps rend plus justes, plus prévoyantes, mais sans en changer le principe, qu'il faut faire appliquer par des juges et par une force publique. La propriété résultant d'un premier effet de l'instinct, devient une convention sociale, car je protége votre propriété pour que vous protégiez la mienne, je la protége ou de ma personne comme soldat, ou de mon argent comme contribuable, en consacrant une partie de mon revenu à l'entretien d'une force publique.

Ainsi l'homme insouciant d'abord, peu attaché au sol qui lui offre des fruits sauvages ou de nombreux animaux à dévorer, sans qu'il ait beaucoup de peine à se donner, s'assied à cette table chargée de mets naturels, et où il y a place pour tous, sans jalousie, sans dispute, tour à tour s'y asseyant, la quittant, y revenant comme à un festin toujours servi par un maître libéral, maître qui n'est autre que Dieu lui-même. Mais peu à peu il prend goût à des mets plus recherchés; il faut les faire naître; il commence à y tenir parce qu'ils valent mieux, parce qu'il a fallu beaucoup travailler pour les produire. Il se partage ainsi la terre, s'attache fortement à sa part, et si des nations la lui disputent en masse il combat en corps de nation; si dans l'intérieur de la cité où il vit, son voisin lui dispute sa parcelle, il plaide devant un juge. Mais sa tente et ses troupeaux d'abord, sa terre et sa ferme ensuite, attirent successivement ses affections, et constituent les divers modes de sa propriété.

Ainsi à mesure que l'homme se développe, il devient plus attaché à ce qu'il possède, plus propriétaire en un mot. A l'état barbare, il l'est à peine; à l'état civilisé, il l'est avec passion. On a dit que l'idée de la propriété s'affaiblissait dans le monde. C'est une erreur de fait. Elle se règle, se précise, et s'affermit loin de s'affaiblir. Elle cesse, par exemple, de s'appliquer à ce qui n'est pas susceptible d'être une chose possédée, c'est-à-dire à l'homme, et dès ce moment l'esclavage cesse. C'est un progrès dans les idées de justice, ce n'est pas un affaiblissement dans l'idée de la propriété. Par exemple encore le seigneur pouvait seul dans le moyen âge tuer le gibier, nourri sur la terre de tous. Quiconque aujourd'hui rencontre un animal sur sa terre le peut tuer, car il a vécu chez lui. Chez les anciens la terre était la propriété de la République; en Asie elle est celle du despote; dans le moyen âge elle était celle des seigneurs suzerains. Avec le progrès des idées de liberté, en arrivant à affranchir l'homme on affranchit sa chose; il est déclaré, lui, propriétaire de sa terre, indépendamment de la République, du despote ou du suzerain. Dès ce moment la confiscation se trouve abolie. Le jour où on lui a rendu l'usage de ses facultés, la propriété s'est individualisée davantage, elle est devenue plus propre à l'individu lui-même, c'est-à-dire plus propriété qu'elle n'était.

Autre exemple. Dans le moyen âge, ou dans les États despotiques, on concédait à l'homme la surface de la terre, mais on ne lui en accordait pas le fond. Le droit de creuser des mines était un droit régalien, qu'on déléguait à prix d'argent, et temporairement, à quelques extracteurs de métaux. Avec le progrès du temps on a compris que l'intérieur de la terre pouvant être le théâtre d'un travail nouveau, devait devenir le théâtre d'une propriété nouvelle, et on a constitué la propriété des mines, de façon qu'aujourd'hui il y a deux propriétés sur la terre, une au-dessus, celle du laboureur, une au-dessous, celle du mineur.

La propriété est donc un fait général, universel, croissant et non décroissant. Les naturalistes en voyant un animal qui, comme le castor ou l'abeille, construit des demeures, déclarent sans hésiter que l'abeille, le castor sont des animaux constructeurs. Avec le même fondement, les philosophes, qui sont les naturalistes de l'espèce humaine, ne peuvent-ils pas dire que la propriété est une loi de l'homme, qu'il est fait pour la propriété, qu'elle est une loi de son espèce! Et ce n'est pas dire assez que de prétendre qu'elle est une loi de son espèce, elle est celle de toutes les espèces vivantes. Est-ce que le lapin n'a pas son terrier, le castor sa cabane, l'abeille sa ruche? Est-ce que l'hirondelle, joie de nos climats au printemps, n'a pas son nid qu'elle retrouve, qu'elle n'entend pas céder; et si elle avait le don de la pensée, ne serait-elle pas révoltée elle aussi des théories de nos sophistes? L'animal qui pâture, vit paisiblement en troupe, comme les nomades du désert, dans certains pâturages dont il ne s'éloigne jamais, car chez lui la propriété se manifeste par l'habitude. Le carnassier, le lion, semblable au Sauvage chasseur, ne peut pas vivre en troupe, il se nuirait; il a un arrondissement de destruction, où il entend habiter seul, et d'où il expulse tout autre carnassier qui voudrait partager son gibier. Lui aussi, s'il savait penser, il se proclamerait propriétaire. Et, revenant à l'homme, regardez l'enfant, gouverné par l'instinct non moins que l'animal! Voyez avec quelle naïveté se révèle chez lui le penchant à la propriété! J'observe quelquefois un jeune enfant, héritier unique d'une fortune considérable, comprenant déjà qu'il n'aura point à partager avec d'autres frères le château où sa mère le conduit tous les étés, se sachant donc seul propriétaire du beau lieu où s'écoule son enfance; eh bien! à peine arrivé, il veut dans ce château même avoir son jardin, où il cultivera des légumes qu'il ne mangera point, des fleurs qu'il ne songera point à cueillir, mais où il sera maître, maître dans un petit coin du domaine, en attendant qu'il le soit du domaine tout entier!

Après avoir vu dans tous les temps, dans tous les pays, l'homme s'approprier tout ce qu'il touche, d'abord son arc et ses flèches, puis sa terre, sa maison, son palais, instituer constamment la propriété comme prix nécessaire du travail, si on raisonnait pour lui ainsi que Pline ou Buffon l'ont fait pour les animaux, on n'hésiterait pas à déclarer, après avoir observé une manière d'être si générale, que la propriété est une loi nécessaire de son espèce. Mais cet animal n'est pas un animal ordinaire, il est roi, roi de la création, comme on aurait dit jadis, et on lui conteste ses titres : on a raison, il faut les examiner de plus près. Le fait, dit-on, n'est pas le droit; la tyrannie aussi est un fait, un fait très-général. Il faut donc prouver que le fait de la propriété est un droit, et en mérite le titre. C'est déjà beaucoup du reste d'avoir montré que ce fait est croissant au lieu d'être décroissant, car la tyrannie s'affaiblit, disparaît au lieu de s'étendre. Toutefois poursuivons, et vous verrez que ce fait est le plus respectable, le plus fécond de tous, le plus digne d'être appelé un droit, car c'est par lui que Dieu a civilisé le monde, et mené l'homme du désert à la cité, de la cruauté à la douceur, de l'ignorance au savoir, de la barbarie à la civilisation.

CHAPITRE IV.

DES FACULTÉS DE L'HOMME.

Que l'homme a dans ses facultés personnelles une première propriété incontestable, origine de toutes les autres.

La propriété, ai-je dit, est un fait universel : soumettons ce fait au jugement intime de la conscience humaine, et examinons si ce penchant à s'approprier ou le poisson que l'homme a pêché, ou l'oiseau qu'il a abattu, ou le fruit qu'il a fait naître, ou le champ qu'il a longtemps arrosé de ses sueurs, est de sa part un acte d'usurpation, un larcin commis au préjudice de l'espèce humaine.

Prenons les choses de haut, pour ne rien laisser d'inexploré. Regardons d'abord à notre personne, et le plus près d'elle que nous pourrons. Mon vêtement est bien près de moi; je pourrais, si je l'ai tissu, ou payé à celui qui l'a tissu, prétendre qu'il est à moi, car apparemment ce vêtement qui me garantit du froid ou du chaud n'est pas un excès de jouissance qu'on doive considérer comme préjudiciable au reste de l'humanité. Mais je veux commencer de plus près encore l'examen de ce qui m'appartient ou ne m'appartient pas, et je m'arrête à considérer mon corps, et dans mon corps le principe vivant qui l'anime.

Je sens, je pense, je veux : ces sensations, ces pensées, ces volontés, je les rapporte à moi-même. Je sens qu'elles se passent en moi, et je me regarde bien comme un être séparé de ce qui l'entoure, distinct de ce vaste univers qui tour à tour m'attire ou me repousse, me charme ou m'épouvante. Je sens bien que j'y suis placé, mais je m'en distingue parfaitement, et je ne confonds ma personne ni avec la terre qui me porte, ni avec les êtres plus ou moins semblables à moi qui m'approchent, et avec lesquels je serais tenté quelquefois de me confondre, tant ils me sont chers, tels que ma femme ou mes enfants. Je me distingue donc de tout le reste de la création, et je sens que je m'appartiens à moi-même.

Que les philosophes, cherchant à s'enquérir de la réalité de nos connaissances, se demandent si tout ce spectacle de l'univers est réel ou ne l'est pas, si Dieu se joue ou ne se joue pas de ma crédulité, en plaçant autour de moi des spectres qui m'abusent, et qui n'ont rien de réel : qu'importe au sujet que je traite ! Ce rocher de granit contre lequel ma barque est près d'échouer, ce cheval emporté qui va se précipiter sur moi, ne seraient ni granit ni cheval, seraient une vaine image, une vapeur colorée, qu'il n'en serait ni plus ni moins pour la vérité qui nous occupe! Ce granit qui menace ma barque, ce cheval qui menace ma personne, je crois assez en eux pour me détourner ; la sensation que j'en attends est suffisante pour me déterminer. Dès lors, prenant au sérieux le spectacle du monde, et laissant aux métaphysiciens le soin d'en discuter la réalité, je me place dans cette réalité même, et je m'approprie d'abord ma personne, les sensations qu'elle éprouve, les jugements qu'elle porte, les volontés qu'elle conçoit, et je crois pouvoir dire, sans être ni un tyran ni un usurpateur : La première de mes propriétés, c'est moi, moi-même...

Cette reconnaissance opérée, je m'écarte un peu de cet intérieur, de ce centre de mon être, j'en sors, et, sans aller bien loin, je regarde mes pieds, mes bras, mes mains. Je suis encore là certainement, à la limite la plus rapprochée de mon existence, et je dis : Ces pieds, ces bras, ces mains sont à moi, incontestablement à moi. — On me disputera peut-être les chevaux qui me prêtent leurs pieds agiles pour franchir l'espace. Au nom du genre humain dépossédé, on voudra peut-être me les enlever, en me disant qu'ils sont non à moi, mais à tous. Soit, je le veux bien. Mais ces pieds, ces mains, on n'a pas encore imaginé de me dire qu'ils appartiennent à la totalité de l'espèce humaine : on aurait beau le dire, je ne le croirais pas. Si quelqu'un y touchait, si quelqu'un marchait méchamment sur l'un de mes pieds, je m'irriterais, et si j'étais assez fort je me jetterais sur l'offenseur pour me venger.

Ces pieds, ces mains, ces organes variés qui me mettent en rapport avec l'univers, sont donc à moi, c'est-à-dire que je m'en sers sans cesse, sans scrupule, sans remords d'avoir le bien d'autrui, que je ne songe à les céder à qui que ce soit, à moins que je ne veuille aider celui que j'aime, et qui est privé de l'usage de ses membres. Mais toujours est-il que je ne les confonds avec ceux de personne.

Maintenant ces pieds, ces mains, qui me servent à me porter ou à saisir les objets dont j'ai besoin, ces yeux qui me servent à voir, cet esprit qui me sert à discerner toutes choses, et à en user avantageusement pour moi, ces pieds, ces mains, ces yeux, cet esprit, qui sont à moi, non à un autre, sont-ils égaux à ceux de tous mes semblables? Assurément non. Je remarque dans mes facultés et celles de mes semblables de notables différences; j'observe que les uns par suite de ces différences sont dans la misère ou l'abondance, dans l'impossibilité de se défendre ou dans le cas de dominer les autres.

Est-il vrai en effet que celui-ci a beaucoup de force physique, celui-là très-peu? que l'un est fort, mais maladroit? l'autre faible, mais plein d'intelligence? que l'un fera peu de besogne, l'autre beaucoup? que celui-ci est propre à tel emploi, celui-là à tel autre? Est-il vrai, oui ou non, qu'en mettant de côté les inégalités traditionnelles de la naissance, de la fortune, en prenant deux ouvriers dans un atelier quelconque, l'un va déployer une adresse extrême, une diligence infatigable, gagner trois ou quatre fois plus que l'autre, accumuler ces premiers gains, en former un capital avec lequel il spéculera à son tour, et deviendra peut-être immensément riche? Ces facultés heureuses, physiques ou morales, sont certainement à lui. On ne le niera pas, et sans erreur de langage, on pourra dire qu'elles sont sa propriété. Mais cette propriété est inégale, car avec certaines facultés celui-ci reste pauvre toute sa vie, avec certaines autres celui-là devient riche et puissant. Elles sont la cause essentielle de ce que l'un a peu, l'autre beaucoup.

Voilà donc une première espèce de propriété qui ne sera pas taxée d'usurpation : moi d'abord, puis mes facultés, physiques ou intellectuelles, mes pieds, mes mains, mes yeux, mon cerveau, en un mot mon âme et mon corps.

C'est là une première propriété incontestable, impartageable, à laquelle personne n'a jamais songé à appliquer la loi agraire; dont personne n'a jamais songé à se plaindre ni à moi, ni à la société, ni à ses lois; pour laquelle on peut m'envier, me haïr, mais dont on ne songera jamais à m'enlever une partie pour la donner à d'autres, et pour laquelle on ne fera de querelle qu'à Dieu, en l'appelant Dieu injuste, Dieu méchant, Dieu impuissant, reproches au-dessus desquels il saura probablement se mettre, et dont je ne renonce pas à le justifier avant la fin de ce livre.

CHAPITRE V.

DE L'EMPLOI DES FACULTÉS DE L'HOMME OU DU TRAVAIL.

Que de l'exercice des facultés de l'homme il naît une seconde propriété, qui a le travail pour origine, et que la société consacre dans l'intérêt universel.

L'homme a donc des facultés fort inégales, par rapport à celles de tel ou tel autre membre de son espèce, mais qui sont incontestablement à lui. Maintenant qu'en fera-t-il? Dieu les lui a-t-il données comme la voix à l'oiseau, pour chanter vainement dans les bois, occuper son oisiveté, ou exciter la rêverie du promeneur solitaire? Peut-être en fera-t-il un jour la voix d'Homère ou du Tasse, de Démosthène ou de Bossuet; mais en attendant Dieu lui a imposé d'autres soins que celui de chanter la nature ou de déplorer la chute des empires. Il l'a destiné à travailler, à travailler rudement, d'un soleil à un autre soleil, à arroser la terre de ses sueurs.

Nudus in nudâ humo, tel est l'état dans lequel il l'a jeté sur la terre, dit Pline l'ancien. C'est à force de travail que l'homme pourvoit à tout ce qui lui manque. Il faut qu'il se vêtisse, en arrachant au tigre ou au lion la peau qui les recouvre pour en couvrir sa nudité ; puis les arts se développant, il faut qu'il file la toison de ses moutons, qu'il en rapproche les fils par le tissage, pour en faire une toile continue qui lui serve de vêtement. Cela ne lui suffit pas, il faut qu'il se dérobe aux variations de l'atmosphère, qu'il se construise une demeure où il échappe à l'inégalité des saisons, aux torrents de la pluie, aux ardeurs du soleil, aux rigueurs de la gelée. Après avoir vaqué à ces soins, il faut qu'il se nourrisse, qu'il se nourrisse tous les jours, plusieurs fois par jour, et tandis que l'animal privé de raison, mais couvert d'un plumage ou d'une fourrure qui le protégent, trouve s'il est oiseau des fruits mûrs suspendus aux arbres, s'il est quadrupède herbivore une table toute servie dans la prairie, s'il est carnassier un gibier tout préparé dans ces animaux qui pâturent, l'homme est obligé de se procurer des aliments en les faisant naître, ou en les disputant à des animaux plus rapides ou plus forts que lui. Cet oiseau, ce chevreuil dont il pourrait se nourrir ont des ailes ou des pieds agiles. Il faut qu'il prenne une branche d'arbre, qu'il la courbe, qu'il en fasse un arc, que sur cet arc il pose un trait, et qu'il abatte cet animal pour s'en emparer, puis enfin qu'il le présente au feu, car son estomac répugne à la vue du sang et des chairs palpitantes. Voici des fruits qui sont amers, mais il y en a de plus doux à côté : il faut qu'il les choisisse, afin de les rendre par la culture plus doux et plus savoureux. Parmi les grains il y en a de vides ou de légers, mais dans le nombre quelques-uns de plus nourrissants : il faut qu'il les choisisse, qu'il les sème dans une terre grasse qui les rendra plus nourrissants encore, et que par la culture il les convertisse en froment. Au prix de ces soins l'homme finit par exister, par exister supportablement, et Dieu aidant, beaucoup de révolutions s'opérant sur la terre, les empires croulant les uns sur les autres, les générations se succédant, se mêlant entre elles du nord au midi, de l'orient à l'occident, échangeant leurs idées, se communiquant leurs inventions, de hardis navigateurs allant de caps en caps, de la Méditerranée à l'Océan, de l'Océan à la mer des Indes, de l'Europe en Amérique, rapprochant les produits de l'univers entier, l'espèce humaine arrive à ce point, que sa misère s'est changée en opulence, qu'au lieu de peaux de bête elle porte des vêtements de soie et de pourpre, qu'elle vit des aliments les plus succulents, les plus variés, produits souvent à quatre mille lieues du sol où ils sont consommés, et que sa demeure, pas plus élevée d'abord que la cabane du castor, a pris les proportions du Parthénon, du Vatican, des Tuileries.

Cet être si dépourvu qui n'avait rien, se trouve dans l'abondance. Par quel moyen? par le travail, le travail opiniâtre et intelligent.

Il est nu, privé de tout, en paraissant sur la terre ; mais il a des facultés, des facultés inégalement réparties entre les êtres de son espèce; il les emploie, et par cet emploi, il arrive à posséder ce qui lui manquait, à être maître des éléments, et presque de la nature. L'homme a donc ses facultés pour s'en servir, non pour en jouer, comme l'oiseau joue de ses ailes, de son bec ou de sa voix. Le temps du loisir viendra un jour; cette voix, il en fera celle d'un chanteur mélodieux ; ces pieds, ces mains, les pieds, les mains d'un danseur agile, mais il faut qu'il travaille durement, longtemps, avant d'en arriver à ces loisirs. Il faut qu'il travaille pour exister. Voilà où conduit l'observation de son être, comme l'observation du castor, du mouton, du lion, conduit à dire que l'un est un animal constructeur, l'autre un herbivore, le troisième un carnassier.

Poussons plus avant. Il faut que l'homme travaille. Il le faut absolument, afin de faire succéder à sa misère native le bien-être acquis de la civilisation. Mais pour qui voulez-vous qu'il travaille? pour lui ou pour un autre?

Je suis né dans une île de l'Océanie. Je me nourris de poisson. J'aperçois qu'à telles heures du jour, le poisson fréquente telles eaux. Avec les brins tordus d'un végétal je forme des fils, puis de ces fils un filet, je le jette dans l'eau, et j'enlève le poisson. Ou bien je suis né en Asie-Mineure, dans ces lieux où l'on dit que s'arrêta l'arche de Noé, et que le grain appelé froment se montra pour la première fois aux hommes. Je me voue à la culture. J'enfonce un fer en terre. Je présente cette terre ainsi remuée à l'air fécondant; j'y jette du grain, je veille autour pendant qu'il pousse; je le recueille quand il est mûr, je le broie, je le soumets au feu, j'en fais du pain.

Ce poisson que j'ai pêché avec tant de patience, ce pain que j'ai fabriqué avec tant d'effort, à qui sont-ils? A moi qui me suis donné tant de peine, ou bien au paresseux qui dormait pendant que je m'appliquais à la pêche ou à la culture? Le genre humain tout entier répondra que c'est à moi, car enfin il faut que je vive, et de quel travail vivrai-je, si ce n'est du mien? Si, au moment où je vais porter à ma bouche ce pain que j'ai fabriqué, un paresseux se jetait sur moi et me l'enlevait, que me resterait-il à faire, sinon à me jeter à mon tour sur un autre, à lui rendre ce qu'on m'aurait fait? celui-ci le rendrait à un troisième, et le monde au lieu d'être un théâtre de travail deviendrait un théâtre de pillage. De plus comme piller est un acte prompt, et facile si l'on est fort, tandis que produire est un acte lent, difficile, exigeant l'emploi de toute la vie, le pillage serait préféré à la pêche, à la chasse, à la culture. L'homme resterait tigre ou lion, au lieu de devenir citoyen d'Athènes, de Florence, de Paris ou de Londres.

Ainsi l'homme n'a rien en naissant, mais il a des facultés variées, puissantes, dont l'emploi peut lui procurer tout ce qui lui manque. Il faut qu'il les emploie. Mais quand il les a employées, il est d'une équité évidente, que le résultat de son travail lui profite à lui, non à un autre, devienne sa propriété, sa propriété exclusive. Cela est équitable, et cela est nécessaire, car il ne travaillerait pas, il s'occuperait à piller, s'il n'était pas sûr de recueillir le fruit de son travail; son semblable en ferait autant, et ces pillards se rejetant les uns sur les autres, ne trouveraient bientôt plus à piller que la nature elle-même. Le monde resterait barbare.

Les arts, en effet, même les plus imparfaits, exigent au moins pour un temps la certitude de la possession. Le poisson dont vit le Sauvage pêcheur, ne se montre qu'à quelques époques de l'année dans les parages où on le pêche. Le buffle ou le castor, dont vit le sauvage de l'Amérique, ont aussi des habitudes passagères, dont il faut profiter et savoir épier le retour. Enfin, la terre ne produit qu'une moisson qu'il faut attendre pendant une année. Que résulte-t-il de ces conditions de la nature des choses? C'est qu'il faut que l'homme puisse accumuler les fruits de sa pêche, de sa chasse, de sa culture, et que personne dans l'intervalle ne puisse les lui enlever, car autrement il ne se donnerait pas la peine de les produire. Il ne ferait que ce qui serait nécessaire pour vivre au moment même où il serait sollicité par la faim. Il ne cultiverait aucun art, il vivrait toute l'éternité de ce qui pourrait se cueillir rapidement, et s'ensevelir à l'instant même dans l'asile inviolable de son estomac, c'est-à-dire de glands, ou de quelques oiseaux tués avec une pierre et une fronde. Mais tout art qui exige du temps, de la réflexion, de l'accumulation, il y renoncerait, s'il n'avait la certitude d'en recueillir les produits. Il y en a un surtout, le premier de tous, l'agriculture, qu'il abandonnerait à jamais, si la possession de la terre ne lui était assurée. Car cette terre féconde, il faut s'attacher à elle, s'y attacher pour la vie, si on veut qu'elle réponde par sa fécondité à votre amour. Il faut y fixer sa chaumière, l'entourer de limites, en éloigner les animaux nuisibles, brûler les ronces sauvages qui la couvrent, les convertir en une cendre féconde, détourner les eaux infectes qui croupissent sur sa surface pour les convertir en eaux limpides et vivifiantes, planter des arbres qui en écartent ou les ardeurs du soleil ou le souffle des vents malfaisants, et qui mettront une ou deux générations à croître, il faut enfin que le père y naisse et y meure, après le père le fils, après le fils les petits-fils! Qui donc se donnerait tous ces soins, si la certitude qu'un usurpateur ne viendra pas détruire ces travaux, ou sans les détruire s'en emparer pour lui, n'excitait, ne soutenait l'ardeur de la première, de la seconde, de la troisième génération? Cette certitude, qu'est-elle? sinon la propriété admise, garantie par les forces de la société?

Ces exemples sont tous empruntés à l'état primitif des sociétés. Mais en se développant l'homme ne change pas. Il a beau se mieux vêtir, se mieux loger, se mieux nourrir, il a beau se couvrir d'or et de pourpre, vivre dans les palais construits par le Bramante, y savourer les mets les plus recherchés, il a beau élever son âme jusqu'à Platon, il a toujours le même cœur, il est exposé aux mêmes misères, et il lui faut les mêmes mobiles pour en sortir. S'il s'arrêtait un instant dans son effort sur la nature, elle redeviendrait sauvage. On avait négligé quelques jours, par une criminelle jalousie de peuple à peuple, la prodigieuse route qui traverse le Simplon, et la nature roulant incessamment des blocs de glace, des torrents de neige, même de simples filets d'eau, sur ce plan continu attaché au flanc des Alpes, l'avait bientôt rendu impraticable. S'il suspendait un seul moment ses efforts, l'homme serait vaincu par la nature ; et si un seul jour il cessait d'être stimulé par l'attrait de la possession, il laisserait retomber nonchalamment ses bras, et dormirait à côté des instruments de son travail abandonné.

Tous les voyageurs ont été frappés de l'état de langueur, de misère, et d'usure dévorante, des pays où la propriété n'était pas suffisamment garantie. Allez en Orient où le despotisme se prétend propriétaire unique, ou, ce qui revient au même, remontez au moyen âge, et vous verrez partout les mêmes traits : la terre négligée parce qu'elle est la proie la plus exposée à l'avidité de la tyrannie, et réservée aux mains esclaves qui n'ont pas le choix de leur profession ; le commerce préféré, comme pouvant échapper plus facilement aux exactions; dans le commerce, l'or, l'argent, les joyaux recherchés comme les valeurs les plus faciles à cacher; tout capital prompt à se convertir en ces valeurs, et quand il se résout à se prêter, se donnant à un taux exorbitant, se concentrant dans les mains d'une classe proscrite, laquelle affichant la misère, vivant dans des maisons hideuses au dehors, somptueuses au dedans, opposant une constance invincible au maître barbare qui veut lui arracher le secret de ses trésors, se dédommage en lui faisant payer l'argent plus cher, et se venge ainsi de la tyrannie par l'usure.

Au contraire, que par les progrès du temps, ou la sagesse du maître, la propriété soit respectée, à l'instant la confiance renaît, les capitaux reprennent leur importance relative, la terre valant tout ce qu'elle est destinée à valoir redevient féconde, l'or, l'argent, si recherchés, ne sont plus que des valeurs incommodes et perdent de leur prix ; la classe qui les détenait, restée habile, a recouvré la dignité avec la sécurité; elle ne cache plus sa richesse, elle la montre avec confiance, et la prête à un intérêt modique. L'activité est universelle et continue; l'aisance générale la suit, et la société, épanouie comme une fleur à la rosée et au soleil, s'étale de toutes parts aux yeux charmés qui la contemplent. Et si on voulait attribuer cet état prospère des sociétés civilisées à la liberté, dont Dieu me préserve de contester la vertu bienfaisante! je répondrais que c'est à la propriété respectée qu'on doit ces beaux résultats, car Venise n'était pas libre, mais ses tyrans respectant le travail, elle était devenue la plus riche esclave de la terre.

Je me résume donc, et je dis : L'homme a une première propriété dans sa personne et ses facultés ; il en a une seconde, moins adhérente à son être, mais non moins sacrée, dans le produit de ces facultés, qui embrasse tout ce qu'on appelle les biens de ce monde, et que la société est intéressée au plus haut point à lui garantir, car sans cette garantie point de travail, sans travail pas de civilisation, pas même le nécessaire, mais la misère, le brigandage et la barbarie.

CHAPITRE VI.

DE L'INÉGALITÉ DES BIENS.

Que de l'inégalité des facultés de l'homme, naît forcément l'inégalité des biens.

Il résulte de l'exercice des facultés humaines, fortement excitées, que ces facultés étant inégales chez chaque homme, l'un produira beaucoup, l'autre peu, que l'un sera riche, l'autre pauvre, qu'en un mot l'égalité cessera dans le monde. Il est bien entendu que je ne parle pas de cette égalité qui consiste à vivre sous les mêmes lois, à obéir aux mêmes autorités, à encourir les mêmes peines, à obtenir les mêmes récompenses, à subir enfin les mêmes conditions sociales, et qu'on appelle l'égalité devant la loi, mais de cette égalité qui consisterait à posséder la même somme de biens, qu'on eût été habile ou malhabile, laborieux ou paresseux, heureux ou malheureux dans son travail. La première est nécessaire, incontestable, et toute société où elle manque n'est que tyrannie. Voyons ce qu'il faut penser de la seconde.

D'abord revenons au premier fait dont nous sommes partis. Ces facultés inégales, consistant en plus de force musculaire, ou plus de force intellectuelle, en certaines aptitudes du corps ou de l'esprit, quelquefois de l'un et de l'autre, comme chez ce mécanicien adroit qui de ses mains ajuste si bien les ressorts d'une machine, chez ce sculpteur habile qui taille si exactement dans le marbre l'image qui est dans sa tête, chez ce guerrier qui joint à un coup d'œil si prompt, si sûr, un grand courage, une forte santé, ces facultés à la fois physiques et morales sont à l'homme à qui Dieu les donna. Il les tient de Dieu, de ce Dieu que je nommerai comme il vous plaira, dieu, fatalité, hasard, auteur enfin quel qu'il soit, auteur des choses, les laissant faire ou les faisant, les souffrant ou les voulant. Vous avouerez qu'il est le principal coupable, le principal auteur du mal, si mal il y a, dans les inégalités dont vous seriez disposé à vous plaindre. Même avant que le temps, de longs travaux accumulés, les transmissions de générations en générations, aient ajouté aux premières inégalités naturelles de nouvelles inégalités conventionnelles, vous avouerez que, même à l'état sauvage, l'homme bien doué a de grands avantages. S'agit-il de chasser? il est plus adroit, il a deux fois plus à manger que son voisin. S'agit-il de se défendre? il est plus fort, il a deux fois plus de moyens de résister. L'inégalité paraît donc au début même de l'existence sociale, elle se montre au premier jour, et les inégalités ultérieures de la société la plus riche ne sont que l'ombre allongée d'un corps déjà bien élevé.

Quand il s'agit de droit, un peu ou beaucoup ne font pas une différence appréciable. L'égalité des biens est ou n'est pas le droit de l'humanité : si elle est ce droit, l'égalité serait autant violée aux premiers jours des sociétés, quand le Sauvage plus adroit, plus intelligent, est plus riche en produits de sa chasse ou de sa pêche, mieux pourvu des moyens de se défendre ou de soumettre les autres, que lorsque plus tard, ce Sauvage devenu membre d'une société civilisée, est un seigneur immensément riche, à côté d'un pauvre homme privé du nécessaire.

Mais moi, qui m'en rapporte aux faits visibles pour augurer des volontés de Dieu, c'est-à-dire des lois de la création, je déclare que puisque l'homme est inégalement doué, Dieu a voulu sans doute qu'il eût des jouissances inégales, et que quand il a donné à l'un une ouïe, une vue, un odorat très-fins, à l'autre les sens les plus obtus ; à celui-ci le moyen de produire et de manger beaucoup, à celui-là des bras et un estomac débiles ; que quand il a fait de l'un le brillant Alcibiade, doué de toutes les facultés à la fois, de l'autre le crétin, idiot et goîtreux de la vallée

4.

d'Aoste, il a fait tout cela pour qu'il en résultât des différences dans la manière d'être de ces individus si diversement dotés. Lorsque, étendant encore plus ma vue, je vais de l'homme au cheval et au chien, du cheval et du chien à la taupe, au polype, au végétal ; lorsque, dans une même forêt, je vois à côté du chêne superbe une humble fougère, entre les chênes eux-mêmes quelques-uns plus heureux, que la terre, la pluie, le soleil ont favorisés, qui ont grandi entre tous, puis entre eux un plus heureux encore qui a échappé au fer du bûcheron ou aux éclats de la foudre, et qui élève au milieu de la forêt sa tête majestueuse, je me dis que ces inégalités furent probablement la condition de ce plan sublime, qu'un grand génie a défini *l'unité dans la variété, la variété dans l'unité.*

Mais ce pittoresque de l'univers qui vous séduit, me dira-t-on, pourrait bien être une iniquité, car César, dans l'ordre moral, peut être fort intéressant à considérer, il n'en est pas moins un tyran, tyran séduisant, plein de génie, mais un tyran.

Je comprends l'objection.

Quoique bien certainement on soit fondé à rapporter à la création elle-même le principe de toute inégalité humaine, cependant il est vrai que Dieu nous livre quelquefois son œuvre, en nous chargeant de la modifier, de la régler, comme un maître livre à son apprenti un travail commencé à terminer. Ainsi il a permis qu'il y eût un César, c'est-à-dire un être plus fort, capable d'opprimer les autres, mais il nous a prescrit de contenir cet être, de lui opposer des lois. Soit : mais voyons si ce penchant à travailler beaucoup, par suite à posséder beaucoup, est l'un de ces penchants despotiques, nécessaires à contenir, à réprimer. Là est toute la question.

Cet homme qui travaille activement et accumule, fait-il du mal à quelqu'un ? Il laboure avec ardeur, avec constance, à côté d'un autre qui creuse à peine la terre. Il a des greniers pleins, à côté de son voisin qui les a vides, ou à demi pleins. A-t-il fait du mal à ce voisin ? Son abondance lui a-t-elle été dérobée ? Oh ! dans ce cas il y aurait larcin, violence, mal causé à autrui. Mais il a travaillé, travaillé plus ou mieux qu'un autre. Il n'a donc pas nui comme celui qui usurpe ou opprime. Il y a un peu plus de grains sur le sol, un peu plus de richesse dans la société, et voilà tout. Quel tort en s'enrichissant lui-même a-t-il fait autour de lui ? Aucun assurément.

Quel intérêt la société aurait-elle à l'empêcher ? Aucun, elle serait insensée, car elle aurait, sans nul profit, diminué sur le sol la masse des choses utiles ou nécessaires à l'homme.

Il n'y a donc point de mal, ni pour vous, ni pour elle, et elle doit laisser l'homme exercer ses facultés tant qu'il lui plaira.

Il est vrai toutefois que cette opulence vous cause un mal, c'est celui de la comparaison. Elle vous offusque, elle excite votre envie. C'est un mal certainement, et bien cruel, j'en conviens, mais qui n'est pas sans compensation, et la société, toutes choses mûrement examinées, déclare la compensation tellement grande, que dans tous les temps, dans tous les pays, elle a cru sage de laisser l'envie souffrir, et la prospérité des individus s'accroître, en raison de leur habileté ou de leur application au travail. Cette compensation du reste la voici.

C'est par la voie de l'échange que les hommes se procurent la plupart des objets dont ils ont besoin. Ainsi ils ne font pas tous toutes choses. Ils en font certaines, auxquelles ils s'appliquent exclusivement, et arrivent ainsi à les mieux faire. Ils donnent ensuite une partie de celles qu'ils ont produites, pour se procurer celle qu'ils ont laissé à d'autres le soin de produire, et il en résulte ce qui suit. Quand il y a plus de grains, par exemple, ou plus de tissus, les uns et les autres sont à meilleur marché. Il y en a plus pour tout le monde. Celui donc qui se livrant à son goût, à son habileté pour le travail, s'expose, en devenant plus riche, à choquer votre envie, a contribué à la prospérité commune, et notamment à la vôtre. Si, grâce à ses efforts, il y a plus de grains, ou plus de fer, ou plus de tissus, ou plus d'outils, ou plus d'argent, il y a plus de tout cela pour tous. L'abondance qu'il a contribué à créer est au profit de l'humanité, et la société lui permet de grandir, en résultât-il une inégalité par rapport à d'autres qui travaillent moins bien, elle le lui permet parce que la prospérité générale grandit avec sa prospérité à lui. Elle arrêterait l'individu qui voudrait opprimer ses semblables, mais celui qui emploiera ses facultés à multiplier sur le sol les objets utiles à l'homme, aliments, vêtements, habitations, qui rendra ces objets plus abondants, meilleurs, plus sains, dût-il, pour lui ou ses enfants, convertir ses aliments en mets recherchés, ses vêtements en pourpre, sa maison en palais, elle l'autorise, l'encourage, sans s'inquiéter du contraste, sans compatir aux peines de l'envieux, car l'envieux lui-même paye son pain, ses habits, son logement à meilleur marché, et s'il veut à son tour produire, il payera l'intérêt de l'argent à plus bas prix. Le travail lui sera plus facile.

Le principe de l'égalité sainement entendue n'infirme donc en rien le principe de la propriété, quelque inégale que celle-ci puisse devenir par la supériorité du travail de l'un sur l'autre, et jusqu'ici du moins la chaîne de nos raisonnements s'allonge sans s'affaiblir.

CHAPITRE VII.

DE LA TRANSMISSION DE LA PROPRIÉTÉ.

Que la propriété n'est complète que si elle est transmissible par don ou hérédité.

Que l'homme jouisse du produit de son travail, qu'il mange le fruit cueilli sur les arbres qu'il a plantés, rien n'est plus légitime, disent les sectaires que je combats. Ils accordent ainsi la propriété personnelle à celui qui l'a créée par son travail. La nature en effet plus forte qu'eux les confond, les oblige à se taire, en présence de ce fait si simple, si visiblement irréprochable, de l'homme portant à sa bouche le fruit qu'il a fait naître. Ils vont même plus loin dans leurs concessions, ils admettent que l'homme possédera plus ou moins, suivant qu'il aura été dans sa vie, plus ou moins habile, plus ou moins laborieux, que l'un dès lors aura beaucoup, l'autre peu, et ils accordent par conséquent cette première inégalité de biens, résultant de l'inégalité naturelle des facultés de l'homme. Mais là s'arrêtent leurs concessions. Que l'homme jouisse du fruit de son travail, s'écrient-ils, rien de mieux ; mais que le fruit de ce travail se transmette à un autre, que cet autre en jouisse dans l'oisiveté, et dans les vices que l'oisiveté engendre, voilà ce qui répugne à la plus simple équité; voilà même ce qui contrarie le résultat que la société avait en vue en consacrant la propriété, celui d'exciter le travail; voilà enfin ce qui ajoute aux inégalités naturelles que Dieu a établies entre les hommes en les douant inégalement, des inégalités artificielles, qui font qu'un fils paresseux, incapable, parce qu'il a hérité d'un père laborieux et capable, vit au sein de toutes les jouissances, tandis qu'à côté de lui un autre individu, privé du même avantage, vit dans la plus profonde misère. La propriété étendue jusqu'à devenir héréditaire, arrive ainsi à des conséquences qui sont en contradiction avec son principe, et qui ne sauraient être admises.

C'est effectivement le point, non pas difficile mais compliqué, du sujet que je traite, car la question, semblable à un fleuve qui en s'éloignant de sa source forme des détours plus nombreux, la question s'étend, se développe, se mêle à une foule d'autres. Néanmoins, ce que les adversaires de la propriété nient, je l'affirme; ce qu'ils contestent, je le soutiens comme indispensable, et voici mes assertions en regard des leurs.

La propriété est ou n'est pas ;

Si elle est, elle entraîne le don ;

Si elle entraîne le don, elle l'entraîne pour les enfants comme pour les indifférents ;

Elle l'entraîne durant la vie du père, comme à sa mort ;

Loin de favoriser l'oisiveté par cette extension, elle ne devient au contraire un stimulant puissant, infini du travail, qu'à la condition de pouvoir se transmettre du père aux enfants ;

Enfin les inégalités nouvelles et plus grandes qui en résultent, sont absolument nécessaires, et composent l'une des harmonies les plus belles, les plus fécondes de la société humaine.

En un mot, la propriété ne donne tous ses effets, les meilleurs, les plus féconds, qu'à la condition d'être complète, et de devenir de personnelle, héréditaire.

Telles sont les propositions que je vais, dans les chapitres suivants, m'efforcer de rendre claires jusqu'à exclure, je l'espère, toute contestation.

CHAPITRE VIII.

DU DON.

Que le don est l'une des manières nécessaires d'user de la propriété.

Vous accordez que je puis jouir moi-même de ce que j'ai produit, que je puis appliquer à mes besoins, à mes plaisirs, les fruits de mon travail personnel. Mais les donner à un autre, serait-ce un attentat, un larcin, un danger pour la société de mes semblables?

D'abord supposez que j'aie produit plus que je ne puis consommer, ce qui arrive à tout homme habile et laborieux, que voulez-vous que je fasse de ce surplus? J'ai mes greniers pleins de blé, mes fruitiers pleins de fruits, mes celliers pleins de vins; la laine de mes troupeaux m'a fourni plus de vêtements que je n'en puis user, tout cela parce que j'ai cultivé mes champs avec plus d'intelligence et d'activité qu'un autre : que voulez-vous que je fasse de cette abondance? Que je mange plus que je n'ai faim, que je boive plus que je n'ai soif, ou bien que je jette ces excédants à une nouvelle voirie établie pour cet usage, ou bien enfin, ce qui est plus simple, que je ne les crée pas du tout? Si vous ne me permettez pas d'user du surplus de mon travail à mon gré, l'une de ces trois conséquences est forcée, ou que je consomme au delà de mes besoins, ou que je détruise, ou que je ne crée pas. Mais voici une manière d'employer le superflu de mon bien, que je soumets à votre jugement.

J'aperçois à la limite de mon champ, un malheureux expirant de fatigue et de faim. J'accours à cette vue, je verse dans son gosier un peu de ce vin dont j'avais trop; je présente à sa bouche un de ces fruits dont je ne savais que faire; je jette sur ses épaules un de ces vêtements dont j'avais plusieurs, et je vois la vie renaître en lui, le sourire de la reconnaissance empreindre son visage, et j'éprouve en mon cœur une jouissance plus vive que celle que je ressentais dans ma bouche, lorsque je savourais les fruits de mon champ. Est-ce que par hasard vous entendriez régler à ce point l'emploi de mon bien, que je ne pusse en user de la manière qui m'est la plus douce? Est-ce qu'après m'avoir accordé les jouissances physiques de la propriété, vous m'en refuseriez les jouissances morales, les plus nobles, les plus vives, les plus utiles de toutes? Quoi donc, odieux législateur, vous me permettriez de manger, de dissiper, de détruire mon bien, vous ne me permettriez pas de le donner! Moi, moi seul, voilà le triste but que vous assigneriez aux pénibles efforts de ma vie! Vous abaisseriez ainsi, vous désenchanteriez, vous arrêteriez mon travail. Au reste, jugez du fait par les conséquences. Je vous disais ailleurs que si chaque homme pouvait se jeter sur son voisin, pour lui enlever les aliments dont il va se nourrir, celui-ci en faisant de même à l'égard d'un autre, la société ne serait bientôt plus qu'un théâtre de pillage au lieu d'être un théâtre de travail. Supposez au contraire que chaque homme qui a trop, donnât à celui qui n'a pas assez, le monde deviendrait un théâtre de bienfaisance. Et ne craignez pas toutefois que l'homme pût jamais aller trop loin dans cette voie, et rendît son voisin oisif en se chargeant de travailler pour lui. Ce qu'il y a de bienfaisance dans le cœur de l'homme, est tout juste au niveau des misères humaines, et c'est tout au plus si les discours incessants de la morale et de la religion parviennent à égaler le remède au mal, le baume à la blessure.

Ainsi le don est la plus noble manière d'user de la propriété. C'est, je le répète, la jouissance morale ajoutée à la jouissance physique. — Assez, assez, me diront mes contradicteurs; vous démontrez ce qui n'a pas besoin de démonstration. — J'en conviens, mais poursuivons, et on sera peut-être obligé de m'en dire autant de tout le reste.

CHAPITRE IX.

DE L'HÉRÉDITÉ.

Que du don résulte pour le père la faculté de donner à ses enfants, pendant sa vie ou à sa mort.

On m'accorde que le don est l'une des manières nécessaires, incontestables d'user de la propriété. Maintenant faisons un pas de plus. Quoi, je pourrais donner aux indifférents, à ceux qui ne sont rien pour moi, mais dont la souffrance m'a touché, et je ne pourrais pas donner à ma femme, à mes enfants, à ma femme qui partagea ma vie, à mes enfants qui sont issus d'elle et de moi, à ces êtres qui me sont plus chers que ma propre personne ! Quand ils ont faim, quand ils ont froid, si je ne suis pas dépravé, j'ai plus faim, j'ai plus froid en eux qu'en moi. Leurs besoins sont les miens, et me stimulent plus que les miens même. Dès lors ne me permettrez-vous pas de choisir entre les besoins que j'éprouve, de satisfaire d'abord ceux que je ressens plus vivement, et d'apaiser une faim plus pénible pour moi que celle qui se fait sentir dans mon propre estomac? Vous me permettrez donc de nourrir mes enfants avant de me nourrir moi-même. Ce n'est pas tout d'ailleurs. Ces enfants, il faut bien que pendant une partie de leur vie quelqu'un les soutienne, car pendant un quart au moins de cette vie, ils sont trop faibles pour pouvoir se suffire. Dans l'état sauvage, par exemple, il faut monter aux arbres pour cueillir des fruits ; dans la société civilisée on ne trouve le pain qu'après l'avoir gagné. Mais si quelqu'un doit les nourrir, qui se chargera de ce soin, si ce n'est moi, moi leur père, qui suis l'auteur de leurs jours? L'aigle, l'hirondelle me donnent cet exemple qu'apparemment vous me permettrez de suivre ! — Assez, assez, me diront encore mes contradicteurs, vous démontrez ce qui n'a pas besoin d'être démontré. — Mais où donc faut-il que j'aille dans cette voie, pour trouver ce qui a besoin de démonstration?

La propriété n'est pas si je ne puis la donner aussi bien que la consommer : on m'accorde ce point. Si je puis la donner aux indifférents, à plus forte raison pourrai-je la donner à mes enfants, qui même en ont un indispensable besoin pendant une partie de leur vie : on m'accorde cet autre point. Je puis par conséquent donner à autrui, et dans autrui je puis, je dois préférer mes enfants. Où donc commence la difficulté? Au moment où je vais mourir, c'est-à-dire que je pourrais donner à toutes les époques de ma vie, excepté à celle de ma mort. Quoi, ce serait là l'unique différence, entre le droit que je réclame et celui qu'on me conteste! Mais cette différence serait ou nulle, ou barbare, ou impossible.

Entrez dans l'asile domestique, placez-vous dans cet intérieur sacré, et dites-moi si vous pouvez y pénétrer, d'une manière assez certaine, assez supportable, pour empêcher que le père ne livre à son fils ce qu'il veut lui léguer au moment de sa mort? Si vous permettez à un père de donner de son vivant et non à sa mort, il aura soin de se dépouiller de son vivant même. Il donnera un jour, une heure avant d'expirer, de la main à la main, les biens mobiliers, facilement transmissibles au chevet d'un mourant, tels qu'argent, pierres précieuses, ou valeurs de papier inventées pour la commodité du commerce. Les valeurs immobilières, plus difficiles à transmettre, telles que terres, maisons, objets encombrants, il les donnera un an, deux ans, dix ans avant que d'expirer, ou bien il les vendra, et les avilira pour les convertir en valeurs transmissibles à volonté. En un mot, il aura obvié à votre loi en se dépouillant de son vivant. Mais, de cette obligation que vous lui aurez imposée de se dessaisir avant de mourir, il naîtra deux conséquences. Le bon père pourra être puni de sa bonté, le mauvais père récompensé de son égoïsme. Le bon père, se dépouillant avant sa mort, trouvera peut-être un fils ingrat, ne pourra pas planter un arbre, creuser un ruisseau, dans ce champ qu'il aura donné à son fils, et vivra comme un étranger au milieu de cette opulence qu'il aura créée, et dont il se sera privé avant le temps, de peur que son fils ne pût la recueillir. Le mauvais père, au contraire, qui n'aura pas voulu se dessaisir, ou le lâche père qui n'aura pas su envisager l'idée de la mort pour assurer l'avenir de ses enfants, jouira de son bien, en jouira en maître jusqu'à la fin de ses jours. Ainsi le bon père aura été dépossédé, le mauvais aura possédé jusqu'à sa dernière heure!

A ces odieux résultats n'allez-vous pas m'arrêter encore et me dire : Assez, assez! — Oui, il faut s'arrêter, car il est évident que la nature ayant mis dans le cœur de l'homme, et surtout de celui qui est bon, un penchant invincible à transmettre ce qu'il possède à son fils, l'asile domestique étant impénétrable, le père donnera à ses enfants, quoi qu'on fasse, la plus grande partie de ses biens, de la main à la main, les dénaturera pour les rendre plus facilement transmissibles, ou, s'il ne peut les dénaturer, s'en dépouillera avant sa mort, pour être plus assuré d'en faire un usage conforme à son cœur. Dès lors le législateur, certain de produire des monstruosités s'il s'obstine à contrarier la nature, et d'être d'ailleurs désobéi en voulant la contrarier, dispensera le père de ces odieuses précautions, et accordera qu'à sa mort ses biens passeront de plein droit à ses enfants ; il accordera en un mot l'hérédité de la propriété.

Et voyez combien seraient absurdes les conséquences d'une prescription contraire! Le père, vous ai-je dit, ne pourrait pas donner les terres, les maisons, les objets saisissables, mais il donnerait malgré vous les objets mobiliers, insaisissables, transmissibles de la main à la main, une heure avant d'expirer! La transmission du père au fils existerait pour certaines choses et non pour certaines autres! Mais il y en a de bien plus précieuses, dont toutes les prescriptions du monde n'empêcheraient pas la transmission. Celui-ci est un ouvrier habile, il a un secret pour tremper les métaux ; celui-là est médecin et il a un secret pour guérir : l'empêcherez-vous à son lit de mort de se pencher à l'oreille de son fils et de lui assurer une fortune en lui disant un mot? Un autre fut un grand politique, il eut la prudence en partage ; un autre encore fut un grand capitaine, il eut la gloire. Empêcherez-vous le premier de transmettre sa prudence à son fils par les leçons de toute sa vie? Empêcherez-vous le second de lui léguer sa gloire, seulement en lui léguant son nom? Un troisième, mêlé à toutes les affaires de sa patrie, a des opinions religieuses et politiques qui lui sont chères ; vous ne l'empêcherez pas apparemment de les inculquer à ses enfants. Et quand les choses morales, qui doivent être les plus précieuses de toutes à vos yeux, si vous n'êtes pas un législateur voué au culte de la matière, se transmettent inévitablement, les choses matérielles, parce qu'elles sont matérielles, ne se transmettraient pas! L'argent peut-être, le diamant, comme les plus transmissibles après ces choses morales, passeraient aussi d'une génération à l'autre; la terre seule, quand le père n'aurait pas songé à s'en dépouiller, serait retenue au passage! Songez-vous bien à ces monstruosités? N'en êtes-vous pas confus, sophiste intrépide?

Je tiens donc comme surabondamment démontrées les propositions suivantes :

Le don reconnu l'une des manières nécessaires d'user de la propriété, le don est inévitable, surtout au profit des enfants;

Il est inévitable à toutes les époques de l'existence du père, et il faut, en accordant de plein droit la transmission de ses biens à ses enfants, au moment de sa mort, le dispenser de se dépouiller pendant sa vie.

CHAPITRE X.

DE L'INFLUENCE DE L'HÉRÉDITÉ SUR LE TRAVAIL.

Que la faculté de transmettre la propriété du père au fils rend infinie l'ardeur au travail, et complète le système de la propriété.

Il y a toujours deux points de vue auxquels il faut alternativement se placer dans le sujet que je traite, et qu'on trouve, grâce aux admirables combinaisons de la nature, toujours en parfaite concordance, ces points de vue sont l'équité et l'utilité sociale. L'équité, c'est la question considérée du point de vue de l'individu; l'utilité sociale, c'est la question considérée du point de vue de la société elle-même. L'équité crie que l'homme qui a travaillé doit posséder en paix le fruit de son travail, et qu'il ne faut pas exiger qu'il s'en dépouille avant sa mort pour en procurer la transmission à ses enfants. L'utilité sociale veut impérieusement que l'homme soit assuré de conserver le produit de son travail pour qu'il travaille, car, sans le travail constant, opiniâtre de tous ses membres, la société resterait misérable. Cette même utilité sociale veut tout aussi impérieusement qu'il puisse transmettre à ses enfants, car autrement il ne serait animé que d'une demi-ardeur pour le travail. En un mot, la propriété, comme je l'ai annoncé, n'a tous ses effets utiles que si elle est complète, c'est-à-dire personnelle et héréditaire tout à la fois.

Il ne me faudra pas plus de développement pour établir ce point de vue, qu'il ne m'en a fallu pour établir les précédents.

On veut que l'homme travaille, et, afin qu'il travaille, on lui assure la possession de ce qu'il produit. C'est beaucoup que cette première assurance toute personnelle à lui, mais ce n'est pas assez. Il y a là de quoi le faire travailler un tiers, une moitié peut-être de sa vie, mais il n'y a pas de quoi le faire travailler sa vie entière, surtout de quoi lui procurer la plus grande des douceurs du travail, celle de transmettre son bien à ses enfants.

L'homme a des vices, il en a de tout genre. Il en montre d'atroces quelquefois à l'égard de ses semblables; mais il n'en a presque jamais à l'égard de ses enfants : c'est que, voulant assurer la conservation de l'espèce humaine, la nature prévoyante a profondément enfoncé dans son cœur l'amour paternel, et a fait de ce sentiment non une vertu, mais un instinct irrésistible. Le père qui vole, qui tue, donne souvent à ses enfants le bien qu'il a dérobé, et consacre à les défendre la férocité qu'il a déployée contre autrui. Aussi observez la plupart des pères, arrivés à un certain âge : pour qui travaillent-ils encore? pour qui travaillent-ils sans cesse, même quand leurs forces commencent à défaillir? Ils travaillent pour leurs enfants, et ils sont heureux de leurs pénibles labeurs, à la seule pensée que les êtres sortis de leurs entrailles en recueilleront le prix.

Voyez ces industriels habiles, qui ont enrichi la société de leurs ingénieuses découvertes, ou de leurs audacieuses expéditions commerciales, à qui on doit de payer tantôt le coton, tantôt le lin, la laine, le sucre à moitié prix, observez leurs goûts, le genre de leurs plaisirs, et vous découvrirez bientôt ce qui les fait agir. La plupart du temps, ce sont des hommes simples, de goûts modestes, à qui la nature donna le génie, mais à qui la société négligea de donner l'éducation, et qui, après avoir amassé une fortune immense, après avoir procuré à leurs enfants des palais, des châteaux, des ameublements magnifiques, des tableaux chefs-d'œuvre de l'art, des tables somptueusement servies, des chevaux bondissant d'ardeur, des parcs remplis de gibier, sourient du plaisir que leurs enfants prennent à ces objets, jouissent de les en voir jouir, puis vont jouir eux-mêmes à leur façon, invariablement la même, en retournant à leurs ateliers, à leurs magasins, à leurs vaisseaux, heureux d'imaginer que toutes ces richesses qu'ils goûtent si peu s'accroîtront encore au profit de ces enfants, dans la personne desquels ils deviennent sensibles à toutes les délicatesses qu'ils ne savent point apprécier, et qu'ils n'ont jamais connues. Supposez que tout ce qu'ils amassent de la sorte ils fussent privés de le transmettre à leurs descendants, ils se seraient arrêtés au milieu de leur carrière, au moment où leurs facultés étaient le plus actives. Plus même ils étaient capables et habiles, plus tôt ils se seraient arrêtés, car plus tôt ils auraient acquis ce qu'il fallait à leurs goûts simples et bornés, et, de peur d'avoir des enfants oisifs, vous auriez commencé par assurer l'oisiveté de leur père.

Ce serait donc une fâcheuse manière de s'y prendre, pour n'avoir pas d'oisifs en ce monde, que d'ôter aux pères la principale raison qui les porte à travailler. On ne manquera pas de dire sans doute, que les hommes laborieux dont je parle, ayant voué leur vie au travail, auraient continué à travailler, même quand ils n'auraient pas eu d'enfants, uniquement par habitude ou par émulation. Il en serait peut-être ainsi pour quelques-uns, lesquels deviennent ces oncles riches, sujets de si nombreuses et si tristes comédies. Mais cette ardeur de travail qu'ils ont contractée, où donc en ont-ils pris l'habitude? Dans une société où la propriété, admise à tous les degrés, a excité l'ardeur de tout le monde, et comme un cheval, faisant partie d'un attelage au galop, s'emporte avec les autres, ils courent, parce qu'à côté d'eux tout le monde court. Ils n'auraient ni contracté ce goût, ni éprouvé cette émulation de travail dans une société refroidie, glacée par l'interdiction barbare de léguer son bien à ses enfants. Ils auraient fait comme le cheval ardent, qui va au pas avec des chevaux qui marchent au pas. Mais enfin en supposant que quelques-uns, pressés par le besoin de s'occuper, travaillassent uniquement pour travailler, législateur barbare, au cœur sec, jouant la sensibilité, vous leur auriez ôté la plus grande douceur du travail! Jetez les yeux sur cet homme riche et sans enfants, que la nature a privé de cette satisfaction profonde, quelquefois si douloureuse par cela même qu'elle est si vive, voyez son vide, son désenchantement, ses dégoûts, à mesure qu'il avance dans la vie. Le soir, quand il a fermé ses caisses, compté ses trésors, il ne sait quoi faire, et, s'il lui reste un moment à donner à la réflexion, c'est pour se demander comment il emploiera ces richesses si péniblement amassées. Mais il est fatigué de sa journée, il s'endort, se réveille, recommence le lendemain à travailler, s'étourdit par le gain, et, le soir venu, éprouve le même vide que la veille. Alors il s'adresse à un frère, à une sœur, leur demande les enfants qu'ils ont engendrés, les adopte, les approche de son cœur, essaie de les aimer, de se faire illusion, de se persuader qu'il les a engendrés lui-même. Ou bien, s'il n'a pas de neveux, il va quelquefois s'adresser à une pauvre femme des champs, pour lui emprunter un objet d'amour, qui serve de but aux efforts de sa vie!

Ce vide de l'homme privé d'enfants serait donc le sort de tous ceux qui, par habitude ou besoin de s'occuper, arroseraient la terre de leurs sueurs, et travailleraient à enrichir la société? Mais c'est là une vaine illusion. Dans votre société glacée toutes les ardeurs seraient éteintes, toutes les émulations bornées, vous n'auriez pas de ces ambitions qui s'embrasent du feu qui les entoure. L'homme n'ayant plus que lui-même pour but, s'arrêterait au milieu de sa carrière, dès qu'il aurait acquis le pain de sa vieillesse, et comme je vous le disais, de peur de produire l'oisiveté du fils, vous auriez commencé par ordonner l'oisiveté du père!

Mais est-il vrai d'ailleurs qu'en permettant la transmission héréditaire des biens, le fils soit forcément un oisif, dévorant dans la paresse et la débauche la fortune que lui légua son père? Premièrement, le bien dont vivra l'oisiveté supposée de ce fils, que représente-t-il après tout? Un travail antérieur, qui aura été celui du père, et en empêchant le père de travailler pour obliger le fils à travailler lui-même, tout ce que vous gagnerez c'est que le fils devra faire ce que n'aura pas fait le père. Il n'y aura pas eu un travail de plus. Dans le système de l'hérédité, au contraire, au travail illimité du père, se joint le travail illimité du fils, car il n'est pas vrai que le fils s'arrête parce que le père lui a légué une portion plus ou moins considérable de biens. D'abord il est rare qu'un père lègue à son fils le moyen de ne rien faire. Ce n'est que dans le cas de l'extrême richesse qu'il en est ainsi, et j'en parlerai bientôt. Mais ordinairement, dans la plupart des professions, ce n'est qu'un point de départ plus avancé dans la carrière, que le père ménage à son fils, en lui léguant son héritage. Il l'a poussé plus loin, plus haut, il lui a donné de quoi travailler avec de plus grands moyens, d'être fermier quand lui n'a été que valet de ferme, ou d'équiper dix vaisseaux quand il ne pouvait en équiper qu'un, d'être banquier quand il ne fut que petit escompteur, ou bien de changer de carrière, de s'élever de l'une à l'autre, de devenir notaire, médecin, avocat, d'être Cicéron ou Pitt, quand il ne fut lui-même que simple chevalier comme le père de Cicéron, ou cornette de régiment comme le père de M. Pitt. En un mot, il l'a conduit à un point plus avancé de la lice, le bénit en le voyant partir, et meurt heureux en le voyant s'y élancer d'un pas rapide. Mais le motif qui l'avait poussé à s'y avancer le plus loin possible, pousse son fils à en faire autant. De même qu'il songeait à ses enfants, et à cette idée devenait infatigable, son fils songe aussi à ses propres enfants, et à cette idée devient infatigable à son tour. Dans le système de l'interdiction de l'hérédité, le père se serait arrêté, et le fils également : chaque génération bornée dans sa fécondité, comme une rivière dont on retient les eaux par un barrage, n'aurait donné qu'une partie de ce qu'elle en avait en elle, et se serait interrompue au quart, à la moitié du travail dont elle était capable. Dans le système de l'hérédité des biens, au contraire, le père travaille tant qu'il peut, jusqu'au dernier jour de sa vie; le fils qui était sa perspective en trouve une pareille dans ses enfants, et travaille pour eux comme on a travaillé pour lui, ne s'arrête pas plus que ne s'est arrêté son père, et tous penchés vers l'avenir comme un ouvrier sur une meule, font tourner, tourner sans cesse cette meule d'où s'échappent le bien-être de leurs petits-enfants, et non-seulement la prospérité des familles, mais celle du genre humain.

Concluons : en instituant la propriété personnelle la société avait donné à l'homme le seul stimulant qui pût l'exciter à travailler. Il lui restait une chose à faire, c'était de rendre ce stimulant infini. C'est ce qu'elle a voulu en instituant la propriété héréditaire.

CHAPITRE XI.

DU RICHE.

Que les agglomérations de biens résultant de la propriété tant personnelle qu'héréditaire, composent ce qu'on appelle la richesse, laquelle remplit dans la société plusieurs fonctions indispensables.

Il résulte de la propriété garantie à l'individu et à ses enfants, des accumulations de richesses, plus ou moins promptes, auxquelles une seule génération suffit quelquefois pour se former, lorsqu'il se rencontre un homme heureusement doué, mais auxquelles il en faut ordinairement plusieurs, et il s'élève de la sorte de grandes fortunes, qui attirent les regards comme ces énormes meules de grains, placées le long des routes au bord de champs fertiles. Ce spectacle, je le sais, blesse certains regards, mais qu'y faire?

Je répéterai ici ce que j'ai déjà dit ailleurs des premières inégalités de biens provenant, dès le début même des sociétés, de l'inégalité naturelle des facultés humaines, c'est qu'il faut les souffrir, parce que ces parts plus grandes de la richesse générale n'ont été dérobées à personne, que pour les empêcher il aurait fallu arrêter l'homme et lui dire : Ne travaillez pas tant; et qu'en fin de compte chacun en profite, même l'envieux, car s'il y a plus d'aliments, de vêtements, d'habitations, tous ces objets nécessaires à la vie sont à meilleur marché pour tout le monde.

C'est donc une puissante considération pour laisser faire ces travailleurs obstinés, puisqu'ils ne prennent rien à personne, et qu'ils donnent quelque chose à tous. Reste l'effet aux yeux. Eh bien! si cette richesse offusque les uns, elle excite les autres, les encourage, les soutient, les anime, et la société trouve tant d'avantages à l'encouragement qui en résulte pour la généralité de ses membres, qu'elle doit bien passer sur le dépit inspiré à quelques-uns d'entre eux. Maintenant n'a-t-elle pour souffrir la richesse que ces raisons, qui sont déjà bien bonnes il me semble? n'en a-t-elle pas d'autres? Il est facile d'en juger.

Sans doute on ne veut pas dans la société un seul travail, le travail manuel. On veut aussi que l'homme puisse appliquer le compas sur le papier, pour mesurer la marche des astres, et apprendre à traverser les mers; on veut qu'il puisse rester penché une partie du jour sur les annales des nations, pour découvrir la cause de la prospérité ou de la chute des empires, et apprendre à les gouverner. Eh bien! ce n'est pas l'homme qui d'un soleil à l'autre demeurera courbé sur le sol ou sur une machine, qui pourra trouver ces loisirs. Quelquefois, il est vrai, un paysan sera Sforce, un ouvrier d'imprimerie sera Franklin, mais ces exceptions sont rares. Ce sont les fils des hommes voués au travail manuel, qui, élevés au-dessus de leur condition par un père laborieux, monteront les degrés de l'échelle sociale, et parviendront aux sublimes travaux de l'intelligence.

Le père était paysan, ouvrier dans une manufacture, matelot sur un navire. Le fils, si le père a été laborieux et économe, le fils sera fermier, manufacturier, capitaine de navire. Le petit-fils sera banquier, notaire, médecin, avocat, chef d'État peut-être. Les générations s'élèvent ainsi les unes au-dessus des autres, végètent en quelque sorte, semblables à cet arbre qui à chaque retour de la belle saison pousse des rejetons nouveaux, lesquels, frais, tendres et verts comme l'herbe au printemps, prennent à l'automne la couleur et la consistance du bois, puis devenus petites branches l'année suivante se couvrent à leur tour d'autres rejetons, finissent avec le temps par être grosses branches, par remplacer même le tronc principal, et pareil phénomène se produisant en tout sens, embrassent enfin le sol de leur magnifique ombrage.

Ainsi s'opère la végétation humaine, et peu à peu se forment ces classes riches de la société, qu'on appelle oisives, qui ne le sont pas, car le travail de l'esprit vaut le travail des mains, et doit lui succéder, si on veut que la société ne reste point barbare. Je reconnais que parmi ces riches, il y en a qui, indignes fils de sages pères, la nuit au milieu des festins, entourés de courtisanes, enivrés de boissons qui troublent leur esprit, consomment dans l'oisiveté et la débauche, leur jeunesse, leur santé, leur fortune. Cela n'est que trop réel; mais ils seront bientôt punis. Leur jeunesse flétrie avant le temps, leur fortune détruite avant le terme de leur carrière, ils passeront tristes, défigurés et pauvres, devant ces palais que leur avaient légués leurs pères, que leur folle prodigalité aura livrés aux mains de riches plus sages, et en une génération on aura vu le travail récompensé dans le père, l'oisiveté punie dans le fils! O envie, implacable envie, n'êtes-vous pas consolée?

D'ailleurs les enfants du riche sont-ils tous oisifs, débauchés, dissipateurs? Il est bien vrai qu'ils ne travaillent pas comme celui qui laboure, file ou forge. Mais encore une fois, n'y a-t-il donc que le travail des mains? Ne faut-il pas, je le répète, qu'il y ait des hommes voués à étudier la nature, à découvrir ses lois pour en user au profit de l'espèce humaine, pour apprendre à employer l'eau, le feu, les éléments, pour apprendre à constituer, à gouverner les sociétés? Il est encore vrai que ce n'est pas le riche qui fait le plus souvent ces sublimes découvertes, bien que ce soit lui quelquefois; mais c'est lui qui les encourage, c'est lui qui contribue à former ce public instruit pour lequel travaille le savant modeste et pauvre, c'est lui qui a de vastes bibliothèques, c'est lui qui lit Sophocle, Virgile, le Dante, Galilée, Descartes, Bossuet, Molière, Racine, Montesquieu, Voltaire. Si ce n'est lui, c'est chez lui, autour de lui, qu'on les lit, les goûte, les apprécie, et qu'on réunit cette société éclairée, polie, au goût exercé et fin, pour laquelle le génie écrit, chante et couvre la toile de couleurs! Quelquefois ce riche est lui-même un bon juge, quelquefois il est aussi l'un de ces esprits éminents, qui ne se bornent pas à jouir des œuvres du génie, mais qui en produisent d'éclatantes. Il est le riche Salluste, le riche Sénèque, le riche Montaigne, le riche Buffon, le riche Lavoisier, il est aussi l'homme d'État éminent qui préside aux destinées de sa patrie.

Ainsi, un simple filateur de coton accumule des richesses immenses; il est Anglais et s'appelle Peel. Consacrant sa vie à ses ateliers, il est peu versé dans la connaissance des affaires d'État, mais il prodigue à son fils tous les genres de savoir, et ce fils s'élevant au-dessus de son père, joignant aux connaissances les plus étendues l'influence de la fortune, devient l'un des premiers hommes d'État d'Angleterre, et se plaçant entre les vieilles races et les nouvelles, gouverne sa patrie avec un heureux mélange d'esprit ancien et d'esprit nouveau. Est-ce donc un spectacle odieux, que celui d'un père qui, après avoir employé ses facultés d'une manière lucrative, fournit à son fils le moyen de les employer d'une manière moins lucrative, mais plus noble et plus élevée? N'est-il pas bon, n'est-il pas nécessaire qu'après l'un de ces emplois vienne l'autre? Laissez-moi vous citer encore d'autres exemples qui en leur temps dépitèrent bien des envieux!

Dans la république la plus féconde en richesses et en chefs-d'œuvre, car elle donna au monde le Dante, Pétrarque, Boccace, Machiavel, Galilée, Ghiberti, Brunelleschi, Léonard de Vinci, Michel-Ange, dans cette république qui répandit en Europe le drap, la soie, le velours, l'orfévrerie, le florin, le crédit, il y eut une famille de marchands illustres, qui ont légué leur nom à l'un des trois grands siècles de l'humanité, les Médicis! Trouvez-vous bien mauvais les exemples qu'ils ont donnés au monde?

Jean de Médicis, en 1400, fonda la fortune de sa famille. Doux, prudent, laborieux, possédant au plus haut degré le génie du négoce, il amassa des richesses immenses, et répugnant comme un sage aux affaires publiques, même un peu mélancolique suivant Machiavel, il conseilla à ses enfants de ne jamais s'approcher du gouvernement. Souvenez-vous, leur dit-il à son lit de mort, que je ne suis jamais allé au *palais vieux* (c'était le palais du gouvernement) qu'après y avoir été appelé (*che chiamato*).

Ses conseils furent heureusement peu suivis. Son fils, Côme, entouré des plus savants maîtres, instruit dans les sciences, les arts, la politique, doué d'un génie hardi, se mêla, malgré les avis de son père, aux affaires publiques, fut proscrit, rappelé avec enthousiasme, ne gouverna pas, mais influença trente années la république florentine, fit bâtir par Michelozzo le ravissant palais de sa famille (1), vécut avec Masaccio, Brunelleschi, Ghiberti, Donatello, le Pogge, fonda des écoles de grec à Florence, accrut encore la fortune de sa famille, et toutefois en étant politique et savant resta négociant. Ce négociant cependant quittait son comptoir à certaines fêtes, pour aller dans la charmante retraite de Caffagiolo, y lire, devinez quoi ! y lire des Dialogues de Platon, que le Pogge lui avait traduits, et qu'il avait payés par une grosse somme d'or. Son fils Pierre lui survécut à peine, et la gloire de sa maison passa à son petit-fils, à celui que la postérité n'a cessé d'aimer, d'admirer, sous le nom de Laurent le Magnifique. Celui-là, plus désobéissant encore aux conseils de son aïeul, négligea tout à fait le commerce, et ne fut

(1) Le palais Ricardi.

que savant et politique. Élevé avec Politien et Pic de La Mirandole, poëte, chevalier, excellant dans tous les exercices du corps, laid comme Socrate et séduisant comme Alcibiade, homme d'État aussi sage que négociateur irrésistible, il sauva sa patrie menacée d'une coalition générale, lui ramena, lui soumit par la douceur de sa domination toutes les cours d'Italie, les fit vivre quinze ans dans un repos profond, que les historiens italiens ont appelé l'âge d'or de leur patrie, écrivit des vers exquis, fit rechercher et découvrir dans l'Europe entière les plus précieux manuscrits grecs et latins, les plus belles statues antiques, donna Michel-Ange au monde; charma, éblouit par sa magnificence les princes italiens qu'il avait attirés à Florence dans l'intérêt de la concorde générale, pensa à tout excepté à sa fortune, la prodigua, la compromit, mais si notoirement dans l'intérêt général, que Florence reconnaissante déclara confondus le trésor des Médicis et celui de la république, mourut enfin emportant le bonheur de sa patrie dans la tombe, car la prudence qui la rendait heureuse, descendue avec lui au cercueil, Français, Allemands se jetèrent en Italie, la ravagèrent pendant un demi-siècle, et la firent ce qu'elle est encore, c'est-à-dire esclave.

Aurait-il mieux valu que ce beau phénomène de transmission héréditaire n'existât point? Que la fortune des Médicis étant arrêtée à Jean, Côme eût été obligé d'employer sa vie à la recommencer; qu'arrêtée de nouveau à Côme, Laurent eût été obligé de la recommencer encore, et qu'aucun d'eux n'eût trouvé le temps de cultiver les arts, les lettres et la politique?

Ces agglomérations de fortune, conséquence forcée du travail indéfiniment excité, procurent donc les loisirs nécessaires à la culture des hautes sciences. Elles forment cette région sociale où l'esprit ne naît pas toujours, où il naît quelquefois, mais où il a besoin d'habiter, pour être goûté, excité, encouragé. Ainsi, dans ses profondes combinaisons, la nature livrée à elle-même fait qu'une convenance des choses répond à mille autres. Il faut que l'homme qui travaille ait la faculté de devenir riche, pour avoir un but à ses efforts, et en même temps en devenant riche il crée pour ses fils les loisirs de l'esprit. Ainsi dans l'univers tout se tient, se soutient, contraste sans se contredire, forme mille reflets harmonieux, comme dans un tableau coloré par une main habile et savante.

Est-ce là tout le rôle du riche? Le fils enrichi par le travail de son père a non-seulement de beaux livres et de beaux tableaux, mais un palais meublé d'étoffes somptueuses, des tables abondamment servies, des chevaux fougueux, des chars élégants? Dites-nous, ô philosophes de l'envie, faut-il de toutes ces choses dans une société? Êtes-vous quakers, haïssant tout ce qui brille, n'aimant que le blanc et le noir, peut-être le gris comme seule variété permise, ou bien admettez-vous qu'il faille dans les produits de toute société, la variété dans l'abondance, la finesse, l'élégance, la beauté, enfin?

Quels que soient vos penchants personnels, que je soupçonne de n'être pas ceux des quakers, permettez-moi de vous faire connaître la loi de toute production. Si on ne produit pas beaucoup, on produit mal et chèrement, et si on produit beaucoup, on produit plus ou moins bien, par suite de l'inégalité des facultés humaines, cause toujours agissante. Généralement on commence par produire mal, ensuite médiocrement, pour finir par produire bien, très-bien, puis encore mieux; et tandis qu'on s'avance de la sorte, on le fait en gardant toujours cette distance inévitable du produit inférieur au produit moyen, du produit moyen au produit supérieur. Ou il ne faut pas de progrès, ou il faut ces trois termes. Ou il faut la vallée de Tempé, habitée par des pâtres, mangeant la chair de leurs troupeaux, tissant leur laine, pâtres que les poëtes disent innocents, que je vous déclare, moi, très-grossiers, souvent livrés à d'ignobles vices, ayant leurs Caïn s'ils ont leurs Abel, et leurs pauvres aussi cent fois plus hideux que ceux de Londres et de Paris, car ce sont ces crétins portant à leur cou les insignes de la misère physique, et sur leurs traits idiots les signes de la misère morale : ou il faut, dis-je, cette vallée de Tempé, ou il faut, au contraire, une société sans cesse en mouvement, et dans laquelle se trouvent, je le répète, trois termes inévitables : le produit inférieur, le produit moyen, le produit supérieur. Cette société veut-elle faire des progrès? Elle est contrainte à n'aller que de l'un de ces termes à l'autre. Veut-elle du bon marché? Il est encore indispensable que les trois se combinent, pour que le bon marché résulte de la réversion des frais du premier sur le second, du second sur le troisième. S'agit-il, par exemple, de la production agricole? Le froment, le seigle, la pomme de terre se succédant sur la terre pour n'en laisser aucune partie improductive, se prêtent un secours mutuel. Le haut prix du froment permet à l'agriculteur de vendre le seigle à plus bas prix ; le prix moyen du seigle permet de livrer la pomme de terre à plus bas prix encore. S'agit-il de la production manufacturière, même réciprocité de secours. Il y a cinquante ans, lorsqu'on introduisit la filature du coton en France, on fabriqua d'abord mal et chèrement, puis un peu moins mal et moins chèrement, enfin très-bien et à bon marché. On continue en filant plus finement le fin, le moyen, le gros, et en les donnant chaque jour à meilleur marché, grâce à la réversion de frais qui s'opère des uns sur les autres. Même phénomène pour ces élégants tissus de laine, qu'autrefois on allait chercher dans les vallées du Thibet, qui ne figuraient, il y a un demi-siècle, que sur les nonchalantes épaules de la femme opulente, qui aujourd'hui sont descendus sur celles de la femme simplement aisée, et ont permis au tissu de mérinos de recouvrir la modeste femme de l'ouvrier. Si on ne produisait pas le beau tissu de cachemire, on ne pourrait pas produire à bas prix celui de mérinos dont la femme de l'ouvrier se pare les jours de fête. Les beaux et rapides chevaux de pur sang, sur lesquels le fils dissipé du riche s'enfuit au galop à travers les allées d'un parc, dédommagent l'agriculteur d'avoir élevé le cheval moins élégant sur lequel montent nos braves cavaliers, où le cheval grossier qui traîne la charrue. Mais ces produits plus recherchés, plus fins, plus rares, qui les payera, s'il n'y a des accumulations de fortune dans quelques mains heureuses, que le travail présent ou passé a enrichies? La richesse, la médiocrité, la pauvreté s'entr'aident ainsi, et payent moins cher, parce qu'elles payent ensemble les divers états de l'industrie humaine.

Sans doute il vaudrait mieux qu'il y eût du pur froment pour toute bouche à nourrir, du cachemire pour toute femme à vêtir, le beau coursier d'Arabie pour tout cavalier à monter! Ah! que ne dépend-il de nous de nourrir des meilleurs aliments, de vêtir des plus beaux tissus, de loger dans les plus saines demeures, ce peuple que nous aimons beaucoup plus que ceux qui le flattent, dont nous apprécions le simple et naïf bon sens, quand on ne l'a pas corrompu! Mais cela est-il au pouvoir de la science ancienne ou moderne?

Dieu, Dieu, ce grand coupable, a voulu que l'homme commençât sur cette terre par le gland, pour finir, à force de travail, par le pain de froment, et il nous semble que, s'il a voulu faire du bien-être le prix du travail, et de la vie une épreuve, il est permis de s'incliner devant la profondeur d'un tel dessein.

Ces aliments choisis, ces vêtements beaux et sains que vous enviez au riche, le pauvre les aura un jour; oui, il les aura moyennant que la société travaille longtemps encore. Vaine promesse! dira-t-on. Pas si vaine, si on en juge d'après le passé. Il y a trois ou quatre siècles, les rois, dans leurs donjons, avaient de la paille sous les pieds. Aujourd'hui, le plus simple commerçant, dans l'intérieur de sa demeure, marche sur des tissus de laine émaillés de fleurs. Pour qu'il en fût ainsi, la société a travaillé des siècles. Qu'elle travaille encore, et ce qui n'appartient qu'au riche sera le lot du pauvre. Mais quand la société sera parvenue à ce point, le tissu fin sera plus fin encore, et il faudra toujours la richesse, l'aisance, la médiocrité (qui ne sera plus la pauvreté, j'espère) pour correspondre aux trois états de toute industrie humaine, pour payer le produit supérieur, moyen et inférieur, car l'industrie en progrès est comme une colonne en marche, elle a toujours une tête, un centre, une queue.

DU DROIT DE PROPRIÉTÉ.

Voyez ce qui arrive au milieu des grandes perturbations politiques et sociales. Plus menaçantes pour le riche que pour le pauvre, elles effraient le premier, l'éloignent de toutes les jouissances du luxe, et à l'instant toute prospérité s'arrête. On crie, on s'emporte contre le riche, on veut l'accabler d'impôts; on frappe tout ce qui lui ressemble dans les hauts fonctionnaires de l'État, on réduit tous les traitements, et la misère ne fait que s'accroître à mesure que la consommation des objets de luxe s'interrompt plus complétement. Alors on s'écrie qu'il faut secourir l'industrie, on en cherche les moyens, et on dépense en secours donnés à telle ou telle manufacture, en primes à l'exportation dont l'étranger profite seul, deux, trois fois plus qu'on n'a gagné de millions par des impôts mal assis, ou des réductions mal-entendues. On se voit donc obligé de refaire, mal, incomplétement, ce qu'il aurait suffi de laisser exister, et on ressemble à ces enfants qui, entraînés par le penchant à détruire, veulent replanter après coup les plantes qu'ils ont arrachées du sol, ou rappeler à la vie l'animal inoffensif qu'ils ont tué.

Je n'ai pas dit encore toutes les fonctions de la richesse dans la société. Elle a un autre rôle que celui d'acheter ces produits raffinés dont la production et la consommation sont indispensables; elle seule peut fournir des capitaux au génie inventeur, génie hardi, téméraire, exposé à se tromper souvent, et à ruiner ceux qui le commanditent. Voici, par exemple, une invention nouvelle, qui doit changer la face du monde : son inventeur la prône, et la donne pour ce qu'elle est, pour une merveille. Mais bien d'autres en ont dit autant des inventions les plus ridicules. Il faut essayer, risquer de grands capitaux, et pour risquer pouvoir perdre. Le pauvre, l'homme aisé lui-même, le peuvent-ils? L'appât du gain les tente quelquefois, et ils perdent à ces témérités le modeste fruit de leurs économies. Loin de les y exciter, on doit les en décourager au contraire. Mais le riche qui a beaucoup plus qu'il ne lui faut pour vivre, le riche peut perdre, dès lors peut risquer, et, tandis qu'il est livré aux dissipations d'une société élégante, ou aux agitations de la politique, ou aux distractions des voyages, laissant ses capitaux accumulés chez le banquier en crédit, il lui confie son superflu qui sert à encourager les entreprises nouvelles. Il perd ou gagne à ces entreprises. Il est peu à plaindre s'il perd. Il devient plus riche s'il gagne, et peut encourager un autre génie plus hardi encore.

Ainsi cette inégalité de richesses, qui répond déjà aux besoins de l'industrie humaine toujours inégale dans ses produits, a seule aussi le moyen d'être hardie comme le génie. Il lui reste un dernier rôle, qui complète son sort en ce monde, et cette fois, ô cruelle envie, vous ne l'aimerez pas davantage, mais vous serez du moins condamnée au silence! Elle peut être bienfaisante. Oh! sans doute, le riche, qui souvent est un oisif, un dissipateur, vice qu'il expie bientôt par la misère, qu'il expie cruellement, car le pauvre a du moins des bras, et lui n'en a pas, le pauvre n'a pas de honte, et lui en est dévoré, le riche aussi a quelquefois un cœur sec, indifférent à l'infortune, et il ne demeure pas impuni; car, outre qu'il est privé des plus douces jouissances qui existent sur la terre, il est poursuivi par la plus juste, par la plus cruelle haine qu'on puisse inspirer aux hommes, la haine contre le riche avare et insensible. Mais il est bienfaisant quelquefois, et alors il quitte ses palais pour aller visiter la chaumière du pauvre, bravant la saleté hideuse, la maladie contagieuse, et quand il a découvert cette jouissance nouvelle, il s'y passionne, il la savoure, et ne peut plus s'en détacher. Supposez toutes les fortunes égales, supposez la suppression de toute richesse et de toute misère, personne n'aurait moyen de donner, mais personne, suivant vous, n'aurait besoin qu'on donnât, ce qui est faux. En supposant même que cela fût vrai, vous auriez supprimé la plus douce, la plus charmante, la plus gracieuse des vertus de l'humanité! Triste réformateur, vous auriez gâté l'œuvre de Dieu, en la voulant retoucher. Laissez-nous, je vous en prie, laissez-nous le cœur humain, tel que Dieu nous l'a fait. Sans doute si, pour avoir la satisfaction de voir des riches bienfaisants, nous avions créé des pauvres à plaisir, vous auriez raison de dire qu'il vaut mieux qu'il n'y ait pas de pauvres, dût-il ne pas y avoir des riches capables de donner. Mais n'oubliez pas que ce riche n'a pas fait pauvres ceux qui le sont, que s'il n'était pas devenu riche, c'est-à-dire si ses pères n'avaient ajouté par leur travail à la richesse générale, les pauvres seraient plus pauvres encore, et que son adorable bienfaisance pour pouvoir se montrer généreuse envers le malheur, n'a pas commencé par lui prendre afin de pouvoir lui donner. Dans cette marche incessante vers un état meilleur, le travail qui a réussi vient au secours du travail qui n'a pas réussi, et la richesse qui peut avoir tous les vices, mais qui peut aussi avoir toutes les vertus, soutient la pauvreté. Elles marchent appuyées l'une sur l'autre, se procurant des jouissances réciproques, et formant un groupe cent fois plus touchant à voir que votre pauvreté seule à côté d'une autre pauvreté, se refusant mutuellement la main, et privées de deux sentiments exquis, la charité et la reconnaissance.

Encore une observation sur ce sujet, et je ne vous parlerai plus du riche. Ces accumulations de richesse, si apparentes aux yeux, ne sont ni aussi nombreuses ni aussi considérables qu'on l'imagine, et s'il prenait la fantaisie de les partager, on aurait procuré une bien petite portion aux copartageants. On aurait détruit l'attrait qui fait travailler, le moyen de payer les hauts produits du travail, effacé en un mot le dessein de Dieu, sans enrichir personne. En effet, croyez-vous que les riches soient bien nombreux, et qu'ils soient bien riches? Ils ne sont ni l'un ni l'autre. Personne n'a compté les fortunes dans une société; mais dans un État comme la France, où l'on suppose douze millions de familles, en comptant trois individus par famille, on sait qu'il existe deux millions de familles qui ont à peine le nécessaire, et souvent même en sont privées; six millions qui ont le nécessaire, trois millions qui ont l'aisance, près d'un million qui ont un commencement d'opulence, et tout au plus deux ou trois centaines qui possèdent l'opulence elle-même. Supposez un partage égal, on ne disputera rien à ceux qui jouissent du nécessaire, on pardonnera peut-être à la simple aisance, même à la fortune qui commence, mais si on prenait la fortune des trois cents qui ont la véritable opulence, on ne payerait pas la moitié des dépenses de l'État pendant une année. On n'aurait pas ajouté une quantité appréciable au bien-être des masses, et on aurait supprimé le stimulant qui, en excitant le travail, produit l'amélioration de leur sort. Ces accumulations qui brillent aux yeux, qui en brillant contribuent à exciter l'ardeur au travail, qui servent à acheter les produits les plus raffinés d'une industrie en progrès, quelquefois à se répandre comme un baume bienfaisant sur le travail moins heureux, ces accumulations réparties sur la masse ne lui procureraient rien, et auraient détruit tous les mobiles qui, en excitant l'homme à travailler, ont amené le meilleur état de l'espèce humaine. Il est bien certain qu'aujourd'hui le peuple est moins indigent qu'il y a quelques siècles; que les famines, par exemple, n'emportent plus des générations entières; que le peuple, mieux nourri, mieux vêtu, mieux logé (sans l'être aussi bien qu'on devrait le désirer), n'est plus exposé aux contagions résultant de la malpropreté, de la misère, comme en Orient ou au moyen âge. Comment cela s'est-il fait? Par l'ardeur que dans tous les siècles on a mis à devenir riche. Détruisez la richesse, et le travail cesse avec le stimulant qui l'excitait. Vous n'avez pas ajouté un millième peut-être à l'aisance actuelle de tous, et vous avez détruit le principe qui en cinquante ans peut la doubler ou la tripler. Vous avez, ainsi qu'on l'a dit, tué la poule aux œufs d'or.

Souffrez donc ces accumulations de richesses, placées dans les hautes régions de la société, comme les eaux, qui destinées à fertiliser le globe, avant de se répandre dans les campagnes en fleuves, rivières ou ruisseaux, restent quelque temps suspendues en vastes lacs au sommet des plus hautes montagnes.

CHAPITRE XII.

DU VRAI FONDEMENT DU DROIT DE PROPRIÉTÉ.

Qu'il résulte de tout ce qui précède, que le travail est le vrai fondement du droit de propriété.

Que résulte-t-il de toutes ces déductions dont la chaîne ne me paraît interrompue nulle part? Le voici, ce me semble :

L'homme, jeté *nu sur la terre nue*, passe de la misère à l'abondance par l'exercice des facultés puissantes que Dieu lui a données.

Ces facultés composent une première propriété inséparable de lui ; de leur exercice naît une seconde propriété, consistant dans les biens de ce monde, moins adhérente à son être, mais plus respectable, s'il est possible, car la première lui vient de la nature, et celle-ci de son travail, et, par cela même qu'elle est moins adhérente, ayant besoin d'être formellement garantie par la société, pour que l'homme certain de posséder le fruit de ses efforts travaille avec confiance et avec ardeur.

Cette propriété acquise, garantie par la société, a

pour conséquences nécessaires le don et l'hérédité, car le don est l'une des manières forcées d'en user, car l'hérédité résulte à son tour du don et de la nature, ne peut être empêchée par aucun moyen, et complète le système de la propriété, en créant au travail un stimulant infini au lieu d'un stimulant insuffisant et borné.

De la transmission héréditaire proviennent de nouvelles inégalités acquises, qui, s'ajoutant aux inégalités naturelles, produisent certaines accumulations qu'on appelle la richesse. Ces accumulations n'ont rien de contraire à l'équité, car elles n'ont été dérobées à personne, contribuent à l'abondance commune, servent à payer les produits les plus élevés de toute industrie perfectionnée, sont le moyen de la bienfaisance, et, nées du travail, se dissipant et périssant par l'oisiveté, présentent l'homme récompensé ou puni par la plus infaillible des justices, celle du résultat.

Tel est l'historique exact de la manière dont les choses se passent dans la société, relativement au travail et à la propriété. Qu'y voyons-nous? Qu'il faut que l'homme travaille, travaille sans mesure, sans fin; qu'en travaillant même immodérément, suivant toutes ses facultés, il se fait du bien à lui et aux autres, il acquiert une abondance qui rejaillit sur tous, que par conséquent la propriété personnelle qui lui crée un but, mais un but limité, et la propriété transmissible héréditairement qui lui crée un but illimité, sont une nécessité sociale.

La propriété, que nous avions, en commençant cette chaîne de déductions, envisagée comme un fait général, est donc un fait non-seulement général, mais légitime et nécessaire.

Que faut-il de plus pour être fondé à dire, en parlant de la propriété, qu'elle est un droit, un droit sacré, comme la liberté d'aller et de venir, la liberté de penser, de parler et d'écrire?

Par exemple, j'ai besoin de me mouvoir, car je ne puis vivre sans me mouvoir : n'en aurais-je pas le désir en ce moment, l'idée que je ne le puis pas, que je suis enfermé dans les murailles d'une ville, ou dans les vastes forêts du Paraguay, serait pour moi un supplice; et la société, avant d'être civilisée, reconnaît comme une habitude naturelle, après qu'elle est civilisée, comme un droit écrit, la liberté d'aller et de venir, et elle l'appelle liberté individuelle.

J'ai un esprit qui perçoit les rapports des choses, les rapports des États avec le monde, des citoyens avec l'État lui-même, qui en juge sainement, qui en peut parler d'une manière utile, qui le fera d'autant mieux qu'il le pourra plus librement, à qui il serait insupportable de se taire sur ce sujet, qui braverait les fers, la mort peut-être, si on voulait l'en empêcher; et, considérant l'utilité pour l'individu et pour l'État de laisser ce penchant se produire, la société déclare, quand elle est civilisée, que la liberté de penser et de manifester sa pensée est un droit, un droit sacré.

L'observation de ces faits a suffi pour qu'on dît : Il y a droit.

La convenance, sous le rapport de l'équité, de laisser à l'homme le fruit de son travail, l'intérêt, sous le rapport de l'utilité sociale, que ce travail soit actif, énergique, infini, doivent évidemment lui en faire garantir les produits, et la société est tout aussi fondée à proclamer la propriété comme un droit, qu'elle l'a été à proclamer comme droits les libertés diverses, dont se compose la liberté humaine.

La société civilisée ayant consacré par écrit le droit de propriété, qu'elle avait trouvé existant sous forme d'habitude dans la société barbare, l'ayant consacré dans le but d'assurer, d'encourager, d'exciter le travail, on peut dire que le travail est la source, le fondement, la base du droit de propriété.

Mais si le travail est le fondement du droit de propriété, il en est aussi la mesure et la limite, ce qui ressort avec clarté et précision de l'exemple qui suit :

J'ai défriché un champ où il ne poussait que ronces ; je l'ai enclos, planté, arrosé, couvert de bâtisses, ou, ce qui revient au même, je l'ai acquis en donnant en échange d'autres objets provenus de mon travail. La société m'en assure, quoi? La surface, théâtre de ces travaux de défrichement, de clôture, de plantation, d'arrosage, de construction, la surface et rien de plus. Elle me la donne, car elle ne peut pas faire autrement. Comment, en effet, pourrait-elle me garantir le fruit de mes labeurs, si elle ne m'assurait la tranquille possession de cette surface où coulent ces eaux, sur laquelle reposent ces murs, tout autour de laquelle serpentent et végètent les racines de ces arbres? Il le faut bien, et elle ne peut permettre à un autre de semer sur mes moissons, de planter à côté de mes arbres. Mais mon travail ne s'étend pas au delà du soc de ma charrue, au delà des racines de mes arbres, au delà de la sonde avec laquelle je vais chercher l'eau de mon puits, et dès lors ma propriété s'arrête où s'est arrêté mon travail. Cependant au-dessous de cette surface dont on m'a garanti la possession, il y a des profondeurs remplies d'un métal, le fer, qui sert à tous les ouvrages difficiles, d'un autre métal, l'argent, qui sert à tous les échanges, d'un minéral, la houille, qui sert aujourd'hui à produire la force. Le fond, pouvant devenir le théâtre d'un nouveau travail, devient en même temps le théâtre d'une nouvelle propriété; et, sous la surface, qui est au laboureur, se forme une autre possession, qui appartient au mineur. La société pose des règles pour la sûreté et la commodité de tous les deux. Mais, à côté de l'un, elle place l'autre, et la terre, loin d'être un théâtre d'usurpation, est ainsi le théâtre d'un double labeur, l'un à sa surface, l'autre dans ses plus profondes entrailles. De la sorte, aucune partie de cet univers n'est prodiguée à qui ne la travaillerait pas : à l'un le dessus, à l'autre le dessous; à chacun pour le travail, à cause du travail, dans la mesure du travail.

On peut donc le dire dogmatiquement (car il est permis d'être dogmatique après avoir démontré), le fondement indestructible du droit de propriété, c'est le travail.

Soit, me dira-t-on; quand ce travail est l'origine vraie de la propriété, nous n'avons rien à reprendre dans ce qui existe. Ce fondement est si naturel, si légitime, qu'il n'y a rien à objecter, et que toute démonstration devient oiseuse.

Mais le travail est-il toujours ce fondement? Ne voyez-vous pas tous les jours, en fait de fortunes mobilières, des capitaux immenses accumulés dans certaines mains par la fraude, le jeu, les spéculations les plus folles ou les plus criminelles? Ne voyez-vous pas, en fait de propriété immobilière, la plupart des terres aux mains d'hommes qui, avec un argent mal acquis, les achetèrent d'un fils, qui lui-même les tenait de son père, seigneur féodal enrichi de confiscations? En y regardant bien, vous verrez la fraude ou la violence figurer à l'origine de la propriété, plus souvent que le travail ; et, à la limite de chaque champ, au lieu de placer le dieu Terme, si respecté des Romains, n'y faudrait-il pas placer le dieu Mercure, avec son caducée et ses ailes, employés à tromper et à fuir ?

Mais, ajoute-t-on, en supposant que l'origine de la propriété soit aussi respectable que vous le prétendez, n'y a-t-il pas de graves inconvénients attachés à son extension croissante? En lui permettant de s'étendre à toutes choses, terres, capitaux, outils, machines, matières premières, argent, n'arrive-t-il pas que le monde est un lieu envahi, où il n'y a plus place pour personne, un théâtre, comme disait Cicéron, où tous les siéges sont retenus d'avance? Et si ce théâtre n'était qu'un lieu de plaisir, on pourrait se résigner peut-être, bien que le plaisir soit aussi le droit de tous, mais ce théâtre, c'est la vie! Même, en voulant travailler, l'ouvrier n'y trouve plus à exister, car terres, capitaux, tout appartient à un petit nombre de détenteurs implacables, qui ne donnent les instruments du travail qu'à des conditions auxquelles l'homme laborieux ne saurait vivre.

Ainsi l'origine réelle de la propriété démentant son origine théorique ;

L'invasion de la terre et des capitaux s'étendant sans cesse au profit de quelques-uns, au détriment de tous ;

Voilà deux objections des philosophes du temps

auxquelles je vais répondre dans les deux chapitres qui suivent. J'espère que ces vains nuages se dissiperont devant la vérité, ainsi qu'une légère vapeur devant un soleil d'été.

CHAPITRE XIII.

DE LA PRESCRIPTION.

Que si la fraude et la violence sont quelquefois l'origine de la propriété, la transmission pendant quelques années, sous des lois régulières, lui rend le caractère respectable et sacré de la propriété fondée sur le travail.

A côté des hommes qui acquièrent leurs biens par le travail, quelques individus usurpent leurs biens par la fraude ou par la violence, et cet attentat serait un titre contre tous, contre ceux qui ont travaillé comme contre ceux qui n'ont pas travaillé! Une telle conclusion ne serait pas soutenable. Qu'y a-t-il à faire dans ce cas? De meilleures lois, plus sévères, mieux concertées, pour distinguer entre ceux dont la possession remonte à un travail et ceux dont la possession a pour origine une usurpation. Faudrait-il donc que l'on renonçât à consacrer la propriété, à la protéger, à la garantir, parce qu'elle est quelquefois exposée à des violations? La vie de l'homme aussi est menacée souvent, même atteinte : faudrait-il donc permettre l'assassinat parce qu'on ne peut pas toujours l'empêcher? Sans doute dans l'opulence de celui-ci ou de celui-là, dans ses châteaux ou ses terres, se cache peut-être une fraude ancienne, connue ou seulement suspectée, comme au milieu de ces campagnes riantes d'Italie ou d'Espagne, se trouve çà et là une croix, que les habitants placèrent en expiation d'un horrible assassinat. Cela est affligeant assurément, et digne d'une énergique répression : est-ce une raison pour que dans ces belles campagnes et chez ceux qui les cultivent, je ne voie que des assassins, et que dans ce Guadalquivir, dans ce Volturne, qui coulent avec tant de grâce, je ne voie que des flots de sang?

Vous parlez de cet antre du jeu qu'on appelle la Bourse, où se forment et se détruisent si vite, autrement que par le travail, des fortunes colossales. Il en est quelquefois ainsi, mais ceux qui ne font qu'y paraître pour disparaître, en emportent rarement des trésors. Ce qu'ils ont gagné en un jour, par le hasard, ils le perdent de même, et pour ceux qui ne font pas des effets publics un commerce sérieux et légitime, un travail de toute leur vie, la fortune, cruelle en ses caprices, les élève un moment, pour les laisser retomber ensuite de toute la hauteur à laquelle elle les avait portés dans ses perfides bras. La seule question est de savoir s'il

peut y avoir dans ce lieu si mal famé un commerce
légitime auquel la société permette d'appliquer sa
peine et son temps. Mais y a-t-il à ce sujet un doute
sérieux à concevoir? Ne faut-il pas que le gouvernement emprunte quand la limite de l'impôt est atteinte? ne faut-il pas que par l'emprunt il rejette sur
l'avenir des charges qui profiteront à l'avenir, et que
le présent ne peut plus supporter? ne faut-il pas
que les vastes entreprises destinées à changer la face
du sol, et qui exigent des capitaux immenses, se
divisent en petites parts qu'on appelle *actions*, et
soient mises à la portée de tous les capitalistes? ne
faut-il pas que ces parts divisées des emprunts ou
des grandes entreprises, se vendent et s'achètent
dans un marché public, comme toute autre marchandise? n'est-il pas indispensable que des spéculateurs, épiant les variations infinies de ces valeurs,
accourent pour les acheter quand elles baissent, et
les relèvent ainsi de leur discrédit? Ces variations
augmentent dans les temps difficiles, et provoquent
des jeux, de même que le blé, matière si respectable,
devient dans les temps de disette le sujet de spéculations folles. Allez-vous par ce motif proscrire le
commerce des grains? Ne distinguez-vous pas celui
qui fait un commerce sérieux, utile, et suivi, de celui qui ne se livre qu'à un jeu passager? ne distinguez-vous pas le grand banquier qui contribue à
fonder le crédit d'un État, du spéculateur vulgaire

qui demande à un hasard une opulence de quelques jours? N'est-ce pas le cas de tous les genres d'industrie et de commerce? Que direz-vous de cette masse de richesses mobilières qui s'acquièrent en tissant du fil, de la laine, du coton, de la soie, en fabriquant des machines, en couvrant la mer de vaisseaux, en allant chercher sous un autre hémisphère des produits qui se vendront dans le nôtre? Empêcherez-vous que tel commerçant avisé ne calcule ce que l'abondance des récoltes dans l'Inde ou l'Amérique, ce que la guerre de tel peuple avec tel autre, pourront produire de variations dans les prix en Europe, et ne gagne ou ne perde des sommes considérables à ces calculs faits sur le sucre, sur le coton ou la soie? C'est là l'inévitable condition du commerce, et l'opinion publique, observant tous les jours celui qui opère ainsi, lui donne ou lui retire ces forces précieuses, qui à la longue sont la cause véritable de la fortune beaucoup plus que le bonheur, et qu'on appelle l'estime, la considération, le crédit.

On parle de la terre, des usurpations au moyen desquelles elle est successivement arrivée aux mains de ceux qui la possèdent! Il est bien vrai qu'à l'origine de toute société la violence a plus de part que la justice. Les hommes ont le sentiment du juste et de l'injuste moins développé; ils se ruent sur le sol, s'en emparent, se le disputent violemment, et jusqu'à l'établissement de lois sages et équitables, se transmettent plus ou moins régulièrement ce qu'ils ont acquis d'une manière très-irrégulière. Avec le temps, avec le progrès des mœurs et des lumières, la législation se perfectionne, la propriété s'épure par une transmission légitime et bien ordonnée. Est-ce qu'il est jamais venu à l'esprit d'aucun sophiste de l'ancienne Rome de nier, sous la république ou sous l'empire, au milieu des discussions élevées sur la loi agraire, que le sol romain appartînt légitimement à ses possesseurs, parce que dans l'origine il avait été le prix du brigandage, vrai ou faux, des compagnons de Romulus? Qui sait de combien de méfaits a été le théâtre, la terre qu'on a le plus légitimement acquise? Est-on responsable de ce que firent, il y a quelques siècles, les détenteurs d'une propriété qu'on a régulièrement obtenue du possesseur, en la payant ce qu'il en demandait? On ne nie pas le droit d'échange apparemment, car ceux qui contestent la propriété, qui veulent supprimer le numéraire, admettent qu'on échange un objet directement contre un autre. J'ai élevé des moutons, vous avez cultivé la terre ; je vous donne un mouton contre une certaine mesure de blé : rien n'est plus légitime, il me semble. J'ai acquis dans le commerce une somme de capitaux mobiliers, je vous la donne contre une terre : cette terre est certes bien à moi, après une pareille transaction. Eh bien, en cinquante ans, tout le sol d'un vaste pays a ainsi passé de mains en mains. Il suffit donc de cinquante ans d'échanges, sous une législation sage, pour que la propriété entière d'un pays, eût-elle pour origine le plus affreux brigandage, se soit épurée et légitimée par la transmission à des conditions équitables.

Oui, ajoute-t-on, mais celui qui a transmis pouvait-il transmettre, s'il n'était légitime possesseur? Il avait usurpé, il a transmis l'usurpation, et rien de plus.

La réponse à cette objection est dans le bon sens des nations, qui toutes ont admis la prescription. Elles ont universellement reconnu que lorsqu'un objet avait existé sans contestation, pendant un certain nombre d'années, dans les mains d'un individu, il devait finir par être à lui. S'il y a contestation, ou bien réclamation à certaines époques de la part du légitime possesseur (ce que les jurisconsultes appellent interruption de prescription), la société ouvre l'oreille, juge et prononce. Mais si pendant trente années il y a eu silence, la société a établi par des raisons tout aussi concluantes que celles qui lui ont fait reconnaître le droit de propriété en lui-même, que l'objet possédé serait définitivement acquis au possesseur. Elle l'a fait, parce que la longue possession est une présomption de travail, parce que rien ne serait stable s'il n'y avait pas un terme aux recherches sur le passé, parce que aucune transaction ne serait possible, aucun échange ne pourrait avoir lieu, s'il n'était acquis qu'après un certain temps celui qui détient un objet le détient justement, et peut le transmettre. Figurez-vous quel serait l'état de la société, quelle acquisition serait sûre, dès lors faisable, si on pouvait remonter au douzième et au treizième siècle, et vous disputer une terre, en prouvant qu'un seigneur l'enleva à son vassal, la donna à un favori ou à un de ses hommes d'armes, lequel la vendit à un membre de la confrérie des marchands, qui la transmit lui-même de mains en mains à je ne sais quelle lignée de possesseurs plus ou moins respectables ! Il faut bien qu'il y ait un terme fixe où ce qui est, par cela seul qu'il est, soit déclaré légitime, et tenu pour bon, sans quoi voyez quel procès s'élèverait sur toute la surface du globe !

En Italie, par exemple, les Italiens diraient aux possesseurs des terres : Mais vous venez, ce nous semble, des barons allemands, presque tous Gibelins récompensés avec les biens enlevés aux Guelfes. Et, vous-mêmes, dirait-on aux Italiens-Guelfes, vous étiez probablement des soldats de Charlemagne, récompensés avec les terres des Lombards, que ceux-ci avaient prises aux Romains, lesquels les avaient partagées entre leurs colons militaires, après les avoir enlevées à ces intéressants émigrés, dont Virgile a rendu la plainte si touchante. Qui sait en effet si l'une de ces terres, que les Croates disputent aujourd'hui à des seigneurs milanais, n'est pas à ce pauvre Mélibée, qui menant son troupeau en exil, envie à Tityre son doux repos, et les loisirs qu'un dieu lui a faits?

Et nous Français, que ne pourrait-on pas nous dire sur l'origine des terres que nous possédons? Arrachées par les Romains aux Gaulois, qui eux-mêmes étaient forts suspects d'avoir le bien d'autrui, employées plus d'une fois par César à soudoyer les scélérats de Rome, enlevées aux Romains par les Barbares, soumises sous ces derniers, pendant plusieurs siècles, à toutes les iniquités du régime féodal, attribuées aux aînés à l'exclusion des cadets, données, reprises, disputées entre ces seigneurs féodaux qui s'enlevaient par la fraude des biens souvent acquis par la violence, elles allaient enfin sous une législation plus régulière, qu'avaient faite nos rois, devenir une possession quelque peu respectable, quand tout à coup est venue la révolution française, qui bouleversant de nouveau personnes et choses, tranchant la tête aux fils de ces seigneurs féodaux, confisquant leurs biens parce qu'ils fuyaient l'échafaud, enlevant au clergé des terres magnifiques, que lui-même avait soustraites à des mourants assiégés de remords, a donné le tout au premier venu, pour quel prix! Pour un papier tellement avili, que ce qui servait à payer une terre n'aurait pas servi à nourrir quelques jours une famille. Y a-t-il après de tels souvenirs un propriétaire français qui puisse mourir en paix?

Que dire des Espagnols qui cultivent si mal le sol qu'ils prirent aux Arabes, que les Arabes prirent aux Goths, les Goths aux Romains, les Romains aux anciens Ibériens! Que dire des Turcs qui prirent aux Grecs, lesquels avaient pris à je ne sais qui, ces belles rives du Bosphore! Et l'Amérique elle-même, quel jugement en porter? Là le travail, à en croire les apparences, serait bien certainement l'origine de la propriété, car des colons n'ayant que leurs bras, quelques instruments aratoires, et quelques mois de vivres apportés d'Europe, vont attaquer des forêts vierges, où n'habitent que des singes, des perroquets, des serpents. Eh bien! ceux-là aussi, ceux-là usurpent, car les Américains du nord, qui leur concèdent ces forêts vierges, les ont dérobées à de pauvres Indiens, pieds noirs ou pieds rouges, sans aucun titre que la fantaisie qui leur prit, il y a deux siècles, de quitter l'Angleterre pour des querelles de religion. Que penser, si l'Amérique elle-même n'est qu'un repaire de violences et d'usurpations!

Parlons sérieusement, même en répondant à de folles objections. Pour travailler il faut commencer par se saisir de la matière de son travail, c'est-à-dire de la terre, matière indispensable du travail agricole; ce qui fait que l'occupation doit être le premier acte par lequel commence la propriété, et le travail le second. Toute société présente au début ce phénomène de l'occupation plus ou moins violente, auquel succède peu à peu le phénomène d'une transmission régulière, au moyen de l'échange de la propriété contre le fruit légitime d'un travail quelconque. Pour rendre cet échange sûr, on suppose que toute propriété qui a été trente années dans les mêmes mains, sans aucune réclamation, y était légitimement, ou y a été légitimée par le travail. Les terres ainsi transmises continuellement, sous une législation fixe, représentent une propriété légitime, puisqu'elles ne sont dans aucune main sans avoir été échangées contre une valeur équivalente. Il suffirait d'une seule transmission pour les constituer la plus respectable des possessions, et il ne faut pas un siècle pour qu'elles changent plusieurs fois de maîtres, sauf quelques exceptions très-rares. Le monde civilisé n'est donc pas une vaste usurpation, et j'ajouterai, pour tranquilliser la conscience des propriétaires français, que, malgré les barbaries du régime féodal, malgré les bouleversements de la révolution de 1789, la propriété foncière remonte en France, et pour la plus grande partie, à l'origine la plus pure. Les champs que les Romains enlevèrent aux Gaulois étaient peu considérables, car le sol était à peine cultivé, et il ressemblait aux forêts que les Américains concèdent aujourd'hui aux Européens. Les Barbares le trouvèrent dans un état peu différent. Mais c'est

DU DROIT DE PROPRIÉTÉ.

surtout pendant les siècles qui ont suivi, et sous le régime féodal, que le défrichement a commencé, et s'est continué, sans interruption, ce qu'indique le nom de *roture*, venant de *ruptura*, donné à toute propriété qui avait le défrichement pour origine. Toute terre *roturière* venait par conséquent du travail le plus respectable, et c'était le plus grand nombre, car beaucoup de terres anoblies avec le temps, à cause de celui qui les possédait, avaient commencé par être des terres *roturières*. Depuis, sous une longue suite de rois, d'excellentes lois avaient rendu la transmission régulière, et le commerce, lorsqu'il voulait acquérir des domaines fonciers, les achetait à beaux deniers comptants des possesseurs nobles ou roturiers. Nous pouvons donc, nous autres Français, si nous en avons toutefois, posséder nos terres en pleine tranquillité de conscience, fussions-nous même acquéreurs de biens nationaux, car, en définitive, on paya ces biens avec la monnaie que l'État lui-même donnait à tout le monde, que tout le monde était obligé d'accepter de ses débiteurs, et enfin quelques scrupules restant à la Restauration, elle a consacré huit cents millions à les dissiper. Nous pouvons donc dormir en paix, et nos enfants après nous.

CHAPITRE XIV.

DE L'ENVAHISSEMENT DES CHOSES PAR L'EXTENSION DE LA PROPRIÉTÉ.

Que l'univers, loin d'être envahi par l'extension croissante de la propriété, est au contraire chaque jour plus approprié aux besoins de l'homme, plus accessible à son travail, et que la propriété civilise le monde au lieu de l'usurper.

Toute propriété a donc pour origine véritable le travail, et si elle n'a pas d'abord cette origine, elle ne tarde pas à l'acquérir, après un certain temps de transmission régulière. Nous accordons cela, si on veut, répondent quelques adversaires de la propriété, mais il n'en résulte pas moins qu'avec les siècles tout finit par être occupé, terres, capitaux, instruments du travail, et que les derniers venus ne savent où se mettre, ni comment employer leurs bras. J'arrive dans ce monde, dit l'un des économistes du temps, après plusieurs mille ans de ces transmissions successives, plus ou moins légitimes; je le trouve en-

DU DROIT DE PROPRIÉTÉ.

vahi par les propriétaires des terres, ou par les propriétaires des capitaux. Si je veux être cultivateur je rencontre partout des murailles, des fossés qui m'arrêtent, et m'apprennent que le champ que je désirerais cultiver est à un autre. Si je veux travailler différemment, et, par exemple, scier ou raboter le bois, filer le chanvre, limer le fer, je trouve le bois, le chanvre, le fer, les capitaux enfin dans des mains avares, qui me les dénient en me refusant tout crédit, ou en exigeant un intérêt tel, qu'il ne me reste rien pour vivre après avoir acquitté cet intérêt. Comment ferai-je? Le monde entier, ciel, terre, eau, n'est-il pas envahi par d'avides et jaloux possesseurs?

Cette objection n'est guère plus sérieuse que la précédente. Vous arrivez dans le monde un peu tard, j'en conviens; il y a bien des places prises, et, en acceptant la comparaison de Cicéron, qui assimile la propriété à un théâtre où tous les siéges seraient occupés, je vous adresserai la réponse suivante. Les propriétaires de ce théâtre sont gens bien mal appris assurément de ne vous avoir pas réservé une place; mais en seriez-vous beaucoup plus heureux si le théâtre n'existait pas? Il existe, je le sais, et cela vous cause un mal auquel je compatis, c'est le déplaisir de savoir que d'autres s'amusent sans vous. Mais les propriétaires auraient pu, je le répète, ne pas construire ce théâtre, et vous n'en seriez pas fort avancé; et si de plus ils sont prêts à vous y admettre à la condition de quelques services de votre part, peut-on les taxer de trop d'exigence?

Vous allez voir que cette réponse est exactement applicable à la propriété.

Vous arrivez dans une société déjà fort civilisée, où la terre est couverte, il est vrai, de propriétaires, mais où elle est fort bien cultivée, et produit cent fois ce qu'elle produisait dans l'origine; où les machines multipliées et variées à l'infini ont rendu le travail mille fois plus rapide, et ses produits mille fois plus abondants et moins coûteux; où l'on a de quoi se nourrir, se vêtir, assez pour faire vivre trente-six millions d'hommes au lieu de quatre ou cinq : avouez que les générations qui vous ont précédé ont été bien coupables envers vous, car il y a sept ou huit siècles vous auriez eu pour toute chaussure un morceau de cuir lié par des cordes, et vous avez des souliers qui mettent vos pieds à l'abri du froid, de l'humidité et des cailloux. Vous auriez eu pour vêtement une peau de mouton, et vous avez du drap. Vous auriez été logé dans ces affreuses masures puantes et empestées, dont nous trouvons encore quelques restes dans les vieilles villes de France, et vous avez des maisons saines et solides. Vous auriez eu du seigle ou du maïs dans les temps d'abondance, rien dans les disettes, et vous avez du froment et du seigle dans les bonnes années, de la pomme de terre dans les plus mauvaises. Vous auriez bu de la bière ou du cidre, et vous avez du vin. Convenez que ces générations vous ont fait bien du tort!

Mais, dit-on, si je veux cultiver la terre, ou si je veux filer, il faut que j'emprunte la terre, ou le métier à filer. En eût-il été autrement il y a mille ans? N'aurait-il pas fallu emprunter cette terre ou ce métier à filer? Y a-t-il eu un temps où les hommes prêtassent pour rien, les objets qui leur appartenaient? Il n'y a donc entre le temps présent et les siècles les plus reculés aucune différence, sinon qu'en remontant en arrière vous rétrogradez vers une époque où il y avait moins de toutes choses, et où toutes choses étaient de moins bonne qualité. Mais on insiste et on me dit : Vous ne résolvez pas la question. Deux, trois siècles en arrière n'y font rien. L'invasion était moindre peut-être, les rangs moins serrés, mais l'usurpation était commencée. Remontez à ces jours où la terre était au premier occupant, et où il n'y avait qu'à se présenter pour trouver des fruits suspendus aux arbres, du gibier dans les forêts, du poisson dans les rivières, ou des plaines fertiles à défricher si vous vouliez vous livrer à la culture des champs, comme c'est actuellement le cas en Amérique. Le sauvage, ajoute-t-on, exerce les droits de *chasse*, de *pêche*, de *cueillette*, de *pâture*, sur la surface entière du sol, et si un homme civilisé veut aujourd'hui mettre la main sur du gibier, on lui inflige la peine réservée au braconnier; s'il veut pêcher on lui inflige une amende comme ayant empiété sur les droits du fisc ; s'il veut cueillir du raisin sur le bord d'une route, prendre une gerbe sur une meule, ou faire pâturer un mouton dans un champ, on le condamne à diverses peines comme ayant commis un délit rural.

J'adresserai une question à ceux qui se plaignent de ces interdictions diverses. Il y a parmi nous quelques milliers d'infortunés, qui, entraînés par des doctrines déplorables, ont versé le sang de leurs concitoyens, quelques-uns méchamment, quelques autres et en plus grand nombre, aveuglément. Il s'agit de leur créer quelque part, n'importe où, une existence nouvelle. Je demande, sans raillerie, car les malheurs qu'ils se sont attirés, pas plus que les malheurs qu'ils ont causés en tuant d'honnêtes pères de famille, ne prêtent point à rire, je demande sans raillerie s'ils ne regarderaient pas comme une affreuse barbarie d'être jetés dans les forêts vierges de l'Amérique, ou dans les îles de l'Océanie, sans les moyens de s'y établir, de s'y loger, d'y vivre, et si l'heureuse faculté du sauvage de mettre la main sur toute la nature ne serait pas pour eux la plus atroce misère? Ils auraient raison, et la France serait cruelle si elle en agissait ainsi à leur égard.

Mais, dira-t-on, il n'y a là rien de bien extraordinaire. Si les infortunés dont il s'agit avaient eu l'éducation des sauvages de l'Océanie ou de la Floride, ils pourraient vivre comme eux de la pêche ou de la chasse; mais en ayant reçu une autre, il faut bien qu'on tienne compte de la différence. Qu'appelle-t-on cette éducation différente dont il faut tenir compte? La société leur a appris à manger du pain pétri, au lieu de tubercules sauvages, de la viande blanche et cuite au lieu de viande noire et crue, à se couvrir de vêtements tissés au lieu de peaux de bêtes ou de plumes d'oiseaux, à se servir de la lime, du burin, au lieu de l'arc et de la flèche, c'est-à-dire que la société dont on se plaint, les a fait vivre, malgré leurs malheurs, dans un état cent fois préférable à celui des sauvages, qu'on regrette pour eux, et dans lequel il y aurait une affreuse cruauté à vouloir les replacer.

Sans doute dans cette société compliquée, où le moindre ressort dérangé produit des perturbations profondes, il y a des crises où tout manque à la fois à certaines classes, et il faut venir à leur secours; nous en sommes d'avis, car nous n'avons pas des cœurs de fer parce que nous avons des têtes saines; il faut venir, dis-je, à leur secours non à titre de restitution, mais à titre de fraternité, vertu charmante quand elle est sincère. Mais enfin la société en les privant de l'abondance primitive, ne les a privés de rien, car cette abondance existe encore sur les trois quarts du globe, et ils la regarderaient comme un assassinat si on avait l'inhumanité de les y exposer.

Cette prétendue invasion de l'univers est donc une fable ridicule. En quoi consisterait-elle, en effet? Dans l'usurpation des objets mobiliers, tels que machines, outils, matières premières, semences, vivres, argent, tout ce qu'on appelle enfin le capital, ce barbare capital qui ne veut pas se donner au travail, à moins d'un intérêt exorbitant? Mais ce capital mobilier n'existait pas ; mais ces machines, ces outils, ces constructions, ces matières premières, ces grains, cet argent, tout cela n'existait pas avant ces générations usurpatrices dont vous vous plaignez, et n'a existé que par elles, par leur travail opiniâtre et soutenu. Si elles le détiennent, si elles le font payer cher, elles ont tort peut-être en morale, mais, en droit strict, elles ont bien quelque raison d'en faire ce qu'elles veulent, puisqu'elles l'ont créé; et, après tout, si vous avez besoin qu'elles vous le prêtent, si vous dépendez d'elles par ce motif, elles dépendent de vous à leur tour, car elles ont besoin que vos bras fassent valoir leurs capitaux, sans quoi ces capitaux inoccupés ne vaudraient plus rien dans leurs mains. La dépendance est réciproque. Deux besoins sont en présence : le vôtre, qui est celui de travailler; le leur, qui est celui de trouver un emploi pour leurs capitaux. Lequel de ces deux besoins dictera la loi à l'autre? Cela dépendra du moment. En temps calme, quand les capitaux abondent, ce sera le vôtre. Quand les capitaux se cachent, et qu'ils

DU DROIT DE PROPRIÉTÉ.

manquent, ce sera le leur, et vous payerez l'argent plus cher. Mais en attendant savez-vous le mal que vous ont causé ces générations usurpatrices en multipliant les capitaux? Elles ont fait que l'argent qui valait 12 et 15 pour cent, quelquefois 40 chez les Romains, 10 et 12 dans le moyen âge, 6 et 7 dans le dix-huitième siècle, vaut aujourd'hui de 3 à 4 en temps calme, de 5 à 6 en temps difficile. Or l'intérêt étant l'expression exacte et unique de la difficulté à se procurer les capitaux, il est prouvé qu'en avançant chaque jour dans cette usurpation de l'univers, les générations qui vous ont précédé, et qui ont créé la masse des propriétés existantes, vous ont rendu plus facile l'accès de toutes choses. Mais, même à 5, à 6, à 7 pour cent, on ne prêtera point à un pauvre ouvrier sans crédit. J'en conviens, je le regrette, je ne me refuse pas à y pourvoir par des moyens bien calculés, mais il y a quelques siècles c'eût été encore plus difficile.

Il n'y a donc pas usurpation quant aux richesses mobilières qui n'existaient pas avant les générations dont on se plaint, et qui n'ont existé que par elles. En est-il autrement pour la terre, qu'elles n'ont pas créée, qu'elles ont trouvée gisante au soleil, et sur laquelle elles se sont établies, ce qui vous gêne, vous dernier venu, car vous trouvez les champs les plus fertiles occupés? C'est ce qui sera facile à éclaircir.

La surface de la terre étant le seul moyen de faire

concourir les agents naturels, l'air, l'eau, le soleil, à la production des denrées alimentaires, il y a, dit-on, occupation gênante de cette surface au profit de quelques-uns et au détriment de tous. Je dirai d'abord aux inventeurs de l'objection : Comment voulez-vous qu'on s'y prenne, si le seul moyen de cultiver la terre est de s'y établir, de s'y fixer, de la couvrir de travaux séculaires, de l'enclore et de l'interdire à tout venant? La société, s'il n'y a pas une autre manière d'engager des colons à se fixer sur le sol, est-elle bien coupable de leur avoir accordé une pareille concession? Vous, nouveaux venus, qui vous plaignez de ce qu'on a pris toutes les places au soleil, si on vous donnait des terres à défricher sans la certitude de les garder, en voudriez-vous à ce prix? Ces milliers d'Allemands, de Suisses, de Basques qui s'expatrient tous les ans pour aller sur les bords du Mississipi, labourer des terres incultes, s'y rendraient-ils s'ils ne devaient pas en devenir les possesseurs définitifs?

Que faire donc, si on ne peut cultiver la terre sans l'occuper, l'occuper à toujours, puisque sa surface est le siége nécessaire des travaux dont la lente accumulation forme presque toute sa valeur? En voulez-vous un exemple? Allez en Hollande, et voyez ces vertes et grasses prairies couvertes de belles génisses : vous vous tromperiez étrangement si vous supposiez que c'est la nature qui a produit ce sol si frais, si riche. Enfoncez en terre un bâton, et à trois ou quatre pouces vous rencontrerez un sable stérile. Cette herbe épaisse qui se convertit en lait, puis en fromage, et qui sous cette forme circule dans le monde entier, est produite par un terreau de création purement artificielle. Au moyen d'une digue formée de branches de saules, on a séquestré une portion du sable de la mer; avec le temps, la vase amoncelée par le flux et le reflux a consolidé cette digue. Après avoir soustrait ce sable à l'eau de mer, on ne l'a rendu accessible qu'à l'eau du ciel ou des rivières, et on l'a ainsi dessalé peu à peu. L'herbe y a poussé, pas très-succulente d'abord, et plus près de la nature du jonc que de celle des graminées. On y a mis des vaches, on a laissé s'y accumuler leur engrais fécondant, et on a fini par créer un sol artificiel d'une fertilité extrême. Qu'avait concédé l'État? Une portion du fond de la mer. Sur ce fond, l'industrie individuelle a créé une couche végétale et tout ce luxe de verdure qui vous charme. Fallait-il faire ce larcin à la mer et aux générations futures, ou bien ne pas créer cette riche prairie? C'est encore le cas du théâtre de Cicéron. Toutes les places sont prises à ce théâtre, à quoi je réponds : Valait-il mieux que le théâtre n'existât pas?

C'est, il me semble, une bonne raison, après tout, que la nécessité. Or si la nécessité veut que la surface de la terre soit abandonnée à ceux qui la cultivent, pour qu'ils aient un motif suffisant de la cultiver, ne faut-il pas céder à l'invincible nature des choses ?

Il y a, il est vrai, la ressource qui consisterait à réserver à l'État seul la propriété des terres, et à ne les donner qu'en fermage, soit pour un temps, soit pour la vie, à celui qui les cultiverait, c'est-à-dire la mainmorte, la mainmorte, restauration récente de nos sublimes inventeurs! Faut-il donc répéter ce qu'ont dit tous les économistes du siècle dernier, que la mainmorte est un système barbare, anti-agricole, que la terre pour être bien cultivée doit être une propriété privée, qu'alors seulement l'homme lui consacre ses soins, son temps, sa vie, s'il est à la fois cultivateur et propriétaire, ses capitaux au moins s'il n'est que propriétaire; que les terres de l'ancien clergé produisent aujourd'hui, seulement en impôt, presque tout ce qu'elles produisaient autrefois en fermage, que de plus elles nourrissent leur propriétaire et leur fermier, et qu'elles présentent un spectacle d'activité extraordinaire, au lieu d'un spectacle de négligence et de langueur affligeant? Mais supposez cette vaste mainmorte embrassant toute la propriété en France, le sort de celui qui veut se consacrer à la culture des champs en serait-il meilleur? Il serait cent fois pire, car, de libre qu'il est aujourd'hui, il serait esclave. Lui donnerait-on la terre gratis sans qu'il payât un fermage? Quoi, une terre parfaitement aménagée, couverte de travaux séculaires, valant incomparablement plus que la terre en friche, serait donnée au même prix, c'est-à-dire pour rien! Et en vertu de quelle préférence donnerait-on à l'un le beau vignoble des bords de la Gironde, à l'autre le sable stérile des Landes? parce qu'il serait le premier inscrit, par exemple, ou bien le plus habile, ou bien le militaire le plus brave? Quant au premier inscrit, il suffirait donc d'être le plus pressé! Quant au plus habile, ce serait M. le maire qui en déciderait! Quant au militaire le plus brave, une pension inscrite au Grand-Livre n'est-elle pas une récompense plus facile à proportionner au grade, à l'âge, aux services! Comment d'ailleurs y aurait-il une classe à laquelle on fournirait gratis les instruments de son travail, tandis que toutes les autres seraient obligées de se les procurer à prix d'argent? Fournit-on au filateur, au tisserand, au forgeron, les établissements dans lesquels ils exercent leur industrie? L'inégalité serait intolérable, et si l'État avait dans les mains une telle valeur que la propriété de toutes les terres aménagées, il devrait évidemment, pour ne pas être injuste jusqu'à l'iniquité, les louer, comme il fait pour toutes les propriétés qu'il possède? Mais alors quelle différence y aurait-il à être fermier de l'État, au lieu d'être fermier des particuliers? quel avantage y aurait-il à avoir changé l'une de ces dépendances pour l'autre? Quel avantage! on va en juger.

Dans la société actuelle, ordonnée par la nature, non par les faux savants, le fermier se présente au propriétaire et traite librement avec lui. Il se base sur le prix des denrées, et offre un prix. Le propriétaire se base sur le prix des immeubles, et en exige un autre. Ils contestent, finissent par se mettre d'accord, de manière que l'un puisse retrouver le prix de son travail, l'autre l'intérêt de son capital. L'État, au contraire, étant propriétaire, voici ce qui se passerait. N'ayant pas dans le fermage libre un étalon pour juger du produit des terres, il en fixerait la rente comme on fixe les appointements, au gré de la faction dominante. A une époque on dirait que ce n'est pas assez, à une autre que c'est trop : les fermages varieraient ainsi à l'égal des traitements, et comme il s'agirait d'une question de laquelle dépendrait la vie de tous, la République serait déchirée. De quoi en effet s'agissait-il à Rome du temps des Gracques? Non pas du partage universel des biens, mais tout au plus de celui de quelques terres, plus ou moins récemment conquises, tenues à ferme par des sénateurs ou des chevaliers, à des prix qu'on disait des prix de faveur, et on demandait le partage immédiat de ces terres entre les citoyens qui les avaient conquises en servant dans les armées. Rome faillit périr, et périt plus tard pour ces questions, car tous les ambitieux qui se succédèrent après les Gracques s'en servirent pour leurs perfides desseins. N'y a-t-il donc pas assez de motifs pour se disputer le pouvoir, et voudriez-vous y ajouter la plus ardente, la plus urgente de toutes les raisons, celle de posséder la totalité des terres d'un pays, à un prix plutôt qu'à un autre? Affermées gratis, affermées à prix d'argent, on s'égorgerait, dans le premier cas pour les obtenir, dans le second pour les obtenir à un prix différent, et pas plus dans l'un que dans l'autre, la justice ne serait la règle. Ce serait le caprice des factions.

Toutes ces inventions ne sont donc que de vieilles erreurs des peuples, jugées depuis longtemps, et à jamais réprouvées pour avoir été essayées partiellement, une fois et un moment. L'État propriétaire des terres et les affermant à des particuliers est une institution connue, éprouvée, dont l'histoire romaine, aussi bien que l'histoire des monarchies européennes, enseignent le mérite même aux enfants. Le temps, la raison ont en effet appris à tout le monde que la terre, ainsi que tous les capitaux, doit être une propriété privée, qu'à ce prix elle se couvre sans cesse de nouvelles améliorations, que, vendable, achetable, louable à volonté, comme toutes les choses de ce monde, elle se vend, s'achète, se loue à son prix vrai, vrai comme est le prix du blé, du fer, du vêtement, puisqu'il est le résultat d'un libre balancement des intérêts entre ceux qui produisent et ceux qui consomment; que l'agriculture est alors une profession libre, aussi libre que toutes les autres professions, qu'une ferme n'est plus une place à obtenir par la faveur, à perdre par la haine du pouvoir dominant, et que la compétition du pouvoir, déjà trop ardente, se trouve délivrée d'un stimulant violent comme la faim, et qui en ferait un combat à mort.

Il faut dès lors que la surface de la terre soit concédée en toute propriété à celui qui la défriche, qu'après l'avoir appropriée, il puisse ou la vendre, ou la louer, et qu'elle subisse le sort de tous les instruments du travail humain, d'être vendable, achetable, louable au gré de ceux qui la possèdent ou la veulent posséder. Mais ainsi concédée à perpétuité, elle est séquestrée peu à peu, envahie, dit-on, et les derniers venus sont exposés à trouver un jour la terre entière occupée. Le danger est grand en effet, il est pressant comme on sait, car de toute part la terre se couvre de colons impatients de s'en emparer. Les deux Amériques du pôle nord au pôle sud, l'Inde de l'Himalaya au cap Comorin, la Chine de la grande muraille au canal de Formose, l'Afrique de l'Atlas aux montagnes de la Table, Madagascar, l'Australie, la Nouvelle-Zélande, la Nouvelle-Guinée, les Moluques, les Célèbes, les Philippines, que sais-je, toutes les îles du monde seront bientôt couvertes de laboureurs, tombés à l'improviste sur le globe comme une nuée de sauterelles, et nos petits enfants seront obligés de se croiser les bras en présence de la terre envahie!

Nous soumettrons aux esprits alarmés de ce grave danger les considérations suivantes.

La houille, par exemple, source aujourd'hui de toute force motrice, la houille inspire de bien autres inquiétudes! Il y a des ingénieurs qui ont cru qu'il y en avait sur le globe pour un millier d'années, tandis que d'autres au contraire ont cru qu'il n'y en avait pas à brûler pour plus de cent ans. Faudrait-il par hasard s'abstenir d'en user de peur qu'il n'en restât point pour nos neveux? Que diriez-vous de l'humanité qui s'arrêterait devant ces trésors de calorique et de force motrice, de peur qu'il n'y en eût bientôt plus. On a consommé presque tout le bois de nos forêts, et vous voyez qu'on a su trouver le moyen de se chauffer. La société qui ne permettrait pas la propriété foncière, de crainte qu'un jour toute la surface de la terre ne fût envahie, serait aussi extravagante. Rassurons-nous. Les nations de l'Europe n'ont pas encore cultivé les unes le quart, les autres le dixième de leur territoire, et il n'y a pas la millième partie du globe qui soit occupée. Les grandes nations connues ont toutes fini jusqu'ici, n'ayant encore défriché qu'une très-petite portion de leur sol. Elles avaient traversé la jeunesse, l'âge mûr, la vieillesse, elles avaient eu le temps de perdre leur caractère, leur génie, leurs institutions, tout ce qui fait vivre, avant d'avoir non pas achevé, mais un peu avancé la culture de leur territoire. La terre a été pour elles un fruit qu'elles ont à peine porté à leur bouche, et qu'elles ont presque aussitôt laissé échapper de leurs mains. Je suis enclin à penser que l'espèce humaine agira de même. Je crois que tous les êtres finissent, grands ou petits, et les planètes comme les autres, car j'ai foi dans l'unité des lois divines. Les individus naissent et meurent, les nations naissent et meurent. Tout est placé sous cette loi immuable, depuis l'être infiniment petit dont nous ne pouvons distinguer le corps qu'à l'aide d'instruments puissants, dont la vie passe comme une de nos sensations les plus fugitives, jusqu'à ces êtres dont la taille nous paraît colossale comparée à notre petite stature. Seulement Dieu leur mesure à tous le temps comme l'espace, et ils durent en proportion de leur grandeur. Eh bien, ces corps célestes, après avoir mille fois plus duré que les individus, que les nations elles-mêmes, devront finir à leur tour, soit que refroidis, ils ne soient plus qu'un bloc de glace sur lequel la vie sera devenue impossible, soit qu'une comète, Attila ou Tamerlan des cieux, vienne les heurter et les briser. Ah! puisque nous voilà dans le monde des chimères à la suite des utopistes contemporains, laissez-moi vous dire, à vous tous qui pourriez être inquiets sur le jour plus ou moins prochain où la terre envahie ne donnera plus place à un nouvel agriculteur, laissez-moi vous dire que l'espèce humaine se comportant sur la planète comme les Grecs dans l'Archipel, les Romains dans la Méditerranée, l'espèce humaine finira, glacée ou brisée, n'ayant encore mis en culture que la moindre partie du globe. Elle aussi abandonnera le fruit après y avoir à peine touché.

Voici enfin une dernière raison de vous rassurer, c'est qu'après tout l'espace n'est rien. Souvent sur la plus vaste étendue de terre les hommes trouvent de la difficulté à vivre, et souvent au contraire ils vivent dans l'abondance sur la plus étroite portion de terrain. Un arpent de terre en Angleterre ou en Flandre nourrit cent fois plus d'habitants qu'un arpent dans les sables de la Pologne ou de la Russie. L'homme porte avec lui la fertilité; partout où il paraît l'herbe pousse, le grain germe. C'est qu'il a sa personne et son bétail, et qu'il répand partout où il se fixe l'humus fécondant. Allez dans les sables des Landes ou de la Prusse, et dès que vous apercevez des clairières dans une forêt de sapins, dans ces clairières des céréales, vous êtes assuré de découvrir bientôt de la fumée, des toits, un village. Ce village est-il considérable, est-ce un gros bourg, le champ environnant est mieux cultivé, plus fertile, produit un meilleur grain. Forcez l'homme à se renfermer dans ce même espace, ce qu'il fait spontanément par le désir de ne pas s'éloigner du lieu qu'il habite, et il trouve à vivre sur la même étendue de terre, quelque nombreux qu'il devienne, uniquement parce qu'en la fécondant davantage par sa présence il parvient à en tirer des produits plus abondants.

Si donc on pouvait imaginer un jour où toutes les parties du globe seraient habitées, l'homme obtiendrait de la même surface dix fois, cent fois, mille fois plus qu'il n'en recueille aujourd'hui. De quoi en effet peut-on désespérer quand on le voit créer de la terre végétale sur les sables de la Hollande? S'il en était réduit au défaut d'espace, les sables du Sahara, du désert d'Arabie, du désert de Cobi se couvriraient de la fécondité qui le suit partout. Il disposerait en terrasses les flancs de l'Atlas, de l'Himalaya, des Cordillières, et vous verriez la culture s'élever jusqu'aux cimes les plus escarpées du globe, et ne s'arrêter qu'à ces hauteurs où toute végétation cesse. Et fallût-il enfin ne plus s'étendre, il vivrait sur le même terrain en augmentant toujours sa fécondité.

Bannissons ces soucis puérils, et revenons au sérieux du sujet qui nous occupe. Cette surface du globe, soi-disant envahie, ne manquera pas aux générations futures, et en attendant elle ne manque pas aux générations présentes, car de toutes parts on offre de la terre aux hommes, on leur en offre en Russie, sur les bords du Borysthène, du Don et du Volga ; en Amérique sur les bords du Mississipi, de l'Orénoque et de l'Amazone ; en France sur les côtes d'Afrique, chargées autrefois de nourrir l'empire romain. La France est prête en effet à donner de la terre pour rien à ces enfants égarés qui ont versé son sang. Même à ce prix ils n'en voudraient pas, et les émigrants qui l'acceptent à pareille condition y vont bientôt mourir, si on n'ajoute rien à ce don. Pourquoi ? Parce que ce n'est pas la surface qui manque, mais la surface couverte de constructions, de plantations, de clôtures, de travaux d'appropriation. Or cela n'existe que lorsque des générations antérieures ont pris la peine de précéder les cultivateurs nouveaux venus, et de tout disposer pour que leur travail fût immédiatement productif. Y a-t-il donc autre chose que la plus stricte, la plus évidente justice, à payer un dédommagement à ces générations antérieures dont on se plaint, ou à leurs enfants qui les représentent ?

Ainsi ces vaines objections disparaissent au premier regard de la raison, aux premières explications du bon sens.

Il y aurait peut-être une apparence de fondement, une apparence au moins, dans ces plaintes contre le prétendu envahissement des choses par l'extension de la propriété, si, par exemple, la part du cultivateur qui laboure les terres devenait tous les jours moindre, par rapport à la part du propriétaire qui les possède. On pourrait de la sorte concevoir un jour où le cultivateur n'aurait plus le moyen de vivre, et comme il forme partout la masse principale de la population, et que son art est le premier de tous les arts, on serait fondé à prétendre que, si l'occupation successive du sol ne doit pas faire craindre dans l'avenir l'envahissement du globe entier, néanmoins chaque siècle écoulé empire la situation de l'homme simple, patient et vigoureux, qui cultive le sol pour ceux qui le possèdent.

Heureusement c'est le contraire qui est vrai, et tandis que par la baisse successive de l'intérêt, venant de l'abondance croissante des choses, les capitaux mobiliers sont tous les jours plus accessibles au travail (non toutefois jusqu'à se donner pour rien), il se passe pour la terre un phénomène exactement semblable. La part réservée au cultivateur augmente tous les jours, tandis que celle qui est réservée au propriétaire diminue, et cela par une raison naturelle, c'est que la surface de la terre étant beaucoup moins que les capitaux accumulés sur elle la cause de sa valeur, elle diminue de loyer à mesure que les capitaux eux-mêmes produisent un moindre intérêt.

Il semble que plus un pays est riche, plus la terre y est fertile, mieux elle y est cultivée, plus grande devrait être la rente qu'elle rapporte. Il n'en est rien pourtant. Aux environs de Paris, par exemple, ou dans les provinces riches de Normandie, de Picardie, de Flandre, la terre rapporte à peine 2 1/2 pour cent. En Angleterre elle rapporte moins encore, comme tous les capitaux qui ont servi à augmenter sa fertilité naturelle. A côté de ce phénomène il s'en manifeste un autre, c'est que la journée de l'ouvrier se paye plus cher.

Enfoncez-vous au contraire dans les provinces moins riches de la France, telles que celles du centre ou du midi, et vous verrez la terre rapporter davantage, et donner 3 1/2, quelquefois même 4 pour cent. Dans ces mêmes provinces où la rente est plus élevée, la journée de l'ouvrier se paye à plus bas prix. Quand la journée est à 25 sous dans les premières, elle est à 15 dans les secondes.

Il est certain qu'il y a entre les provinces les plus riches et les moins riches de France une différence de 1 pour cent au moins, quant à la rente des terres; qu'on peut fixer celle-ci à 2 1/2 dans les premières, à 3 1/2 dans les secondes; que, pour la journée de l'ouvrier, la progression est toute contraire, et que, si on peut la fixer à 25 sous dans les provinces où la rente est représentée par 2 1/2, il faut la fixer à 15 sous dans celles où la rente est représentée par 3 1/2. On pourra faire varier ces chiffres en se déplaçant, mais la proportion entre eux restera la même.

Maintenant reculez dans le passé, comparez le taux de la rente tel qu'il est aujourd'hui, et tel qu'il était il y a soixante ans, c'est-à-dire avant 1789, et vous trouverez entre ces deux époques la même différence qu'entre deux provinces, l'une riche, l'autre pauvre. Une terre qui en 1789 valait 200 mille francs, en vaut 500 aujourd'hui, et souvent 600. Je parle pour les environs des grandes villes, où le phénomène d'augmentation dans les valeurs s'est produit plus énergiquement. Cette même terre, qui rapportait peut-être 7 ou 8 mille francs au propriétaire, lui en rapporte aujourd'hui 12 ou 15, suivant les améliorations que le sol a reçues. Elle rapportait par conséquent entre 3 1/2 et 4 pour cent, et elle rapporte aujourd'hui 2 1/2 tout au plus. A la suite de ce changement s'en est opéré un autre : la journée de l'ouvrier, dans le pays où elle était de 20 sous, est de 30 et 35 aujourd'hui. Ces faits sont certains aux environs de Paris. On rencontre ailleurs les mêmes proportions avec des valeurs différentes.

En remontant à un siècle, à deux siècles en arrière, on pourrait observer le même phénomène; et, si on voulait pousser la comparaison plus loin, et remonter enfin jusqu'aux siècles les plus reculés, on trouverait chez un écrivain que je relisais encore ces jours derniers, pour y étudier le tableau instructif de l'économie domestique des anciens, chez Caton le censeur, ce sage et économe patricien, qui disait :

DU DROIT DE PROPRIÉTÉ. 137

Patrem familias vendacem, non emacem, esse oportet, qui a traité de l'agriculture dans l'un des livres les plus attachants de l'antiquité, on trouverait la preuve certaine que les Romains donnaient au colon partiaire, dans le territoire de Casinum et de Vénafre, le huitième du produit dans un bon sol, le septième dans un sol ordinaire, le sixième dans un sol médiocre [1]. Aujourd'hui, au contraire, on abandonne au colon partiaire, qui ne fournit aucun des capitaux, la moitié, et au fermier, qui les fournit tous, les deux tiers (il est bien entendu qu'il ne s'agit ici que d'une moyenne). Ainsi, de même que l'intérêt de l'argent, en descendant des Romains jusqu'à nous, a passé de 12 ou 15 pour cent à 4 ou 5, de même la part du possesseur de la terre a passé des cinq sixièmes à la moitié. Le capital immobilier a subi par conséquent la destinée du capital mobilier, et la condition de l'homme qui n'a que ses bras s'est améliorée, loin de s'empirer. A mesure que la richesse, ou naturelle, ou acquise, est plus grande, ce n'est pas le riche qui est plus riche, c'est le pauvre qui est moins pauvre. Les grandes fortunes de notre temps, en effet, ne sont rien, comparativement à celles qu'on voyait chez les riches Ro-

---

[1] CXXXVI. *Politionem quo pacto dari oporteat.* In agro Casinate et Venafro in loco bono parte octava corbi dividat, satis bono septima, tertio loco sexta ; si granum modio dividet, parti quinta.
(*M. Porcius Cato*, DE RE RUSTICA.)

mains; elles sont même déjà fort diminuées par rapport à ce qu'elles étaient dans les dix-septième et dix-huitième siècles. Et, si on veut être plus convaincu de ce beau phénomène que l'augmentation relative de la richesse générale est surtout au profit de l'homme qui n'a que ses bras, je citerai encore un fait. L'ouvrier de la terre dans nos provinces du centre, de la Corrèze ou de la Creuse, gagne 15 ou 20 sous par jour, tandis que celui qui cultive la vigne à Bordeaux gagne de 25 à 40 sous. Le propriétaire de la Creuse aura 4 pour cent, tandis que le propriétaire du Médoc sera heureux d'en avoir 3 (à la longue, bien entendu); et cela pourquoi? Parce que les capitaux se sont jetés sur les vignobles du Médoc pour les acheter, à cause de leurs produits, et en ont fait un revenu de 3 pour cent, comme les capitaux se jetant sur une rente qui rapporte 5, et la payant 125, la font bientôt descendre à un revenu de 4 pour cent. L'homme qui cultive, au contraire, dont les bras ne se multiplient pas comme les capitaux, dont l'habileté est d'autant plus nécessaire que la terre sur laquelle il vit a acquis plus de valeur, parvient à se faire payer davantage, et la fertilité des champs qu'il habite reste pour lui un don du ciel, dont il profite, tandis que, pour le propriétaire, elle a disparu par l'empressement à se disputer le sol. Belle loi de la Providence, qui n'a pas voulu que l'homme, en restant sur cette terre et la couvrant de ses sueurs, y fût plus malheureux à mesure qu'il la travaillerait davantage!

Cette invasion du monde se réduit donc à son appropriation chaque jour plus complète aux besoins de l'homme ; elle se réduit à l'avoir rendu plus habitable, plus productif, plus accessible aux nouveaux venus, car, s'il s'agit des capitaux mobiliers, instruments du travail, l'intérêt, en vingt siècles, est descendu de 12 ou 15 à 4 ou 6 pour cent, et la rente de la terre, qui représentait les cinq sixièmes, ne représente plus que la moitié du produit. Ainsi, à mesure que la propriété de tout genre s'étend, c'est la facilité de vivre qui s'accroît pour tous. Mais, ajoute-t-on, celui qui n'a rien dépend de celui qui a, celui qui offre ses bras dépend de celui qui les paye, car celui-ci peut refuser ; il a de quoi manger, se couvrir, se loger, tandis que l'autre manque de ces ressources. L'assertion est vraie pour un jour, pour un instant, dans certaines circonstances. Comme je l'ai dit plus haut, comme je le répéterai ici, les capitaux sans les bras, les bras sans les capitaux, ne pourraient vivre. Ils ont besoin les uns des autres. Dans certains moments, quand les capitaux manquent et que les bras abondent, l'avantage est pour les capitaux. Mais quand les capitaux abondent et que les bras sont occupés, c'est à ceux-ci que revient l'avantage. Quels sont les moments où ce dernier cas se présente? Les moments où il y a calme, ordre, sécurité.

Ceux qui troublent le calme, l'ordre, la sécurité, font donc retourner l'avantage des bras aux capitaux. Que les ouvriers qu'on égare y pensent bien : leur journée vaut moins aujourd'hui qu'elle ne valait il y a un an, et l'argent qui se payait 4, se paye 6 et 7 pour cent.

Maintenant, quant à cette prétendue séquestration de la terre, je terminerai par une dernière réflexion.

Si on n'avait pas pu concéder légitimement le sol à des individus pour s'y établir, l'exploiter, en tirer tout ce qu'il peut produire, aurait-on pu le concéder aux nations plutôt qu'aux individus? La plainte que de prétendus déshérités élèvent dans le sein de chaque nation, en France, en Angleterre par exemple, le reste du genre humain ne pourrait-il pas l'élever contre la France ou l'Angleterre elles-mêmes? N'aurait-on pas également le droit de dire à ces grandes puissances que le genre humain est usufruitier, non propriétaire du globe, et qu'elles peuvent se reposer peut-être sur le sol, mais non s'y fixer? Les nations seraient donc en état d'usurpation flagrante lorsqu'elles possèdent d'un fleuve à un autre fleuve, aussi bien que les individus lorsqu'ils possèdent de tel chemin vicinal à tel autre. Songez-y bien : si je ne suis pas propriétaire de mon champ, la France ne l'est pas davantage de ce qu'elle occupe du Rhin aux Pyrénées, l'Angleterre de ce qu'elle occupe du Pas-de-Calais aux îles Hébrides. Vous

DU DROIT DE PROPRIÉTÉ.

poussez les choses à l'extrême, me dira-t-on. Est-ce que les sectaires auxquels je réponds ne les poussent pas aussi à l'extrême, quand ils disent que le champ reçu d'un père, ou acheté par un paysan avec le produit de trente ans de labeurs, représente une chose usurpée sur le reste de l'espèce humaine?

Non, les nations n'ont pas plus usurpé leur sol, que le paysan n'a usurpé le petit champ qu'il a reçu ou acquis, et qu'il cultive; et en occupant la terre, elles en ont payé à Dieu et aux hommes un noble prix : ce prix c'est la civilisation. La propriété mobilière, si elle eût existé seule, aurait laissé le monde dans une véritable barbarie. Le nomade qui vit sous la tente, qui se vêtit de la laine de ses moutons, qui se nourrit de leur chair, connaît la propriété mobilière, et cependant il est éternellement barbare. Voyez les Arabes, ces nomades pleins de passion et de grâce, errant depuis que la Bible est écrite, errant de pâturages en pâturages, montés sur leurs chevaux agiles, menant à leur suite leurs femmes et leurs enfants sur des chameaux, poussant devant eux des troupeaux innombrables, recommençant depuis quatre mille ans le même voyage des bords de l'Euphrate aux bords de la mer Rouge, et toujours braves, jaloux, hospitaliers et pillards! Nous venons de les rencontrer, nous Français conquérants de l'Afrique, sur les bords du Sahara, et ils ne nous ont point paru changés depuis Moïse.

Voilà pourtant qu'au neuvième siècle, un grand homme vient les agiter avec la sublime idée de l'unité de Dieu, et les pousser à la conquête sous le prétexte du renversement des idoles. Une fois éveillés par Mahomet, ils passent de la conquête de deux petites villes, Médine et la Mecque, à l'acquisition d'une partie de l'univers romain ; ils conquièrent la Syrie, l'Égypte, l'Afrique, l'Espagne ! Et ils deviennent en trois siècles l'un des peuples les plus civilisés de la terre ! Sortis du désert, ils brûlent la bibliothèque d'Alexandrie. Mais assis au milieu des plaines du Caire, de la Vega de Grenade, de la Huerta de Valence, ils prennent goût à la terre, s'y établissent, se la partagent, l'arrosent avec un soin merveilleux, y cultivent l'oranger, le mûrier, le lin, y filent la soie, y fouillent la terre, en extraient l'or, reprennent ces livres qu'ils avaient brûlés dans leur barbarie première, les étudient, en tirent le calcul, l'art de se conduire sur mer, voyagent entre l'Inde et l'Europe, en rapportent mille produits, d'agriculteurs devenus commerçants, mêlent aux goûts de l'Occident les goûts de l'Orient, et toujours braves, hardis, avides, mais savants, ils couvrent l'Espagne de charmants édifices ! Nomades, ils vivaient sous une tente : agriculteurs, fixés sur le sol, ils ont inventé l'algèbre, et construit l'Alhambra !

D'autres nomades, les Mongols, après avoir erré pendant des siècles dans le vaste désert de Cobi, se sont jetés sur la Chine, en ont divisé le sol en mille parcelles, qui tour à tour inondées ou desséchées avec art, se sont couvertes de riz; ils ont cultivé le mûrier aussi, surpassé tous les peuples dans l'art de tisser la soie, ont découvert une terre qui, au lieu de rougir comme notre argile en passant au feu, en sort blanche et transparente, en ont fait la porcelaine qu'ils ont ornée de mille dessins capricieux, ont travaillé les bois avec un art surprenant, ont appris le secret de les enduire de vernis inaltérables, ont construit des palais de laque, élevé des tours de porcelaine, et sont encore aujourd'hui les plus habiles ouvriers de l'univers. D'autres nomades, ayant pris une autre route, sont devenus les Goths, les Germains, les Francs, les Saxons, et aujourd'hui sont les Italiens, les Espagnols, les Allemands, les Français, les Anglais, faisant tout ce que vous savez. Quelle cause les a si complétement changés? Une seule, l'établissement fixe sur la terre. Quand ils ont cessé d'errer sur le sable des déserts, quand ils ont construit des demeures fixes, ils ont voulu cultiver le sol autour de ces demeures, puis les orner, puis se vêtir autrement. Ils ont ainsi contracté tous les goûts, ensuite tous les arts moyens de satisfaire tous ces goûts, et sont devenus les peuples civilisés. Comparez-les aux malheureux sauvages américains, et admirez la différence des destinées! L'Amérique ne présentait pas, comme l'ancien monde, ces vastes espaces sablonneux, vieux fonds des mers mis à découvert par les révolutions du globe, qu'on appelle le désert de Sahara, le désert d'Arabie, le désert de Cobi, et sur lesquels poussent d'éternels pâturages. L'Amérique couverte de fleuves, de forêts, était comme un vaste parc destiné à la chasse. Ses enfants divisés en petites peuplades pour chasser, tandis que le nomade s'agglomère et multiplie autant que ses troupeaux, n'ont ni fondé, ni pu conquérir de grands empires. Ils erraient encore dans leurs savanes, il y a trois siècles, connaissant à peine la propriété, excepté toutefois celle de leurs arcs et de leurs flèches, lorsque dans l'ancien monde, un pontife, la connaissant trop, distribuait du sein du Vatican ces mêmes savanes aux avides Européens qui traversaient les mers pour s'enrichir, ne leur assignant entre eux d'autres limites que le méridiens qui servent à mesurer le globe. Ainsi il était donné à ceux qui connaîtraient la propriété, de dominer et de civiliser ceux qui l'ignoraient! Je conclus donc en disant : sans la propriété mobilière il n'y aurait pas même de société; sans la propriété immobilière il n'y aurait pas de civilisation.

LIVRE DEUXIÈME.

DU COMMUNISME.

LIVRE DEUXIÈME.

DU COMMUNISME.

CHAPITRE PREMIER.

DU PRINCIPE GÉNÉRAL DU COMMUNISME.

Que la discussion du COMMUNISME *est pour la propriété ce que les mathématiciens appellent la preuve par l'absurde.*

Les mathématiciens ont deux manières de démontrer les vérités géométriques, la preuve directe d'abord, qui consiste à prouver par l'analyse que telle proposition est vraie; puis la preuve indirecte, qui consiste à prouver que la proposition contraire serait impossible et insoutenable. Aussi les mathématiciens appellent-ils cette dernière : *la preuve par l'absurde.*

C'est ce que je vais essayer de faire pour le sujet

qui m'occupe. J'ai donné la preuve directe, j'ai montré l'ordre social reposant sur le principe simple, fécond, nécessaire de la propriété individuelle; je vais donner la preuve indirecte, et montrer l'ordre social, s'il est possible de l'imaginer un moment de la sorte, reposant sur le principe opposé, sur la négation de la propriété, sur la communauté des biens, et employer la preuve *par l'absurde*, comme l'appellent les géomètres. J'aurai ainsi prouvé la propriété par elle-même, puis par son contraire, et fourni les deux preuves, dont une seule suffit en géométrie, mais qu'on se plaît quelquefois à donner toutes les deux, pour montrer les divers aspects des choses. Cette marche, qui peut être superflue dans les sciences mathématiques, où la certitude des démonstrations dispense de prouver deux fois, est utile dans les sciences morales, où l'on n'a jamais trop prouvé. Je traiterai donc du *communisme* dans ce livre.

On a de notre temps imaginé beaucoup de communismes divers, communisme agricole, communisme industriel, etc. Je n'irai pas jusqu'à ces détails, car je ne puis pas suivre le délire contemporain dans ses divagations infinies. C'est le principe même de ce délire dont je vais m'occuper, c'est le *communisme* essentiel, absolu, qui constitue le fond de tous les communismes, et qui naît sur-le-champ, inévitablement, tout entier, par le seul fait de la négation de la propriété, c'est ce type que je vais exposer, me dispensant ainsi de tout voyage de curiosité ou de plaisir, à travers ces républiques idéales inventées par le génie de notre temps, et où j'irais peut-être volontiers, si j'avais un Platon pour m'y conduire. N'en ayant pas, je demande à les juger sur le plan général commun à toutes, lequel suffit pour faire apprécier la sagesse profonde qui a présidé à leurs diverses constitutions.

CHAPITRE II.

DES CONDITIONS INÉVITABLES DU COMMUNISME.

Que le communisme entraîne inévitablement, et sous tous les rapports, la vie en commun.

Ou il faut l'homme travaillant pour lui, pouvant accumuler le produit de son travail, le transmettre à ses enfants, l'homme existant ainsi à ses risques et périls, réussissant un peu, beaucoup, quelquefois pas du tout, souvent après avoir réussi essuyant des malheurs imprévus, tombant dans l'indigence et y précipitant ses enfants, il faut tous ces accidents, ou absolument le contraire, c'est-à-dire point de riches et point de pauvres, une société se chargeant du sort de chacun de ses membres, ne permettant pas à l'individu de travailler pour lui, mais l'obligeant à travailler pour elle, en retour prenant l'engagement de le nourrir, de le vêtir, de le loger, de l'élever, d'être sa seule famille. Il faut en un mot la propriété avec ses conséquences, ou le communisme jusqu'à ses extrêmes limites. Entre ces termes extrêmes il n'y a pas de terme moyen possible. Peu de mots suffiront pour démontrer à quel point toutes ces conséquences se tiennent par une chaîne indissoluble.

Puisque en effet l'homme travaillant pour lui-même, et jouissant individuellement du résultat de son travail, c'est-à-dire l'homme propriétaire, ne convient pas, le terme contraire c'est l'homme ne travaillant pas pour lui, mais pour la société qui lui commande son travail, qui en reçoit le produit et qui s'acquitte, soit en lui donnant un salaire, soit en se chargeant de son entretien et de celui de ses enfants.

Cette société lui commandera donc son travail, et il travaillera pour elle. La société sera changée en un vaste atelier d'agriculture, de menuiserie, de serrurerie, de filature, de tissage, etc., atelier appartenant à l'État, qui en recueillera les produits, les emmagasinera, et les distribuera ensuite entre ceux qui auront contribué à les créer.

Dans ce grand atelier y aura-t-il un salaire égal ou inégal? Tel ouvrier est fort, laborieux, intelligent, tel autre faible, paresseux, borné : ne les payerez-vous pas différemment? Mais si vous les payez différemment, voilà un commencement de richesse et de pauvreté, voilà cette détestable propriété qui renaît! Il faut donc, si on veut n'être pas trompé par le résultat, il faut un salaire égal. Mais si l'ouvrier ne reçoit qu'un salaire égal, il n'aura qu'un médiocre intérêt à employer ses bras. Celui qui sera fort, intelligent, ne mettra pas grand zèle à travailler autant que ses forces le lui permettraient, et rien ne l'empêchera, après avoir exécuté une certaine quantité d'ouvrage, de croiser ses bras et de dormir. Il n'y aura qu'un moyen de l'en empêcher, si vous ne voulez pas vous astreindre à une surveillance continuelle et insupportable, ce sera de faire travailler, sous les yeux les uns des autres, les membres de votre nouvelle société, en un mot de les obliger à travailler en commun. Ainsi le travail en commun est une première conséquence forcée du principe posé.

Après le travail vient la jouissance. Quand l'homme a travaillé, il faut qu'il mange, se repose, se rapproche de l'épouse qu'il a choisie, satisfasse auprès d'elle son cœur et ses sens. Dans la vieille société que nous voulons détruire, il reçoit un salaire en argent qu'il va employer en nourriture, en vêtement, en jouissances de tout genre, pour lui et sa famille, jouissances auxquelles il se livre dans le secret de sa demeure.

La société après l'avoir employé dans l'atelier national, où il aura travaillé en commun, lui accordera-t-elle de jouir de son salaire en particulier, dans le secret de sa demeure, ou bien exigera-t-elle la jouissance commune, comme le travail commun? Vous allez voir que l'un entraîne l'autre.

Si après avoir exigé le travail en commun, vous

accordez la jouissance en particulier, au moyen d'un salaire (peu importe qu'il soit en argent ou en nature), à l'instant même vous rencontrez les conséquences du salaire inégal, auquel vous avez été obligé de renoncer.

En effet l'homme a un penchant que l'ancienne société honorait infiniment, qu'elle s'efforçait de développer au lieu de le réprimer, ce penchant dangereux c'est l'économie. Elle avait tout mis en œuvre, la littérature et la finance, la fable de la fourmi et les Caisses d'épargne, afin de l'encourager. L'ouvrier laborieux et sobre, économisant pour sa femme et ses enfants, tâchant de faire refluer le bénéfice de ses bons jours sur les mauvais, était un modèle proposé à tous. Aujourd'hui *le tien et le mien* étant détruits, la propriété commune étant le but, la propriété individuelle serait véritablement un vol qu'il importe de prévenir. L'économie serait une faute, un délit, un crime même, suivant ses degrés. Il ne faut donc pas d'économie. On devrait dès lors encourager chacun à manger, à boire tout son soûl, et même au delà, si le salaire commun dépassait ses besoins. Il faudrait de plus s'assurer si la prescription qui défend d'amasser est exécutée, et fouiller les poches, les maisons, pour empêcher le délit de propriété de renaître, comme on fait au Mexique dans les mines de diamants, comme on fait en Europe dans les hôtels des monnaies, où l'on fouille soigneusement les ouvriers à la sortie des ateliers, et où quelquefois, au Mexique surtout, les recherches sur la personne sont poussées fort loin. On aurait encore à se défier d'un redoutable penchant, l'amour paternel, qui porte à économiser, et il faudrait tâcher de le déraciner du cœur humain, car autrement vous seriez exposé à ce que, dans quelque retraite cachée, le père et la mère amassassent un petit trésor pour leurs enfants.

Cette interdiction de l'économie, nécessaire pour empêcher la propriété de naître, exigerait, on doit en convenir, de bien minutieuses, de bien gênantes précautions. A parler franchement, malgré la modération que je veux apporter dans l'examen de ce sujet, elles seraient intolérables, et moi qui aime fort l'obéissance aux lois, en voyant ce qui se passerait ici, je concevrais qu'on jetât par la fenêtre les agents de la police communiste. Pour prévenir ces vexations, la jouissance en commun formant le complément du travail en commun, doit être évidemment adoptée, comme moyen de pourvoir à toutes les difficultés que je viens de signaler.

Ainsi on travaillerait en commun sous les yeux les uns des autres, ce qui empêcherait qu'on ne se croisât absolument les bras; on jouirait en commun, à des tables communes, où l'on mangerait et boirait suivant ses besoins, ni plus ni moins, et on serait vêtu d'un habillement uniforme, pris dans le magasin général, ce qui préviendrait les accumulations secrètes, véritable vol fait à la communauté. Pour être conséquent on ne peut se dispenser d'aller jusque-là.

Ou le communisme est la plus ruineuse des spéculations, ou il faut le travail sous les yeux les uns des autres. Ou le communisme est la plus insupportable des inquisitions, ou il faut également la jouissance sous les yeux les uns des autres, et avec cette double précaution, il est encore, je vous le déclare, la plus inepte, la plus insensée, la plus extravagante des inventions humaines. Mais tel quel, il est au moins conséquent.

Poursuivons. Une expérience irrécusable nous a enseigné que pour bien faire les choses, on ne doit en faire qu'une. Les génies universels sont rares, et encore ils ne sont universels qu'à un certain degré. Vous pouvez trouver des ouvriers adroits qui exécuteront plusieurs choses également bien, des gens d'esprit qui réussiront dans plusieurs genres de littérature à la fois, Voltaire, par exemple. Mais Voltaire eût été un mauvais géomètre, bien qu'il y entendît quelque peu, un plus mauvais soldat, un plus mauvais ouvrier, car d'ordinaire si on a le système cérébral développé, il est rare qu'on ait le système musculaire développé au même degré. Napoléon si grand général, si grand administrateur, si grand législateur, eût été un mauvais poëte, quoiqu'il fût un écrivain supérieur; un grenadier détestable, quoiqu'il fût brave, et un ouvrier bien maladroit, quoiqu'il imaginât pour faire rouler ses canons mille expédients plus ingénieux les uns que les autres. Telle est la condition des plus sublimes créatures humaines : que dire des médiocres?

Il résulte de cette vérité que, suivant leurs aptitudes diverses, les uns doivent être laboureurs, les autres tisserands, ceux-là menuisiers, ceux-ci serruriers, d'autres mécaniciens, horlogers, ciseleurs, savants, lettrés, législateurs, gouvernants. Alors ils font mieux ce qu'ils ont à faire. Alors ce qui s'exécuterait en un mois, et médiocrement, s'exécute en un jour, et avec perfection. C'est ce que les économistes appellent *la division du travail*, et ce qui, suivant eux, a amené les incroyables perfections de l'industrie moderne. Une montre, dont les ressorts sont fabriqués en masse par des pâtres suisses, dans leurs loisirs d'hiver, est ajustée à Paris chez un horloger, et un ouvrier peut avoir pour cinquante francs cette montre, qui lui aurait coûté mille francs il y a deux siècles, c'est-à-dire autant et plus que la dot de sa fille. Il y a quelques années une locomotive coûtait 70,000 francs. Elle en coûte 45,000, depuis que les uns fabriquent des chaudières, les autres des ressorts, les autres des essieux coudés. Elles coûteront peut-être 10,000 francs dans vingt ou trente ans.

Ainsi la diversité des professions est la loi de toute société qui veut faire bien, vite, beaucoup, à bas prix. On conçoit quelques pâtres élevant des troupeaux, sachant de l'agriculture ce qu'il en faut pour avoir un peu de grain, donnant la laine de leurs moutons à filer à leurs femmes, la tissant ensuite eux-mêmes, pratiquant ainsi la plupart des métiers, et tout au plus appelant à leur secours une industrie étrangère, pour avoir un vase de terre, ou un couteau, qu'ils payent avec un fromage. Quoique la diversité des professions commence déjà chez ces pâtres, puisqu'ils sont obligés de demander à autrui du fer ou de la poterie, on peut dire qu'ils fabriquent presque tout eux-mêmes. Mais il faut remarquer que ce sont les plus grossiers des hommes, résidant près des neiges, au plus haut niveau du globe, loin de toute civilisation, à l'extrême frontière de l'intelligence, c'est-à-dire à la limite où commence le crétinisme. Toute société au contraire, qui veut avancer, marcher, être en progrès, est obligée d'adopter la diversité des professions, d'où naît la spécialité de chacune, ou pour employer le mot technique, *la division du travail*.

Le communisme sera donc obligé lui aussi de diviser les ateliers communs. Il y aura les ouvriers qui travailleront la terre, le bois, le fer, le chanvre, les ouvriers qui construiront les machines, ceux qui se livreront aux recherches scientifiques, qui s'occuperont des lois, du gouvernement, des lettres, et probablement aussi une fois engagé dans les goûts de la civilisation, des peintres, des sculpteurs.

Ferez-vous subir à ces hommes un même genre de vie? Donnerez-vous la même nourriture, le même vêtement, à l'homme qui arrose la terre de ses sueurs, dont la main calleuse dirige la charrue ou agite le marteau sur l'enclume, et à l'ouvrier qui de sa main souple et délicate tisse la soie, applique le burin sur le cuivre? Et celui qui étudie les astres, manie le pinceau ou la plume, vit d'entretiens sublimes, le ferez-vous asseoir à la table, vivre dans la compagnie du simple laboureur? Je vous déclare tout de suite, moi qui ai fait des lois, touché au gouvernement de l'État, tenu la plume, que j'aime mieux le simple bon sens de ce laboureur, que le verbiage ennuyeux de tel sophiste; mais après qu'il m'aura parlé froment, fourrage, engrais, ce qui est du plus sérieux intérêt, mais ce que j'ignore, quand je lui aurai parlé de Platon, de César, de Machiavel, de Descartes, de Colbert, ce qui est digne d'intérêt aussi, mais ce qu'il ignore, je l'ennuierai, je l'ennuierai beaucoup plus qu'il ne m'ennuiera, car je saurai puiser auprès de lui une instruction qu'il ne saura pas puiser auprès de moi.

Il faudra donc varier la nourriture, le vêtement, la compagnie suivant les états, ou revenir à la société grossière de mes pâtres, dans laquelle tout peut être pareil sans inconvénient. De plus si vous voulez une société perfectionnée, si vous voulez des tissus aussi beaux que ceux de Florence, des vases aussi élégants que ceux de la Grèce, des fruits aussi délicats que ceux de Montreuil ou de Fontainebleau, il est impossible qu'on n'obtienne que de ceux-là, car, ainsi que je l'ai dit ailleurs, point de produits fins sans des produits médiocres et grossiers, la marche progressive de toute industrie le voulant impérieusement. Si donc vous désirez de ces produits recherchés, il y aura deux raisons au lieu d'une pour traiter différemment les professions, la première à cause de la différence de mœurs entre ceux qui les exerceront, et la seconde à cause de l'inégalité même des produits auxquels il faudra trouver des consommateurs.

Il y aura par conséquent table et compagnie des laboureurs, des forgerons, de tous ceux qui se livreront à des travaux violents ; table et compagnie des tisserands, des mécaniciens, de ceux qui se livreront à des travaux moins rudes, qui auront à déployer moins de force et plus d'intelligence ; table et compagnie enfin de ceux qui se serviront uniquement de leur intelligence ; et, bien que je n'en énumère que quelques-unes ici, les classifications devront varier à l'infini.

La conséquence du communisme est donc, outre la vie commune pour le travail comme pour la jouissance, de classer les professions et ceux qui les exercent, de différencier leur manière d'être par décision de l'autorité publique.

Il y aura inévitablement des tables de pauvres et

de riches, les unes et les autres, dira-t-on, sagement réglées, de façon qu'aux premières il y ait le nécessaire, et qu'aux secondes il n'y ait pas le superflu; bien réglées, soit, mais réglées par l'autorité publique, qui désignera elle-même les riches et les pauvres, ou du moins ceux qui seront traités comme tels.

Mais ce n'est pas tout. Dans la société où l'homme est livré à lui-même, il choisit sa profession. S'il a voulu s'élever trop haut, il échoue, et retombe au-dessous. Celui-ci, d'ouvrier a voulu se faire maître; il retombe à l'état d'ouvrier, et même à l'état d'homme de peine. Dans le système où la société se charge de l'homme, elle classera les individus; elle leur dira, après inspection des bras et du crâne : toi, tu seras laboureur; toi, tisserand; toi, mécanicien; toi, géomètre; toi, savant; toi, peintre ou poëte; toi, Archimède, Newton, Descartes, Racine ou Bossuet! Elle donnera la charrue, le marteau, la lime, la navette, la plume, le télescope, le pinceau, l'épée, comme une place, comme un bureau de tabac, comme une perception!

Ou point de professions diverses, point de rangs, et alors point d'arts : mes pâtres, toujours mes pâtres; ou, si l'on veut des professions diverses et des arts, il faut des distinctions, de la richesse, du génie enfin, de par les autorités que la loi aura instituées. Tout ceci est forcé, tout ceci se tient par une chaîne indissoluble.

Il y a une dernière conséquence du communisme moins inévitable, mais qui manque à la parfaite harmonie du système, et qui, si on ne l'ajoute pas, prouve qu'on se défie du système lui-même. C'est la suppression de la famille.

Oh sans doute! on peut supposer au nombre de ces tables communes la table des enfants, aussi bien que celles des pères et des mères; on peut, en abrogeant *le tien et le mien* pour les choses matérielles, le conserver pour les choses morales. On peut, en ayant sa femme, avoir ses enfants, qu'on reconnaît, qu'on aime, qu'on suit dans la carrière de la vie. A Sparte, il y avait la table commune et la famille; mais c'était la table commune pour les guerriers. La propriété restait, avec la femme et les enfants, au logis. La femme veillait sur les enfants et sur les ilotes qui travaillaient la terre en esclaves. Et, vers la fin de cette société, qui n'était du reste qu'à moitié contre nature, à l'époque de sa décadence, les femmes avaient toute la propriété et des mœurs affreuses. Les hommes n'avaient pas cessé de se livrer à des habitudes infâmes : ils n'étaient que braves.

J'admets donc que les enfants pourront appartenir au père et à la mère, qui les iront visiter à la table commune. Mais, de grâce, ne sentez-vous pas à quel supplice de Tantale votre cruelle inconséquence aura exposé ces malheureux parents? Quel est le plus grand stimulant du désir de posséder si ce n'est l'amour des enfants? C'est surtout pour les enrichir, ou du moins pour les faire vivre un peu mieux, que la plupart des pères et des mères travaillent. Vous leur laissez des enfants à aimer, et vous ne leur donnez pas la permission de satisfaire ce penchant en travaillant pour eux! Quoi! ils les verront, les serreront sur leur cœur, et ne pourront rien pour leur bien-être! Il faudra dans une société de trente millions d'âmes, qu'ils travaillent à améliorer le sort de trente millions d'individus, pour qu'il en arrive un trente-millionième à leurs enfants! Ne sera-ce pas un supplice affreux? Soyez donc conséquents. Vous voulez confondre toutes les existences : confondez tous les cœurs. Qu'il n'y ait plus de relations entre le père, la mère et les enfants; que les enfants soient à tous; que le père et la mère ne puissent plus les reconnaître, et alors ils les aimeront tous, sans exception. Ils iront à certaines heures, voir les enfants de la communauté, comme on va au chenil, ou à la basse cour, ou au haras, regarder les produits du domaine avec un certain plaisir. Ils pourront en reconnaître çà et là quelqu'un, ce qui fera naître une illusion d'un moment, peut-être aussi une regrettable tentation de préférence; mais on les habituera à les confondre tous dans le même sentiment, et alors l'inconséquence de donner des êtres à aimer à qui ne peut rien pour eux, cette inconséquence cessera. Puis vous serez conséquent de bien des manières, car, si la propriété est gênante, la famille l'est également, et par la même raison. Une loi absolue vous condamne à voir le beau champ du voisin couvert de fruits, et si votre bouche est brûlante de soif, à ne pas y toucher. Même chose existe quant à la relation des sexes. Une erreur de votre famille vous a uni à une épouse insupportable, et réciproquement. Mais là, tout près de vous, est une femme, belle ou non, qui du moins vous plaît, à qui vous plaisez, et vous ne pouvez vous précipiter dans ses bras, qu'elle brûle de vous ouvrir. Voilà une autre propriété, bien intolérable aussi! Eh bien! abolissez jusqu'aux derniers vestiges *du tien et du mien :* l'homme alors, admis à travailler en commun, à jouir en commun, à satisfaire sans retenue son besoin de manger ou de boire à la table commune, pourra se livrer à sa passion avec la femme qui lui plaira, sans s'inquiéter des conséquences. La société, chargée d'élever les enfants de tous, aux frais de tous, y pourvoira, et l'homme, exempt de pauvreté, pouvant satisfaire tous ses appétits à la fois, obtiendra la somme de bonheur que la nature lui destinait, et qu'une société tyrannique lui a refusée.

Pour être juste il faut reconnaître que les adversaires de la propriété n'admettent pas tous ce dernier degré de communisme; mais je ne les en admire guère davantage, et je méprise leur inconséquence.

J'ai fait effort, comme on a vu, pour traiter sérieusement ce grave système. J'achève cet exposé, bien pénible pour tout homme de sens, et je tiens pour irréfragablement démontrées les conséquences suivantes :

Ou il faut l'homme travaillant pour lui-même, et dès lors propriétaire, ou il le faut travaillant pour la communauté, qui se chargera de lui, et lui épargnera les chances du travail libre.

Dès lors la communauté à tous les degrés s'ensuit inévitablement.

Il faut le travail en commun pour prévenir la paresse, la jouissance en commun pour prévenir l'économie.

Il faut encore, ou une égalité grossière, ou, si l'on admet la civilisation, des professions diverses, dès lors des déclarations d'aptitudes faites par la communauté elle-même, et des traitements inégaux pour consommer des produits inégaux; il faut, en un mot, ou l'égalité dans la barbarie, ou l'inégalité dans la civilisation, mais l'inégalité par décision de l'autorité publique.

Et enfin, si l'on veut être parfaitement conséquent, il faut avec l'impuissance de rien faire pour ses enfants, suite de l'abolition de toute propriété, ne pas continuer le supplice de les aimer, dès lors ne pas exposer les pères à les connaître, et les dispenser d'épouses fixes, ce qui fera cesser la tyrannie des unions mal assorties.

Toutes ces conséquences se tiennent indissolublement, et l'une de ces institutions conduit à l'autre. Ou tout en propre, ou rien; alors rien, ni le pain, ni la femme, ni les enfants; tout en commun, le travail et la jouissance. L'homme ainsi vivra comme ce troupeau de biches et de cerfs qui parcourent nos forêts, ou comme cette troupe de chiens qui habitent les rues de Constantinople.

A cette humanité future je fais trois objections : elle détruit le travail, la liberté, la famille.

Il faut l'examiner brièvement sous ces trois rapports.

CHAPITRE III.

DU COMMUNISME PAR RAPPORT AU TRAVAIL.

Que le communisme éteint toute ardeur pour le travail.

Il est bien évident qu'en voulant empêcher la propriété, c'est-à-dire empêcher que l'un ait peu, l'autre beaucoup, il ne faut pas d'inégalité dans les salaires. L'on comprend que lorsque je parle d'égalité ou d'inégalité de salaire, j'entends parler d'égalité ou d'inégalité dans la même profession, car si le communisme classe les professions, et les traite différemment, ce qu'il faudra qu'il fasse pour avoir des arts, il existera une inégalité de traitement entre les diverses professions, qui n'est pas celle dont il s'agit ici. Je parle du salaire dans la même profession.

Tel laboureur peut être robuste et intelligent, tel autre ne l'être pas, ainsi du forgeron, du tisserand, etc. Les payer inégalement serait les exposer à posséder inégalement. Il faut donc les traiter d'une manière égale, et pour éviter ou la paresse ou l'économie, les récompenser en leur donnant pour salaire la vie commune. Quoi qu'il en soit, celui qui fera bien ou mal, peu ou beaucoup, sera traité comme les autres; sa récompense sera ou la prospérité générale, ou l'honneur. Je ne veux pas faire perdre le temps à mes lecteurs, et j'affirme, sans fournir les preuves qui abondent dans l'esprit de tout le monde, que ces ouvriers, mus par la prospérité générale ou l'honneur, ne travailleront pas. Vous figurez-vous un mécanicien à qui on dira : Travaille, mon ami, deux, trois heures de plus par jour, et dans dix ou vingt ans, la société française sera plus riche. — Je ne prétends pas qu'il soit insensible à ce résultat, mais je doute qu'il travaille ces deux heures de plus. Si au contraire son maître lui dit : Cette pièce de machine que tu exécutais en dix jours, et que je te payais cinq francs par jour, ce qui te rapportait cinquante francs, je te la donne à exécuter à la tâche; tu la feras en tel temps que tu voudras, et je te la payerai de même cinquante francs : si son maître lui dit cela, il l'exécutera en six, sept ou huit jours, pour gagner huit, sept ou six francs. Oh alors, il ne ménagera ni ses bras, ni son temps, ni ses nuits, et il cherchera à gagner davantage, soit pour lui, soit pour ses enfants. S'il en était autrement, le travail à la tâche n'aurait pas été inventé.

Vous niez, dira-t-on, les plus nobles mobiles.

C'est vous, répondrai-je, qui les employez mal. Je crois, moi, que si vous dites à cet ouvrier : Travaille beaucoup, et tu n'auras ni plus ni moins de traitement, mais la France dans vingt ou trente ans sera plus riche, cet ouvrier lèvera les épaules, car on lui parle argent, et il faut un argument approprié au sujet. Mais si vous lui dites : Meurs pour que la France soit sauvée, il vous écoutera peut-être, et si vous avez su par de nobles institutions militaires élever son cœur, y développer le sentiment de la gloire, il mourra à Austerlitz, à Eylau, ou sous les murs de Paris. C'est que l'homme est plus paresseux que lâche, et que pour chaque genre d'effort il faut des stimulants différents. Pour l'exciter au travail, il faut lui montrer l'appât du bien-être; pour l'exciter au dévouement, il faut lui montrer la gloire. Quoi ! l'honneur pour deux ou trois planches de plus rabotées dans une journée, pour une pièce de fer mieux limée ! Vous blasphémez ! L'honneur pour d'Assas, Chevert, Latour-d'Auvergne : le salaire, c'est-à-dire la satisfaction de bien vivre, lui et ses enfants, pour celui qui a laborieusement et habilement travaillé, et de plus l'estime, s'il est sage et probe, car il faut aussi des satisfactions morales à cet honnête ouvrier. Raisonner autrement ce n'est pas connaître la nature humaine, c'est tout confondre, sous prétexte de tout réformer.

Le dévouement exalté qui fait braver la mort, on

l'obtient d'un enthousiasme momentané, habilement excité. Mais cette application constante à une tâche obscure, qu'on appelle le travail, ne s'obtient que par la perspective du bien-être. Sans doute ce travail opiniâtre peut conduire quelquefois à la gloire, s'il s'agit des recherches de Newton, et c'est un stimulant de plus; mais la masse du travail dont la société vit, ne s'obtient qu'en offrant au travailleur la certitude d'un salaire matériel. Quand l'homme s'obstine sur la nature pour lui arracher les matières dont il se nourrit ou se vêtit, il s'obstine pour ces objets mêmes, il faut les lui donner, il faut récompenser le travail conformément au but qu'il se propose, et pour l'exciter autant que possible, lui donner ni plus ni moins qu'il n'aura produit, mais autant. Il faut de plus rapprocher le but de ses yeux, et pour cela lui présenter non le bien-être de tous, ni même celui de quelques-uns, mais le sien et celui de ses enfants. Outre qu'il y aura justice à en agir ainsi, il y aura excitation la plus haute possible. Qui fera beaucoup, aura beaucoup; qui fera peu, aura peu; qui ne fera rien, n'aura rien. Voilà la justice, la prudence, la raison. Ce n'est pas détruire les nobles mobiles, c'est les réserver pour les nobles fins auxquelles ils sont propres. Le salaire sera pour le travail, la gloire pour les dévouements sublimes, ou pour le génie. Cet homme travaille toute sa vie pour nourrir lui et sa famille, payez-le, payez-le bien. Il se dévoue une fois jusqu'à braver la mort, décernez-lui la gloire du soldat. Il fait une découverte, décernez-lui la gloire de l'inventeur. Mais à chacun suivant ses œuvres.

Ainsi sans salaire personnel, proportionné au travail, à sa quantité et à sa qualité, point de zèle à ce travail. Votre communauté, avec le traitement général et commun, mourrait de faim avant peu. C'est tout au plus si la société où la propriété est admise, où le travail profite à celui qui s'y consacre, à lui seul, à ses enfants, c'est tout au plus si elle arrive à procurer du pain à tous, et souvent de mauvais pain. Qu'en serait-il, si aucun ne travaillait pour soi, et si tous ne travaillaient que pour la généralité? La répartition fût-elle différente, le résultat serait le même, car, ainsi que je l'ai déjà dit, on sait, par un calcul facile à établir, que la réversion de la richesse des plus riches sur les plus pauvres, ne produirait pas une augmentation sensible pour ces derniers. Elle n'ajouterait pas un centime à la journée de chacun, et elle aurait diminué de moitié, des trois quarts peut-être, la masse de la production générale. Tous mourraient de faim : c'est l'unique bien qu'on leur aurait fait.

CHAPITRE IV.

DU COMMUNISME PAR RAPPORT A LA LIBERTÉ HUMAINE.

Que le communisme est la négation absolue de la liberté humaine.

Le communisme tue le travail, car, en éloignant le but, il détruit l'ardeur à l'atteindre ; il fait plus, il supprime la liberté.

Qu'est-ce donc que cette société chimérique, dans laquelle, de peur que l'homme ne se trompe, ne s'égare, ne réussisse pas ou ne réussisse trop, ne reste pauvre ou ne devienne riche, on l'oblige à travailler pour la communauté, on le fait nourrir, vêtir, entretenir par elle, dans laquelle on lui assigne sa vocation, on le déclare par ordre, agriculteur, forgeron, tisserand, lettré, mathématicien, poëte, guerrier, dans laquelle il est, par ordre, tantôt appelé aux jouissances délicates, tantôt relégué dans les jouissances vulgaires, à moins que, pour prévenir la difficulté de ces classifications, on ne le retienne dans la grossière égalité du pâtre? qu'est-ce que cette société? Ah! je vais vous le dire : c'est une ruche ou une fourmilière.

Il y a en effet dans la nature des animaux qui vivent en communauté et qui présentent toutes les apparences de la société humaine. Voyez les abeilles, par exemple; elles travaillent avec une activité continuelle, voltigent sur les arbustes du voisinage, ne se trompent jamais dans leur choix, et reviennent avec leur petite provision de sucs recueillis dans le calice des fleurs. Rentrées dans la ruche, elles y travaillent en architectes infaillibles, ne commettent jamais d'erreur dans la dimension de leur cellule, avec la cire font le mur, dans ce mur déposent le miel, élèvent la nouvelle famille qu'elles lancent ensuite dans l'air, ou dans le monde, comme nous dirions, humainement parlant, pour aller y fonder une nouvelle colonie, c'est-à-dire une nouvelle ruche.

Parmi ces mouches industrieuses, il n'y a jamais ni diligent ni paresseux, ni riche ni pauvre, ni vertueux ni coupable. Tout est bien, tout est ce qu'il doit être : savez-vous pourquoi? Parce que tout est gouverné par un guide infaillible, l'instinct. Votre communauté, savez-vous ce qu'elle serait? Une ruche d'abeilles. L'homme, tel que vous voudriez le faire, savez-vous ce qu'il serait? Un animal, descendu au rang de l'animal esclave de l'instinct.

En un mot, la liberté manquerait, et la liberté consiste à pouvoir se tromper, à pouvoir souffrir. Erreur et vérité, souffrance et jouissance, telle est l'âme humaine!

L'abeille ne se trompe pas; elle va d'un arbuste à un autre arbuste, s'agite dans l'air et la lumière, jouit sans doute, mais sans les vives émotions propres à notre nature; et, rentrée dans sa ruche, tournant sur elle-même, faisant compas de ses petites pattes, cette machine infaillible ne se trompe pas plus que celle de Vaucanson, parce que son Vaucanson c'est Dieu lui-même. L'homme est tout autre : sa ruche, c'est Athènes, Rome, Florence, Venise, Londres, Paris. Les mouvements qu'il est obligé de se donner sont bien différents! Il n'a pas à courir d'un arbuste à un autre arbuste, presque sans aucune chance de méprise. Il lui faut juger les rapports les plus vastes et les plus compliqués; il lui faut créer par les arts les plus raffinés les aliments dont il se nourrit; il lui faut amener de toutes les parties du monde les produits les plus divers, ne pas s'abuser sur leur valeur, les faire arriver à propos et à des conditions avantageuses. Pour aller les chercher, il faut qu'il ait appris à étudier la marche des astres, des vents, des saisons; qu'il les défende en route avec le génie des Ruyter, des Jean Bart, des Nelson. Dans toutes ces opérations, il peut deviner juste ou non. S'il ne pouvait pas se tromper, s'il voyait la vérité, nécessairement, infailliblement, d'un seul regard de son esprit, il ne serait pas libre. Il serait ou cette abeille, qui, limitée à de petits actes qu'elle accomplit sans erreur, est une machine vivante, gouvernée par ces ressorts infaillibles de la nature animée qu'on appelle instincts, il serait cette mouche laborieuse, ou Dieu, Dieu lui-même, tel que nous nous efforçons de le concevoir, lequel, en présence de la vérité éternelle, la voit sans intermédiaire et sans interruption, car il est cette vérité même. Ou machine, ou Dieu, tel serait l'être qui ne se tromperait pas. L'homme peut donc saisir le vrai ou ne le pas saisir, et c'est là ce qui constitue sa liberté : il y arrive par l'attention soutenue, par le travail enfin.

C'est là son esprit, mais ce n'est pas encore son âme tout entière. Il lui faut plus que cette perception des objets qui consiste à les discerner bien ou mal, promptement ou lentement, sûrement ou inexactement; il lui faut des impulsions. Si la vue des choses le laissait indifférent, il serait curieux peut-être, mais inactif. Pour qu'il agisse, il lui faut des motifs d'agir. Pour qu'il s'approche ou s'éloigne des choses, il faut qu'elles l'affectent fortement; il faut qu'elles lui causent ou beaucoup de bien ou beaucoup de mal : c'est là son attraction à lui. La lune, en étant attirée autour de la terre, la terre autour du soleil, ont leurs motifs dénués de sentiment. L'homme, attiré vers tel ou tel objet, porté à tel acte ou à tel autre, a son attraction : c'est le plaisir ou la douleur. S'il ne les éprouvait pas, il serait cette lune, cette terre, qui, bien que plus grosses que lui un nombre infini de fois, n'ont pas la dignité morale qu'il reçoit de cette qualité d'être sentant et pensant. Pour se mouvoir donc, il faut qu'il soit attiré ou éloigné, qu'il jouisse ou souffre, suivant qu'il a réussi ou échoué dans ses actes. Il peut se tromper, il peut souffrir : voilà la double liberté de son âme. Toujours discerner le vrai, toujours éprouver une même sensation, fût-elle douce, ce serait ne pas discerner, ne pas sentir; ce serait, en descendant bien bas, devenir abeille, polype, végétal, pierre, et, en allant plus bas encore, aboutir au néant; ou bien, en remontant cette échelle des êtres, en la remontant jusqu'à l'infini, arriver à Dieu, tel que nous essayons de le comprendre. Ainsi, pouvoir se tromper, pouvoir souffrir, mais pouvoir le contraire aussi, voilà la liberté, voilà ce qui place l'homme au-dessus de l'animal gouverné par les instincts, mais au-dessous de cet Être que nous nous efforçons de concevoir, en lui retranchant toutes les imperfections de notre nature bornée, et que nous appelons Dieu.

Ame sublime de l'homme, âme obtuse ou clairvoyante, sentant profondément la peine ou le plaisir, flambeau que Dieu plaça en nous pour nous inciter et nous conduire, âme libre, faut-il donc vous éteindre comme une flamme importune qui nous fatigue et nous dévore ! Quoi ! vous voulez donc souffler sur elle, puisque vous voulez nous ôter cette liberté, et nous faire descendre à l'état d'abeille ou de fourmi ! Quoi ! de peur que je ne me trompe, que je n'échoue dans mes combinaisons, que je ne sois ce que vous appelez riche ou pauvre, que je ne souffre le froid, la faim, la misère, vous allez m'enfermer dans une ruche, me tracer ma tâche, me nourrir, me vêtir à votre goût, mesurer ma force, mon appétit, mon génie, me placer ici ou là, m'assigner telle étude ou telle autre ! Et, lorsque vous craignez que je ne me trompe, et que, pour éviter ce danger, vous prétendez décider de tout pour moi, vous ne craignez pas, législateur infatué, de vous tromper vous-même, en m'assignant ainsi mon rôle, en déterminant mes besoins, en vous chargeant d'y satisfaire ! Vous vous êtes grossièrement abusé ; au milieu de l'immensité de la création, vous m'avez pris pour ce que je n'étais pas, vous m'avez pris pour le castor qui construit, pour le cheval qu'on attelle. De peur que je ne tombe, vous m'avez rabaissé ; de peur que je ne m'égare, vous m'avez fait esclave ; de peur que je ne souffre, vous m'avez ôté la vie, car en supprimant les accidents de ma vie, vous avez supprimé ma vie elle-même.

La vieille, l'éternelle société que la nature a faite, traite l'homme autrement. Travaille, lui dit-elle, travaille tant que tu voudras, tant que tu pourras, comme tu sauras, bien ou mal, avec ou sans intelligence, avec les moyens que tu as reçus à ta naissance. Ce que tu gagneras sera pour toi. Tu es vieux, travaille encore, car ce que tu gagneras sera pour tes enfants. — La société, outre qu'elle dit à l'homme : travaille, travaille sans mesure, lui laisse de plus le choix de l'art dans lequel il s'exercera. Il suit son instinct. S'il se trompe, il sera obligé de changer et de descendre. Mais, en s'essayant, il finira par trouver, et une fois sa voie trouvée, il la parcourra comme l'aigle traverse les airs. Voici un mauvais médecin, qui était sans le savoir un grand architecte : il se ravise, et construit la colonnade du Louvre. Voici un médiocre architecte qui s'aperçoit qu'il était né pour les armes : il revient à sa vocation, et gagne la bataille d'Héliopolis. Chacun ainsi travaille, travaille ardemment, librement, suivant son aptitude particulière. Le père qui est devenu riche, fait ses enfants riches, et les place au-dessus de lui. Ces enfants prêtent les capitaux créés par leur père à d'autres qui ont besoin de travailler, en tirent un revenu, payent avec ce revenu les produits les plus recherchés de l'industrie, et, élevés par le travail, salarient le travail à leur tour. S'ils sont dignes de leur père, ils restent où il les mit : ils montent même plus haut encore; sinon, ils retombent, redeviennent pauvres, et on les voit mendier à la porte des palais où fut nourrie leur enfance. Comme le travail de leur père fut récompensé en eux, leur oisiveté est punie en eux, et dans leur postérité. Il naît de là mille contrastes moraux, il naît cette suite d'accidents qu'on appelle le spectacle du monde. On voit sur la soie un pauvre ouvrier né sur la paille; on voit sur la paille un grand seigneur né sur la soie. On voit celui qui, simple serviteur, travailla, servit dans la maison d'un enfant opulent, protecteur aujourd'hui de cet enfant autrefois dédaigneux, maintenant humilié, mais relevé par celui qu'il dédaigna. On voit un aventurier sans fortune revenir avec les trésors de l'Inde, prodiguant ses bienfaits autour de lui, et, immédiatement après, ses héritiers dispersés et dépourvus du nécessaire. On voit non-seulement les accidents de la richesse, mais ceux aussi de la puissance, car la fortune capricieuse se joue avec toutes choses, avec les trésors comme avec les couronnes. On voit le soldat devenu souverain, Jean Sforce, duc de Milan, et ses petits-fils empoisonnés par un tyran; un officier d'artillerie, maître du monde, puis privé d'air et d'espace dans une île, les membres de sa famille dispersés, quelquefois condamnés à l'indigence; des princes, héritiers d'une longue suite de rois, proscrits, maîtres d'école, puis rois, puis encore proscrits, et mangeant dans l'exil un pain qui suffit à peine à leurs besoins. On voit ces jeux confus, et mille vertus contrastant avec mille vices, quelquefois des riches au cœur sec, mais quelquefois aussi des riches au cœur plein de bonté, répandant autour d'eux les dons de la fortune, et celui qui réussit dédommageant ainsi de son infériorité celui qui ne sut pas réussir; partout des contre-poids, l'habileté opposée à la maladresse, l'activité à la paresse, la bonté au malheur, et toujours, enfin, les facultés humaines en action poussées au plus haut point de développement! Ces hasards, ces contrastes si frappants, ces facultés humaines si excitées, ces vices, ces vertus, ces biens, ces maux, c'est la liberté : ce n'est pas l'animal, c'est l'homme.

CHAPITRE V.

DU COMMUNISME PAR RAPPORT A LA FAMILLE.

Que la propriété et la famille sont indissolublement unies, qu'en détruisant l'une le communisme détruit l'autre, et abolit les plus nobles sentiments de l'âme humaine.

Le communisme détruit le travail, supprime la liberté, et s'il est conséquent, doit abolir la famille.

L'homme tel que la nature l'a fait, et non tel que le veulent faire les sophistes, a besoin d'avoir son champ, dans son champ sa demeure, dans sa demeure sa famille. Lorsque de l'enfance il a passé à la jeunesse, et que son être est achevé, il épouse la femme qu'il a choisie, ou que ses parents ont choisie pour lui. Il en obtient des enfants. Il travaille pour elle et pour eux. Il aime à parer cette compagne, objet de son amour; il s'applique à bien élever les enfants qu'elle lui a donnés, à les diriger vers telle ou telle profession, à leur préparer soit dans la carrière qu'il a parcourue, soit dans une carrière plus haute, des richesses et des honneurs. Lorsqu'il a atteint ce but, qu'il est vieux, que la vie n'a plus de joie, que l'amour est une ardeur éteinte, que les succès ne lui paraissent plus qu'une déception de la terre, il renaît dans ses enfants. Ces goûts qu'il n'a plus pour lui-même, il les a pour eux. Il est heureux quand ils aiment, quand ils réussissent. Jeune et fort il a protégé leur enfance, vieux et infirme il est protégé par eux dans sa décrépitude. Il meurt enfin après avoir été enfant, adolescent, homme mûr, vieillard, après avoir reçu de ses fils les services qu'il leur a rendus, toujours aimant, toujours aimé, et accompagné jusqu'aux portes de la mort par les êtres auxquels il donna la vie. Les générations humaines se suivent ainsi en se tenant par la main, depuis ce premier homme que les Écritures appellent Adam, jusqu'à ces derniers descendants, qui périront on ne sait de quelle mort, avec la planète qui nous porte à travers les champs de l'infini.

Voilà, me dira-t-on, l'idéal de la famille. Mais cet homme a choisi cette femme sous l'influence d'un goût passager. Il a cessé de l'aimer, ou il a cessé d'en être aimé. Il l'a trompée, et il a fini par en être trompé lui-même. Cette société conjugale est devenue une tyrannie. Ces enfants il les a négligés, ou bien père excellent, après les avoir comblés de soins, il n'a trouvé auprès d'eux qu'ingratitude et abandon.

Je connais ces diatribes, mais faibles raisonneurs

sont ceux que ces défaillances accidentelles des choses tournent contre les choses elles-mêmes. Tout à l'heure j'expliquerai ces défaillances. Prouvons que cet idéal que j'ai tracé reste vrai, à travers toutes les vicissitudes de la famille humaine.

Parmi les animaux le père ne connaît jamais les êtres issus de lui. La mère quand elle a fini de les allaiter, ou dans les espèces qui ne sont pas mammifères, quand elle leur a enseigné à vivre seuls, les abandonne, ne veut plus même les voir, et les chasse d'auprès d'elle comme importuns. L'éducation a consisté à les conduire jusqu'à l'âge où ils peuvent se nourrir et se défendre. C'est un mois, deux mois, un an peut-être, pour ceux dont la vie est la plus longue. Après ils sont voués au communisme. Le père, la mère, les rejetons vivent sans se connaître, sans se distinguer, dans une promiscuité pour laquelle la nature ne montre chez eux aucune répugnance. Telle est la famille chez les animaux. Il est vrai qu'ils n'ont pas de soucis, pas de gêne, pas d'obligation de se soigner quand ils ne s'aiment plus, pas d'adultère à se reprocher, pas de négligences paternelles, pas d'ingratitudes filiales à déplorer; qu'ils ne sont ni mauvais époux, ni mauvais pères, ni mauvais fils. Est-ce un pareil état d'innocence, de liberté, de bonheur, qu'on souhaite pour l'espèce humaine? Cette innocence, cette liberté, ce bonheur sont ceux de la brute. Le but qui a réuni le

père et la mère une fois atteint, ce qui pour le père
est d'un instant, et pour la mère de quelques mois,
ils se séparent, et la famille est dissoute. Elle a duré
le temps nécessaire à l'éducation de l'espèce.

Mais l'éducation de l'homme est de toute la vie.
Cet être si fort, destiné à durer plus que la plupart
des autres animaux, destiné à être Newton, Racine,
Voltaire ou Napoléon, quand son allaitement est
fini sait à peine marcher, se laisserait renverser
par un chien, écraser par un cheval, si vous le li-
vriez à lui-même, et quand il peut manger, marcher, éviter les obstacles dangereux, ne saurait pas
vivre au milieu de cette société où tout s'achète, où
l'on ne trouve pas à subsister dans les rues comme
les animaux trouvent à brouter dans les champs. Il
faut que le père et la mère gagnent sa vie pour lui.
Puis c'est un être pensant, il faut développer son
intelligence, il faut la cultiver, l'élever, la mettre
au niveau de sa profession, de sa nation, de son
siècle. Montez encore plus haut, et si c'est le fils de
ces grandes familles qui sont l'honneur de leur pays,
si c'est le fils des Scipions à Rome, le fils des Annibal Barca dans la jalouse Carthage, s'il doit soutenir un jour l'éclat de son nom, la gloire de sa patrie, il faut lui inculquer les vertus héréditaires, les
nobles passions de sa race, et alors toute une vie
de bons et héroïques exemples n'est pas de trop. Si
c'est le fils de Jean Bart il faut le mettre en mer à

côté de son père, et si un jour de bataille il paraît ému, l'attacher au mât du vaisseau que commande l'héroïque marin. Croyez-vous que pour un tel objet la famille puisse durer trop longtemps?

Pour l'animal la famille c'est la protection de la mère pendant l'âge de l'infirmité physique; pour l'homme c'est la vigilance du père et de la mère sur son âme, continuée toute la vie, c'est la perpétuité des sages leçons, des grands exemples! Faut-il que ce soit dans une république qu'on ait de telles choses à dire?

La famille humaine assurément n'est pas toujours et partout la même; elle n'arrive pas plus que les autres institutions sociales à sa perfection, dès l'origine des sociétés. Dans l'état nomade l'homme a plusieurs femmes, parce que vivant librement sous le ciel, dans les vastes pâturages du désert, au milieu de l'abondance pastorale, l'existence pour lui est facile, et qu'il peut nourrir beaucoup de femmes et beaucoup d'enfants. Despote n'ayant pas encore appris à respecter la faiblesse de sa compagne, il satisfait son goût qui est d'avoir plusieurs épouses, leur impose la fidélité qu'il n'observe pas lui-même, a de toutes des enfants qui vivent entre eux comme ils peuvent, et si l'une d'elles l'emporte sur les autres, laisse Agar s'en aller au désert, mourir de soif avec Ismaël. Enfin si ce barbare nomade conquiert un jour Constantinople, il aura des concubines par centaines, condamnées dans un harem à vivre de temps à autre de l'un de ses caprices, lui donnant des enfants de toute origine, qui se feront entre eux les guerres sanglantes du sérail.

Même à Rome, dans ce sanctuaire des grands et nobles sentiments, mais des sentiments rudes, surtout avant que le christianisme eût élevé et attendri les cœurs, le lien conjugal était loin d'être aussi étroit qu'il l'est devenu. Le mariage avait des degrés ; du concubinage à l'union définitive, il y avait des états intermédiaires, admis et reconnus par la loi. Le divorce enfin était facile. Une Romaine passait souvent d'une maison dans une autre. La famille consistait dans le père, et bien moins dans la mère. Un noble orgueil de race était, beaucoup plus que la tendresse, le principe, l'âme de la famille. Ce saint orgueil était poussé si loin, que les Scipions ayant un fils indigne d'eux, allaient demander à Paul-Émile de leur céder un enfant, qu'on donnait à élever à Polybe, et qui devenait Scipion l'Émilien. La grandeur de Rome appuyée sur la grandeur des familles dominait le monde. Mais la mère manquait souvent, et la tendresse était absente. La mère des Gracques est une exception qui confirme plutôt qu'elle ne dément cette vérité.

Le christianisme, qui a tant fait pour la société humaine, en contenant l'homme, en l'obligeant à immoler ses penchants, à respecter la faiblesse de la femme comme celle de l'esclave, a constitué la famille telle qu'elle est. Pour un seul père, une seule mère, une seule lignée d'enfants. Voilà la perfection de cette sainte institution. Sans doute, dans leurs goûts inconstants, l'homme, la femme peuvent n'être pas toujours suffisamment contenus. Il est rare qu'ils s'aiment du même amour de la jeunesse à la vieillesse; mais avec le temps l'affection conjugale succède à l'amour. L'être qui s'est associé à vos intérêts pendant toute votre vie, qui a même orgueil, même ambition, même fortune, ne saurait jamais vous être indifférent, et si l'extrême rapprochement des existences a produit des froissements, le jour où cet être vous est ravi, le vide qui se fait en vous prouve quelle place il tenait en votre âme. D'ailleurs ne reste-t-il pas les enfants pour lesquels la famille a été instituée? L'époux, l'épouse dont les sentiments sont altérés, se retrouvent, s'entendent, quand il s'agit de ces êtres chéris, but unique de la vie quand la vie n'a plus de but. Ils souffrent en eux, souffrent cruellement, mais souffrent plus encore quand ils n'en ont pas. Qui voudrait en effet arracher de l'âme humaine ce sentiment de la maternité, si amer et si doux, si délicieux et si terrible, qui tantôt veille sur la jeune fille, garde sa pudeur, la conduit jusqu'au lit nuptial, l'aime devenue mère, aime ses enfants autant qu'elle-même; tantôt suivant le jeune homme dans sa carrière orageuse, après l'avoir soigné enfant, adolescent, l'accompagne en tremblant à l'entrée de la vie, souffre amèrement de ses revers, jouit jusqu'au délire de ses succès? Quelquefois cette mère si tendre a consenti à voir ce fils embrasser la carrière des armes. Elle a frémi en apprenant qu'il était à la veille d'une bataille : quelle joie s'il y a survécu, et s'il s'y est honoré! Oh! sans doute elle sera cruellement déchirée, si on le lui rapporte mort, même sur des drapeaux ravis à l'ennemi; elle sera déchirée et voudra mourir, et mourra peut-être! J'en conviens, la brute, même la meilleure, le chien que vous aimez, n'a pas de tels chagrins. Voulez-vous donc devenir brute, abdiquer votre âme, cesser d'être une créature libre, pensant juste et pensant faux, jouissant et souffrant, souffrant profondément! Alors arrachez-vous cette âme, retombez sur vos quatre membres, faites de vos bras des pieds, abaissez vers la terre ce front destiné à regarder les cieux, *erectos ad sidera tollere vultus,* et devenez brute pour ne pas souffrir.

Les enfants causent des douleurs, le contrat gêne, comme les limites du champ voisin importunent celui qui voudrait y cueillir des fruits! Dès lors, je l'avoue, rien n'est plus conséquent que d'abolir les limites de la famille, aussi bien que celles du champ voisin. On n'aura plus d'autre domaine, d'autre demeure, d'autre femme, d'autres enfants que ceux de la communauté. On aimera, on servira le tout en bloc, et il y aura bien des difficultés supprimées. L'homme s'unira momentanément à la femme qui lui aura plu, restera avec elle plus ou moins de temps, puis le besoin satisfait, ou le goût évanoui, s'éloignera en lui laissant les peines de la grossesse, auxquelles la prévoyante communauté aura pourvu, ira visiter quelquefois dans la crèche commune tous les enfants de tous les pères, de toutes les mères, tâchera de n'en reconnaître aucun, de peur de commettre le péché d'en aimer un individuellement, et aura pour jouissance de famille, le plaisir de les voir s'ébattre tous sous l'aile de la communauté.

Je sais bien que beaucoup d'adversaires de la propriété se récrient à ce tableau, et disent que cette promiscuité les révolte. Leur goût peut être meilleur, mais leur logique est pire.

Il faut, comme je l'ai dit, que l'homme ait tout en propre, son champ, dans son champ sa demeure, dans sa demeure sa femme et ses enfants, ou rien, ni le champ, ni la demeure, ni la femme, ni les enfants, car dans le système intermédiaire il y a, outre un faux principe, contraire à la nature, l'inconséquence la plus dangereuse pour le système, et la plus cruelle pour l'individu. Tâchez si vous le pouvez d'arracher l'homme à lui-même, de tuer ce penchant de son cœur qui le porte à s'approprier tout ce qu'il touche, choses matérielles et choses morales, habituez-le à se répandre dans l'immensité, à travailler pour trente-six millions de concitoyens, à aimer dix-huit millions de femmes, à chérir cinq ou six millions d'enfants, habituez-le à cette effusion de son être, mais si vous permettez au penchant qui le ramène sans cesse en lui, de se satisfaire en quelque chose, ce penchant redeviendra aussitôt plus fort et plus irrésistible. Laissez-lui en effet sa femme et ses enfants, et à l'instant même il voudra leur donner le bien de la communauté tout entière. Insensés que vous êtes! n'avez-vous pas compris que Dieu ayant distribué aux êtres l'univers, c'est-à-dire l'espace et le temps, leur ayant partagé ce domaine de l'infini, ayant créé des êtres distincts, qui n'ont à eux ni tout l'espace, ni tout le temps, ayant créé une lune, une terre, un soleil, et dans l'infini des milliers d'autres lunes, d'autres terres, d'autres soleils, qui ont chacun une partie de l'espace, une partie du temps, car ils commencent et finissent; ayant placé sur ces grands êtres insensibles quoique animés de forces motrices, d'autres êtres également distincts, quelques-uns sentants, pensants, tels que les animaux, et parmi les animaux l'homme, il est dans le principe même de la création, que ces êtres sentants et pensants, séparés aussi les uns des autres, aient leur portion de l'espace et du temps; que de même que les globes célestes sur lesquels ils vivent, ont une partie de l'étendue universelle, ils aient à eux une partie de ces globes, que l'animal ait son terrier, l'homme sa demeure, qu'être moral doué de la faculté d'aimer, il aime non pas l'ensemble, ce qui est trop grand pour lui, mais une partie, celle qui est à sa portée, d'abord son père, sa mère, sa femme, ses enfants, c'est-à-dire sa famille, puis sa patrie, peut-être après sa patrie la race d'hommes à laquelle il appartient, la race chrétienne, par exemple, à l'exclusion de la race mahométane! Mais ne sentez-vous pas que si vous allez plus loin l'absurdité naîtra, parce que vous vous serez mis en opposition avec la nature des choses. N'entendez-vous pas les railleurs qui se moquant de la bienveillance banale disent qu'aimer le genre humain c'est n'aimer personne? Vous répondrez peut-être que votre système est celui de la bienveillance universelle, tandis que le vieux système social est celui de l'égoïsme. Ce vieux système n'est pas plus celui de l'égoïsme, que la gravitation n'est un égoïsme planétaire. Chacun a son orbite, et dans cet orbite son rayon d'attraction. L'homme est un être limité, son cœur l'est comme son corps. Il faut l'élever successivement de lui à sa famille, de sa famille à sa patrie, de sa patrie à l'humanité. Appuyé sur ces degrés il peut s'élever, et il s'élève en effet aux affections les plus hautes. Il s'aime d'abord, puis en se perfectionnant il aime sa femme, ses enfants plus que lui-même. En se perfectionnant encore il comprend que la prospérité de sa patrie est liée à celle de sa famille, et il aime l'une presque autant que l'autre. Vous pouvez enfin le conduire jusqu'à l'amour de l'humanité même, mais par les degrés de cette échelle divine, qui le fait monter de lui à la famille, à la patrie, à l'humanité, à Dieu. Exiger qu'il aime le tout avant la partie, l'humanité avant sa patrie, sa patrie avant sa famille, c'est se tromper grossièrement sur sa nature, sur le rayon des forces physiques et morales qui le font mouvoir. Dites-lui d'aimer l'Europe avant la France, la France avant sa famille, de travailler pour les plus éloignés de son cœur, avant de travailler pour les plus rapprochés, et maître ridicule vous n'obtiendrez qu'une désobéissance railleuse. Ce sera comme si vous aviez fait tourner la lune directement autour du soleil, au lieu de la faire tourner autour de la terre d'abord, et à la suite de celle-ci autour du soleil, centre commun, mais indirect, de son existence planétaire. En un mot, l'homme, être borné, doit s'élever par degrés jusqu'à ce tout dans lequel vous voulez le fondre. En procédant ainsi il monte, tandis qu'en suivant la marche opposée il descend du tout à lui-même. Aveugle ordonnateur des choses! il fallait le faire monter, et au contraire vous l'avez fait descendre!

CHAPITRE VI.

DU CLOÎTRE OU DE LA VIE COMMUNE CHEZ LES CHRÉTIENS.

Que le communisme est une imitation à contre-sens de la vie monastique, impliquant des contradictions qui la rendent impossible.

Il a cependant existé dans le monde un exemple de la vie commune, dont je ne puis m'empêcher de dire quelques mots, pour faire ressortir le contresens que commettent les tristes imitateurs de cet exemple unique : je veux parler du couvent chez les chrétiens.

Le seul être dans la création qui attente à sa propre vie, qui commette le suicide, le seul, c'est l'homme. C'est le terme extrême de cette liberté que Dieu a mise en lui, en y mettant la pensée. Il y a des moments, en effet, où cette pensée exaltée par la douleur, se peignant faussement l'univers, n'y voyant que souffrance tandis que Dieu y a mis aussi la jouissance, prenant pour permanente une extrémité passagère, tandis que sur cette scène mobile

tout passe, le plaisir comme la peine, la pensée se
révolte, et, surmontant l'instinct puissant de la conservation, pousse l'homme à se plonger un fer dans
le sein. Caton, croyant éternelle la fortune de César,
se déchire les entrailles, et ne sait pas se conserver
pour le jour où Brutus et Cassius relèveront l'éten-
dard de la liberté romaine. Triste erreur d'un instant! Aussi deux mille ans après, un autre César,
dont la fortune non plus ne fut point éternelle, honteux d'avoir un moment songé au suicide, adressait
du haut du rocher de Sainte-Hélène cette leçon profonde à Caton : « Si vous aviez pu, lui dit-il, lire
» dans le livre du destin, si vous aviez pu y voir
» César frappé de vingt-trois coups de poignard, au
» pied de la statue de Pompée, Cicéron occupant
» encore la tribune aux harangues, et y faisant re-
» tentir les philippiques contre Antoine, vous seriez-
» vous percé le sein? »

Mais la leçon, malgré sa profondeur, n'empêchera
pas dans l'avenir quelque vaincu glorieux, ou quelque joueur vulgaire, d'enfoncer encore un poignard
en son cœur. Le christianisme, connaisseur profond
de la nature humaine, a substitué à ce suicide cri-
minel un autre suicide innocent, qui ne détruit pas
l'être, mais qui l'arrache à la société, pour le consacrer à la bienfaisance, à la prière : ce suicide c'est
le cloître.

La vie monastique, en effet, n'est autre chose que

le suicide chrétien, substitué au suicide païen de Caton, de Brutus et de Cassius.

Le christianisme saisit au passage ce désespéré, qui allait attenter à sa vie, arrête son bras, l'emmène, le conduit dans la solitude, l'arrache à cette vie agitée des cités, à ces sensations infinies, tour à tour délicieuses ou poignantes, qui le troublaient sans cesse, l'enferme dans ces cloîtres silencieux et tristes, où, dans un espace étroit, entre les quatre faces d'un portique uniforme, il se lèvera, priera, travaillera, prendra ses repas, se couchera tous les jours aux mêmes heures, n'entendra que la cloche du couvent, n'aura d'autres événements que le lever et le coucher du soleil, et sentira son ardeur s'éteindre dans la sublime et douce uniformité de la prière, remède puissant et unique pour l'agitation morale, capable de calmer jusqu'à l'âme tendre et passionnée d'Héloïse et de La Vallière. Ce désespéré, le christianisme amortit ses passions physiques par la privation, et une vie sobre; il amortit ses passions morales par l'abstinence du monde. Et comme il subsiste dans le cœur le plus désolé un reste indestructible des penchants humains, la sociabilité, que vouloir détruire ce reste serait impossible, le christianisme, toujours profond dans ses vues, accorde à l'homme la compagnie de l'homme, à la femme la compagnie de la femme, se garde de mêler ces êtres si prompts à s'aimer de nouveau, les sépare avec soin, et, de même qu'il n'a plus laissé à leur corps qu'une sobre et chétive nourriture, suffisante à peine pour le soutenir, il ne laisse à leur âme qu'une froide et paisible amitié, qui ne peut plus l'exalter, l'agiter, la troubler. On les conduit ainsi jusqu'à leur heure dernière, entre la prière, la contemplation, la bienfaisance, et on a converti la mort prompte et criminelle, en une mort lente, paisible et innocente, mêlée d'actes utiles à l'humanité. Mais le christianisme a été conséquent. C'est une mort qu'il a voulu substituer à une autre mort, et c'est une tombe qu'il a construite afin d'y faire descendre l'homme qui s'allait détruire, afin de l'aider à y passer tranquillement ses derniers jours. Pour ces religieux, pour ces religieuses, détachés du monde, qu'importent et la fortune et la famille? Ils n'y doivent plus penser, si le vœu qui les a portés à se jeter dans un couvent est resté ferme en leur cœur; et si au contraire ce vœu est ébranlé, il faut qu'ils sortent, et sortent sur-le-champ du cercueil où ils s'étaient enfermés tout vivants, sous peine des plus affreuses douleurs, des plus regrettables scandales.

La grande société a besoin d'un travail incessant pour subsister, pour s'arracher à la misère qui la menace dès qu'elle s'arrête, car si tandis que le soleil, ou la pluie, ou le froid passent sur la terre, elle n'est pas prête à y jeter la semence au moment opportun, elle mourra de faim l'année suivante. Mais les petites sociétés exceptionnelles, placées par le christianisme dans quelques solitudes mélancoliques et douces, n'ont pas besoin d'être si exactes au travail. Elles doivent avoir peu, pour vivre peu. D'ailleurs la grande société, qui se prête à ces exceptions, parce qu'elles ne sont pas nombreuses, et qui s'attache à pourvoir aux maladies morales aussi bien qu'aux maladies physiques, les a dotées de quelques terres, souvent même de riches revenus. Qu'importe alors que le travail y soit médiocrement stimulé, si la grande société supplée à leur inertie par l'ardeur de son propre travail? La famille n'est pas davantage une difficulté dans ces petites sociétés, qui sont la mort et non la vie, qui ne doivent ni engendrer, ni aimer, qui sont un lieu de repos momentané placé à l'entrée de l'éternité, dans lesquelles même, si on ne veut pas que les passions se réveillent avec violence, un régime moral indispensable ordonne de les éteindre toutes, absolument, irrévocablement! En y entrant en effet on coupe les beaux cheveux de la femme, on laisse pousser sur le visage de l'homme une barbe épaisse, on recouvre les molles beautés de l'une, la mâle vigueur de l'autre, d'un lourd vêtement informe, incolore, qui cache, efface, fait oublier les attraits que Dieu donna à ces êtres créés pour se plaire, s'attirer, se charmer, se désoler en s'attirant. Oh, le christianisme est conséquent! Peu de travail,

peu d'aliments, point de famille, dans cette mort
chrétienne substituée à la mort païenne. Tout en
cela concorde et se convient. Et cependant, malgré
ces précautions, ce cœur désespéré, qui avait cru
que la douleur durait éternellement en ce monde,
et qui avait voulu se percer d'un poignard, ou se
précipiter dans le cloître, ce cœur abusé sur la durée
des sensations humaines, il lui arrive de se réveiller
tout à coup, de se réveiller plein de vie, et en effet
on voyait jadis ces maisons religieuses condamnées
à la plus grande rigueur, échapper sans cesse à
leur règle. On avait voulu leur interdire la passion
de posséder, et elles s'appropriaient des biens immenses! On avait voulu leur interdire les douceurs
de la famille, et elles se livraient à de déplorables désordres! C'est que ce vœu d'un moment d'échapper
aux lois de la nature, ce vœu s'évanouissait avec le
désespoir ou avec le dégoût passager qui l'avaient
produit, et l'impossibilité de l'esclavage et de l'abstinence, pour des êtres revenus à toutes les ardeurs de la vie, éclatait par de tristes scandales. Si
même le vœu de s'immoler peu à peu n'était qu'à
moitié démenti, si ces cénobites, hommes ou femmes,
restaient chastes, il y avait chez eux une partie du
cœur humain qui rarement tenait la parole donnée,
c'était l'ambition, passion des cœurs qui n'en ont
plus d'autres. Ces couvents étaient des lieux de tracasseries continuelles, entre hommes ou femmes, qui

voulaient régner sur l'étroit et monotone empire du cloître. Les rivalités entre les moines et l'abbé, entre les religieuses et la supérieure, remplissaient des cœurs dans lesquels on s'était efforcé d'éteindre toutes les autres passions. Aussi le christianisme a-t-il reconnu lui-même, par la voix des pontifes qui ont uni la philosophie à la foi, qu'il n'y avait d'admissibles que les lieux dans lesquels une vie dure, sobre, détruit les passions de l'homme, et le conduit insensiblement à la mort, tels que les chartreuses, ou bien les maisons hospitalières consacrées à la bienfaisance, dans lesquelles on crée à ces êtres retranchés de la société humaine un célibat tellement occupé au chevet des mourants et au pied des autels, qu'ils échappent aux séductions du monde : encore n'est-ce pas toujours sans exception !

La vie commune, l'esclavage du cloître, pour des êtres qui renoncent à la terre, pour lesquels peu importent et l'activité du travail, et les jouissances du cœur, et les affections de la famille, pour qui même tout cela ne doit plus exister, ont été jadis, sont encore, dans quelques cas, des manières d'être possibles, exposées cependant à de redoutables mécomptes. La froideur au travail y concorde avec le vœu de pauvreté, l'esclavage de la règle avec le besoin d'uniformité, l'absence de famille avec l'anéantissement des affections terrestres, surtout avec le soin laissé à d'autres de perpétuer l'espèce humaine, car autrefois la fille d'une grande maison, qui se condamnait au couvent, léguait à un frère aîné, avec sa part de biens, la mission de perpétuer la famille. Mais jeter dans l'inaction, dans l'esclavage du cloître, des êtres pleins de passions, pleins du désir de jouir, d'aimer, de se survivre dans leurs enfants, est un contre-sens ridicule, que le christianisme dans sa haute sagesse n'avait pas commis. C'est au lieu de loger, comme il l'avait fait, la mort dans une tombe, y loger la vie.

LIVRE TROISIÈME.

DU SOCIALISME.

LIVRE TROISIÈME.

DU SOCIALISME.

CHAPITRE PREMIER.

DU SOCIALISME.

*Que les adversaires de la propriété, n'osant pas toujours la nier absolument, ont abouti, pour en corriger les effets, à divers systèmes, qui sont l'*ASSOCIATION, *la* RÉCIPROCITÉ, *le* DROIT AU TRAVAIL.

Les adversaires de la propriété dans ce temps-ci ne l'ont pas tous attaquée directement. Plusieurs d'entre eux, n'osant pas la nier d'une manière absolue, se sont bornés à chercher et à proposer les moyens de corriger ce qu'ils appellent ses fâcheux effets, comme si une institution sainte et sacrée, qui n'est autre chose que le développement libre, illimité des facultés humaines, produisant ce qu'elles peuvent produire, tantôt la richesse, tantôt la médiocrité, tantôt l'indigence, exactement semblable sous ce rapport à la végétation des forêts, dans lesquelles à côté d'un arbre faible, ou jeune, ou placé sur un mauvais sol, s'en trouve un autre, moyen, beau ou superbe, comme si une institution pareille, qui n'est que la nature elle-même obéie et respectée, avait besoin d'excuses et de correctifs. Aussi ces correcteurs de la Providence sont-ils arrivés à des découvertes dignes du but qu'ils se proposaient.

La première chose et la plus sensée qu'ils aient faite, a été de s'attaquer entre eux fort vivement, de déverser le mépris sur le système les uns des autres, de se ruer, sous le titre déguisé de socialistes, sur les communistes eux-mêmes, adversaires plus conséquents de la propriété, et pas plus déraisonnables, à mon avis, que ceux qui s'appellent socialistes. Car après tout, la propriété contestée, ils vont aux conséquences nécessaires, et placent l'homme dans l'état où il doit être quand on a nié *le tien et le mien*, dans la communauté complète de toutes les jouissances physiques et morales. Quoi qu'il en soit, les socialistes traitant les communistes fort rudement, et, je le répète, de manière à inspirer peu de considération pour leur propre logique, ont chacun de leur côté imaginé des moyens de corriger les effets de la propriété, plus ridicules peut-être en voulant être moins repoussants. Ces moyens sont l'*association*, la *réciprocité*, le *droit au travail*. Assurément le communisme est une grande et capitale folie, car il consiste à traiter l'homme comme un animal, à le nourrir, à le faire vivre, comme dans un chenil un grand seigneur fait vivre ses chiens, qu'il aime d'ailleurs et ne veut pas rendre malheureux, mais qu'il fait manger, sortir, courir, rentrer, pulluler au signal de son sifflet, qui est sifflet par un bout et fouet par l'autre. Mais enfin une fois qu'on a nié à l'homme son existence distincte, en lui contestant le fruit personnel de son travail, que reste-t-il à faire, sinon de le fondre dans le tout, dans la communauté? Lui laisser un *chez-soi* pour qu'il y amasse, et commette le crime d'économie; lui laisser une famille pour qu'il ait le supplice de l'aimer sans pouvoir rien pour elle, serait la plus grande des inconséquences. Le système est absurde, je le sais, mais au moins il a le spécieux qui consiste dans la conséquence. On crée un monstre, mais les membres de ce monstre s'ajustent les uns aux autres. Que dire au contraire de ceux qui en ne voulant pas de ce qu'ils appellent les monstruosités du communisme, en laissant exister la vieille société, essaient d'en changer telles ou telles parties, de leur en substituer d'autres qui ne vont pas avec les anciennes, et composent ainsi le plus incohérent assemblage qui se puisse imaginer?

On va voir au simple exposé des systèmes, si ce jugement est trop sévère.

Les socialistes admettent la propriété, disent-ils, mais suivant eux le capital est un tyran, il ne veut pas se donner au travailleur, ou bien se donne à des conditions cruelles, et telles que le travailleur ne peut pas vivre. Il y a de plus entre les hommes une concurrence effroyable. La société est un coupe-gorge, dans lequel on cherche à se détruire les uns les autres, à force de vouloir rivaliser. Une machine nouvelle destinée à faciliter le travail, à le rendre plus fécond, moins coûteux, devient une arme dont on se sert pour détruire ses rivaux industriels. On se fait ainsi une concurrence de bon marché, qui rend la condition des travailleurs insupportable. Il faut, disent certains socialistes, associer les travailleurs entre eux : associés ils auront le moyen d'obtenir le capital qui se refuse à eux, de lui tenir tête, de ne pas se laisser opprimer par ses exigences. En outre ils se concerteront, et mettront un terme à cette guerre cruelle de la concurrence, en ne produisant que suivant des quantités et des prix convenus. Deux choses alors cesseront en même temps : la tyrannie du capital, et la guerre fratricide de la concurrence. Tel est le système de l'association.

Non, dit un autre; abolir la concurrence est une chimère, car la concurrence c'est la vie même. Les hommes ne peuvent travailler sans se faire concurrence, car il est impossible qu'ils ne cherchent pas à faire chacun de leur mieux, et dès lors qu'ils ne rivalisent, même sans le vouloir, les uns avec les autres. Le capital ne se donnerait pas plus à des ouvriers associés qu'à des ouvriers isolés. Le mal est ailleurs, et le remède aussi. Les capitaux se résument dans le numéraire, dans l'or. C'est l'or qui se refuse à qui en a besoin pour vivre et pour travailler. C'est donc l'or qui est le coupable. Punissez-le en le supprimant. Créez un moyen direct d'échange à l'aide d'une banque dont le papier accordé à tout homme qui voudra produire, ne lui manquera pas comme l'or, et il en résultera à l'instant même un phénomène prodigieux de production et de consommation, car il est bien certain que tout homme veut consommer, consommer sans mesure. Il y aura dès lors dans les appétits humains certitude d'une consommation infinie, et certitude aussi d'un débouché infini pour le travail. On aura donné aux facultés humaines un essor immense, en mettant en rapport direct la faculté de produire et la faculté de consommer, en supprimant le seul obstacle qui s'interposât entre elles, c'est-à-dire l'or. Si de plus on réduit tous les salaires, tous les revenus de capitaux, on ajoutera encore à la facilité de vivre, par la diminution de toutes les valeurs. Le bonheur sera trouvé, si le bonheur est de ce monde, et s'il consiste en effet à beaucoup travailler, à beaucoup consommer, à beaucoup vivre ! Il sera trouvé sans contredit. Ce second système est celui de la réciprocité.

Autre chimère, dit un troisième ! Association, suppression de la concurrence, abolition du numéraire, tout cela se vaut. On ne peut pas plus supprimer la concurrence que la monnaie, intermédiaire obligé des échanges. Il y a un seul moyen de faire cesser les souffrances sociales, un seul, qui est direct, certain, point ruineux, point attentatoire à la propriété, telle que les hommes l'entendent, c'est le droit au travail. N'est-il pas vrai que dans l'état actuel de la société, les capitaux appartenant aux capitalistes, qui, à leur volonté, les prêtent ou ne les prêtent pas, la terre aux propriétaires de biens-fonds, qui, à leur volonté encore, les afferment ou ne les afferment pas, il résulte de cette concentration en certaines mains de toutes choses, refusées souvent par ceux qui les détiennent à ceux qui en ont besoin, que beaucoup de bras restent sans emploi ? Le remède n'est-il pas dès lors indiqué ? C'est que la société garantisse le travail à ceux qui en manquent, et se charge de leur en procurer. A cette condition, que la propriété soit une institution légitime ou non, ses effets les plus fâcheux seront corrigés, puisque le cas arrivant où les possesseurs de capitaux mobiliers ou immobiliers refuseraient l'argent à ceux-ci, la terre à ceux-là, il y aurait un capitaliste ou un propriétaire tout trouvé, qui serait l'État, et qui assurerait de l'emploi à qui en manquerait. Il est certain, en effet, que moyennant un capitaliste universel qui aurait toujours de l'argent, des commandes, des fermes à offrir, la question serait résolue. Le bonheur social serait encore une fois assuré! Ce troisième système est celui du droit au travail.

Tels sont les trois systèmes qui après le *communisme*, se présentent aujourd'hui aux espérances de l'humanité. Ils composent dans son entier cette science plus modérée en apparence, qui, sous le titre de *socialisme*, affecte de ménager la propriété. Je vais dans les chapitres suivants examiner les trois systèmes qu'elle a proposés, et prouver, je l'espère, que l'*association*, la *réciprocité*, le *droit au travail*, valent le *communisme* sous le rapport du principe, et ne le valent pas sous le rapport de la conséquence.

CHAPITRE II.

DES SOUFFRANCES SOCIALES.

Quelles sont les véritables souffrances sociales auxquelles il serait désirable de pourvoir.

Je ne nie pas le mal qui existe dans la société actuelle, comme dans toute autre; je le connais, et il me navre le cœur, lorsqu'il s'offre à moi sous la forme de ces malheureux ouvriers ou de leurs femmes tendant la main pour obtenir la subsistance qu'une perturbation profonde leur a ravie. Il me touche profondément, et je n'en suis pas moins ému, parce que je ne fais pas étalage d'une ambitieuse sensibilité. Mais ce mal, quel est-il? Il faut s'en rendre un compte exact, afin de juger à quel point sont chimériques les moyens imaginés pour y remédier.

Portons nos regards sur la campagne et la ville, sur les classes laborieuses travaillant de leurs mains, sur les classes moyennes travaillant de leur corps et de leur intelligence tout à la fois, sur les classes plus élevées travaillant de leur esprit seul, car enfin le mal peut être partout.

Dans la campagne le paysan qui ne se plaint pas, et qui est peut-être le plus à plaindre, travaille sans relâche, hiver, été, toujours courbé sur la terre, mange un pain noir, quelquefois de la pomme de terre ou de la châtaigne, des légumes avec un peu de lard, et de la viande pas souvent. Il a des sabots pour chaussure, un gros tissu de laine, point foulé, pour vêtement, et il est rare que son sort se ressente des prospérités de l'industrie et du commerce. Sa vie est constamment dure, mais en retour il n'est pas exposé comme l'ouvrier des villes aux chômages accidentels venant des excès de production. Le peu qu'il a, il l'a toujours. Son sort s'améliore toutefois, mais lentement. Ce sort, en effet, depuis deux siècles, et surtout depuis cinquante ans, est infiniment changé. Le paysan est mieux logé, mieux vêtu, mieux nourri. Sous Louis XIV, à la fin de la guerre de la succession, beaucoup de champs ruinés par l'impôt étaient abandonnés ; des populations entières fuyaient, et allaient mourir de faim d'une province dans une autre. Nous n'avons pas vu de pareils exemples, une seule fois, même à la fin des longues guerres de l'empire. Si on remonte plus haut encore, dans notre histoire, on voit des disettes emporter des générations entières, les moyens de pourvoir aux mauvaises récoltes par la variété des cultures n'ayant pas encore été imaginés; on voit les maladies contagieuses emporter d'un seul coup jusqu'à un cinquième, ou un quart de la population entière, comme il arrive aujourd'hui encore en Orient. La malpropreté, la misère étaient alors les agents actifs du fléau. Il reste beaucoup de mal, et beaucoup trop, mais il y en a moins. Nous sommes témoins depuis trente ou quarante ans d'un changement notable, dans l'aspect des champs où la jachère ne se montre presque plus, dans l'aspect des villages où la pierre remplace la terre battue, et la tuile le chaume. Enfin le salaire, expression de tous ces changements, a augmenté d'un quart, d'un tiers dans les provinces agricoles où les progrès ont été plus marqués, et d'une certaine quotité dans toutes. En un mot, le sort du paysan est rude, constamment rude, s'améliore lentement, s'améliore toutefois, mais n'est pas exposé aux affreuses crises qu'on appelle chômages, et qui affligent, désolent souvent les populations vouées à l'industrie.

L'ouvrier des villes est dans une situation différente, meilleure et pire tout à la fois. Les mouvements de l'industrie ont été prodigieux depuis cinquante ans. Les moyens mécaniques ont remplacé partout la main de l'homme. On a substitué la filature mécanique à la filature à la main, pour le coton, pour la laine, et récemment pour le lin lui-même, malgré l'indocilité de cette dernière matière. Le métier à tisser s'est perfectionné aussi, et on est arrivé à fabriquer mécaniquement les tissages ornés des dessins les plus variés. Dans la peinture des tissus opérée par l'impression, on a substitué le rouleau qui tourne sans cesse, à la planche qui ne s'appliquait sur la toile que par coups successifs. Dans la métallurgie on a substitué au marteau manié par la main de l'homme, la pression du laminoir. Enfin toutes ces machines nouvelles on les a mises en mouvement, au moyen d'un moteur nouveau, infini dans sa puissance, infatigable dans son action, la vapeur. Ce moteur appliqué à la locomotion a permis de traverser les mers en marchant même contre le vent, et de parcourir la terre avec une rapidité décuple. Le résultat de ces perfectionnements a été d'amener à la fois un grand renchérissement dans la main-d'œuvre, et un grand abaissement dans les produits. Les ouvriers dans l'industrie ont eu un rôle beaucoup plus élevé que celui qu'ils avaient jadis. La fonction de la force est restée aux machines, tandis que celle de l'intelligence leur a été réservée. Aussi tous les salaires depuis 1814 sont-ils augmentés d'un quart, d'un tiers, de moitié. Partout où s'est introduit le travail à la tâche ils sont plus que doublés. En même temps le bas prix des produits a rendu la vie de l'ouvrier plus facile. Il s'habille de manière à ne pouvoir, certains jours, être distingué de son maître, et à un prix moindre que lorsqu'il portait un mauvais vêtement. La nourriture, il est vrai, est un peu plus chère, d'abord parce qu'elle est devenue meilleure, et ensuite parce que le prix de la viande est légèrement augmenté. La dépense du logement, d'ailleurs très-assaini, a augmenté plus sensiblement. En somme la condition de l'ouvrier dans les villes s'est beaucoup améliorée depuis 1789, et surtout depuis 1814. Malheureusement ses besoins ont grandi plus rapidement encore que ses ressources. Les cités, dans lesquelles il vit, ont mis à sa disposition et sous ses yeux des jouissances auxquelles il n'avait jamais participé auparavant; et si ses moyens sont accrus, ses désirs le sont bien davantage. Ces jouissances nouvelles, je ne les lui conteste pas, Dieu m'en préserve! je suis charmé qu'il y participe, mais je crains que le séjour des villes produisant chez lui une excitation générale dans tous les sens, n'ait amené des désirs qui se sont plus rapidement développés que les moyens d'y satisfaire. Cependant, malgré cet éternel penchant de l'homme à jouir encore plus qu'il ne travaille, à vouloir plus qu'il ne peut, malgré ce penchant, les choses ne se passent point mal quand il n'y a pas crise. Mais cette grande fougue de production amène bientôt de déplorables résultats. On produit avec tant d'ardeur, qu'il y a souvent du trop plein, qu'alors la vente s'arrête, le travail aussi; et comme l'imagination de l'homme, se mêlant à tout ce qu'il éprouve, exagère ses sensations de mal ou de bien, l'exagération du découragement succède à l'exagération de la confiance, l'exagération de l'inertie à celle de l'esprit d'entreprise. Alors les capitaux se retirent et se refusent, les faillites se précipitent, les manufactures se ferment, les travaux s'interrompent, les ouvriers, naguère pourvus de travail plus qu'ils n'en pouvaient exécuter, demeurent sans ouvrage, et désolent les grandes cités de leur inaction et de leurs souffrances. Ont-ils été sages, prévoyants, jusqu'à placer quelques économies dans les caisses d'épargne, ils viennent, en retirant leurs dépôts, joindre leurs besoins aux besoins de tout genre qui accablent les finances de l'État. Ont-ils été imprévoyants, ils tendent la main, obtiennent à peine le nécessaire par l'aumône, quelquefois se révoltent, et à un mal purement industriel ajoutent un mal politique, mal plus grave, plus durable, plus difficile à guérir.

Ainsi l'ouvrier des villes a des jours de grande prospérité, des jours où il gagne quatre ou cinq fois ce que gagne le paysan en travaillant d'un soleil à un autre, et appliqué à un labeur infiniment plus rude; mais il est exposé à de cruels revers. Il est des jours pour lui où la vie semble s'arrêter tout à coup, avec les mouvements d'une société compliquée, et où il se trouve plein de besoins surexcités, avec des ressources ou diminuées ou entièrement détruites.

Enfin, si on veut s'élever au-dessus de ces classes qui travaillent de leurs mains, on rencontre dans toutes les carrières des sujets qui n'ont réussi dans aucune, qui sont spéculateurs maladroits ou malhonnêtes en industrie, avocats sans clients au barreau, médecins sans malades en médecine, écrivains sans talent dans les lettres, tous persuadés que ceux qui ont réussi au barreau, dans la médecine ou dans les lettres, ont des réputations usurpées, que ceux qui gouvernent sont des scélérats ou des sots, qu'eux seuls sont gens de génie, dignes de tout, et néanmoins privés de tout, victimes en un mot d'une société barbare, qui les opprime au nom de la naissance, de la faveur, de la propriété; et ce qui est plus triste, on aperçoit souvent aussi parmi eux de jeunes hommes pleins d'un vrai talent, mais dépourvus de savoir, impatients de parvenir, ignorant ou ne voulant pas croire que la société est ouverte à tous, qu'un peu plus tôt, un peu plus tard, tout mérite se fait jour, qu'entre le mérite secondé par la faveur et le mérite repoussé, il n'y a pas une ou deux années de différence dans la date des succès, car enfin le sage, le modeste, l'agreste Vauban, l'homme le moins fait pour réussir, réussit aussi bien que le vain, l'étourdi La Feuillade, enfant gâté de la cour, et parvint même à plaire à Louis XIV beaucoup plus qu'aucun homme du temps. Ils ne veulent pas le croire, et faute d'assez de patience, de raison ou de génie, font de leurs talents une torche incendiaire. Les travailleurs de cette dernière catégorie, avocats sans clients, médecins sans malades, écrivains sans libraires, gouvernants sans États à gouverner, m'intéressent beaucoup moins que l'ouvrier des manufactures, et surtout que le paysan; mais ce sont aussi des ouvriers sans ouvrage, car le travail des bras n'est pas le seul qu'il faille considérer en ce monde, et le travail de l'esprit en est bien un aussi, digne de quelque sollicitude. N'allez pas croire d'ailleurs qu'ils ne constituent pas une partie du mal social. Ils en composent la partie la moins intéressante, mais la plus aiguë. Se retournant vers ceux qui souffrent, ils les excitent, et en se plaignant plus haut qu'eux, ils rendent le mal commun plus sensible et plus insupportable.

Quoi qu'il en soit, le mal existe, il est grand, il est divers, il est incontestable, et quelquefois déchirant. Des paysans ayant un sort habituellement dur, sans intermittence de mieux ou de pire, et sans la consolation d'une amélioration rapide ; des ouvriers des villes, passant d'une élévation de salaire qui surexcite leurs désirs, à une misère subite et sans mesure ; dans les classes plus élevées, des naufragés de toutes les carrières, les uns incapables et ne sachant pas s'estimer à leur valeur, les autres capables, mais ne sachant pas attendre, et les uns comme les autres rendant plus vif le sentiment des souffrances communes, par l'injustice, l'aigreur, la violence de la plainte : tel est le mal. A ce mal, grand, certain, quels remèdes? Il y en a sans doute, mais lents, difficiles, rarement du goût du malade, et en tout cas fort différents de ceux qu'ont inventés les philosophes *socialistes*. On en jugera par ce qui va suivre.

CHAPITRE III.

DE L'ASSOCIATION ET DE SON APPLICATION AUX DIVERSES CLASSES OUVRIÈRES.

Que l'association est applicable seulement à quelques populations agglomérées, qu'elle a été imaginée pour elles seules, et sous leur influence.

Examinons le premier des trois systèmes, celui qu'on appelle l'association.

En présence de ces ouvriers des campagnes, dont la vie est dure, mais égale, de ces ouvriers des villes, dont la vie sans être aussi dure, est cruellement inégale, on offre quoi? l'association entre ouvriers. Ils s'associeront, et alors ils ne se feront pas concurrence, et pourront se procurer les capitaux qui leur manquent. Ils s'associeront! Lesquels d'abord, et combien? Est-ce que les paysans pourront s'associer? Comprenez-vous, dans l'état de division de notre sol, les paysans s'associant entre eux pour faire valoir les terres? Comment s'y prendraient-ils?

C'est à peine si, dans les quatre cinquièmes du territoire, une seule famille peut vivre sur une ferme, et le plus souvent le paysan qui cultive est propriétaire lui-même. L'association ici serait donc impossible, ou sans objet. Dans les terres plus considérables, où un fermier a cinq, six ou huit valets de ferme, employés à labourer, à entretenir le bétail, à exécuter tous les genres de travaux agricoles, y aurait-il association entre ces cinq, six ou huit travailleurs? On comprend l'association entre plusieurs centaines d'ouvriers, on conçoit que le nombre étant alors le multiplicateur des avantages qu'on peut retirer du système, s'il y en a quelques-uns à espérer, on puisse obtenir certains résultats. Mais l'association entre cinq, six ou huit associés, que donnerait-elle? Et puis il faut des capitaux considérables lorsqu'il s'agit d'une terre qui emploie sept ou huit valets de ferme; il faut des instruments aratoires, des chevaux, des troupeaux, des engrais, un fonds de roulement enfin dans cette industrie comme dans toutes les autres, et il n'est pas rare de voir une ferme qui se loue dix, douze mille francs, exiger un capital d'exploitation de soixante à quatre-vingt mille francs. Qui fournira le capital de toutes ces entreprises agricoles? Sera-ce l'État qui sera chargé d'en procurer à tout le monde? Dans les vignobles de Champagne, de Bourgogne, de Bordeaux, où un champ vaut quelquefois un ou deux millions, où l'on a jusqu'à trois, quatre, cinq récoltes accumulées, où le plus souvent on laisse les vins vieillir, et où l'on spécule autant et plus que l'on ne cultive, des journaliers associés feront-ils cette spéculation? En leur supposant même les connaissances nécessaires, obtiendront-ils de l'État le prêt d'un capital de trois ou quatre cent mille francs, ou d'un banquier le crédit indispensable pour suffire à de telles avances? D'ailleurs la solvabilité d'un fermier est l'une de ses qualités principales, ou plutôt la principale. Forcera-t-on la confiance du propriétaire en faveur d'une association d'ouvriers qui ne présentera aucune responsabilité? Sera-ce encore l'État qui, après avoir fourni le capital, fournira la caution?

Plus tard je dirai quelques mots du rôle assigné à l'État dans ces diverses combinaisons, mais, en attendant, je prie de remarquer que c'est toujours lui qui est le *deus in machinâ*, le capitaliste inépuisable fournissant les capitaux, supportant les pertes, parant à tous les accidents, suppléant à tout ce qui manque, chargé enfin de résoudre toutes les difficultés. Nous additionnerons, quand il en sera temps, ses charges et ses bénéfices, et nous verrons si le commerce qu'on lui destine est de nature à durer.

Je n'ai pas fait mention d'une foule de difficultés plus insolubles les unes que les autres. Je n'ai pas parlé des bois, par exemple, où il n'y a ni fermier, comme en Brie, ni journalier travaillant pour le compte du propriétaire, comme à Bordeaux, et où il y a tous les ans soit un vingtième, soit un trentième des arbres à abattre, sans autre travail que celui de garde, d'abattage et de transport. Comprenez-vous pour les bois un mode quelconque d'association? C'est pourtant une part considérable du sol, et en y ajoutant la vigne, le quart au moins du produit total de notre territoire.

L'association est donc non pas difficile, mais absolument inadmissible en agriculture, car la terre en général est divisée de manière à rendre inutile le concours d'une réunion quelconque d'exploitants, ou possédée en propre par le cultivateur lui-même. Enfin dans la partie du sol où le concours d'un certain nombre de bras conviendrait, dans les fermes un peu considérables, il faudrait fournir un capital d'exploitation montant peut-être à plusieurs milliards, forcer la confiance du propriétaire, ou rendre le trésor public responsable d'une spéculation en vins. De telles combinaisons sont extravagantes, et leur idée seule, dans un état sain des esprits, n'aurait valu à ses inventeurs que d'immenses risées pour tout accueil.

J'accorde cependant que sur un terrain nouveau, qu'on viendrait d'arracher à l'Océan avec les capitaux de l'État ou d'une compagnie fort riche, comme c'est le cas en Hollande pour la mer de Harlem, j'accorde qu'on pourrait confier à des associations de cultivateurs le soin d'en exploiter une partie. Encore si on voulait qu'ils vécussent en commun pour rendre l'association possible, faudrait-il renoncer à en réunir beaucoup ensemble, car autrement le terrain qu'ils exploiteraient serait si étendu qu'ils passeraient une partie de leur temps sur les routes, afin de rejoindre tous les soirs le centre de la colonie. Du reste combien y a-t-il de mers de Harlem à dessécher en Europe? Combien y a-t-il de marécages à assainir en France? On comprend quelques colonies agricoles, destinées à recueillir des ouvriers sans travail, et fondées sur le principe de l'association (principe ruineux comme on le verra bientôt), mais si on conçoit quelques établissements de bienfaisance fondés sur ce principe, l'État en supportant tous les frais, ce système n'est point concevable appliqué à un vaste pays, dans lequel les terres sont anciennement distribuées, clôturées, bâties, sur le principe de la famille isolée, aidée tout au plus d'un ou deux journaliers.

Ainsi l'association est inapplicable à l'agriculture, c'est-à-dire à vingt-quatre millions de travailleurs en France. Quoi, du premier coup, il faut mettre hors du système la plus grande, la plus intéressante partie de la population, la plus constamment souffrante! Le système est donc fait pour quelques-uns, exclusivement pour eux? Poursuivez cet examen, et vous en serez encore plus convaincu.

Dans la plupart des autres professions il en est encore de même, car dans le plus grand nombre d'entre elles l'ouvrage est tellement divisé, détaillé, accidentel, qu'il ne se prête ni au travail commun, ni à des appréciations exactes, ni à des comptes-rendus réguliers, tels qu'il en faut dans une association qui veut voir clair dans ses affaires. Ainsi l'ouvrier à qui un marchand de meubles a commandé une table, des chaises, ou, ce qui est plus fréquent, à qui ce marchand en a donné à réparer; le maçon, le menuisier qui exécutent dans une maison telle ou telle réparation isolée; le porteur d'eau, le portefaix, le domestique à gages, qui vous rendent des services ou accidentels ou constants, mais individuels, peuvent-ils mettre en commun un concours d'efforts que l'œuvre dont ils sont chargés ne réclame pas? Tous les hommes à gages, servant non-seulement dans la maison du riche, mais dans la boutique de l'artisan, l'aidant de quelque façon que ce soit, ne peuvent être associés évidemment, car il y en a un, deux, trois tout au plus, réunis dans la même famille, et le cas où ils sont beaucoup plus nombreux est extrêmement rare. Supposez au surplus dans une maison riche plusieurs domestiques, dans un magasin plusieurs garçons de boutique, que mettraient-ils en commun? Leurs gages, pour se les partager ensuite par tête? Autant aurait valu ne pas faire cette confusion et cette répartition ultérieure, puisque le résultat devrait être si parfaitement semblable, à moins que les gages ne fussent inégaux, auquel cas on ne comprendrait pas chez les mieux payés la raison de s'associer à ceux qui le seraient moins bien.

Ainsi on voit, l'une après l'autre, toutes les professions se montrer impropres ou rebelles à l'association. Ce système ne reste concevable que pour les grands établissements industriels, tels que filatures, forges, ateliers de machines, mines, qui présentent plusieurs centaines d'ouvriers réunis, et dans lesquels on travaille en commun. Quant aux établissements de ce genre, l'association n'est pas moins ruineuse pour les associés, inique pour l'État chargé de supporter les pertes, mais enfin elle peut être matériellement essayée, et elle l'a été au grand détriment de ceux qui en ont eu la pensée.

Impossible au point même de ne pouvoir être tentée pour trente-quatre millions d'hommes sur trente-six, elle peut être essayée en faveur d'un ou de deux millions d'ouvriers tout au plus. Oui, dans quelques grandes filatures, dans quelques vastes usines où l'on fabrique des machines à vapeur, auprès de quelques mines d'où l'on extrait la houille, sur quelques chemins de fer où plusieurs milliers d'employés sont réunis pour le même service, dans quelques imprimeries, peut-être aussi sur quelques chantiers accidentellement formés pour remuer un certain nombre de cubes de terre, les ouvriers, persuadés que les entrepreneurs qu'ils servent, ou la compagnie dont ils sont les agents, se partagent de grands bénéfices, se mettront aux lieu et place de leurs maîtres, prendront ou recevront de l'État, qui les aura payés avec un papier discrédité, de vastes établissements, et s'en partageront le bénéfice, toujours douteux, mais assurément nul quand ces établissements seront gouvernés collectivement, et on appelle cela une réforme, qui aura changé le sort des classes laborieuses de la société! C'est tout simplement l'occupation plus ou moins violente d'un certain nombre de propriétés, au profit de quelques milliers d'ouvriers agglomérés sur divers points, dans les grandes villes notamment, ayant dans leur agglomération même, un moyen de se révolter, et de tyranniser ou ceux qui les emploient, ou l'État lui-même, dans les moments où celui-ci est trop faible pour se faire respecter. Ce n'est pas autre chose, et c'est manquer à la vérité, imposer au peuple, que de lui dire qu'on opère une réforme conçue dans son intérêt! On a obéi aux passions d'une classe d'ouvriers, abusant de la force physique pour dicter leurs volontés, ou plutôt les volontés des meneurs qui les exploitent, travaillant pour ces meneurs plus que pour eux-mêmes, et ne représentant pas le trentième de la population totale du pays. On n'a donc rien fait pour le peuple, pas plus en cédant à cette force aveugle, que lorsque, deux ou trois siècles auparavant, on gouvernait sous l'influence de quelques centaines de privilégiés qui composaient la cour. Encore ces privilégiés étaient-ils beaucoup plus éclairés dans leur égoïsme, car après tout la commission du Luxembourg n'a fait que nous sachions rien qui vaille les règnes de Louis XIV ou même de Louis XV, dans leurs plus mauvais jours.

Vingt-quatre millions de cultivateurs mènent en France une vie pénible, trois ou quatre millions d'ouvriers industriels sont quelquefois, par suite de chômages, privés de travail, voilà le mal, et pour remède on a songé à livrer à quelques ouvriers fileurs, mécaniciens ou mineurs, les établissements dans lesquels ils étaient employés, et à changer pour eux toutes les conditions de l'industrie (d'une manière, je le répète, ruineuse pour eux-mêmes), et on prétend qu'on a découvert un moyen de changer le sort du peuple! On trompe, je le redirai sans cesse, et le lieu, le moment où ce système a été produit le prouvent avec évidence. Il l'a été dans un temps où ces ouvriers agglomérés venaient de concourir à une révolution, au sein d'une grande capitale qu'ils dominaient. On a voulu les flatter, se servir d'eux; on leur a causé beaucoup de mal, et on s'en est fait beaucoup à soi-même. C'est une entreprise exclusive, dans des vues exclusives, qui a abouti où doivent aboutir toutes les tentatives de ce genre. Il ne s'agit donc plus du peuple, mais d'une très-petite partie du peuple, qui avait le triste avantage d'être réunie, de pouvoir dès lors faire sentir sa force, et la mettre aux ordres de ceux qui voulaient s'en servir pour eux-mêmes.

Ce système d'association étant ramené à sa véritable portée, reste à voir s'il a même une valeur pour les classes d'ouvriers auxquelles il est applicable.

CHAPITRE IV.

DU CAPITAL DANS LE SYSTÈME DE L'ASSOCIATION.

Que le capital de l'association, s'il est fourni par l'État, est injustement dérobé à la masse des contribuables, et, s'il est retenu sur le salaire des ouvriers, est un emploi imprudent de leurs économies.

Maintenant oublions tout ce qu'a d'exclusif, dès lors de peu populaire en réalité, le système de l'association entre ouvriers, examinons-le en lui-même, et pour sa valeur propre, quelque restreinte que doive être son application.

A en juger par l'apparence, la pensée du système est on ne peut pas plus humaine, honnête et même touchante. Voilà en effet de pauvres ouvriers qui travaillent du matin au soir pour gagner un salaire fixe, invariablement limité, quel que soit le bénéfice résultant de leurs efforts, et qui procurent de larges profits soit à un entrepreneur, soit à des actionnaires travaillant peu, ou ne travaillant pas du tout, éloignés du théâtre de ces rudes travaux, quelquefois ne l'ayant jamais visité. Pourquoi les uns ont-ils si peu en faisant tant, et les autres tant en faisant si peu? C'est que l'entrepreneur a du crédit et les actionnaires des capitaux. Si les ouvriers avaient l'un ou l'autre, ils pourraient spéculer pour leur propre compte, et recueillir eux-mêmes le bénéfice qu'ils procurent à autrui. N'est-il pas tout simple alors d'amener vers eux le crédit et les capitaux, et de les affranchir de cette dépendance, ou, pour parler pleinement la langue du sujet, de la *tyrannie du capital?* Quel moyen, si on ne veut pas prendre les capitaux de force, comme le propose franchement le communisme, quel moyen, sinon d'en demander à qui en a, c'est-à-dire à l'État, et de fournir ainsi à toute association d'ouvriers la faculté de se constituer pour l'exécution des grandes entreprises? Rien, je le répète, de plus honnête, de plus humain en apparence, et en réalité de plus injuste, de plus inique, de plus insensé.

D'abord cet entrepreneur, ces actionnaires, ne sont pas, il me semble, des monopoleurs bien impitoyables. Si le premier consacre sa vie, son argent, son crédit à diriger, à soutenir une vaste entreprise, conçue par lui, tentée, poursuivie à ses risques et périls; si les seconds, après avoir amassé quelques économies, les risquent dans une opération hasardeuse, telle qu'un canal ou un chemin de fer, opération qui ne s'exécuterait pas sans leur concours, et qui absorbera, si elle ne réussit pas, les fonds qu'on lui aura consacrés, il me semble que ni cet entrepreneur, ni ces actionnaires, ne sont les sangsues de ces ouvriers, payés de gré à gré, souvent à des prix trois ou quatre fois supérieurs à ceux que reçoivent les paysans, assurés d'être payés dans tous les cas, soit que la spéculation ait été heureuse, soit qu'elle ne l'ait pas été. Il n'y a pas là, je le répète, une si criante injustice. Mais on veut que ces ouvriers puissent, eux aussi, faire des bénéfices d'entrepreneurs ou d'actionnaires. Si cela se peut justement, pratiquement, rien de mieux, rien de plus conforme aux désirs des honnêtes gens.

Mais voyons ce qui en est. Toute opération commerciale ou industrielle suppose deux choses, un capital et une direction ; un capital, qui sert à l'entreprendre, une direction, qui, après l'avoir conçue, la gouverne, la restreint ou l'étend, quelquefois l'abandonne après les premières pertes, quelquefois la pousse après les premiers gains à un développement extraordinaire. Il faut donc en même temps le capital et la direction. Les trouvons-nous dans une association d'ouvriers ? C'est ce qu'il s'agit d'examiner.

Le capital, dans toute entreprise, doit être destiné à périr, si elle ne réussit pas. S'agit-il d'une mine de charbon, d'un canal, d'un chemin de fer, si le charbon n'est pas de bonne qualité, s'il ne s'extrait pas à bas prix, s'il n'a pas un débouché voisin, si le canal, si le chemin de fer présentent de trop grandes difficultés d'exécution, s'ils sont placés à portée de populations qui n'en fassent pas volontiers usage, la mine, le canal, le chemin de fer ne procureront pas les profits qu'on en attendait, souvent même ne payeront pas les dettes qu'on aura contractées pour l'exécution de devis insuffisants, l'entreprise échappera à ceux qui l'avaient fondée, en ne leur laissant que des pertes et des regrets. Est-ce un cas très-rare ? C'est au contraire le cas le plus commun. Si, de ces grandes entreprises on passe à de moindres, à des filatures, à des forges, à des ateliers de construction, combien y en a-t-il dont les créateurs fassent fortune? Très-peu. J'ai depuis trente années suivi fort attentivement la marche de l'industrie en France, par devoir comme homme public, par goût comme observateur; je connais son personnel très-exactement, et j'affirme que les insuccès sont beaucoup plus fréquents que les succès, que s'il s'est créé un assez grand nombre de fortunes moyennes, il s'en est très-peu formé de considérables, très-peu surtout qui puissent traverser infailliblement de fortes crises. Le capital est donc dévoué à une ruine fréquente dans les petites entreprises qu'un individu peut diriger, comme une filature, une forge, une usine, et à une ruine infiniment probable dans les vastes entreprises qui exigent des compagnies nombreuses et puissantes, comme les mines, les canaux, les chemins de fer. Celles même qui finissent par prospérer ne prospèrent qu'après avoir ruiné successivement deux ou trois compagnies. Si je voulais citer les principaux établissements français, je réduirais sur ce point tout contradicteur au silence.

Si donc le capital est destiné à périr en cas d'insuccès, cas extrêmement vraisemblable, il faut qu'il ait en perspective des chances de bénéfice, et qu'elles soient proportionnées aux chances de perte, sans quoi l'industrie serait, ce qu'elle est trop souvent, un métier de dupe. Quand c'est un entrepreneur qui avec ses capitaux ou son crédit, quand c'est une réunion d'actionnaires qui avec leur superflu s'ils sont riches, ou leurs économies s'ils sont pauvres, fournissent le capital, rien n'est plus simple. L'entreprise est mauvaise, le capital perdu, tant pis pour les uns et les autres. L'entreprise est bonne, ils ont gagné, tant mieux pour eux; ils n'ont rien pris à personne, ils ont recueilli ce qu'ils avaient semé. Mais vous voulez mettre les ouvriers à leur place : soit, qui fournira le capital? Les ouvriers? Ils n'en ont pas. A défaut des ouvriers, seraient-ce des banques de prêt, organisées dans cette intention? Mais toutes les banques qui ont fait des prêts aux entreprises industrielles, au lieu de se borner à escompter des lettres de change, ce qui constitue un prêt, limité, à court terme, fréquemment renouvelé, dont les chances se neutralisent en se divisant, toutes ces banques ont tourné à mal, parce que les entreprises industrielles présentent trop de risques, parce que le nombre de celles qui réussissent est trop peu considérable relativement au nombre de celles qui échouent, et parce qu'enfin c'est tout au plus si les bénéfices entiers de celles qui réussissent peuvent compenser les pertes de celles qui échouent, et qu'en leur prêtant on s'associe à toutes leurs pertes, sans s'associer à tous leurs bénéfices. C'est ce qui explique comment toute banque, ou maison de banque, qui s'est bornée à l'escompte subsiste, et traverse les crises commerciales les plus difficiles, tandis que toute banque ou maison de banque qui a fait des prêts aux entreprises industrielles, succombe à la première crise un peu grave. Et cependant les banques qui ont agi de la sorte, n'ont fait que des prêts qui représentaient une très-petite partie du capital des entreprises qu'elles voulaient secourir. Se figure-t-on ce que deviendrait une banque qui fournirait le capital entier d'un plus ou moins grand nombre d'entreprises industrielles ? Elle y périrait avant peu, à moins qu'elle ne commanditât que de très-bonnes entreprises, et qu'elle eût la totalité des bénéfices, car exposée à essuyer toute la perte, étant par le prêt entier du capital l'entrepreneur lui-même, n'ayant de moins que le gouvernement de l'entreprise, elle devrait avoir toute la chance de gain, ou elle accepterait un rôle ruineux. Il en pourrait être autrement si on supposait que les bénéfices industriels fussent tels qu'il y eût des ressources pour rémunérer deux capitaux au lieu d'un, ce qui est faux, car s'il y avait des bénéfices pour plus d'un capital, la concurrence les aurait bientôt annulés. Qu'il y ait en effet quelque part un avantage notable à forger du fer, à filer du lin, à extraire du sucre de la betterave, on s'y porte avec empressement, on crée des établissements en quantité, on amène la baisse des prix, on finit souvent par succomber devant cette baisse, mais on n'abandonne la partie que lorsqu'il n'y a plus absolument moyen de couvrir ses frais. Même quand il y a monopole, comme pour les chemins de fer, ce monopole n'est jamais tel qu'il n'y ait pas à côté la rivalité d'un canal, d'une rivière, ou du roulage lui-même, et on arrive presque toujours à la limite extrême des bénéfices indispensables, à moins qu'il ne s'agisse de quelque industrie tout à fait nouvelle, ou de quelque conception extrêmement heureuse, encore dans ce cas l'avantage n'est-il que pour les premiers venus.

Il n'y a donc pas de quoi défrayer deux capitaux, ce dont on se convaincra facilement si on embrasse dans ses observations toute la filature, tout le tissage, toute la métallurgie, toutes les mines. On y verra, effectivement, que si tel ou tel fabricant a eu de bons moments, il en a eu de très-mauvais aussi, qu'il y a eu bientôt compensation entre les uns et les autres, et qu'il n'a été réalisé des fortunes considérables que par les entrepreneurs très-prudents, très-assidus au travail, et à la suite d'une longue vie. Si on examine les grandes entreprises comme les mines, et si on cumule les bonnes avec les mauvaises spéculations, on verra que le bénéfice moyen est fort au-dessous des plus médiocres placements. Si je prenais pour exemple les mines de l'Aveyron, d'Alais, de Saint-Étienne, du Creuzot, d'Anzin, les plus célèbres de toutes, et que, tenant compte des capitaux perdus depuis cinquante ans, je cherchasse à établir la moyenne des profits, je ne trouverais pas un revenu de 4 pour cent du capital engagé. Et ce sont les plus grandes, les plus solidement fondées de toutes les entreprises de ce genre. Ceux qui ne connaissent pas les faits, qui construisent des théories sans commencer par observer la nature des choses, se récrieront peut-être en entendant cette assertion, mais elle n'étonnera que les ignorants ou les utopistes.

Ainsi je tiens pour certain qu'en considérant les industries en masse, non dans tel ou tel accident heureux, il n'y a pas de bénéfices suffisants pour défrayer deux fois le capital. On ne peut pas dès lors concevoir une banque de prêt qui fournirait le capital entier à des associations industrielles, et qui ne serait pas substituée à ces entreprises elles-mêmes pour le gain et pour la direction. Ou il faudrait qu'elle dirigeât puisqu'elle aurait fourni tout le capital, et qu'elle eût tous les bénéfices parce qu'il n'y en a jamais de trop, ou bien elle périrait par le double fait de confier ses capitaux à d'autres qui spéculeraient avec son argent, et de ne recevoir qu'une partie des bénéfices qui lui reviendraient de droit. Il est même certain qu'elle périrait, car la commandite n'est raisonnable qu'à titre d'exception, de la part d'un capitaliste très-riche qui ne craint pas de perdre, en faveur d'un individu très-capable et très-connu du capitaliste qui prête, et, comme ce double cas est rare, la commandite tourne plus souvent mal que bien. Mais, si la commandite est admissible à titre d'exception, on ne comprend pas la commandite devenue le fait universel de l'industrie, c'est-à-dire une banque qui prêterait tout le capital de toutes les entreprises, qui courrait la chance tout entière, et qui n'aurait ni la direction ni le bénéfice intégral. Si les banques, qui n'ont accordé que des prêts partiels aux entreprises industrielles, ont fini par succomber, conçoit-on une banque prêtant le capital de la plupart des spéculations industrielles?

Cette banque serait folle, dirigée par des fous, et je défie qui que ce soit d'oser en proposer une fondée sur ce principe.

A qui une telle spéculation serait-elle proposable? A l'État, à l'État seul, qu'on charge de suffire à tout.

Et à quel titre l'en chargerait-on? A titre de capitaliste universel, obligé de perdre pour tout le monde, et le pouvant parce qu'il est supposé riche comme tout le monde.

Or je pose cette simple question. L'État fournirait-il le capital de création pour toutes les industries ou pour un petit nombre? S'il le fournissait pour toutes, cela pourrait devenir moins injuste, en devenant plus absurde. Si, au contraire, il ne le fournissait que pour quelques-unes, la chose serait d'une injustice criante, et, sans cesser d'être absurde, le serait cependant un peu moins.

Conçoit-on, en effet, l'État fournissant le capital de toutes les spéculations, et ne spéculant pas lui-même? Sous le rapport des risques, s'il le fournissait pour tous les travaux de la terre, du commerce, des manufactures, le commerçant ne pourrait se plaindre au manufacturier, le manufacturier au fermier des dangers qu'ils se feraient courir les uns aux autres, puisque ce serait une vaste réciprocité; et encore ceux qui exercent une profession peu hasardeuse, comme de cultiver la terre, auraient-ils lieu de se plaindre d'être associés au sort de ceux qui envoient des vaisseaux dans l'Inde, ou qui jouent à la Bourse. Enfin le risque étant généralisé, on pourrait retrouver une espèce de compensation, dès lors de justice dans son extrême généralisation. Mais je demande si l'on n'aurait pas dès cet instant consommé la plus souveraine des folies, celle de faire spéculer tout le monde avec le capital d'autrui, et de supprimer cette garantie de l'intérêt personnel dans l'emploi des capitaux, garantie qui, toute grande qu'elle soit, est à peine suffisante, puisque vous voyez chaque jour les hommes agissant avec leurs propres capitaux se ruiner, dominés, entraînés qu'ils sont par leur imagination. Que serait-ce s'ils spéculaient avec les capitaux d'autrui? On aurait donc, pour arriver à une espèce de justice, rencontré l'absurde, mais l'absurde au delà des proportions connues avant le temps présent, puisqu'il ne s'agirait de rien moins que de supprimer la vigilance de l'intérêt personnel dans l'ensemble des travaux humains, et de faire spéculer tous les entrepreneurs avec un capital qui étant à tous ne serait à personne.

Si, au contraire, et c'est en effet le cas, si au contraire il s'agissait d'accorder cette faveur à une très-petite partie des travailleurs, à quelques industries qui ont pour caractère particulier de réunir plusieurs centaines d'ouvriers dans le même atelier, oh alors je demanderais en vertu de quel privilége on permettrait à certaines associations d'ouvriers de spéculer, non pas à leurs risques et périls, mais aux risques et périls de toutes les autres classes d'ouvriers, aux risques et périls des maçons, des menuisiers, des domestiques, des porteurs d'eau, des paysans surtout, qui ne spéculent pas, eux, car leur salaire est bien limité, bien invariable, quelque argent que d'autres gagnent ailleurs à forger du fer, ou à fabriquer des machines à vapeur? On veut toujours voir dans l'État, non la masse des contribuables, mais quelques riches, qui tous réunis ne fourniraient pas même un budget par le sacrifice entier de leurs biens, et alors on spécule à l'aise. On dit que ce n'est pas un mal de procurer à leurs dépens le moyen à de pauvres ouvriers de réaliser quelques bénéfices. Mais c'est là une fausse supposition. Le vrai c'est que la masse des contribuables, c'est-à-dire trente-six millions d'individus, fournira à un million le moyen de spéculer à ses dépens, sur le coton, le fer ou la houille. La chose ramenée à ces termes, est encore insensée, comme on le verra bientôt, car ce million d'ouvriers tentera ce qu'il est incapable de faire, en voulant diriger des entreprises, mais elle est surtout d'une injustice révoltante relativement à la masse des travailleurs, car chacun en ce monde doit spéculer à ses risques et périls, et non aux risques et périls d'autrui. Et, dans cette circonstance, je ne craindrais pas de m'adresser à la conscience des ouvriers eux-mêmes, et de leur demander s'ils trouveraient juste, par exemple, de mettre à la loterie avec l'argent des autres? La question est tout aussi simple que je la présente ici.

DU SOCIALISME.

Maintenant si on suppose une retenue sur le salaire des ouvriers afin de pourvoir à la création du capital, c'est alors sur eux-mêmes que retombe la duperie et l'injustice, ainsi qu'on va l'apercevoir tout aussi clairement.

En général, quand l'industrie est prospère, l'ouvrier trouve dans son salaire de quoi suffire à son entretien, à celui de sa famille, à ses plaisirs honnêtes, enfin à quelques économies pour les temps de chômage, de maladie et de vieillesse. La partie de ce salaire destinée aux économies, pourrait à la rigueur être employée à former le capital des entreprises fondées sur le principe de l'association. Mais il ne faut qu'un simple coup d'œil pour reconnaître l'insuffisance radicale de cette ressource. Les dépôts des caisses d'épargne représentent à peu près 400 millions en France. Il y a parmi les déposants plus de la moitié qui ne sont que de vieux domestiques, ou de vieux employés, et la moitié à peine d'ouvriers consacrés à l'industrie. Il est vrai que tous les ouvriers ne déposent pas, qu'il n'y a peut-être pas le tiers ou le quart d'entre eux qui apportent leur argent aux caisses d'épargne. Mais en tenant compte de cette circonstance, et en triplant ou quadruplant la somme par eux déposée, conçoit-on qu'avec six ou huit cent millions on pût fournir le capital engagé dans toutes les industries, filature, tissage, métallurgie, mines, chemins de fer, canaux, etc., je laisse bien entendu l'agriculture à part. Beaucoup de milliards n'y suffiraient pas.

L'idée d'une retenue sur les salaires pour constituer le capital des associations serait donc une pure chimère. Mais je l'admets si l'on veut. Cette retenue serait pour les ouvriers un indigne emploi de leurs épargnes. Rien n'est plus hasardé, comme je l'ai dit et comme chacun le sait, rien n'est plus hasardé que les capitaux engagés dans les entreprises industrielles. Il n'y a que les riches capitalistes, garantis contre les conséquences des fausses spéculations par leur richesse même, ou les entrepreneurs garantis par leur propre vigilance, qui doivent spéculer. Tous autres spéculateurs sont des imprudents et des victimes. On tremble quand on voit de pauvres gens apporter leur argent à des compagnies qui entreprennent de vastes travaux, ou à des gouvernements qui empruntent, et on éprouve une terreur tout humaine à les voir confier à des aventuriers, ou à de mauvais administrateurs de la fortune publique, les épargnes de toute leur vie. On s'est plaint souvent de ce que certains emprunts étrangers étaient publiquement admis au marché français, c'est-à-dire cotés à la Bourse, et on a eu raison. Dans quels sentiments élevait-on ces réclamations ? Dans des sentiments d'humanité, parce qu'on regardait comme barbare de livrer à des mains peu sûres la fortune du pauvre. Et on confierait à ces spéculateurs de toute espèce, que nous avons vus depuis un demi-siècle agiter, bouleverser, souvent déshonorer l'industrie, les économies des classes ouvrières! Sans doute ces spéculateurs ont été depuis cinquante ans plus téméraires que de coutume, parce que la découverte de la vapeur a mis le monde industriel en fermentation. Ils ont agité, et poussé en avant l'industrie, comme c'est la mission des esprits aventureux. Mais en la faisant marcher, ils ont dû la faire marcher à leurs dépens, à leurs dépens seuls, et non aux dépens des infortunés ouvriers qu'ils employaient. Je le disais dans un chapitre précédent, les capitaux accumulés du riche sont destinés aux entreprises hasardeuses. Deux alliés, la richesse et le génie, doivent accélérer la marche de l'industrie. Mais la pauvreté et l'association ne sont pas propres aux témérités. La première n'a rien à perdre, et la seconde n'inventa jamais rien. Quoi! les mille filatures, les mille forges, les mille fabriques de tout genre, entreprises depuis trente ans, fermées, abandonnées après des essais plus ou moins longs, suivies de la ruine ou de la gêne des capitalistes qui les avaient commanditées, auraient été tentées aux dépens des ouvriers! C'eût été un malheur et un crime de l'avoir souffert. Ne demande-t-on pas avec raison aujourd'hui de faire payer les ouvriers par préférence à tous autres, en cas de non-réussite des entreprises industrielles?

On dira peut-être que rien n'est mieux entendu, en général, que de placer sur soi-même, et que de mettre son argent où l'on met son travail. Cela est vrai quand on place réellement sur soi-même. Un cultivateur qui emploiera son argent sur sa terre plutôt que dans des placements hasardeux, un marchand qui emploiera ses bénéfices à étendre son commerce, et non à acheter des actions industrielles, agiront sagement l'un et l'autre. Mais ce n'est pas là ce qu'on prépare aux ouvriers associés. On leur propose de confier leurs économies à des entreprises qu'ils ne dirigeront pas, et qui seront réduites à l'alternative, ou de n'être dirigées par personne, ou de l'être par des directeurs capricieusement élus, en un mot de confier leurs économies à l'anarchie. Tout le monde redoute l'anarchie en politique, et se garde bien de lui prêter son argent. Je vais vous faire voir que l'anarchie industrielle ne vaut pas mieux, et que lui donner l'argent des ouvriers serait une véritable cruauté. Ce sera le sujet du chapitre suivant. Je termine le présent chapitre en posant la question ainsi :

Ou l'État fournira le capital des industries fondées sur le principe de l'association, et il y aura injustice à permettre qu'une classe favorisée de travailleurs spécule avec l'argent de tous les autres travailleurs de la ville et de la campagne;

Ou l'on tâchera de former ce capital avec un prélèvement sur les salaires, et alors il y aura l'emploi le plus imprudent, le plus inhumain des économies des ouvriers.

Injustice intolérable dans le premier cas, imprudence barbare dans le second, voilà comment je qualifie les moyens employés pour se procurer le capital, dans le système soi-disant philanthropique de l'association.

CHAPITRE V.

DE LA DIRECTION DES ENTREPRISES DANS LE SYSTÈME DE L'ASSOCIATION.

Que la direction des entreprises, dans le système de l'association, est impossible, et tend à substituer au principe de l'intérêt personnel qui convient seul à l'industrie privée, le principe de l'intérêt général qui n'est applicable qu'au gouvernement des États.

L'anarchie dans le corps politique est un grand mal. On la craint, on l'abhorre, et on a raison. Avec l'anarchie il n'y a plus ni ordre, ni sécurité, ni justice, ni bonne administration, ni sage économie, ni force publique, ni grandeur. Par elle les États se décomposent, se déshonorent, et périssent. De César à Augustule, telle est leur marche. Pour moi surtout qui aime deux choses avec passion, la justice au dedans, la grandeur au dehors, l'anarchie est un objet d'insurmontable aversion.

DU SOCIALISME.

Mais si odieuse qu'elle soit dans le corps politique, elle est la maladie naturelle de ce corps; elle y est prévue; elle y a ses remèdes comme certaines fièvres contractées en certains lieux malsains. On en peut mourir, mais on en peut guérir. Enfin dans l'État elle est malheureusement chez elle, comme la peste à Constantinople. Mais dans l'industrie, comprenez-vous l'anarchie? On se désole, mais on ne s'étonne pas de voir des factions se disputer le pouvoir, déchirer la République, l'ensanglanter, la conduire au bord de l'abîme, l'y jeter ou l'y arrêter. C'est le mal d'un bien, car enfin il faut que le pouvoir, pour passer aux mains des bons, coure quelquefois la chance de se trouver aux mains des mauvais. Mais vous figurez-vous le pouvoir contesté, disputé, transmis des uns aux autres, dans une manufacture? Vous figurez-vous le chef d'une usine élu par ses ouvriers, tour à tour destitué par les paresseux, ou porté par eux à la direction des ateliers? Vous figurez-vous ce président d'une république industrielle appuyé sur de semblables influences, traçant équitablement la tâche de chacun, réglant les salaires sur l'assiduité ou sur l'aptitude, inspirant confiance aux capitalistes, obtenant du crédit, et surtout réalisant des économies? Vous figurez-vous cet être chimérique, remplaçant l'unité, la suite, la vigilance de l'intérêt personnel, dans la direction d'une entreprise industrielle? Dans l'État on conçoit que tous se mêlent des affaires publiques, car elles sont les affaires de tous. Mais dans une fabrique, pouvez-vous imaginer quelques centaines d'ouvriers délibérant sur les engagements à prendre, sur les lettres de change à signer, à accepter, à refuser, sur les crédits à ouvrir, sur l'extension à donner à la production, sur les chances probables du commerce national ou européen?

Sans doute on voit quelquefois des actionnaires délibérant, mais une fois par année, sur la marche générale d'une affaire, fondant leur contentement ou leur mécontentement sur l'abondance ou la modicité des dividendes, jetant un coup d'œil rapide sur ce qui prête le plus au contrôle, sur la comptabilité, abdiquant pour tout le reste leur autorité en faveur d'un directeur, qu'ils jugent par le résultat, c'est-à-dire par le bénéfice obtenu, et ne le rencontrant plus ensuite jusqu'à l'année suivante. Un pareil système d'administration n'est praticable que dans de très-grandes entreprises, à condition d'une intervention très-discrète et très-rare des actionnaires, terminée, je le répète, par leur abdication en faveur du directeur qu'ils ont choisi. Mais vous représentez-vous un chef d'atelier élu par les ouvriers auxquels il doit donner des ordres? Quand on observe la plupart de nos établissements industriels, on est frappé d'une chose, c'est que ceux qui ont réussi, et ils sont en petit nombre, l'ont dû à la supériorité de l'entrepreneur qui les dirigeait, non pas seulement à sa supériorité d'intelligence (cette intelligence ne fait souvent que des entrepreneurs hardis, et destinés à ruiner eux et les autres), mais à une heureuse combinaison de l'intelligence et du caractère, à un rare mélange d'esprit, de prudence et d'application. Si cet entrepreneur ne joint pas à l'invention, la mesure, la suite dans les idées, il échoue même avec des qualités éminentes, et il est obligé d'aller prêter son génie inventif à un autre doué de moins de hardiesse, mais de plus de sagesse et d'amour du travail. Quand les entrepreneurs possèdent toutes les qualités désirables, il faut encore qu'ils aient une longue expérience, la connaissance des marchés étrangers, de grandes relations, de la considération, du crédit, en un mot avec les avantages qu'on reçoit de la nature ceux qu'on n'obtient que du temps. J'ai vu en effet de ces entrepreneurs qui, ouvriers dans leur enfance, parvenus ensuite par leur génie naturel, réunissant ainsi les vues générales à la connaissance pratique de leur état, ayant voyagé et comparé les divers procédés usités en Europe, jouissant d'un crédit immense, maîtres absolus chez eux, obéis comme on l'est quand on ne dépend pas de ses ouvriers, qu'on peut les prendre ou les renvoyer à volonté, j'ai vu de ces entrepreneurs, génies peu apparents, mal placés à l'Académie, mais pour moi supérieurs à beaucoup de gens d'esprit, et qui avec toutes ces qualités arrivaient à être riches un quart ou une moitié de leur vie, puis tout à coup, parce que la fortune les trahissait après les avoir longtemps favorisés, ou parce qu'il leur manquait une qualité toute modeste, celle de la modération dans les désirs, ou parce que la vanité de toucher aux affaires publiques les prenant trop tôt les détournait de leurs affaires privées, ou enfin parce qu'il avait plu à leur nation de renverser un gouvernement, perdaient leur fortune, et tombaient dans une profonde misère. J'ai vu des entrepreneurs doués d'un vrai génie finir de la sorte, et on me persuadera qu'une masse de cinq ou six cents individus, saura se conduire et parviendra à réussir, là où l'unité de volonté la plus complète, jointe à une incontestable capacité, à une vaste expérience, réussit si rarement! Non, je ne le croirai pas, quoi qu'en puissent dire des lettrés instruits qui n'ont jamais vu marcher une usine, ou agir un gouvernement. Ils me l'affirmeraient cent et cent fois, m'ordonnant de le croire, comme sous les Romains on ordonnait de sacrifier aux dieux ou de mourir, que je me refuserais à l'admettre.

Comment d'ailleurs ces ouvriers associés organiseraient-ils leur gouvernement? Délibéreraient-ils eux-mêmes sur les affaires de la Société, sur les salaires, sur les règlements, sur la production, sur les achats, sur les ventes, sur les contrats à conclure? Il serait bien cruel de les priver d'une telle prérogative, et ce ne serait pas la peine d'avoir placé leurs économies dans une entreprise, ou d'avoir emprunté à leurs risques et périls, ou d'avoir reçu de l'État le cadeau de quelques millions d'avances, pour abandonner à l'un d'entre eux la solution de toutes les questions qui les intéresseraient à un si haut degré. Et d'un autre côté il serait bien dangereux, bien insensé de leur laisser le soin de les résoudre! Quoi! ils seraient devenus associés, c'est-à-dire maîtres, ils auraient mis leur argent, ou celui qu'on leur aurait prêté, dans une forge ou dans une fabrique de machines, pour laisser à l'un d'entre eux le droit de les classer eux-mêmes en hommes de peine, ouvriers ordinaires, ajusteurs, assembleurs, maîtres, contre-maîtres, en ouvriers payés à 2 francs, à 3 francs, à 5, à 10 francs! ils laisseraient à l'un d'entre eux le soin de les punir, de les renvoyer (renvoyer des associés!), de fixer les heures de travail, de conclure tous les marchés, de régler le prix des ventes et des achats, de décider s'il faut travailler pour telle maison ou pour telle autre, d'accorder des crédits, d'en demander; ils délègueraient, eux parties du maître, de tels pouvoirs à l'un d'entre eux! ou bien ils se les réserveraient! Et alors comprenez-vous ces cinq ou six cents ouvriers se classant eux-mêmes en bons et en mauvais ouvriers, se constituant en aréopage pour se juger, décidant si la signature de monsieur un tel est bonne, médiocre ou mauvaise, s'il faut vendre ou retenir les marchandises, suspendre ou développer la production! L'une et l'autre de ces suppositions sont bien difficiles à admettre, car l'une est une désolante abdication, et l'autre une extravagante incompétence.

Je reconnais du reste que les hommes assemblés, toujours prompts à se soulever, sont tout aussi prompts à abdiquer, quand le goût du soulèvement est passé chez eux. Ces ouvriers nommeraient entre eux des chefs, et entre ces chefs un directeur; je suis porté à le croire. Mais à quoi bon alors n'avoir plus voulu d'un maître! Ou ce directeur pourrait punir les ouvriers, les faire descendre d'une classe à une autre, les renvoyer enfin, ou, s'il ne le pouvait pas, il n'obtiendrait ni la quantité, ni la qualité de travail, sans lesquelles tout succès est impossible dans un établissement industriel. Et s'il le pouvait, encore une fois on se serait donné un maître aussi absolu que celui qui aurait été propriétaire de l'établissement; on aurait perdu surtout la qualité d'associé, car il est impossible en droit qu'un associé puisse être éconduit par un autre. Mais ne voyez-vous pas, me dira-t-on, que si, pour le succès de l'association, on s'était résigné à une autorité aussi absolue que celle du propriétaire, resterait l'avantage d'être intéressé dans l'entreprise, et de se partager les bénéfices, qui dans l'état ordinaire sont pour le propriétaire seul?

J'ai montré tout à l'heure que l'on n'a droit aux bénéfices que lorsqu'on est propriétaire de tout ou partie du capital, et que l'on court les chances de perte comme de gain. Mais je néglige cette considération, je suppose les ouvriers propriétaires du capital par une retenue sur leurs salaires, ou ayant reçu un prêt de l'État, et je demande si c'est une combinaison raisonnable que celle où l'industrie, d'entreprise particulière, gérée par l'intérêt personnel, avec l'ardeur qu'excite la chance d'être ruiné ou enrichi suivant qu'on fait bien ou mal, deviendrait une sorte d'administration, une espèce de fonction publique, de manière que l'entrepreneur, au lieu d'être payé par un succès ou un revers de fortune, recevrait, quoi qu'il fît, ses appointements, sauf quelque part au bénéfice, selon le cas de succès ou de revers.

On aurait donc substitué, dans l'industrie, des administrateurs à des propriétaires, c'est-à-dire un ressort très-faible à un ressort très-énergique. La nécessité de l'*œil du maître* est un vieil adage qui est, et restera éternellement vrai. Il faut dans les affaires privées la vigilance, l'attention passionnée de l'intérêt individuel, et non le zèle affaibli de l'intérêt collectif. Or là où l'intérêt personnel réussit tout juste assez pour que l'industrie puisse vivre, on voudrait en vain me persuader que l'intérêt collectif pourrait avoir la suite, l'énergie, l'audace, l'amour enfin qui fait réussir. Vous figurez-vous les filateurs de coton et de lin, les fabricants de toile peinte, les fabricants de lainage, de Mulhouse, de Saint-Quentin, de Lille, de Rouen, d'Amiens, les fabricants de soierie de Nîmes, de Lyon, de Saint-Étienne, les maîtres de forges de Franche-Comté, de Champagne, de Bourgogne, du Berry, les fabricants de machines d'Arras, du Havre, de Paris, tous industriels dont vous connaissez les peines, les tribulations, les malheurs, qui souvent après une longue carrière, en cumulant les bonnes années avec les mauvaises, seraient bien heureux d'avoir gagné les appointements d'un directeur, vous les figurez-vous convertis de propriétaires en administrateurs, et gagnant comme administrateurs ce qu'ils n'auraient pas gagné comme maîtres?

Savez-vous ce que je conseillerais aux ouvriers? ce serait de prendre leur argent ou celui que l'État leur aurait prêté, et de le placer, non pas dans la fabrique où ils seraient associés, mais dans celle qui appartiendrait à un maître absolu, dont le mérite et la probité leur seraient connus.

Ainsi, ou point de direction, point d'autorité, le gouvernement de cinq à six cents individus décidant de tout ce qu'ils ignoreraient, ou un directeur dans les mains duquel ils auraient abdiqué, et alors le zèle très-incertain du fonctionnaire substitué à la toute-puissance, à l'activité infinie, à la vigilance incessante de l'intérêt personnel, telle serait l'étrange révolution produite dans l'industrie.

Il faut bien une autorité déléguée dans les grandes entreprises qui ne peuvent être la chose d'un seul, telles qu'un chemin de fer ou une mine. Alors il faut en effet choisir un intéressé qui dirige pour tous. Mais chacun sait que c'est une cause grave d'infériorité pour les entreprises de cette nature, qu'elles périssent le plus souvent par l'administration, quand ce n'est pas par la qualité même de l'opération, et on ne comprend pas, lorsque l'étendue du capital engagé n'oblige pas à renoncer à la souveraineté de l'intérêt privé, comment on songerait à se passer de ses avantages. Enfin l'expérience, qui en ce genre est le juge le plus sûr, n'a jamais, depuis qu'il existe des nations commerçantes, indiqué d'autre mobile de l'industrie que l'intérêt personnel travaillant pour lui-même. On conçoit l'autorité déléguée pour les affaires publiques qui ne sont pas la chose d'un seul, mais de tous, pour lesquelles il faut moins encore l'ardeur, l'activité passionnée de l'intérêt privé, que l'impartialité, le désintéressement, la justice, le courage de celui qui est mu par des vues d'intérêt général ; et encore dans les gouvernements perfectionnés a-t-on inventé une sorte d'intérêt personnel pour la direction des

États, une façon d'*œil du maître*, c'est la responsabilité de celui qui gouverne, responsabilité qui engage sa vie, son ambition, son honneur, sa gloire! Mais c'est renverser toutes choses, confondre toutes les notions, que de transporter le gouvernement des États dans les affaires privées, et c'est peut-être par contre-coup s'exposer à trouver le gouvernement des affaires privées dans l'administration des États. On aurait donné aux manufactures pour les faire prospérer la froideur du fonctionnaire, et à l'État pour le gouverner l'égoïsme de l'intérêt privé. Il arrive souvent, en effet, que le principe qu'on ne met pas où il doit être, va se placer là où il ne devrait jamais se rencontrer.

Mais nous avons supposé la meilleure, la moins probable des chances, c'est la délégation, entière, absolue de l'autorité du propriétaire à un directeur, ce qui ne s'effectuerait jamais complétement. Ces maîtres ne se donneraient pas, quoi qu'on en dise, un maître, qui pourrait les renvoyer, et surtout les classer sous le rapport du salaire.

Comment pourraient-ils effectivement être renvoyés par celui qu'ils auraient le pouvoir de renvoyer eux-mêmes? Comment s'y prendrait ce directeur élu pour régler avec eux la question des salaires? Ce maître institué par eux établirait-il un seul salaire ou plusieurs? Payerait-il au même prix l'homme de peine qui remue du charbon à la pelle, ou qui prête ses épaules au transport d'un lourd fardeau, et l'ajusteur adroit qui rapproche toutes les pièces d'une machine? Il faut avoir perdu le sens pour imaginer que l'association garderait un seul ouvrier habile, en les payant également, et en leur offrant pour toute perspective une part dans des bénéfices futurs. Si pour se conformer à la règle commune, elle les payait inégalement, je demande encore comment s'y prendrait ce maître, délégué des ouvriers, pour les ranger équitablement et sans appel, dans la classe à 2 francs, à 3 francs, à 5 francs, à 10 francs? Imaginez-vous ces ateliers qui doivent marcher avec le silence, la précision, la continuité des machines dont ils empruntent le secours, qui n'approchent de la fécondité de la nature qu'autant qu'ils approchent de ses deux qualités essentielles, la régularité et la suite, les imaginez-vous partagés en factions, ayant des opinions non sur les affaires publiques, ce qui importe peu, mais sur les affaires de la maison, exigeant qu'on travaille tant d'heures et pas plus, qu'on paye tant de salaire et pas moins, et ayant leurs suffrages, tous les ans, tous les mois, tous les jours, pour faire prévaloir leur sentiment? Ce serait la ruine, la ruine inévitable et prochaine. On arrive tout juste avec l'autorité absolue du propriétaire, avec le stimulant de l'intérêt personnel, à faire vivre l'industrie, et il est rare, en compensant les mauvaises années par les bonnes, qu'un manufacturier gagne plus de 7 ou 8 pour cent de ses capitaux engagés, soit pour l'intérêt de son argent, soit pour la rémunération de son travail personnel, et à ce compte il reste à peine 4 ou 5 pour les capitaux, 2 ou 3 pour l'entrepreneur. Appliquez maintenant aux mêmes manufactures le gouvernement d'Athènes, de Rome, de Florence, d'Amsterdam, de Paris même, et je vous prédis la ruine tant pour les capitaux que pour l'entrepreneur, et je renouvelle aux ouvriers associés le conseil que je leur ai donné, c'est de s'employer de leur personne dans les manufactures de l'association, surtout s'ils sont paresseux, querelleurs, aimant la brigue, l'agitation plus que le travail, et de placer leur argent, s'ils en ont un peu amassé, ou celui qu'on leur prêtera, dans d'autres entreprises que celles qui seraient gouvernées de la sorte.

Du reste je ne fais point ici une utopie, pour opposer à une utopie. Ce que je prédis a existé trois mois dans Paris. Le propriétaire d'un grand établissement consacré à la fabrication des machines, a pour un temps cédé ses ateliers à ses ouvriers, de manière qu'il n'y avait pas de capital à débourser pour la création de l'établissement, et il est convenu de leur acheter à un prix déterminé les machines ou pièces de machines qu'ils fabriqueraient. Ce prix a été augmenté de 17 pour cent en moyenne. C'était aux ouvriers associés entre eux à se gouverner, à se rétribuer, à se partager les bénéfices. Le maître n'avait pas à s'en mêler. Il payait les pièces exécutées, leur assemblage en machines, au prix convenu, et naturellement il ne devait payer que l'ouvrage exécuté.

Les ouvriers associés sont restés divisés, comme ils l'étaient auparavant, en divers ateliers (facilité d'organisation fort grande, puisqu'ils n'avaient qu'à persister dans des habitudes prises); ils ont placé à la tête de chaque atelier un président, et à la tête des ateliers réunis un président général. Ils ont conservé la classification antérieure des salaires (autre facilité naissant d'habitudes prises), seulement ils ont donné 3 francs au lieu de 2 francs 50 centimes à la dernière classe, celle des hommes de peine, et ils ont cessé de payer aux ouvriers habiles (appelés marchandeurs) le salaire élevé résultant du travail à la tâche. Ceux-ci n'ont comme tous les autres travaillé qu'à la journée. Pourtant, comme il fallait les satisfaire dans une certaine mesure, on leur accordait des suppléments de paye de 50, de 75 centimes, et quelquefois de 1 franc, ce qui, joint aux 4 francs de la paye moyenne, procurait 5 francs au plus à des ouvriers qui, à la tâche, gagnaient auparavant 6, 7 et 8 francs par jour. C'étaient les présidents d'ateliers qui accordaient ces suppléments. Après avoir ainsi élevé le salaire de l'homme de peine, abaissé celui de l'ouvrier habile, voici ce qui est arrivé à la suite d'un essai de trois mois.

Le tumulte a été quotidien dans les ateliers. Il est vrai que le tumulte était général alors, et qu'il n'était pas moindre au Luxembourg, à l'Hôtel-de-Ville, que dans les manufactures. On se donnait des relâches quand il convenait de prendre part à telle ou telle manifestation, ce qui du reste ne nuisait qu'aux ouvriers eux-mêmes, car le propriétaire ne payait que l'ouvrage exécuté. Mais on travaillait peu, même quand on était présent, et les présidents d'ateliers chargés de maintenir l'ordre, de surveiller le travail, étaient changés jusqu'à deux ou trois fois par quinzaine. Le président général, n'exerçant pas la police locale dans les ateliers, avait moins de variations de faveur à subir, et il n'a été changé qu'une fois pendant la durée de l'association. Si on avait travaillé comme autrefois pendant les trois mois qu'a existé ce régime, on aurait dû toucher 367 mille francs de main-d'œuvre. On n'en a cependant touché que 197 mille, quoique les prix d'exécution fussent élevés de 17 pour cent. La cause principale de cette moindre production n'a pas seulement tenu à ce que le nombre de jours et d'heures de présence a été très-inférieur à ce qu'il était antérieurement, mais à ce que le travail a été beaucoup moins actif même quand on était présent. Les ouvriers à la tâche qui n'avaient plus qu'un insignifiant supplément de 50 centimes ou d'un franc au plus, n'ont pas mis grand zèle à travailler pour l'association. Les hommes qu'ils prenaient ordinairement avec eux, lorsqu'ils étaient rémunérés à la tâche, auxquels ils accordaient un supplément, et qu'ils surveillaient eux-mêmes, ont été livrés à la surveillance à peu près nulle des présidents d'ateliers, et un millier d'ouvriers sur quinze cents ont déployé l'ardeur dont on est animé quand on ne travaille pas pour soi. En définitive cent hommes de peine ont reçu 50 centimes de plus par jour, trois ou quatre cents ouvriers ont reçu 3 ou 4 francs comme par le passé, mais moins de journées parce qu'ils prenaient plus de vacances, et enfin les mille plus habiles qui travaillaient autrefois à la tâche ont été privés de la plus-value qu'ils devaient à leurs efforts, et qui portait leurs journées à 7, 8 et 10 francs. Aussi les bons ouvriers étaient-ils tous résolus à quitter l'établissement, et les trois mois assignés à l'association étant expirés, elle a fini sans réclamation. Elle était dans une sorte de faillite, car elle devait plusieurs heures qui n'ont pas été payées, et elle avait dévoré le petit avoir d'une caisse de secours instituée avant ce régime philanthropique par le propriétaire de l'établissement.

Dix sous de plus par jour à cent hommes de peine sur quinze cents travailleurs, le salaire de trois ou quatre cents maintenu, celui des mille plus habiles diminué, la totalité beaucoup plus pauvre par suite des absences, qui ont représenté 32 pour cent de temps perdu, 197,000 francs d'ouvrage au lieu de 367,000 dans une même période, tous les bons ouvriers découragés, enfin l'association au-dessous de ses affaires après trois mois d'existence, bien qu'on eût un établissement tout monté fourni par le propriétaire, tel est le résultat. Les causes de ce résultat étaient le désordre, l'insuffisance d'autorité, le nivellement dans les salaires par la suppression du travail à la tâche, en un mot l'association substituée au gouvernement absolu d'un entrepreneur travaillant pour son compte et traitant librement avec les ouvriers. De ces diverses causes, il en est une qu'il importe de développer davantage, c'est l'abolition du travail à la tâche, vulgairement connu dans la langue des ateliers sous le titre de *marchandage*. On va voir que, sous prétexte de faire participer les ouvriers aux profits du capital, on les a privés du seul moyen qu'ils eussent de devenir eux-mêmes entrepreneurs, entrepreneurs sans capitaux. Cette courte dissertation complètera ce que j'ai à dire des associations au point de vue de leur mode de gouvernement.

CHAPITRE VI.

DU TRAVAIL A LA TACHE.

Que, par l'abolition du marchandage, on a détruit le seul moyen pour les ouvriers de participer aux bénéfices du capital.

Vous ne voulez donc pas, me dira-t-on, que l'ouvrier sorte jamais de sa condition de salarié, d'esclave du maître, de prolétaire exclu des bénéfices du capital!.. Tel est le langage des socialistes quand on leur démontre la vanité de leurs systèmes. Je leur en demande pardon, mais la nature, plus habile qu'eux, et non moins humaine, avait enseigné aux hommes un procédé au moyen duquel les ouvriers de génie avaient jusque-là franchi les premiers degrés de l'échelle de la fortune. Mais on a eu l'esprit de détruire ce procédé, et de briser l'échelle, ou du moins de la laisser briser par les mauvais ouvriers, qui n'avaient jamais pu en franchir le premier échelon. Le fait est certain, et j'en vais fournir la preuve.

Oui, je désire, pour ma part, que l'ouvrier qui n'a que ses bras, puisse aussi participer aux bénéfices de son maître, devenir capitaliste à son tour, et s'élever à la fortune. Je ne crois pas qu'il le puisse en se mettant à la place de son maître, en s'associant avec ses camarades pour former avec eux une entreprise collective, qui manquera de capital, de direction, de tout ce qui fait réussir; mais voici, pour l'ouvrier de mérite, un moyen certain d'arriver au résultat proposé, de devenir entrepreneur sans capital, et sans l'inconvénient attaché à une entreprise collective : ce moyen est celui du travail à la tâche ou *marchandage*, que les nouveaux amis des ouvriers ont aboli.

Il y a en effet des ouvriers intelligents et laborieux qui travaillent mieux et plus que d'autres, peuvent, dans la même journée, exécuter deux ou trois fois plus d'ouvrage que tels de leurs camarades, et font, sous le rapport de la perfection, ce que ne ferait aucun d'eux. Ceux-là, certainement, méritent d'être distingués et encouragés. On ne peut pas cependant leur donner la croix d'honneur, qu'on doit réserver pour le jour où ils iront sur l'Adige ou sur le Rhin, qui ne suffirait pas d'ailleurs, car il faudrait des centaines de décorations dans un atelier de mille ouvriers, tandis qu'à l'armée on en donne trois ou quatre pour un régiment de deux mille hommes. Il faut donc distinguer ces ouvriers à la fois plus laborieux et plus intelligents, il le faut pour eux, il le faut pour le développement de la production, car, payés à la journée, ils n'auraient aucun motif de travailler mieux ou plus que leurs camarades, et, portés même à une classe supérieure, ils n'auraient pas de motif de se comporter autrement que les ouvriers de cette classe, tandis, au contraire, qu'en proportionnant le salaire exactement à ce qu'ils sont capables de faire, chacun d'eux est amené à produire tout ce qu'il peut produire. Il est donc nécessaire de trouver pour ces habiles un système de rémunération proportionné à leur travail. Mais ce n'est pas tout. Il y a encore une classe de travailleurs pour laquelle il importe d'imaginer une manière de les employer autre que le travail à la journée ; cette classe est celle des jeunes ouvriers.

Le jeune ouvrier, intelligent, appliqué, qui annonce des dispositions, mérite aussi d'être encouragé, et surtout d'être surveillé et enseigné. Un maître qui a mille ouvriers, qui est condamné à des soins de tout genre, qui a des matières premières à acheter, des produits à vendre, des engagements à conclure, des relations étendues à entretenir, ne peut aller redresser un jeune homme qui tient mal sa lime ou son ciseau. Il ne peut ni le surveiller, ni le diriger, ni le former. Dans cette impuissance, il le laisserait sans enseignement, sans avancement, dans une classe inférieure, et l'en tirerait le plus souvent par raison d'âge sans une suffisante appréciation de ses services. Si donc il y avait une manière d'employer ce jeune ouvrier suivant ses dispositions, et de le former, ce serait chose fort bonne aussi, et digne d'être approuvée.

Ainsi voilà deux classes, l'ouvrier habile et l'apprenti, le mérite éprouvé et la jeunesse qui inspire des espérances, voilà deux classes pour lesquelles il y a un système de travail à trouver, un système qui les combine, et leur fasse produire tout ce qu'elles peuvent. Ce système, je le répète, était découvert depuis le déluge ; nos novateurs l'ont détruit sous le nom de *marchandage*.

Par exemple, un maître s'apercevant qu'un ouvrier habile emploie dix jours à exécuter une pièce de machine, ou une portion de menuiserie, la lui donne à exécuter à la tâche. Il lui payait, à cinq francs par jour, la somme totale de 50 fr. Il la lui commande au même prix, en lui laissant le choix du temps. L'ouvrier l'exécute en sept jours, au lieu de dix, et il gagne un peu plus de 7 fr. Il consent même à la faire à 45 fr., au lieu de 50, car à ce prix il gagne encore 6 fr. 50 centimes environ. Mais ce n'est que le début du système. Voici un ouvrier plus habile encore, qui peut fabriquer les parties les plus compliquées d'une machine. Son maître lui donnera, par exemple, à exécuter le cylindre d'une machine à vapeur, valant deux ou trois mille francs, ou la menuiserie d'un grand bâtiment, en valant de cinq à six. L'ouvrier dont le coup d'œil est exercé juge bien vite ce qu'il lui faudra de temps et de main-d'œuvre, il traite avec son maître à un prix qui lui assure des bénéfices, s'associe ensuite plusieurs ouvriers de son goût, ou des jeunes gens qui sous sa main vaudront ce qu'ils ne vaudraient pas sous la main du maître, parce qu'il est avec eux dans le même atelier, traçant des profils tandis qu'ils tiennent le rabot ou la lime, exécute avec leur concours l'ouvrage convenu, arrive ainsi à gagner 7, 8, 10 fr. par jour, et trouve encore le moyen d'accorder un supplément de paye à ses associés, de manière à les encourager au travail. Dans une fabrique de machines, l'atelier de la fonderie, où l'on coule les grandes pièces de fonte, est souvent donné à l'entreprise à un ouvrier principal, qui ayant au-dessous de lui une centaine d'auxiliaires, peut quelquefois gagner depuis 300 jusqu'à 500 fr. par mois, c'est-à-dire à vingt-cinq jours de travail par mois, depuis 12 jusqu'à 20 fr. par journée. C'est ce qui est fréquemment arrivé dans l'un des grands ateliers de Paris.

Le maître fournit l'atelier, les modèles, le sable à moulage, la fonte, le coke, c'est-à-dire tous les capitaux. Dans la menuiserie, le maître fournit également l'atelier, une partie des outils, les bois, c'est-à-dire, encore les capitaux. De plus, dans tous ces états, le maître accorde une avance chaque semaine, pour acquitter la paye quotidienne.

Quel est donc, dans ce système, le véritable rôle de l'ouvrier à la tâche? C'est celui d'un petit entrepreneur, qui n'ayant que ses bras et son savoir-faire, mais point de capitaux, c'est-à-dire, ni atelier, ni sable à moulage, ni coke, ni fonte, ni bois, ni rabots, ni hangars, ni argent pour la paye quotidienne, reçoit tout cela de son maître, auquel il a inspiré confiance en travaillant sous ses yeux, gagne ainsi deux, trois, quatre fois ce qu'il aurait gagné dans le système du travail à la journée, obtient par conséquent les bénéfices d'une véritable spéculation, sans avoir ni à risquer les capitaux de l'État, ni ceux qu'il doit à son économie. Il a de plus employé la médiocrité bien intentionnée, ou la jeunesse inexpérimentée, et les a associées dans un degré inférieur, bien entendu, à son bénéfice. Vous voulez que l'ouvrier s'élève par son mérite, spécule comme un entrepreneur : voilà un moyen simple, qui ne coûte ni à l'État ni à lui, qui ne compromettra ni le trésor, ni ses petites économies. Vous voulez qu'il devienne maître à son tour : voilà un moyen sûr, bien gradué, car il finit par avoir dix, quinze et jusqu'à cent ouvriers sous sa direction. Vous voulez qu'il soit associé au bénéfice du capital : voilà un moyen certain, car un ouvrier qui gagne 6, 8, 12 fr. par jour, quelquefois 20, sans courir de chance, quoi qu'il arrive du commerce de son maître, est associé certainement aux bénéfices du capital, sans être exposé au partage des pertes. Vous voulez enfin une organisation du travail : en voilà une, toute trouvée, toute facile, qui combine ensemble l'ouvrier jeune, l'ouvrier médiocre, l'ouvrier habile, et qui est tout à la fois un système d'éducation, de surveillance, de rémunération exactement proportionnelle au travail produit. Elle existait, et vous l'avez détruite ! O bienfaiteurs des ouvriers, applaudissez-vous de votre génie créateur !

On a détruit ce moyen, et pourquoi? Parce qu'il était, disait-on, *l'exploitation de l'homme par l'homme*. Comme s'il y avait un moyen quelconque de faire concourir les hommes les uns avec les autres, sans qu'ils gagnassent les uns par les autres, le banquier par l'entrepreneur, l'entrepreneur par le maître ouvrier, le maître-ouvrier par l'ouvrier, l'ouvrier par le manœuvre, tous par tous, mais tous suivant leur mérite à chacun, à moins qu'on ne veuille l'égalité absolue des salaires, ce qui suppose l'égalité des facultés, des besoins, et surtout des produits, ce qui ramènerait bientôt la totalité des travailleurs à ne travailler qu'autant que les plus paresseux et les moins habiles, au lieu de tendre tous à travailler comme les plus laborieux et les plus habiles, ce qui loin d'être une amélioration serait une aggravation de la situation générale, car moins il y a de pain, de viande, de chaussure, de vêtement, moins il y en a pour tous, et particulièrement pour les plus pauvres.

Voulez-vous savoir encore à quelle classe d'ouvriers on a sacrifié le travail à la tâche, à titre d'*exploitation de l'homme par l'homme?* A la classe des ouvriers à la journée, qui n'obtenaient pas des commandes à la tâche, parce qu'en général on ne les en jugeait pas dignes. La médiocrité jalouse a donc été écoutée au détriment de l'ouvrier jeune, de l'ouvrier habile, et c'était même la médiocrité paresseuse, car la médiocrité laborieuse trouvait souvent de l'emploi auprès de l'ouvrier *marchandeur*, et un supplément de paye, quand elle inspirait confiance à ce juge le meilleur de tous, puisqu'il la faisait travailler sous ses yeux. Cette fois comme toujours, on a, sous prétexte d'humanité, immolé les bons ouvriers aux mauvais.

O les plus inconséquents des hommes! vous voulez que l'ouvrier devienne entrepreneur : il peut l'être, il le peut sans spéculer, ni aux dépens de l'État, ni aux dépens de ses économies, et dès qu'il l'est devenu, vous le détestez, vous l'appelez *marchandeur*, indigne tyran qui exploite l'homme! Vous vantez le travail comme la plus sainte des vertus!

Vous voulez que l'homme travaille, qu'il s'applique, qu'il gagne, qu'il prospère, et quand il vous a obéi, qu'il a réussi, qu'il a spéculé heureusement dans les limites qui lui conviennent, vous l'appelez usurpateur, tyran du prolétaire! Oui, pour vous plaire, il faut n'avoir pas réussi!

Et voyez comme la fin couronne l'œuvre! Le lendemain du jour où le travail à la tâche était aboli, les bons ouvriers étaient découragés, les mauvais ne gagnaient pas plus, et les jeunes demeuraient sans ouvrage. Dans les ateliers de menuiserie surtout, où se trouve plus complétement réalisée la combinaison qui place les commençants sous le patronage des *marchandeurs*, les jeunes ouvriers venaient implorer du travail, que le maître ne pouvait plus leur donner. Il a fallu pourtant revenir à ce que la nature des choses commandait, et le *marchandage*, ou travail à la tâche, a été rétabli presque partout. Seulement on a recours à un mensonge; les compagnons du *marchandeur* s'appellent associés, et l'on a ainsi annulé le décret émané du Luxembourg, dans des jours de vanité et de déraison.

Maintenant voulez-vous savoir la cause, non pas unique, mais principale du non-succès assuré de toute association tentée, ou à tenter? C'est le découragement, le défaut de zèle des ouvriers ramenés du travail à la tâche au travail à la journée, et indemnisés seulement par quelques suppléments de paye assez mal déterminés, et d'une rentrée incertaine. Dans l'association, en effet, l'ouvrier n'a pour tout stimulant que le succès d'une vaste entreprise, pouvant réussir ou ne pas réussir, ne devant donner des bénéfices qu'à la fin de l'année, si toutefois elle en doit donner, dépendante par conséquent des mille et mille accidents du commerce, tandis que dans le travail à la tâche, l'ouvrier a un bénéfice certain, infaillible, dépendant de son habileté seule, et surtout très-prochain, puisqu'à la fin de la quinzaine ou du mois, sa besogne achevée, il est assuré de toucher le prix de ce qu'il a fait. Ici le socialisme retrouve tous les inconvénients du communisme, puisque le but, pour être trop éloigné, cesse d'attirer les yeux et de passionner le cœur. Ainsi l'association manque de capital, de direction, d'activité, et lorsque l'industrie avec les fonds fournis par elle-même, avec l'autorité du propriétaire, avec l'ardeur du travail à la tâche, gagne à peine de quoi rémunérer le capital, de quoi récompenser l'entrepreneur, quelquefois ruine l'un et l'autre, on aurait trouvé à payer le capital, puis à réserver une part pour l'enfance, une part pour la vieillesse, une part pour les mauvais jours! Ah! je souhaite que jamais le pauvre ne soit réduit à vivre sur de tels bénéfices!

Il est vrai que le système n'est pas complet, que je lui fais tort en lui refusant son complément, la suppression de la concurrence. Si, en effet, l'industrie ne prospère pas, c'est, dit-on, parce que l'affreuse concurrence qu'elle se fait à elle-même, la mine, la réduit aux abois, l'oblige à dévorer ses propres entrailles. L'association proposée, au contraire, ne doit pas avoir lieu des ouvriers aux ouvriers seulement, mais des associations d'ouvriers à d'autres associations, de manufacture à manufacture, d'industrie à industrie, et probablement aussi de nation à nation, de continent à continent, de l'Europe à l'Amérique, de l'Amérique à l'Inde! Ce beau phénomène se réaliserait-il seulement de nation à nation, ce serait déjà prodigieux, et je conviens qu'à ces conditions l'entreprise la plus mal pourvue en capital, la plus mal dirigée, la plus paresseusement servie, pourrait vivre, et très-bien vivre. Il suffirait d'avoir fixé le prix des produits en vertu des décisions de l'association universelle.

Je n'aurais pas traité du système de l'association d'une manière complète, si je n'avais pas examiné cette chance de faire réussir le système, chance dernière, mais certaine si elle se réalisait. C'est le devoir qui me reste à remplir, et que je remplirai brièvement. J'ai peur cependant que, même avant tout examen, les gens de bons sens n'aient pas plus de confiance que je n'en ai moi-même dans cette chance extrême. Toutefois examinons avec une patience inaltérable, jusqu'aux plus étranges des inventions. Il n'y a pas dans le temps où nous vivons une seule erreur à dédaigner.

CHAPITRE VII.

DE LA SUPPRESSION DE LA CONCURRENCE.

Que la concurrence est la source de toute amélioration dans le sort des classes pauvres, et que la concurrence écartée il ne resterait que le monopole au profit des ouvriers associés, au détriment de ceux qui ne le seraient pas.

———

La concurrence est, dit-on, un principe abominable, avec lequel rien ne peut prospérer, pas plus l'association que tout autre système de travail, qui fait de l'industrie un combat à mort, de la découverte d'une machine nouvelle un moyen de destruction, car à peine inventée l'auteur en produisant mieux, plus vite, s'en sert pour détruire des populations entières d'ouvriers et d'entrepreneurs. Voyez en effet depuis cinquante ans les ravages du génie des découvertes! L'auteur de la machine à filer le coton a ruiné l'Inde, ce qui nous touche peu, mais il a fait aussi mourir de faim des milliers d'Européens. La machine à filer le lin, bienfait que Napoléon avait promis de payer un million, est enfin imaginée, transportée sur le continent, et elle a réduit à la famine une partie du peuple belge, et elle en fait autant en Flandre et en Bretagne. Les chemins de fer, ce moyen merveilleux de communiquer, ruinent les bateliers des canaux et des rivières, et atteignent déjà les matelots voués au cabotage. L'éclairage au gaz, ce moyen non moins merveilleux de remplacer dans nos rues la lumière du jour pendant la nuit, a ruiné l'un des principaux produits agricoles. La vapeur, ce grand bienfait de la Providence, a conduit à la mort par la misère une masse innombrable d'ouvriers. Enfin il n'y a pas un bien qui ne s'introduise dans le monde sans y commettre d'affreux ravages, parce que ce bien l'homme s'en empare, pour le changer en une arme de combat, grâce à cette abominable concurrence, qui a converti toutes les industries en un champ clos où le plus faible doit périr. A cela il faut substituer la fraternité, c'est-à-dire l'association.

Eh bien, ici comme précédemment, je vais au même sophisme opposer la même réponse. J'avais dit à propos du théâtre de Cicéron : Aimeriez-vous mieux que le théâtre n'existât pas? Je dirai : Aimeriez-vous mieux que la découverte ne fût pas faite, car sans la rivalité on n'aurait pas songé à la faire? Vous verrez que cette réponse est encore la bonne, et que si elle se répète, c'est que le sophisme se répète aussi. Il s'agit toujours en effet d'étouffer les facultés de l'homme pour n'en pas souffrir.

Pour moi, je ne comprends pas deux hommes à côté l'un de l'autre, travaillant à la même chose, sans que la concurrence s'établisse à l'instant, c'est-à-dire sans que l'un fasse plus ou moins bien que l'autre, et dès lors ne gagne davantage ou pas autant. Allez-vous arrêter celui qui travaille mieux ou plus vite, et lui dire : Mon ami, contenez-vous, de peur de surpasser votre voisin. — Ce discours serait passablement ridicule, mais il est indispensable que vous le teniez, et que vous soyez écouté, sans quoi le laborieux concurrent persistera, et commettra le crime de rivalité heureuse. Le principe consisterait donc à renfermer l'ardeur des hommes dans une certaine limite, à trouver de plus la limite, et à la rendre obligatoire. Mais comme on craint de trop produire, il faudrait non pas la fixer d'après les facultés du plus fort, mais d'après celles du plus faible, supprimer tous les excès de travail que se permet l'homme laborieux ou habile, et on dirait au genre humain : Frères, ne vous surpassez pas les uns les autres, contenez votre ardeur indiscrète et fatale. Ainsi pas trop de blé, pas trop de vin, pas trop d'étoffe, pas trop de maisons, etc... On empêcherait par ce moyen les houillères du Nord de porter préjudice aux houillères de Saint-Étienne, celles de Saint-Étienne de faire tort à celles d'Alais; on empêcherait les fabricants de drap d'Elbeuf et de

Louviers de nuire à ceux de Lodève, les filateurs de Rouen de nuire à ceux de Mulhouse; on empêcherait le chemin de Rouen de tourmenter la Seine, le chemin de fer du Nord de désoler le canal de Saint-Quentin. On laisserait vivre tout le monde en paix. Miltiade n'empêcherait plus Thémistocle de dormir; le génie d'Hérodote n'exciterait plus celui de Thucydide; Alexandre ne porterait plus dans une cassette de cèdre le récit des exploits d'Achille; César enfin ne pleurerait plus en voyant une statue de ce même Alexandre! Fort bien, mais en guérissant les insomnies du genre humain, ne craindriez-vous pas de l'avoir jeté dans le sommeil de la mort?

L'homme marche-t-il autrement que par l'émulation? Qu'est-ce que l'amour de la gloire, sinon le désir d'effacer ses rivaux. Il ne faut pas les tuer, pas même les dénigrer, mais il est permis de vouloir les dépasser. Baccio Bandinelli, dévoré d'une basse jalousie à l'aspect du carton de la guerre de Pise, réputé la plus sublime des œuvres de Michel-Ange, s'introduisit dans le palais où ce carton était exposé et le déchira. Andrea del Castagno, pour enlever le mérite de la peinture à l'huile à Antonello de Messine, l'assassina. Cette manière de rivaliser n'est pas licite. Il ne faut pas non plus briser secrètement la machine de son rival; il ne faut pas placer une pierre sous la locomotive du chemin de fer de Rouen, pour l'empêcher d'arriver; il ne faut pas incendier les magasins de ce même chemin, détruire ses ponts, comme l'ont fait, il n'y a pas longtemps encore, beaucoup d'ennemis de la concurrence ; mais il est pardonnable de vouloir transporter plus vite, à meilleur marché, savez-vous pourquoi ? Parce que la tonne de marchandises (souffrez que je descende d'Alexandre et de Michel-Ange à ce vulgaire détail), la tonne de marchandises qui coûtait 20 fr. de transport sur la route de Rouen n'en coûte plus que 10, et que toutes les matières premières ou fabriquées, n'étant plus chargées des mêmes frais, seront à meilleur marché. C'est grâce à la concurrence qu'on a substitué au cheval portant sur son dos, le cheval traînant une voiture à roues ; à la voiture roulant sur la terre et ralentie par le frottement, le bateau glissant sur la surface liquide d'un canal ; et enfin au bateau glissant sur l'eau, une suite de wagons roulant sur deux arêtes de fer, qu'ils touchent à peine, et traînés par une puissance illimitée, celle de la vapeur. Sans le désir de se surpasser les uns les autres, les hommes n'auraient pas ainsi réduit de dix, et même de cent fois, la dépense primitive des transports, ce qui a permis de brûler du charbon à quelques centaines de lieues de la mine d'où on l'extrait, de rapprocher le minerai du combustible qui le convertit en fer, et de transporter ce fer au pied du bâtiment où on l'emploie, tellement débarrassé de frais, que de 60 francs il est descendu à 20 francs la tonne. Par exemple avait-on besoin de fabriques de coton, quand les Indiens le filaient et le tissaient avec une telle délicatesse qu'on l'aurait cru travaillé par la main des fées? Avait-on besoin de fabriques de tissus de laine, quand les pâtres de Cachemire élevaient des troupeaux dont la toison égalait la finesse de la soie, et quand les femmes de ces belles vallées tissaient des châles que le luxe de l'Orient vendait au luxe de l'Occident depuis les croisades? Eh bien, des mécaniciens voulant gagner sur le prix de fabrication, se sont ingéniés pour remplacer la main de l'homme. Ils ont mis le coton brut en atomes, puis profitant de ce que ces atomes s'attiraient les uns les autres, ils les ont étendus autour d'un cylindre, en ont formé une nappe de coton, légère comme une nappe d'eau s'échappant d'une cascade, ont recueilli cette cascade, l'ont concentrée en un filet de coton, ont tordu ce filet, et en ont fait un fil qui égale aujourd'hui le cheveu le plus fin. Ce fil retourne dans l'Inde étonnée, et quoique chargé des frais d'un double voyage, après avoir assuré la fortune du mécanicien, du filateur, du négociant anglais, écrase de son bas prix le coton indien lui-même. Et maintenant ces charmantes toiles peintes qu'on appelait autrefois les *indiennes* se fabriquent en Europe, et vont se vendre dans l'Inde. Malheureux Indiens, victimes de la concurrence, vous êtes sans doute bien à plaindre, mais les trois quarts du monde peuvent se vêtir d'étoffes de coton avec la plus modique dépense! Le peuple de nos villes, qui ne pouvait en avoir que si la femme riche en donnait à la femme pauvre, en porte à présent tous les jours.

Des filateurs de laine, un surtout qui s'appelait Ternaux, et qui est mort à la peine, peu populaire après d'immenses services, tandis que d'autres pour n'avoir rien fait sont restés l'idole du peuple abusé, des filateurs voulant rivaliser avec le Thibet, envoient un savant chercher des chèvres, les amènent en France, en filent le poil, et fabriquent des châles que le préjugé de nos femmes, fondé ou non (je n'entre pas dans cette grave querelle), place encore au-dessous du châle de cachemire, mais chemin faisant, perfectionnent le châle de mérinos, au point que la femme du peuple peut s'en vêtir les jours de fête. Il a bien été causé quelque mal dans l'Inde, même en Europe, par cette concurrence, mais enfin le vêtement du peuple n'en est pas moins devenu meilleur et moins coûteux.

Vos distractions sont bien grandes en vérité, ô profonds inventeurs de l'association! Quoi, vous vous souvenez que le peuple est producteur, et qu'il se condamne par la concurrence à travailler à trop bas prix. Vous dites vrai, mais avez-vous oublié qu'il est consommateur aussi, et autant consommateur que producteur, car il ne produit pas une chose qu'il ne finisse par consommer lui-même? Eh bien, supposez qu'on le payât moins (ce qui n'est pas exact pour le salaire de l'ouvrier, comme vous le verrez bientôt), n'y aurait-il pas compensation lorsque lui-même arrive à payer toutes choses à meilleur marché? Ouvrez donc les yeux : n'apercevez-vous pas que c'est le peuple qui vend au peuple, et qu'il y a dès lors compensation? Et si le principe de la concurrence a été cause que chacun, animé du désir de mieux faire que son rival, a travaillé à tout améliorer, le peuple n'y a-t-il pas gagné d'avoir du grain, du vêtement, du logement, de toutes choses enfin en meilleure qualité, et en plus grande abondance? On se récrie contre les disciples de Malthus qui arrêtent l'homme prêt à se rapprocher de sa femme, en lui disant : Prenez garde, il y aurait un être de plus à nourrir sur la terre!... On se récrie contre ces philosophes de l'abstention, on les appelle barbares, on les dénonce au peuple, et on a raison. Arrêter la fécondité du genre humain est un crime contre la nature. Oui, mais n'y a-t-il pas d'autres disciples de Malthus plus condamnables encore, et ne seraient-ce pas ceux qui arrêteraient l'homme passionné pour le travail, et occupé à nourrir, à vêtir, à loger l'enfant que Malthus défend de mettre au monde? Celui qui veut ralentir la production, qui ne veut pas qu'on produise de quoi nourrir l'enfant à naître, n'est-il pas seul responsable de la défense de Malthus, car Malthus aurait levé son interdit, s'il avait vu sur la terre de quoi fournir à la subsistance de tous les nouveau-nés?

C'est donc une grave erreur que de s'en prendre à la concurrence, et de n'avoir pas aperçu que si le peuple était producteur, il était consommateur aussi, et que, recevant moins d'un côté, payant moins de l'autre, restait alors, au profit de tous, la différence d'un système qui retient l'activité humaine, à un système qui la lance à l'infini dans la carrière, en lui disant de ne s'arrêter jamais.

Toutefois je suis dans l'erreur moi-même en m'exprimant comme je viens de le faire, et en admettant, par exemple, que le travailleur paye moins et reçoive moins, par suite de la concurrence. Les choses se passent mieux encore que je ne l'ai dit, grâce à la nature, toujours meilleure qu'on ne l'imagine. Entre qui s'établit la concurrence? Est-ce entre ouvriers et ouvriers? Point du tout; c'est entre fabricants et fabricants. Si c'était entre ouvriers et ouvriers la conséquence deviendrait en effet redoutable pour ces derniers, car ils en arriveraient à ne pouvoir plus vivre, par suite d'un abaissement continu dans leurs salaires. Il peut bien en être ainsi dans certains moments de chômage, où l'ouvrage manquant, ils sont obligés de louer leurs bras à tout prix, mais ce n'est pas la marche constante des choses. Depuis trente-trois années, c'est-à-dire depuis la paix, cette marche est digne d'être observée, non pas qu'elle ait été réglée par d'autres lois que les lois éternelles de l'univers, mais ces lois, secondées par les circonstances, ont agi avec une puissance plus grande. Les circonstances qui ont si singulièrement accru leur action sont les suivantes : la paix succédant aux plus longues, aux plus affreuses guerres dont l'histoire fasse mention ; le besoin de se reposer après ces guerres et d'acquérir du bien-être ; l'application sans cesse diversifiée des moteurs mécaniques aux travaux industriels. Sous l'influence de ces causes, trois phénomènes se sont manifestés : un bas-prix croissant dans la production au profit des consommateurs, une augmentation de salaire pour les ouvriers, et pour les fabricants une diminution de bénéfice. Ces trois faits se sont accomplis dans des proportions différentes, mais ils se sont accomplis d'une manière constante et invariable. Je ne voudrais pas surcharger de détails un livre consacré à poser des principes, pourtant je présenterai deux ou trois exemples appuyés sur des calculs.

Trois grandes industries sont devenues, dans le demi-siècle écoulé, l'objet de l'activité humaine : le coton comme matière la plus usuelle du vêtement, le fer comme matière principale dans la construction des machines, dans la bâtisse, dans la navigation, la houille enfin comme principe de la force motrice. Les quantités produites dans ces trois industries se sont quadruplées, quintuplées en trente années, et les prix d'achat réduits de moitié, des trois quarts. Je citerai particulièrement la production du coton comme la plus caractéristique de toutes.

En 1814, la France employait 12 millions de kilogrammes de coton brut, qu'elle transformait en fils, tissus, linge, bas, vêtements de femmes, d'enfants et d'hommes, etc. Elle payait 7 francs le kilogramme la matière première, et 33 francs les façons diverses qu'elle lui faisait subir. En 1845, elle a employé 65 millions de kilogrammes de coton brut, c'est-à-dire une quantité cinq fois plus considérable, ce qui suppose une plus grande proportion encore de produits ouvrés, parce que les progrès de la filature et du tissage ont procuré plus de produit avec la même quantité de matière. Elle a payé 2 francs au lieu de 7 la matière première, et 8 au lieu de 33 la mise en œuvre. Pour avoir 12 millions de kilogrammes de coton ouvré sous toutes les formes, elle a dépensé en 1814, 480 millions, et pour en avoir 65 millions en 1845, elle en a dépensé 650, c'est-à-dire que, moyennant un quart de plus dans la dépense, elle a obtenu cinq fois plus de marchandise. Le progrès a donc été immense, comme on le voit. Il a été le même à peu près pour le fer ou la houille.

Est-ce l'ouvrier qui a supporté les conséquences de cette singulière réduction dans les frais de production? Heureusement non. Il a profité de la baisse survenue dans le prix d'achat de tous les objets, et n'a pas supporté la baisse correspondante dans leur prix de fabrication. Les machines y ont pourvu par leur secours, les fabricants par leur habileté et leurs sacrifices.

Pour les ouvriers fileurs et tisseurs, la journée est montée de 2 francs à 3 francs quant aux premiers, de 1 franc 50 centimes à 2 francs quant aux seconds, en moyenne, bien entendu. Le même progrès s'est opéré dans la journée des femmes et des enfants. Pour les ouvriers employés au travail du fer, la journée est montée pour un forgeron de 3 à 5 francs, même à 6 et 8 en travaillant à la tâche; pour les tourneurs en fer, de 3 francs 50 centimes à 4 francs 50 centimes, et même à 5 et 6 francs en travaillant à la tâche; pour les ajusteurs, de 3 francs à 5 et 6 francs, même à 8 francs à la tâche; pour les mouleurs enfin, les plus favorisés par les circonstances, de 3 et 4 francs à 8, 9, 10, et même 12 francs par jour, à la tâche. Il faut reconnaître que le perfectionnement des machines a surtout contribué à cette augmentation singulière. Quant aux ouvriers des mines, le prix de la journée a passé pour eux de 1 franc 50 centimes à 2 francs 50 centimes, et 3 francs.

Quelle a été dans ces mêmes trente années la marche des prix, relativement aux objets de consommation? Quant aux vêtements dont le coton fournit la matière, la réduction a été des trois quarts en général; quant à ceux qui se composent de laine, la réduction a été de moitié environ. Le pain n'a pas varié sensiblement. La viande a un peu augmenté, néanmoins l'ouvrier des villes a pu en manger jusqu'à deux fois la semaine, au lieu d'une fois par mois. La dépense du logement s'est accrue d'un quart en moyenne, mais le logement, sans être ce qu'il faudrait souhaiter qu'il fût, est fort amélioré. En somme, les salaires ont augmenté, et la plupart des objets de consommation ont diminué. L'ouvrier des campagnes a moins participé à cette amélioration de sort, mais aux environs de Paris la journée a monté de 30 sous à 40, et quelquefois 45.

Comment tous ces changements se sont-ils accomplis? Par la concurrence ardente que se sont faite entre eux les entrepreneurs armés de procédés nouveaux. Quand on a fabriqué cinq fois plus d'objets en coton, on n'a pas employé cinq fois plus d'ouvriers. L'augmentation des bras a été presque insensible; les machines ont exécuté l'ouvrage inférieur, ont joué en un mot le rôle d'hommes de peine, et l'ouvrier a été généralement employé à un ouvrage plus relevé. C'est ainsi qu'un même nombre de bras a produit beaucoup plus de travail. Dès lors un nombre d'ouvriers très-peu accru s'est partagé une somme de salaires très-supérieure, tandis que par suite du même progrès, ils pouvaient avoir à meilleur marché tous les produits qu'ils avaient créés plus facilement et mieux.

Et dans ces mêmes circonstances qu'advenait-il du fabricant? Obligé d'attirer à lui l'acheteur par le bon marché et la qualité réunis, il tâchait de produire mieux, de produire plus, il y réussissait, et cherchait ses bénéfices, non pas en gagnant beaucoup sur peu de produits, mais en gagnant peu sur beaucoup. La concurrence continuant, il a été obligé de se contenter de bénéfices infiniment moindres, et même dans les dernières années, il y a certaines industries, celle du coton par exemple, où les profits ont été presque nuls. Et tandis que l'entrepreneur consentait à réduire ses bénéfices, il ne pouvait pas réduire le salaire de ses ouvriers, qui n'augmentaient pas en nombre d'une manière proportionnée à la masse du travail, et dont il fallait quelquefois se disputer les bras. L'entrepreneur, placé entre le consommateur qu'il était obligé de pourvoir à plus bas prix, et l'ouvrier que l'activité imprimée à la production mettait en mesure d'élever ses prétentions, a cédé à tous deux, et tandis que le consommateur avait de toute chose en plus grande quantité et meilleure qualité, l'ouvrier obtenait une augmentation de salaire. L'entrepreneur, tout à la fois auteur et victime de la concurrence, réduit à satisfaire deux exigences contraires, en souffrait seul, et il est notoire, pour quiconque connaît la véritable marche de l'industrie, que les fabricants, si on embrasse tout entière la période des trente-trois ans de paix, ont beaucoup moins gagné dans les dernières années que dans les précédentes. Le filateur de coton, notamment, depuis dix ans a plus perdu que gagné. Le maître de forges s'est relevé un moment par l'extravagante précipitation apportée à l'exécution des chemins de fer; le fabricant de machines également. L'industrie des mines n'a cessé de souffrir; elle s'était relevée, elle retombe dans la détresse. Tous ces faits révèlent une fort belle loi de la nature, qu'on avait négligé d'observer, et qui est constante, c'est qu'à l'entrepreneur seul appartiennent tous les risques de la concurrence, entre le public qu'il faut contenter, et l'ouvrier dont il faut obtenir les bras. Être intelligent et courageux, c'est à lui, placé entre une double exigence, à s'ingénier pour les satisfaire toutes deux; et, soit qu'il triomphe de la difficulté, soit qu'il y succombe, le résultat finit toujours par être au profit du plus grand nombre.

Il s'ensuit, il est vrai, des jours de crise, pendant lesquels l'industrie est arrêtée, l'ouvrier condamné au chômage, et très-malheureux, s'il n'a pas amassé quelques économies pour ces moments difficiles (prévoyance qu'il importe de lui enseigner, et qui lui sera plus utile que tous les faux systèmes imaginés de notre temps). Mais ces crises passées, la progression reprend, l'ouvrier retrouve le prix des objets de consommation singulièrement réduit, son salaire peu à peu rétabli, bientôt même augmenté.

La concurrence est donc loin de peser sur lui, bien qu'elle amène des perturbations momentanées dont il souffre, et qui sont à l'industrie manufacturière ce que la grêle, l'inondation, la sécheresse, les mauvaises récoltes sont à l'industrie agricole. Mais enfin a-t-on découvert un moyen de faire marcher le monde sans soubresaut et sans secousse? Supprimez le goût du mieux, supprimez le désir de surpasser son voisin, et aucun des procédés abréviateurs qui ont procuré cette abondance de laquelle vit le pauvre, de laquelle seule il peut vivre, car le bien-être n'arrive à lui qu'en débordant, aucun de ces procédés abréviateurs n'eût été inventé. Sans ce stimulant, on filerait, on tisserait encore à la main, on aurait des chevaux pour tourner des roues, on aurait la machine de Marly au lieu de la machine à vapeur, l'industrie ne serait composée que de monopoles sommeillant doucement les uns à côté des autres. Quoi! vous avez déclamé trente années contre les monopoles, vous les avez poursuivis de cris de réprobation sous toutes les monarchies, vous avez soutenu que la concurrence pouvait seule nous en garantir, vous l'avez demandée comme la liberté même, et vous venez nous proposer les monopoles sous la République! Vous ne me surprenez pas, moi vieux témoin de plusieurs révolutions; mais prenez donc garde d'éclairer le monde à force de contradictions! Ainsi des associations industrielles dotées par l'État s'entendraient entre elles pour ne pas trop produire, ou pour produire à tel prix plutôt qu'à tel autre, s'assureraient de la sorte le moyen de réaliser des bénéfices suffisants, de ne pas ruiner le capitaliste qui leur aurait prêté des fonds, et de salarier les ouvriers travaillant doucement sous leur propre et bénévole surveillance, ne travaillant que dix heures, neuf heures, même moins, et dédommagés de l'égalité des salaires par des dividendes! Cette fois je le reconnais, on a fait preuve de génie pratique, et j'accorde sans hésiter que sous ce commode régime le capital des associations ne serait point compromis, que leur anarchie intérieure, leur paresse seraient compensées, qu'il y aurait rémunération certaine pour le capital, dividende infaillible pour les ouvriers, si peu, si mal qu'ils travaillassent, je l'accorde sans hésiter! Prenez dix fabricants, cent, peu importe le nombre, accordez-leur la faculté de s'entendre entre eux, quant à l'étendue de la production, de manière qu'ils ne puissent l'augmenter à volonté, oh! alors ils seront maîtres des prix, car les prix ne baissent que par les trop grandes quantités jetées sur le marché; ils pourront être aussi maladroits, aussi paresseux qu'ils le voudront, ils pourront s'en aller à la campagne, laisser un commis chez eux, et ils n'en feront pas moins de grandes fortunes, car les bénéfices dépendent des prix, et les prix de la quantité produite. Si telle est la découverte, je m'incline profondément devant le génie de ses auteurs. Voilà effectivement la première, entre toutes celles du temps, qui présente un résultat concevable. Oui, à ces conditions les associations d'ouvriers auront réussi, et je ne m'inquiéterai plus ni du sort de leur capital, ni de la forme de leur gouvernement! Mais est-ce bien là ce qu'on veut?

J'exagère, dira-t-on, pour rendre ridicules les philosophes mes contemporains. Je déclare que cela n'est pas, car cette manière d'argumenter serait indigne de la gravité des circonstances. Mais je demande comment on s'y prendrait pour agir autrement que je ne viens de l'indiquer. De quoi se plaint-on, en effet? De ce que chacun, livré à lui-même, fait baisser les prix par une concurrence effrénée. Est-ce de cela, oui ou non? Comment dès lors y porter remède? Laisserait-on chacun produire, autant qu'il le voudrait, comme par le passé? Mais alors le mal serait exactement le même. On n'en aurait rien retranché, absolument rien. Peut-être dira-t-on que, dans les bénéfices de l'association, il y aurait une part réservée pour traverser les mauvais temps du bas prix. Je répondrai que, dans le système du bas prix, résultant de la liberté accordée à chacun de produire sans mesure, il n'y aurait aucun moyen de faire une telle réserve, puisque l'industrie, aujourd'hui gouvernée par l'autorité absolue du propriétaire, trouve à peine le moyen de vivre, et qu'il n'est pas admissible qu'une association anarchique et paresseuse trouvât à gagner ce que ne gagne pas une autorité absolue, servie par une activité incessante. Dans ce cas, au surplus, ce serait un simple palliatif qu'on aurait apporté à la concurrence, et il ne faudrait pas afficher la superbe prétention d'avoir fait cesser le combat à mort que se livrent les industriels. Veut-on au contraire arrêter véritablement le mal, il faudrait que les associations, associées entre elles, s'entendissent par le moyen d'un gouvernement général, pour limiter la production. Alors on aurait réellement atteint un résultat. Mais sur quelle base s'appuierait-on pour dire : Il y a assez de toile de coton, assez de drap, assez de fer? Sur une seule, celle du prix, car il est impossible, dans une société de vingt, trente, quarante ou quatre-vingt millions d'hommes, de savoir s'il y a ou s'il n'y a pas assez de vivres, de vêtements, de logements. On n'a qu'une manière d'en juger, c'est par ce qu'on appelle l'exagération ou l'avilissement des prix. Le seul élément de décision pour limiter la production serait évidemment le prix. Vous auriez par conséquent décidé de votre opinion propre, cette question insignifiante, cette question de si peu d'importance, qu'on appelle le prix des choses! Oui, voilà la conséquence certaine, infaillible du système de l'association : ou vous n'auriez rien fait, rien absolument, que de projeter une réserve que les fabricants actuels ne parviennent pas à se procurer sur leurs bénéfices, ou vous auriez contracté l'engagement de fixer le prix de tous les produits; et, en effet, qui est-ce qui fixe ce prix dans la société libre? La concurrence. Si vous la supprimez, il faut bien le fixer vous-même.

Telle est donc la société que vous voudriez constituer : un immense monopole, en pleine république, après la chute de plusieurs monarchies, qu'on a renversées pour crime de monopole, monopole de l'élection, monopole de la publicité, monopole de l'impôt! Tel serait le dernier mot de la nouvelle fraternité!

Mais les malheureux paysans qui ne pourraient pas entrer dans le système de l'association, les ouvriers de tout genre qui travaillent, soit individuellement, soit à trois ou quatre, et qui n'auraient pas le bénéfice du monopole, que feraient-ils? Ils donneraient le pain, la viande, les meubles, le logement au prix de la concurrence, conservée pour eux seulement, et quelques ouvriers des villes, abusant de la force de l'agglomération, qui leur a ouvert pour quelques jours les portes du Luxembourg, feraient payer aux premiers tous les produits manufacturés, le coton, le drap, le fer des charrues, à un prix qu'ils détermineraient eux-mêmes. Et c'est là de la justice, de l'amour du peuple! Les inventeurs de l'association ne sortiront pas de l'alternative dans laquelle je les enferme ici : ou le capital que les ouvriers associés auraient reçu, et qu'ils ne pourraient recevoir que de l'État, serait compromis, perdu par le principe anarchique inhérent à toute entreprise collective, ou ils pourraient limiter les quantités, fixer les prix, ce qui alors sauverait le capital et assurerait leurs bénéfices, en condamnant les neuf dixièmes de la population à payer tous les produits manufacturés à un prix arbitraire. Ou une spéculation absurde, dont la masse des contribuables fournirait on ne sait pourquoi le capital, ou une spéculation certaine, dont la masse des contribuables payerait les bénéfices exagérés, et tous les progrès de l'industrie immolés au monopole, tel est au vrai le système de l'association!

Ainsi en présence de la population des campagnes dont la vie ne cesse jamais d'être dure, en présence d'une grande partie de la population des villes qui vit de salaires fixés par la concurrence, on aurait pourvu, dit-on, au bien-être du peuple, en constituant le monopole de quelques grands ateliers, où les ouvriers ont l'avantage d'être réunis mille ou deux mille à la fois! Nouvelle aristocratie, ayant pour titre principal l'agglomération des bras. Et ce que j'avance ici n'est pas une chimère, car si on parcourt la liste si triste à considérer des malheureux condamnés à la transportation, on y verra qu'il s'y trouve, outre beaucoup d'étrangers, des ouvriers appartenant à des ateliers où l'on gagne depuis 3 jusqu'à 10 francs par jour. Que diront nos paysans, si la vérité leur arrive, que diront nos paysans qui gagnent 30 sous par jour, en apprenant qu'on se révolte à Paris parce qu'on y gagne depuis 3 francs jusqu'à 10 francs par journée ?

Je dénie donc aux inventeurs de l'association le titre d'amis du peuple. Loin d'être ses véritables amis, ils sont les flatteurs de quelques classes d'ouvriers, dont ils se serviraient pour dominer le gouvernement et pour opprimer la République, s'ils réussissaient. Voilà l'exacte vérité. Qu'on déclame tant qu'on voudra, elle restera telle que je viens de la présenter.

CHAPITRE VIII.

DE LA RÉCIPROCITÉ.

Que le bon marché ne saurait être produit par les lois, et que le numéraire ne pourrait être remplacé avec sécurité que par un papier aussi difficile à obtenir que le numéraire lui-même.

Voici un nouveau réformateur, doué de plus d'esprit que les autres réformateurs ses rivaux, qui en fait preuve en les jugeant tous avec une sévérité impitoyable, qu'on croirait suscité par la Providence pour les contredire et les confondre, et qui montre tant de bon sens à les juger, qu'on serait presque tenté de douter de sa sincérité quand lui-même il invente des systèmes. Les communistes lui inspirent du dégoût; les auteurs du système de l'association le font sourire; en un mot, ils lui font tous éprouver ce que doit éprouver un homme de sens, au spectacle de tant de puérilités, et puis voulant à son tour reconstruire la vieille société, voici ce qu'il imagine.

Il ne trouve pas, quant à lui, que tout soit à trop bon marché, et qu'il faille soumettre l'industrie au régime du monopole, pour relever le prix des choses. Loin de là, il pense que tout est trop cher, beaucoup trop cher, et en cela je me range de son avis, contre les partisans de l'association si pressés de mettre un frein à la concurrence. Bien que depuis trente années de paix, les prix aient baissé sous l'influence d'une activité industrielle extraordinaire et d'un calme profond, il n'en est pas moins vrai que beaucoup de jouissances, fort légitimes, sont encore interdites aux dernières classes de la population. Un accroissement de bon marché serait donc fort désirable. Mais enfin nous étions il y a quelques instants avec les ennemis du bon marché, et nous voici maintenant avec ses amis passionnés. J'aurais cru, moi, qu'en laissant l'axe du monde tourner quelque temps encore, en permettant à l'industrie de continuer à se développer, sous le régime de lois sans cesse améliorées, on aurait fait de nouveaux pas dans cette carrière du bon marché toujours croissant. Point du tout; ce bon marché qu'il fallait naguère arrêter sur une pente trop rapide, il faut au contraire l'y précipiter, et le produire violemment de nos propres mains! Soit, écoutons et jugeons.

Il est donc bien certain, dit l'auteur du système de la réciprocité, que tout est encore trop cher, et qu'on se serait rapproché de la vraie égalité, si le prix des choses était abaissé. Puis, ajoute-t-il, il y a un second mal, triste complication du premier. Ces objets divers de nos jouissances, que la cherté met hors de notre portée, on serait tenté de se les procurer par le travail ; mais pour le travail lui-même il faut des instruments, il faut une terre si on est agriculteur, un atelier si on veut être fabricant, des matières enfin, de l'or qui les représente toutes, de l'or, ce détestable et odieux roi, plus roi que ceux qu'on a détrônés en 1830 et en 1848, qui a pour propriété de s'enfuir devant celui qui le recherche, de manière qu'on ne le peut saisir quand on en a besoin. Tels sont les deux maux vrais de la société, la cherté d'une part, la disposition du numéraire à se refuser, de l'autre. — Ici encore je suis de l'avis de ce réformateur. On pourrait en effet rendre exactement tous les embarras matériels qu'on éprouve en ce monde, avec ces deux mots : Ceci est trop cher, ou bien : Je n'ai pas d'argent. — Il n'y a pas un de nous, excepté deux ou trois banquiers en Europe, à qui cela ne soit arrivé, encore l'ont-ils dit peut-être, en traitant des emprunts.

Ce double mal si bien caractérisé, comment propose-t-on de le guérir? En décrétant d'abord le bon marché, et ensuite en supprimant le numéraire. Il est bien certain que si un décret peut avoir action sur la valeur des choses, il vaut la peine d'y recourir, et que si on peut supprimer le numéraire sans être obligé de le remplacer, sa disposition à se refuser sera détruite avec lui.

Les moyens, chez un esprit résolu, sont bientôt trouvés. On réduira, par une décision de la puissance législative, tous les revenus, tels que loyers de maisons, fermages de terres, intérêts de capitaux, salaires de toutes les professions, puis cela fait, on établira la compensation. Par une autre décision, on diminuera la valeur des choses d'une quantité proportionnelle, en décrétant que personne ne pourra, dans aucune transaction, exiger au delà des prix connus les plus récents, réduits de 25 pour cent, si c'est de 25 pour cent qu'on a réduit les salaires. Tout débiteur devenant dès lors auxiliaire du système, tout acheteur aussi, car l'un et l'autre seront intéressés à ne pas payer plus que la loi ne les y oblige, on sera assuré d'être obéi. Ce sera une sorte de réciprocité, car les salaires auront été diminués, le prix des consommations également, et on sera arrivé au bon marché sans avoir causé de tort à personne. Je supprime beaucoup de détails pour laisser la pensée principale briller de tout son éclat.

Suit maintenant le procédé imaginé à l'égard du numéraire. On le corrigera de son penchant à se refuser en le supprimant, ce qui est une manière assurée d'en finir avec lui, et on le suppléera au moyen d'un papier de banque, qui ne sera ni le billet de la Banque de France, lequel a quelquefois aussi le défaut de se refuser, ni le papier-monnaie, véritable banqueroute selon l'auteur, ni le papier hypothécaire, autre invention des plus sottes, toujours selon l'auteur, conçue par les partisans du crédit foncier. Ce nouveau papier sera établi de la manière suivante. On créera une vaste banque d'échange, qui aura pour gage la production entière du pays, et qui, avec un pareil gage, sera certainement bien solide. Puis tout travailleur pourra se présenter à elle, et en recevra la somme de papier dont il aura besoin, dans une proportion égale à ce qu'on lui aurait accordé d'escompte dans une banque ordinaire. (Ce point n'est pas complétement éclairci dans le projet.) Ce papier ayant cours comme l'ancien numéraire, servira au travailleur, qui, avec son secours, se procurera tous les moyens de travailler et tous les moyens de jouir, sera parfaitement actif et parfaitement heureux, deviendra de sa personne une source intarissable de production, et un débouché impossible à combler. L'or, qui en se refusant, était un obstacle placé entre le travail de l'homme et son désir de consommer, l'or étant supprimé, l'humanité travaillera et consommera sans fin, deviendra, en un mot, aussi heureuse qu'elle peut l'être. Pour qu'il en soit ainsi, il aura suffi de la suppression de ce léger obstacle qu'on appelle l'or. Ce double phénomène du bon marché et de la suppression du numéraire accompli, on aura atteint tous les buts que se proposaient le communisme et le socialisme, et personne ne pourra plus prononcer l'un de ces deux mots funestes : Ceci est trop cher; ou bien : Je n'ai point d'argent.

On supposera peut-être que je cherche, soit en exagérant, soit en dénaturant ces divers systèmes, à les rendre ou inintelligibles ou ridicules, que je leur retranche ici ou là quelque partie qui les rendait concevables, praticables, merveilleux, et dont la privation ne les rend plus qu'incomplets, impuissants, inadmissibles. Je déclare en toute sincérité qu'il n'en est rien, que je fais pour les comprendre, pour les analyser, les efforts les plus consciencieux, que je voudrais rendre les systèmes que je combats compréhensibles pour les pouvoir mieux réfuter. La réfutation, en effet, n'est concluante que lorsqu'on a su présenter clairement le système qu'on réfute. Je répète donc que je fais de mon mieux pour comprendre et faire comprendre mes adversaires.

J'affirme que pour le bon marché, il n'y a pas un autre moyen indiqué que la réduction par décret, de tous les revenus, loyers, fermages, intérêts de capitaux, suivie de la réduction proportionnelle de toutes les marchandises; que pour la suppression du numéraire il n'y a pas un autre moyen indiqué que celui d'un papier de banque, reposant sur la production entière du pays, et délivré par la banque dite d'échange à tout producteur, dans la proportion de ses besoins.

J'ajoute enfin qu'après ces deux créations l'auteur traite avec indignation et mépris les inventeurs du *maximum*, et les créateurs du papier-monnaie, tant anciens que nouveaux !

Où prend-il, me dira-t-on, la raison de son indignation ? Je l'ignore ; tant il y a qu'il n'en ménage pas l'expression. Puis il décrit les merveilles de son système. On supprimera par ce moyen l'usure, les commissions de banque, l'*agio* ; on renverra aux usages domestiques l'or et l'argent devenus inutiles, ce qui procurera de nouvelles ressources au luxe, et le rendra moins ruineux ; on supprimera la dette publique, qu'on remboursera avec le nouveau papier, d'une manière prudente toutefois, en sept ou huit ans, par exemple ; on supprimera les frais de perception du budget, car tous les impôts seront remplacés par le produit des escomptes de la banque d'échange, ce qui offrira la plus simple, la plus équitable base d'impôt connue ; on pourra supprimer, en outre, les douanes, la diplomatie étrangère, les armées elles-mêmes, car les peuples, obligés de prendre ce papier pour se procurer nos produits et nous faire accepter les leurs, seront liés indissolublement à nous. On aura donc décrété la paix perpétuelle, en même temps que l'abondance universelle. Tout représentant du peuple qui n'aura pas compris et admis ces principes, devra être déclaré *incapable* ou *suspect*.

Je ne suppose pas une seule de ces conséquences ; elles sont toutes annoncées et affirmées par l'inventeur de la *réciprocité*.

Que veut-on que je réponde à ce système du réformateur le plus spirituel du temps ? En conscience, je n'en sais rien, et je n'ai jamais été plus embarrassé. Toutefois je vais me comporter comme si tout ceci était sérieux, et présenter quelques réflexions bien simples et bien incontestables.

D'abord je ne crois pas qu'on puisse fixer arbitrairement le prix des choses. Je suis à cet égard aussi rempli de préjugés que la France au lendemain du *maximum*. On s'introduirait inquisitorialement et par un miracle dans les détails infinis de la vie sociale, on atteindrait sans exception toutes les transactions, tous les marchés grands et petits, tous les salaires, jusqu'aux gratifications, même les plus insignifiantes ; on saisirait toutes les valeurs depuis la boîte d'allumettes jusqu'aux objets du plus grand prix ; on pénètrerait enfin la société tout entière, comme la nature irrésistible pénètre les êtres, pour les soumettre à ses lois, que si on avait réussi, après avoir opéré un miracle, on n'aurait rien fait, car si le prodige de la réciprocité s'était exactement réalisé, tout le monde aurait perdu autant que gagné. Quand, par exemple, la concurrence fait baisser les prix, nous prétendons que l'ouvrier a gagné parce qu'il paye ses objets de consommation un peu moins cher, tandis que son salaire, loin d'être diminué, est sensiblement augmenté. Si au contraire son salaire avait subi une diminution exactement proportionnelle à celle qu'auraient subie tous les objets de consommation, nous ne dirions pas qu'il a gagné; nous dirions qu'on ne lui a causé ni bien ni mal. On se serait donné beaucoup de peine, la peine d'un prodige, pour n'amener aucun résultat. Mais du reste ce prodige on l'annonce sans l'accomplir. On tourmente en vain la société, on saisit quelques valeurs, et on ne saisit pas les autres. C'est même le moindre nombre qu'on atteint, car cette prétention de prendre les prix des marchés comme point de départ, est trop simple, en vérité. Chacun sait en effet que la vente des grains est accompagnée de mercuriales sur lesquelles sont cotés les prix ; que le pain est tarifé en vertu de règlements de police, mais qu'excepté ces objets tous les autres se vendent de gré à gré, sans laisser aucune trace du prix, sans règle que la volonté instantanée, toujours changeante, de milliers de contractants. Vous voudriez connaître ce qui se passe à chaque instant du jour dans la tête de trente-six millions d'hommes, découvrir toutes leurs pensées, écouter toutes leurs paroles, être informé de tous leurs actes, que vous n'auriez pas conçu une prétention plus extravagante que celle de connaître les conditions de tous les achats et de toutes les ventes. Vous savez apparemment que l'administration de l'enregistrement n'est pas encore parvenue à constater à quel prix se vend un immeuble, un immeuble qui est quelque chose de si gros, de si saisissable, de si apparent. Une terre d'un million, une maison de cinq cent mille francs, se vendent publiquement pardevant notaire à Paris, sans que le fisc puisse être exactement informé de la somme stipulée, et vous prétendez connaître pour le réduire d'un certain taux le prix auquel se livreront toutes les aunes de toile, tous les souliers, tous les chapeaux qui se débiteront en France! Vous n'ignorez pas d'ailleurs comment se comporte la valeur, quand on veut la fixer arbitrairement. Elle ment. Vous déclarez que tel objet subira une réduction de 25 pour cent, et sur-le-champ ce même objet s'estime 133, pour se retrouver à 100. Quand la Convention prétendait que 100 francs en assignats valaient effectivement 100 francs, tandis qu'ils n'en valaient que 10, un objet qui aurait coûté 10 francs ne se livrait pas à moins de 100. Et lorsque pour y remédier on fixait le prix de l'objet, avec menace de l'échafaud, l'objet disparaissait, et le commerce cessait ou devenait clandestin. Tout cela est aussi fou aujourd'hui qu'il y a cinquante ans. On ne règle pas plus les valeurs qu'on ne règle les pensées, les goûts, les désirs, les volontés insaisissables de l'homme, car les valeurs n'en sont que l'expression parfaitement exacte. Mais il y a çà et là une partie du phénomène que vous réalisez; vous parvenez à agir contre tel ou tel individu, je le reconnais. En réduisant tous les revenus de 25 ou de 33 pour cent, vous atteignez le rentier, le propriétaire, dont un contrat écrit a réglé le revenu pour nombre d'années. Celui-là vous l'atteignez sans doute, et comme vous l'atteignez seul, car le médecin, l'avocat, le négociant, le manufacturier, ne lui feront pas payer leurs services moins cher, ce n'est pas la propriété qui sera le vol, mais votre prétendue réciprocité.

En résumé si on réussissait on ne ferait rien; mais on ne réussit pas, on tire aveuglément sur la masse, on frappe celui-ci ou celui-là, on ne réduit pas les valeurs, on spolie quelques individus.

J'en ai déjà trop dit sur ce premier moyen d'assurer le bonheur général. Quant au second il est assez singulier pour mériter qu'on lui consacre quelques lignes.

L'or se refuse, il fait le renchéri, j'en conviens; mais je vais vous révéler son secret, c'est qu'il a une valeur réelle, incontestable, et c'est pour ce motif que les hommes l'ont pris pour intermédiaire des échanges. Quand je parle de l'or, c'est comme si je parlais de l'argent lui-même, seulement celui-ci est moins coupable, parce qu'il vaut moins. L'échange est la suite forcée de la division du travail, car les uns produisant du blé tandis que les autres produisent de la toile ou du fer, il faut bien que celui qui produit du blé l'échange contre de la toile ou du fer, s'il en a besoin. Mais n'ayant, par exemple, que du blé à offrir à tous ceux auxquels il s'adresse, et qui dans le moment où il aura recours à eux auront peut-être besoin d'autre chose, on a imaginé de prendre un objet commun, ayant une valeur reconnue, acceptée universellement, avec laquelle on pût se présenter partout, assuré qu'on serait de tout obtenir. On a choisi l'argent, l'or, qui ont une valeur intrinsèque bien solide, et qui sous forme de lingot seulement valent à peu près autant que sous forme de monnaie. Il résulte de cette valeur même qu'ils ne se donnent qu'à bon escient, contre une autre valeur réelle, aussi réelle que celle qu'ils portent en eux-mêmes. Ils se refusent toutes les fois qu'on ne leur offre pas un équivalent réel. C'est le propre de la valeur vraie de se refuser. Or, quant à votre papier, je vous pose pour le juger une seule question. Se refusera-t-il, ou ne se refusera-t-il pas? S'il ne se refuse à personne, je n'en veux pas pour mon compte, car c'est une preuve qu'il ne vaut rien. Ce qui se donne à qui le demande ne vaut rien, homme ou chose.

Maintenant comment se le procurera-t-on? Suffira-t-il de se présenter à la banque d'échange et de dire : je suis travailleur, ou je veux l'être, pour obtenir une somme de papier? ou bien faudra-t-il faire ses preuves de crédit, de bonne conduite, justifier de la confiance qu'on réclame? Tout le monde, depuis le prolétaire, ouvrier des champs ou des manufactures, jusqu'au banquier en crédit, sera-t-il admis à en demander?

Il faut répondre à ces questions, dont aucune n'est résolue, sans quoi le projet reste sans base.

Si tout le monde sans distinction est admis à demander du papier à la banque d'échange, oh! alors je conviens que le problème de faire cesser dans le numéraire la disposition à se refuser est résolu, et je comprends comment on a préféré du papier à du métal, car avec du papier on n'a pas besoin d'y regarder de si près. Il peut y en avoir pour tout le monde; il suffit de multiplier les éditions. En ce cas c'est bien pis que les assignats, car en 1793 il n'y avait à satisfaire qu'aux besoins du gouvernement, et ici il faudra satisfaire aux besoins de tous. Il n'y avait à se garder que du laisser-aller du gouvernement, et ici il faudra se garder du laisser-aller universel! Quiconque voudra de ce nouvel argent pour consommer ou pour produire, en obtiendra. C'est, me dira-t-on, une calomnie qu'il vous plaît d'imaginer contre le système! Soit, je ne demande pas mieux que d'être rassuré. Mais alors vous mettrez-vous à la suite de celui qui aura reçu du papier de la banque d'échange, pour savoir quel usage il en fera? Si vous ne prenez pas ce soin, j'ai raison de m'alarmer. Si au contraire vous surveillez celui qui a obtenu de votre papier, pour savoir quel emploi il en veut faire, c'est une étrange police à imposer à votre banque. Mais non, répliquera-t-on, c'est encore une vaine supposition qu'il vous plaît d'imaginer. On ne délivrera de ce papier qu'à celui qui le méritera, et qui aura justifié de la confiance qu'il réclame. L'appréciation de sa solvabilité sera donc placée avant la remise du papier. Soit encore. Je crois que cela vaut mieux ainsi. Mais alors on accordera ou l'on n'accordera pas, et voilà un refus! Votre papier fera le difficile à son tour, se donnera à l'un, se refusera à l'autre! Il tranchera du roi, de ce roi que vous appelez l'or, et qu'on a, dites-vous, oublié de détrôner le 24 février, en même temps que la branche cadette des Bourbons! Ainsi pas de milieu : ou une appréciation avant, et c'est la possibilité du refus, ou une surveillance après, et c'est une étrange police mise à la suite des clients de la banque, avec une possibilité de refus encore, car si la conduite de ces clients n'est pas satisfaisante, on ne devra plus leur accorder de papier; et si enfin, comme je suis porté à le craindre, ce n'était ni l'un ni l'autre, ce serait alors du papier à tout venant, à quiconque en voudrait, ce serait l'émission infinie, auprès de laquelle l'émission des assignats n'aurait été qu'une étroite parcimonie. Dans ce système, j'avoue qu'on aurait assuré la consommation illimitée, et ouvert à tous les produits du travail humain un débouché impossible à combler. Il n'y a qu'une chose qu'on aurait oublié d'assurer, ce serait le travail lui-même, car si on pouvait avoir du nouveau numéraire en papier sans offrir d'avance un produit réalisé en échange, je craindrais fort que la consommation ne précédât toujours la production, ce qui voudrait dire que bientôt elle ne trouverait plus rien à consommer.

Les anciennes banques, en se modelant sur l'éternelle nature des choses, s'y sont prises autrement, et elles ont, il faut en convenir, rendu de grands services, en écoutant cette disposition au refus qui est inhérente à l'or. Elles n'ont pas commencé par dire aux hommes qu'ils n'avaient qu'à se présenter pour qu'on leur ouvrît un crédit, ce qu'un banquier peut faire à l'égard des individus qu'il connaît, ce qu'un établissement collectif ne peut pas se permettre avec sûreté, mais elles ont consenti à escompter les effets que les commerçants ou manufacturiers souscrivent les uns au profit des autres pour la facilité des affaires, effets qui doivent être acquittés en valeurs effectives et à des termes fixes. Elles les prennent, les examinent par l'intermédiaire de comités d'escompte chargés de connaître les commerçants ou industriels de la contrée, et en avancent la valeur moyennant un intérêt, quand le souscripteur est jugé solvable et qu'il ne prodigue pas sa signature. De la sorte, elles n'ouvrent pas des crédits préalables et généraux; elles en ouvrent un pour chaque engagement pris, ce qui suppose une affaire conclue entre celui qui a souscrit et celui au profit duquel on a souscrit cet engagement; elles secondent ainsi la production en fournissant à celui qui a reçu la promesse d'un produit futur, la valeur même de ce produit. Mais elles ne font rien de trop, rien à la légère, se bornent à seconder chaque affaire conclue moyennant l'avance qu'elles accordent, et, cette avance, elles la font en un papier qui inspire confiance, savez-vous pourquoi ? Parce qu'il peut à l'instant même où on le désire se convertir en or, c'est-à-dire en une monnaie qui porte sa valeur avec elle. S'il en était autrement, le papier des banques ne vaudrait plus rien.

Ainsi l'expérience enseigne qu'on peut devancer par l'escompte le moment où un produit sera réalisé, mais avec la certitude que ce produit n'est pas une chimère, avec des précautions infinies pour s'en assurer, et des refus, des refus fréquents comme conséquence. Enfin l'expérience apprend de plus que les avances accordées par les banques, et représentant le produit non encore réalisé, ne peuvent se faire en papier, qu'à la condition que ce papier puisse se convertir en or au premier désir, c'est-à-dire qu'il ait toutes les qualités et tous les défauts de ce métal, défaut de se refuser notamment, car un billet de banque de mille francs se refuse tout autant que mille francs en or.

Ainsi ou la banque d'échange dont il s'agit est un bureau ouvert, dans lequel on donnera du nouveau papier à tout venant, c'est-à-dire une extravagance, ou c'est une banque qui, au lieu d'escompter, ouvre des crédits comme ferait un banquier, ce qui constitue une pratique fort inférieure à celle que l'expérience a fait adopter, les banquiers seuls ouvrant des crédits généraux, et les banques n'escomptant que des effets souscrits, et ne prêtant ainsi leur argent que sur une affaire conclue. Dans ce cas même, on n'a pas remédié au prétendu mal dont on se plaint, car les crédits devant être limités, le refus est certain au terme du crédit. Ou folie, ou rien de nouveau qu'une pratique inférieure à celle qui existe, telle serait la nouvelle banque d'échange.

Il y a toutefois une hypothèse dont l'auteur ne parle pas, car le projet est exposé sans indication des moyens d'exécution, manière de procéder toujours plus commode, et cette hypothèse consisterait en ce que tout travailleur pût obtenir crédit à la banque d'échange, en y déposant des marchandises, c'est-à-dire des produits réalisés. Mais alors elle serait une banque de prêts sur dépôts de marchandises, une espèce de mont-de-piété du commerce. On a imaginé de ces établissements pour les temps de détresse, mais d'une manière temporaire, sans quoi il faudrait qu'un établissement de ce genre se fît l'acheteur et le vendeur universel, et centralisât dans ses mains le commerce tout entier, qui ne peut être bien fait que par les individus. Il n'y aurait là rien de nouveau, rien qui ne soit connu, qui ne soit contesté, et admis tout au plus pour les jours de crise. Dans ce cas enfin on n'aurait accordé le nouveau papier que sur un produit réalisé. Mais devant le produit réalisé l'or ne se refuse pas, à moins que ce ne soit dans certains moments d'avilissement général, et encore il se donne alors au prix réduit que les circonstances indiquent. Ce n'est donc pas une grande faveur à accorder que de donner du numéraire après le travail accompli. Dans les banques ordinaires on le donne avant, par l'escompte. Si au contraire on devait obtenir le papier dont il s'agit avant le produit, resterait toujours la question de savoir quelles précautions on prendrait pour s'assurer de la confiance que mériterait la promesse du producteur. Ainsi, ou le produit avant la remise du papier, ce qui n'est pas une grande faveur, ou le produit après, ce qui entraîne des précautions pour s'assurer le produit plus tard, ce qui suppose des refus, toujours des refus avec des embarras de détails, embarras consistant à faire d'une banque un dépôt général de marchandises. Je le répète donc, ou le nouveau papier ne vaudrait rien, ou il égalerait l'or en mauvaise volonté.

Il est bon de faire remarquer en finissant avec quel superbe mépris se traitent entre eux les réformateurs contemporains. L'auteur de la banque d'échange est indigné contre les assignats. Il méprise le crédit foncier, qui consiste en un système de banques prêtant du papier pour la moitié ou le quart constatés des immeubles. Il remarque en effet que les immeubles ne se vendant pas à volonté, quand il faudra dans certains moments rentrer dans la valeur du papier prêté, on sera fort embarrassé, car on ne peut pas vendre toute une contrée à la fois. C'est vrai! Mais enfin on aura un gage. On sera très-embarrassé sans doute, on aura de la terre quand il faudrait de l'argent, ce qui constituerait une fort désagréable situation, et ce qui me fait repousser, quant à moi, ce qu'on appelle le crédit foncier; mais vaudrait-il mieux se trouver devant un papier qui n'aurait aucun gage? — Il en aurait, me dira encore l'auteur, dans la production tout entière. Mais je lui répondrai une fois de plus, que ce serait après de nombreuses précautions pour se saisir de cette production, après avoir refusé, refusé aussi souvent que l'or, et à l'aide d'une organisation très-inférieure à celle des banques actuelles.

Ainsi voilà encore l'un des moyens imaginés par les nouveaux réformateurs réduit, il me semble, à sa juste valeur. Un bon marché, qui n'aurait aucun effet s'il était général, car tout le monde donnerait moins et recevrait moins aussi, et qui, s'il n'était pas général, serait une spoliation; de plus un nouveau numéraire en papier, ou se refusant comme l'ancien, ou se donnant à tout venant, idée folle comme celle de remettre de l'argent à quiconque en demanderait : tel est, au vrai, le système de la réciprocité.

Je soupçonne pourtant une chose, c'est que l'on n'accorderait pas de ce papier au premier venu, c'est qu'on n'en donnerait pas au paysan, au prolétaire, nécessairement peu connus de la banque d'échange, qu'on aurait la précaution de limiter les émissions, afin que l'extravagance fût moins complète, qu'on en donnerait dans les villes à quelques-uns de ces ouvriers pour lesquels l'association a été inventée, à quelques gens d'esprit dont le génie n'aurait pas encore percé, ou à quelque failli peu fortuné dans ses spéculations. Mais je demande alors, ici comme pour l'association, quand on songera enfin au pauvre paysan, qui, dans la Corrèze ou les Cévennes, se nourrit de pommes de terre ou de châtaignes? Les socialistes ne penseront donc jamais à lui?

CHAPITRE IX.

DU DROIT AU TRAVAIL.

Que l'obligation imposée à la société de fournir du travail aux ouvriers qui en manquent, ne saurait constituer un droit.

Il me reste une dernière invention à examiner, celle-ci moins singulière, plus pratique, j'en conviens, mais aussi ne dissimulant point la prétention de puiser dans le trésor, pour certains favorisés, toujours les mêmes, ceux dont on se sert lorsqu'on veut exercer sur le gouvernement une contrainte quelconque, cette invention c'est le droit au travail, droit en vertu duquel tout individu qui se prétend sans ouvrage est fondé à en demander à l'État.

Quoi! s'écrie-t-on, vous refuseriez du travail à l'homme qui vous en demande pour vivre, à l'homme qui au lieu de se ruer sur la société, afin de lui arracher le pain qu'elle a et qu'il n'a pas, se borne à vouloir la servir pour prix de la subsistance qu'il implore? Mais vous voulez donc, ou qu'il pille, ou qu'il meure de faim ! Y a-t-il une réponse, une seule à opposer à une prétention si fondée, et si honnêtement exprimée? Aucune assurément, si à cet homme on refusait des secours, plusieurs au contraire, et plusieurs également péremptoires, si on lui donne tous les secours dont la société peut disposer. Mais, répliquera-t-on, c'est l'aumône, toujours l'aumône que vous offrez à qui ne veut pas la recevoir, à qui est trop fier pour tendre la main, à qui demande le moyen de gagner ce qu'il recevra. A cela je répondrai encore que la charité ne fut jamais une offense pour ceux dont elle prend soin, que du reste ce sentiment de dignité est louable, que la société doit l'accueillir, et fournir à ceux qui le voudront l'occasion de gagner les secours qu'elle leur donnera; mais qu'elle ne peut considérer comme un droit la prétention qu'on élève contre elle, car en premier lieu ce n'est pas un droit, et secondement, si elle la reconnaissait comme droit, elle s'engagerait à y pourvoir dans une mesure qui dépasserait ses forces. Je vais démontrer brièvement ces diverses propositions. Qu'on m'écoute un instant, et on reconnaîtra que sous ce cri d'humanité, il n'y a pas autre chose que le cri des factions imitant la voix du malheur, afin de s'introduire dans le sein de la société désarmée, et de la bouleverser; qu'en un mot il n'y a rien, rien, ou les ateliers nationaux.

Pour s'entendre il n'y a qu'à remonter aux principes mêmes. Quel est le but que se proposent les hommes en se réunissant en société? C'est de travailler les uns à côté des autres, sous leur protection réciproque, en se défendant s'ils sont attaqués, en se prêtant secours si l'un expire de fatigue, de maladie ou de vieillesse au milieu du travail commun, en s'enseignant aussi à mieux faire par les exemples qu'ils se donnent; mais je ne sache pas qu'ils aient mission de se trouver du travail les uns aux autres. La protection, le secours mutuel, le perfectionnement, voilà le motif, l'avantage de la vie en société, voilà ce que l'homme ne rencontrerait pas dans l'isolement, voilà ce qu'il obtient du rapprochement avec ses semblables. Seul il serait dévoré par un animal plus fort, ou succomberait faute de secours dans les cas de maladie et de décrépitude. Seul il n'apprendrait jamais rien, et le savoir de l'un serait perdu pour l'autre. Mais chaque homme valide a mission de s'occuper de lui-même, de se chercher un emploi, et je ne sache pas que ce soit à la société de lui en trouver un. Elle le protége dans l'exercice de l'emploi trouvé; elle peut lui enseigner à s'en acquitter mieux, mais lui en chercher un, le lui créer artificiellement, me semble au delà de ses obligations, et surtout de ses possibilités. Il serait mieux, plus humain, me dira-t-on, d'aller jusque-là, et d'assurer ainsi en tout temps, à tout homme, les moyens de travailler. Voulez-vous dire que la société devrait agir comme ces associations qui cherchent des placements aux domestiques, ou aux ouvriers sans emploi? Je vous comprends. Mais ces associations promettent leur bonne volonté seulement. Pourquoi ne promettent-elles pas davantage? Parce qu'elles ne peuvent rien de plus. La société en est au même degré de puissance.

Pour arriver à s'en convaincre, il n'y a que bien peu de réflexions à faire. Quand le travail manquera-t-il? Dans certains cas, heureusement accidentels, dans les cas de chômage. Le plus ordinairement, l'homme réussit à s'employer lorsqu'il veut sincèrement travailler. Dans les champs, les alternatives d'activité extrême ou d'inaction complète ne se produisent jamais. Vous ne verrez pas dans l'agriculture cent, deux cent mille ouvriers aux bras desquels la terre se refusera tout à coup. Toutefois, à la porte des villes, les ouvriers qui cultivent des fruits ou des légumes, qui travaillent pour procurer des jouissances raffinées au riche, pourront souffrir, eux aussi, d'une perturbation commerciale. Mais, dans l'agriculture, il n'y a pas de ces crises résultant de l'exagération de production, et il est bien rare qu'un homme qui a des bras ne trouve pas une ferme pour les employer. Il en est autrement, comme je l'ai déjà dit, dans les manufactures. Là, pendant un temps, il arrivera que les bras manqueront, qu'on se les disputera, qu'on les payera à des prix élevés, puis que l'exagération de la production faisant naître l'impossibilité de vendre, on s'arrêtera tout à coup, on cessera de produire, et que, si l'ouvrier n'a pas été économe, il sera privé du nécessaire, et sera réduit aux plus cruelles extrémités. Voilà les cas où le travail manque véritablement, et les seuls dont nous ayons à nous occuper. Il faut bien qu'il en soit ainsi, car si le chômage était l'état ordinaire de la société, elle succomberait bientôt. Si habituellement il y avait un nombre de bras auxquels manqueraient les champs pour labourer, les métiers de tout genre pour tisser, forger, elle y devrait périr. Ce serait le cas de cette invasion de la terre et des capitaux dont il a été parlé ailleurs, et qui n'est qu'une fable, car ordinairement il y a de la terre non appropriée pour qui en veut, de la terre appropriée à meilleur marché que dans le passé, et des capitaux instruments de travail à plus bas prix qu'à aucune époque. Il y a en un mot, sauf certaines exceptions, il y a du travail préparé pour les bras qui se présentent, non pas cependant que je veuille dire que tous les solliciteurs qui désirent des emplois puissent en obtenir; ceux-là, je n'y pense pas, quoiqu'ils soient fort partisans du droit au travail. Mais enfin je pose comme chose certaine que le travail ne manque qu'accidentellement, seulement dans le cas de chômages, et que ces chômages ont lieu, non pas dans les champs, mais dans les villes, non pas dans l'agriculture, mais dans les manufactures.

Que signifie ce fait accidentel qui se produit dans les manufactures, et que j'appelle chômage? Il signifie que dans le moment où il se produit, la société n'a pas besoin de fer, de machines, de tissus de coton, de draps, d'étoffes de soie, de châles de cachemire, etc., parce qu'elle en a trop fabriqué. Eh bien, voulez-vous que l'État se fasse, tout juste pour ce moment, fabricant de fer, de tissus de coton, de draps, d'étoffes de soie, ou de châles de cachemire? Le voulez-vous, oui ou non? Toute la question est là, et point ailleurs.

Je comprends dans le communisme, l'État exerçant toutes les professions à la fois. Mais hors du communisme, vous figurez-vous l'État fabriquant des souliers, des chapeaux, de la quincaillerie, des objets de modes? En fabriquerait-il habituellement? En fabriquerait-il accidentellement? Habituellement ce serait contre nature, car outre qu'il ferait ce qui ne lui convient pas, ce qu'il est impossible qu'il sache faire, il créerait la plus redoutable concurrence à l'industrie privée, et la ruinerait ou serait ruiné par elle. Accidentellement ce serait encore pis. Vous figurez-vous l'État élevant à la hâte des fabriques de tout genre, et essayant pendant une année ou deux d'exercer tous les métiers à la fois, pour les abandonner ensuite?

Outre qu'il s'en acquitterait fort mal, d'abord par sa nature, qui ne s'y prêterait pas, ensuite par l'insuffisance de son savoir qui serait tout récent, il susciterait à l'industrie une concurrence encore plus dangereuse que celle qu'il lui opposerait en fabriquant d'une manière constante et permanente. Il empêcherait en effet le seul bien de ces funestes chômages, qui est, en suspendant la production, de débarrasser les marchés du trop-plein dont ils sont encombrés. Le chômage signifiait que la production devait s'arrêter, parce qu'elle avait été excessive, et elle continuerait par les mains de l'État, maladroitement, chèrement, inopportunément. Le remède serait donc non-seulement mauvais, mais inopportun au plus haut point.

Non, non, me dira-t-on, c'est une exagération de l'idée que vous combattez; ce n'est pas l'idée elle-même, dans sa simplicité et sa justesse. On ne peut pas vouloir que l'État devienne quincaillier, orfévre, tisseur de soie, fabricant de meubles. Mais quand il aura des colonies agricoles en Bretagne, ou en Algérie, des travaux de terrassement enfin, préparés sur diverses parties du territoire, il aura rempli ses obligations. A cela je répondrai qu'on ne parle pas sérieusement, ou qu'on parle sans avoir consulté les ateliers nationaux. Quoi, vous reconnaissez le droit, et après l'avoir reconnu vous y satisfaites de la sorte? Des travaux de terrassement, à aucune époque on n'en a refusé, et jamais avec un peu de prévoyance l'État ne doit en manquer. Mais pouvez-vous offrir une pioche à des gens qui tenaient une navette ou un burin? Ils vous diront que c'est une cruauté, et c'en est une en effet. Ceux qui sont honnêtes, s'ils veulent essayer de manier la pioche et la bêche, ont bientôt les mains en sang, le dos brisé, sont malades, épuisés; et si le travail est donné à la tâche, comme on l'avait essayé à Paris dans les derniers jours de l'existence des ateliers nationaux, ils gagnent à peine de quoi manger un morceau de pain, tandis qu'à côté d'eux un manouvrier de profession peut gagner huit à dix francs par jour. Alors qu'arrive-t-il? Un sentiment d'humanité s'empare des surveillants, on paye ces ouvriers pour ne rien faire, et ce secours qu'on repousse en leur nom avec tant d'orgueil, ils se le procurent par un mensonge. Au lieu d'une aumône c'est une fraude. Or il est encore moins déshonorant de recevoir une aumône de l'État que de commettre une infidélité, c'est-à-dire de se faire payer un salaire pour un ouvrage qu'on n'exécute pas. Ce n'est pas tout : je parle de terrassements à Paris, mais offrez-les en Bretagne ou dans les Landes, et vous verrez si on les acceptera. On prendra les armes pour ne pas quitter Paris, et je ne fais pas ici une vaine supposition. Les malheureuses journées de juin ont eu lieu justement à la nouvelle du départ forcé des ouvriers des ateliers nationaux.

Les droits sont ou ne sont pas : s'ils sont, ils entraînent des conséquences absolues. Si l'ouvrier a droit à ce que l'État lui fournisse du travail, ce doit être un travail conforme à ses habitudes, à son genre de vie, à ses talents, un travail qui ne l'exténue pas, qui ne le rende pas impropre à son métier, un travail surtout qui ne l'oblige pas à s'expatrier, qui ne le sépare pas de sa famille, qui ne fasse pas de sa femme une veuve, de ses enfants des orphelins. Il faut qu'il trouve en s'adressant au gouvernement un atelier tout prêt à le recevoir, une filature, une forge, un métier à soie, une boutique de chapelier, etc... Le droit n'est pas, ou il entraîne ces conséquences, car, je le répète, mettre une pioche dans les mains d'un ouvrier en soie, n'est pas l'accomplissement d'un droit, mais une cruauté. Cet ouvrier, s'il la prend, la laisse de côté, ne s'en sert point, et trompe l'État. Encore un coup, c'est se placer dans la nécessité d'être cruel soi-même, ou de faire de l'ouvrier un malhonnête homme. Je ne comprends pas un droit qui aurait de tels résultats.

Il y a plus. Si le droit est, il est à tous les instants. Il est entier, aujourd'hui, hier, demain, après-demain, en été comme en hiver, non pas quand il vous plaira de le déclarer en vigueur, mais quand il plaira à l'ouvrier de l'invoquer. Eh bien! comment ferez-vous s'il convient à quelques ouvriers de quitter leur maître parce qu'il ne les paye pas à leur gré, ou parce qu'il exige telle condition qui n'est pas de leur goût, et de venir vous demander du travail? Vous serez dès lors les complices obligés de toutes les grèves, de toutes les violences essayées envers les maîtres pour les contraindre à élever les salaires. Si le droit est un vrai droit, non une flatterie écrite dans une loi pour n'y plus penser ensuite, mais un droit sérieusement reconnu, et efficacement accordé, vous fournirez à tous les ouvriers un moyen de ruiner l'industrie par l'élévation factice des salaires. Serait-ce là une vaine supposition? Mais les ateliers nationaux fourniraient encore la réponse. Beaucoup de fabricants de Paris avaient des commandes qu'ils ne pouvaient pas exécuter, parce que leurs ouvriers ne voulaient pas travailler pour eux. Il y a telle partie d'équipement dont le ministère de la guerre avait un besoin urgent, et qu'il n'a pu faire confectionner que fort tard, à cause des ateliers nationaux qui procuraient aux ouvriers paresseux ou mécontents des vacances payées. Mais, direz-vous, nous saurons discerner si le droit invoqué l'est à propos ou non. Eh quoi! est-ce là le caractère d'un vrai droit? Quand il s'agit de liberté individuelle, de liberté de la presse, dépend-il du pouvoir de dire : Je vous l'accorde aujourd'hui, je vous la refuse demain? C'est ainsi dans l'état de siége, mais dans l'état de siége il n'y a plus de droit. Dans l'état ordinaire laisse-t-on le droit dépendre de l'arbitrage du pouvoir qui serait autorisé à dire : Il y a lieu d'exercer le droit aujourd'hui et non demain, ou bien demain et point aujourd'hui?

Et d'où vient cette malheureuse contradiction entre le principe que vous voulez poser, et l'application de ce même principe? C'est que vous avez abusé du mot pour donner aux choses un caractère faux et forcé, c'est que vous avez appelé droit ce qui n'en est pas un, et que vous prétendez convertir en obligation absolue, ce qui est, et doit rester de la part du pouvoir un simple acte de bonne volonté. Si vous aviez droit au travail, à votre droit devrait répondre, de la part de l'État, l'obligation positive, formelle, inéludable, de vous fournir du travail, un travail conforme à vos habitudes, à vos forces, à vos talents. Je ne veux pas railler en matière si grave, mais comme il n'y a pas de limite tracée entre les travailleurs, qu'on ne peut pas prétendre que le droit qui existe pour une classe n'existe pas pour l'autre, car s'il y avait des droits de classe, on reconnaîtrait à l'instant même une étrange aristocratie, je vous dirai que le droit au travail existe pour les médecins sans malades, les avocats sans causes, les écrivains sans lecteurs, comme pour les ouvriers eux-mêmes, que le droit enfin existe ou n'existe pas, et que vous devez de l'emploi à tous, ou que vous n'en devez à personne. Oui, si vous êtes conséquent, vous devez de l'emploi à tous. Et alors apercevez-vous les suites? Préparez donc des places pour tous ces ouvriers de la pensée, comme ils s'appellent, et si le droit au travail est un vrai droit, cédez-leur vos places, ou partagez avec eux celles que vous avez, car, je le répète, le droit de la liberté individuelle, de la liberté de la presse est absolu, et à l'usage de tous. L'ouvrier qui veut écrire, le peut comme celui que vous qualifiez du titre de bourgeois. Pourquoi donc le droit au travail serait-il, par exception, le privilége d'une seule classe de travailleurs?

Vous n'avez ici qu'une réponse raisonnable, et que je me hâte d'accepter comme excellente, c'est que vous ne pouvez pas ce qu'on exige de vous, c'est que vous ne pouvez donner des places à tous ceux qui en demandent, que vous ne pouvez faire du gouvernement un quincaillier, un marchand de modes, un fabricant de meubles, un décorateur d'appartements, pas plus qu'une collection d'emplois toujours prêts pour qui en voudrait, que l'imaginer serait de la folie, en un mot qu'à l'impossible nul n'est tenu, pas même l'État, que par conséquent il n'y a pas obligation absolue, mais seulement convenance, urgence de faire le mieux qu'on pourra. Où cela nous conduit-il? A dire qu'il y a lieu, non pas de proclamer un droit, mais d'invoquer fortement la bienfaisance de l'État, de lui imposer le devoir d'employer tous ses moyens pour venir au secours des ouvriers sans travail. En parlant ainsi tout devient vrai et simple; tous les dangers cessent; tous les abus que les partis peuvent faire d'une déclaration insensée, disparaissent. L'État ne prend pas l'engagement de tenter l'impossible, d'appointer deux cent mille bras aux ordres des factions, de fournir à tous les ouvriers le moyen d'interrompre à leur gré les travaux de l'industrie, et d'élever les salaires à leur volonté, car n'étant obligé qu'à soulager des misères, il a le droit de distinguer entre la misère vraie et la misère feinte, entre le malheur intéressant, digne des secours du pays, ou le malheur factieux. Il n'est plus en présence d'un droit, mais de ce qu'il y a de plus respectable au monde, de l'humanité souffrante, à qui on doit tout, tout excepté l'impossible, excepté la violation des principes sur lesquels la société repose. Et si on répète encore que c'est l'aumône qu'on offre, je répondrai toujours que ce n'est pas l'aumône, mais la bienfaisance, laquelle ne fut jamais une offense, quand elle est accordée par quelqu'un qui est presque aussi au-dessus de nous que la Providence elle-même, c'est-à-dire par l'État, et accordée à des hommes vraiment malheureux, malheureux non par leur faute, mais par celle des événements. Je répondrai que saint Vincent de Paul ne passa jamais pour avoir outragé l'humanité, et qu'enfin ce qu'on ne veut pas accepter à titre de secours, mais à titre de salaire après l'avoir gagné, on ne le gagnerait pas la pioche à la main, on le toucherait sans l'avoir gagné, ce qui serait un acte beaucoup moins honorable que de recevoir un secours.

Cela établi, l'État devra s'ingénier pour trouver des moyens, afin de parer à ces cruels chômages. Il ne pourra pas tout ce qu'on lui demandera, mais avec de la prévoyance il pourra quelque chose, et même beaucoup, car l'État n'a pas moins que des murailles, des machines, des vaisseaux, des cordages, des fusils, des canons, des voitures, des harnais, des souliers, des habits, des chapeaux, du drap, de la toile, des palais, des églises à exécuter; et une administration habile, qui réserverait ces travaux si divers pour les temps de chômage, qui pour certaines fabrications telles que machines, armes, voitures, draps, toiles, aurait des établissements susceptibles de s'étendre ou de se restreindre à volonté, qui, pour les places fortes ou les palais à construire, aurait ses devis préparés, et les tiendrait prêts pour les moments où l'industrie privée interromprait ses travaux, qui recueillerait ainsi sur le marché général les bras inoccupés, comme certains spéculateurs achètent les effets publics dépréciés, qui à cette prévoyance administrative joindrait la prévoyance financière, et garderait sa dette flottante libre et dégagée de manière à trouver de l'argent quand personne n'en aurait plus, une administration qui se donnerait tous ces soins, difficiles mais non impossibles, parviendrait à diminuer beaucoup le mal, sans réussir toutefois à le supprimer en entier. Car si l'État doit fabriquer du drap de troupes ou de la toile à voiles, si même il devrait songer à décorer le plafond du musée du Louvre, aujourd'hui pauvre et nu comme le toit d'une écurie, il n'aurait pourtant pas des cachemires ou des bijoux à commander; il ne pourrait donc pourvoir à tout, et il ne resterait toujours pour moyen définitif et complémentaire à l'égard de certaines classes d'ouvriers, que la bienfaisance, noblement faite et dignement acceptée. Il ne pourrait enfin jamais remplir ce devoir absolu de donner, sur la sommation de quiconque se présenterait, un travail conforme à la profession du réclamant, depuis une serrure, une montre, ou une aune de dentelle, jusqu'à une place de magistrature ou de finance. Ce prétendu droit, auquel ne correspondrait que l'impossible, n'est qu'un prétexte inventé par les factions pour avoir le moyen de lever à leur profit des armées soldées par le trésor.

Qu'on ne prétende donc plus que nous voulons laisser mourir de faim l'homme sans travail, car je réponds que nous nourrirons l'homme dépourvu de travail, sans lui donner toutefois ni un salaire égal à celui des temps prospères, ni un salaire qu'il touche sans travailler, ni un salaire qui lui permette de faire monter violemment la main-d'œuvre, ni un salaire enfin qui lui serve à être le soldat de la guerre civile. Un salaire de ce genre, aucun État n'y pourrait suffire, et ne doit même songer à y suffire ; car il commettrait un suicide, un attentat contre la société, en l'accordant. Ce cri d'humanité qu'on affecte de pousser quand il s'agit du droit au travail, n'est donc qu'un cri simulé, imitant la voix du malheur, et ne décelant en réalité que la voix des factions.

Telle est la solidité du troisième et dernier moyen imaginé par les socialistes. On voit qu'il vaut l'*association* et la *réciprocité*. Mais il reste une conclusion à tirer de tout ceci, ce sera le sujet du dernier chapitre de ce livre.

CHAPITRE X.

DU CARACTÈRE GÉNÉRAL DES SOCIALISTES.

Que les socialistes en réalité attaquent autant la propriété que les communistes eux-mêmes, et ne s'occupent que d'une petite partie du peuple, de celle qui est agglomérée dans les villes.

Résumons ce qui précède.

Les socialistes, voulant se distinguer des communistes, considérant même la qualification de communistes comme un outrage, ont inventé ces trois choses :

    L'association ;
    La réciprocité ;
    Le droit au travail ;

L'association, qui consiste à réunir entre elles certaines classes d'ouvriers, pour spéculer sur un capital fourni par l'État, ou formé de leurs économies, afin de leur procurer les bénéfices du maître, et de soutenir les prix que la concurrence tend sans cesse à avilir;

La réciprocité, qui, poursuivant un but opposé, décrète le bon marché, le commande par une réduction arbitraire de toutes les valeurs, substitue au numéraire un papier que délivrerait une banque d'échange, et dont l'avantage serait de ne jamais se refuser, de ne jamais se faire payer à un taux usuraire comme l'or et l'argent;

Enfin le droit au travail, qui affiche la prétention de faire cesser toute misère, en assurant à tout homme inoccupé un emploi immédiat de ses bras.

J'ai prouvé que le premier de ces systèmes, l'association, procurait à quelques travailleurs privilégiés le moyen de spéculer aux dépens de tous les autres, si l'État était contraint à fournir le capital, et les exposerait à se ruiner si le capital était formé avec leurs économies; qu'il supprimait dans l'industrie le seul vrai principe d'action, c'est-à-dire l'intérêt privé, qu'il y introduisait l'anarchie, et qu'il n'échappait à la ruine qu'en créant le monopole au profit de quelques industries, par la suppression de la concurrence; qu'enfin en supposant qu'il fût praticable il ne s'occupait que de quelques classes d'ouvriers, les classes agglomérées dans les grands ateliers.

J'ai prouvé que le second de ces systèmes, la réciprocité, contradictoire avec le premier, poursuivant le bon marché au lieu de la cherté, était tout aussi chimérique, car si on réussissait on ne ferait rien, tout le monde ayant perdu autant qu'il aurait gagné; mais qu'on ne réussirait point, parce que les valeurs sont de leur nature insaisissables, qu'on atteindrait les unes, non les autres, et qu'on aurait ainsi frappé de spoliation le petit nombre de celles sur lesquelles on aurait agi; que le nouveau papier substitué au numéraire, ou se donnerait à tout venant, et ne vaudrait rien, ou s'il ne se donnait qu'avec des précautions rassurantes, serait aussi enclin à se refuser, à se faire payer cher que le numéraire lui-même; que ce moyen enfin, fût-il pratiqué, n'aiderait pas plus que le précédent la masse des ouvriers, ceux des campagnes surtout demeurant forcément inconnus des banques qui délivreraient le papier.

Quant au troisième système, j'ai prouvé que l'État ne pouvait reconnaître un droit auquel il serait dans l'impossibilité de satisfaire, dont l'exercice serait ouvert dans quelques moments et pas dans tous, invocable par certaines classes et point par certaines autres; que proclamer un droit formel c'était créer dans les grandes villes des ateliers nationaux indissolubles, constitutionnellement autorisés à s'insurger, si on voulait les dissoudre; que l'État devait donner des secours abondants, mais ne pouvait faire davantage; que cette troisième invention, enfin, comme les autres, s'occupait de quelques ouvriers agglomérés, et d'eux seulement.

Le premier caractère de ces divers systèmes est de se contredire les uns les autres; car l'un associe les ouvriers pour lutter contre le bon marché, l'autre, au contraire, veut produire ce bon marché par des lois; le dernier, excluant les deux premiers et allant droit au but, veut que l'État paye à tant par jour l'ouvrier qui n'a pas d'ouvrage, ou qui n'en trouve pas à son goût. Le second caractère de ces systèmes est d'être chimériques, contre nature, impraticables, car on conviendra qu'associer entre eux les filateurs, les tisserands, les forgerons, les mécaniciens, les mineurs, qu'associer entre elles ces associations, puis les nations elles-mêmes, que fixer par décret la valeur des choses, et créer un numéraire de papier qui ne se refuserait jamais, ou enfin, tenir constamment ouverts, pour le compte de l'État, des ateliers où l'on fabriquerait de la soierie, des châles, de la bijouterie, des aiguilles, etc., que tout cela vaut bien la folie du communisme. Le troisième caractère de ces systèmes, c'est de violer la propriété, comme le communisme lui-même, de la violer gravement, car, prendre forges, usines, mines, pour les livrer à l'association, ce qui ne pourrait se faire qu'en les payant avec des rentes discréditées par l'immensité de l'émission, réduire à volonté toutes les valeurs, supprimer une partie des loyers, fermages, intérêts de capitaux, tenir ouverts aux dépens des contribuables des ateliers nationaux en rivalité avec les ateliers privés, élever d'une part et arbitrairement les salaires, de l'autre avilir les prix, c'est atteindre la propriété de mille manières également cruelles, c'est la violer, la torturer, la détruire, au lieu de l'abolir franchement comme le communisme. Le quatrième caractère, c'est de ne rien faire pour le peuple entier, de s'occuper exclusivement de quelques ouvriers agglomérés des villes; et le cinquième, enfin, c'est d'avoir constamment recours à un être commun, chargé de suffire à toutes les dépenses, à toutes les inventions, à toutes les fantaisies, le trésor de l'État, c'est-à-dire le trésor de tout le monde, et des pauvres encore plus que des riches, car les riches, quelque durement qu'on les impose, produisent peu, parce qu'ils ne sont pas nombreux, si peu que leur ruine absolue n'enrichirait pas le budget.

Le bien de tous avec les moyens de tous, ne se trouve évidemment dans aucun des systèmes proposés.

De ce qui précède, il résulte que les *socialistes*, avec la prétention de se séparer des *communistes*, n'en violent pas moins le principe de la propriété, sont seulement plus inconséquents et moins sincères, ne s'occupent en réalité que d'une partie du peuple, non pas de la partie la plus souffrante, mais de la plus agitée, de la plus agitable, et que parmi eux, enfin, les seuls qui fassent quelque chose de sérieux pour la classe dont ils s'occupent, sont ceux qui tout simplement proposent de la payer à tant par jour, comme l'avait imaginé M. de Robespierre, afin de l'avoir à sa disposition. Les communistes sont de purs utopistes; les socialistes ont la prétention d'être des esprits plus pratiques, et ils ne justifieraient, à mon avis, cette prétention qu'en s'avouant factieux, car je ne saurais définir autrement la volonté de payer à tant par jour, pour ne leur rien donner à faire, cent mille ouvriers à Paris, cinq à six mille à Rouen, et un nombre proportionné à Lille, à Lyon, à Marseille.

Ou utopistes, ou factieux, voilà comment je définis les philosophes, qui, pour ne pas s'appeler *communistes*, ont imaginé de s'appeler *socialistes*. Je leur demande pardon de cette manière de les définir, et je les supplie de croire que, dans mon jugement sur leurs systèmes, il n'entre pas la moindre rancune contre leur personne, mais une incurable aversion pour la déraison orgueilleuse, stérile et perturbatrice.

LIVRE QUATRIÈME.

DE L'IMPOT.

LIVRE QUATRIÈME.

DE L'IMPOT.

CHAPITRE PREMIER.

DE LA MANIÈRE D'ATTEINDRE LA PROPRIÉTÉ PAR L'IMPOT.

Qu'il n'est pas vrai que les gouvernements aient eu pour vue principale, dans tous les siècles, de décharger une classe aux dépens des autres, et qu'ils ont eu pour but essentiel de prendre l'argent où il était plus facile de le trouver.

Je n'aurais pas traité dans toute son étendue la question qui m'occupe, si je ne recherchais quelle part des charges publiques la propriété doit supporter. Je ne l'aurais complétement traitée, ni quant au fond, ni quant aux circonstances présentes, car, entre les ennemis de la propriété, les plus habiles se reposent sur l'impôt du triomphe de leurs vues. Pour le moment, disent-ils, on respectera la distribution actuelle des biens, vu que la génération actuelle n'est pas encore assez éclairée pour qu'on puisse donner une solution complète des questions sociales, mais, en attendant, les riches payeront. On peut donc créer des dépenses populaires, supprimer des impôts impopulaires, les riches payeront. — Soit, répondrai-je, si c'est juste. Mettant même toute justice de côté, j'ajouterai : Soit, si les riches le peuvent.

Il n'y a pas un sujet sur lequel la science économique du temps soit plus courte, plus fausse, qu'en matière d'impôt. On croit, par exemple, que jusqu'ici les gouvernements n'ont songé qu'à écraser le pauvre, à soulager le riche, à faire porter sur l'un les charges dont on débarrassait l'autre. On le croit de tous les gouvernements sans exception, du dernier, de l'avant-dernier, de tous enfin, modernes ou anciens. Cette supposition est pourtant fausse même pour les siècles antérieurs à la révolution de 1789, époque à laquelle le beau principe d'une égalité rigoureuse devant la loi, a été introduit pour la première fois dans notre constitution sociale. Bien qu'il y eût alors d'énormes et intolérables abus, que la révolution de 1789 a eu l'honneur de détruire, honneur que celle de 1848 n'aura pas, uniquement parce qu'elle est venue la seconde, bien qu'il y eût des classes affranchies ou chargées de certains impôts, qu'il y eût des exceptions injustifiables, et toutes au profit de quelques privilégiés, néanmoins, sauf ces préjugés du temps, remplacés aujourd'hui par des préjugés d'un autre genre, et non moins dangereux, il n'est pas vrai que Sully, Colbert, Turgot, et beaucoup d'autres ministres moins célèbres placés entre ceux-là, ne songeassent qu'à écraser le pauvre, et n'apportassent dans leurs vues qu'une brutale injustice, exclusivement occupés qu'ils étaient de remplir les caisses royales. Cette supposition est complétement erronée. Les uns par humanité, les autres par prudence, ne songeaient qu'à une chose, à ménager le plus grand nombre, à le faire souffrir le moins possible, car toute souffrance épargnée laissait une ressource pour de nouveaux impôts. En dehors des nobles et du clergé que les priviléges du temps couvraient, il y avait des riches qu'aucun privilége ne garantissait, et qu'on ne demandait pas mieux que d'atteindre. Ces grands ministres n'avaient qu'un objet en vue, c'était de trouver les impôts les moins onéreux, les moins nuisibles à la production, et de ménager le pays, ne fût-ce que pour en tirer davantage. Il ne faut donc pas mépriser leur science, et croire que tout est à refaire en matière d'impôt, qu'en tout refaisant on dédommagera le pauvre de sa pauvreté, on punira le riche de sa richesse. Non : on bouleversera l'ordre social, et on rendra le pauvre plus pauvre, car il est toujours le plus mal traité dans les révolutions, vu qu'ayant tout juste le nécessaire, quand il l'a, il ne peut rien perdre sans être aussitôt réduit aux abois. Les derniers huit mois en sont la preuve. Je vais donc chercher en peu de mots où sont, en fait de contributions publiques, le juste et l'habile, et heureusement on reconnaîtra ici comme ailleurs, que le juste, l'habile sont identiques, et que violer la propriété, soit qu'on l'atteigne indirectement par l'impôt, soit qu'on l'atteigne directement par tous les genres de communisme, ne rapporte pas davantage. La perturbation, le discrédit, la misère sont toujours les seuls résultats certains de ce genre d'entreprises.

CHAPITRE II.

DU PRINCIPE DE L'IMPOT.

Que l'impôt doit atteindre tous les genres de revenus, ceux de la propriété comme ceux du travail.

Il faut d'abord établir les vrais principes de la justice en matière d'impôt, puis, les principes de la justice établis, nous rechercherons ce que la finance de tous les temps enseigne, relativement aux impôts les plus légers à porter, les plus faciles à percevoir, les moins nuisibles à la production.

La justice en matière d'impôt ressort de l'origine de l'impôt bien décrite. Il n'existe pas dans la société un seul genre de travail, celui qui consiste à cultiver la terre, à tisser des fils, à faire de ces fils des étoffes propres au vêtement, à construire des habitations, en un mot à nourrir, à vêtir, à loger l'homme. Il y en a un second, non moins indispensable, c'est celui qui consiste à protéger le premier, à protéger le laboureur, le manufacturier, le constructeur. Le soldat qui porte les armes, le magistrat qui juge, l'administrateur qui préside à l'organisation de tous ces services, travaillent aussi utilement que celui qui fait naître le blé, qui confectionne des tissus, qui construit des maisons. De même que le laboureur produit du grain pour celui qui tisse, et réciproquement, l'un et l'autre doivent labourer et tisser pour celui qui monte la garde, applique les lois ou administre. Ils lui doivent une partie de leur travail en échange du travail qu'il exécute pour eux. L'argent de l'impôt, qui est un moyen de se procurer ou du pain, ou des vêtements, ou des habitations, est cet équivalent dû à ceux qui se sont voués à une occupation différente, mais également nécessaire, également productive.

Maintenant dans quelle proportion le laboureur, le tisserand, le maçon, le banquier, devront-ils payer cet impôt destiné à récompenser le travail de ceux qui portent les armes, jugent, administrent, gouvernent pour eux ? Au premier aspect on pourrait se dire : Pourquoi l'un payerait-il plus que l'autre ? L'un laboure et produit du blé, l'autre est mécanicien et produit des machines, l'un gagne 2 francs par jour et l'autre 6 francs : tant mieux pour le dernier. S'il est plus habile et gagne d'avantage, ce n'est pas une raison pour qu'il paye plus d'impôt. Mais alors le commerçant dont la journée représente quelquefois des centaines de francs, le banquier dont la journée représente quelquefois aussi des milliers de francs, pourraient dire de leur côté : Tant mieux pour moi si je gagne plus; c'est l'avantage de mon génie naturel de savoir faire un métier plus lucratif. — Voici la réponse vraie, péremptoire à ce raisonnement.

Tandis que le soldat sur la frontière ou dans l'intérieur, le magistrat à son prétoire, protégent dans la même journée le travail de tous, travail qui pour l'un représente 2 francs, pour l'autre 6 francs, pour un troisième 100 francs, pour un quatrième 1,000 francs, ils ont épargné au premier une perte de 2 francs, au second de 10 francs, au troisième de 100 francs, au quatrième de 1,000 francs, en prévenant le dommage qu'une invasion, un désordre, une illégalité auraient pu leur causer. Il faut que la rémunération soit proportionnée au service reçu. Outre la justice il y a la nécessité, car si chacun payait également, il faudrait prendre à celui qui ne gagne que 2 francs une part de son bénéfice telle que le malheureux serait réduit à rien. Il y a donc convenance autant que justice à en agir ainsi, et, à vrai dire, l'une et l'autre se confondent dans une considération unique, qui est la raison elle-même.

L'impôt doit par conséquent être proportionné aux facultés de chacun, et par les facultés il faut entendre non-seulement ce que chacun gagne, mais ce que chacun possède. Ainsi l'individu protégé dans son travail par celui qui monte la garde, juge ou administre, est protégé non-seulement dans son travail personnel, mais dans le travail accumulé de ses pères, qui s'est converti en bonnes terres, en belles habitations, en riches mobiliers. Tout cela représente un revenu de 10, 20, 100 francs peut-être par jour. On le lui conserve, il faut qu'il paye une rémunération pour la protection de son bien antérieurement acquis, comme pour la protection du bien qu'il acquiert chaque jour. On doit donc l'impôt suivant le revenu de son travail, et suivant le revenu de ses biens transmis ou acquis. Voilà ce qu'on entend par la proportionnalité de l'impôt.

Mais de même que l'on doit une part d'impôt pour la propriété qu'on possède et que la protection sociale vous garantit, de même on en doit une pour son travail, et on la doit proportionnée aux profits de ce travail. La prétention de ne pas imposer le travail serait tout aussi déraisonnable que celle de ne pas imposer la propriété. Tout ce qui est placé sous la protection sociale, tout ce qui n'existe comme la propriété, tout ce qui ne s'accomplit comme le travail, qu'à l'abri de cette protection, lui doit une rétribution proportionnée. Vous me sauvez par jour 10 francs de revenu, ou 10 francs de salaire provenant de mon travail, je vous dois une rétribution proportionnée à ces 10 francs. Le principe, comme dans une Compagnie d'assurance contre l'incendie, le principe naturel est de payer le risque en proportion de la valeur garantie, et quelle que soit la nature de cette valeur. L'argument qu'on pourrait essayer d'opposer à cette vérité serait que la propriété c'est la richesse, et que le travail c'est la pauvreté, et dans ce cas il y aurait une raison apparente fondée sur l'intérêt qu'inspire la pauvreté, et le peu de faveur qu'inspire la richesse. Mais l'allégation est absolument fausse, et dès lors l'intérêt inspiré mal à propos tombe avec cette allégation.

S'il y a, en effet, la propriété riche, il y a également la propriété pauvre; et s'il y a le travail pauvre, il y a aussi le travail riche. Exemple : voici un malheureux paysan qui, en travaillant toute sa vie, a acquis un hectare de terrain, lequel à force de soins lui rend deux, trois cents francs, dont il vit à la fin de ses jours. C'est la propriété pauvre et la plus répandue peut-être. Voici un vieux domestique, un vieil employé terminant modestement leur vie avec un revenu formé de leurs économies. C'est encore là une propriété pauvre, et une propriété aussi générale que la précédente. Maintenant je vais vous citer un commerçant, un avocat, un médecin, un banquier, qui gagneront dix, vingt, trente, cent mille francs par an, quelquefois un million. C'est là le travail riche, et un travail qui n'est pas rare, excepté le dernier, dont il est vrai qu'il se rencontre peu d'exemples. Et vous imposeriez celui auquel la protection sociale assure les trois ou quatre cents francs composant le pain de sa vieillesse, pour exempter d'impôt celui qui doit à la protection sociale la faculté de gagner dix, vingt, trente, cent mille francs par an! Ce n'est donc pas plus la pauvreté que la richesse qu'on rencontre en imposant la propriété et le travail. On rencontre de l'un et de l'autre, parce qu'il y a la propriété pauvre comme le travail riche. L'observation des faits se trouve ainsi d'accord avec la justice pour établir que chacun est débiteur de la société, quoi-que ce soit qu'elle lui garantisse, du bien anciennement acquis, ou du bien acquis nouvellement, du travail ancien ou du travail nouveau; que l'impôt enfin doit porter sur tous les genres de revenus, sans exception, car tous lui doivent de pouvoir se produire, quelles que soient leur nature et leur origine.

Toute exemption d'impôt est donc une iniquité. L'exemption accordée autrefois aux nobles et au clergé, quoiqu'elle ne fût pas une injustice dans l'origine, l'était devenue avec le temps. Les premières contributions ayant eu pour objet d'entretenir les gens de guerre, il était naturel que les seigneurs, servant en personne, ne payassent pas l'impôt. Ils l'acquittaient en nature. Mais plus tard, quand la noblesse ne fut plus qu'un titre, cette exemption était dégénérée en un privilége sans motif, et par conséquent sans justice. Quant au clergé, la terre était son salaire. Dès lors, elle pouvait être considérée comme naturellement exempte des charges publiques. Avec le temps, cette forme de salaire ayant dépassé une juste mesure, étant devenue contraire à toute bonne culture, la terre et l'exemption d'impôt disparurent en 1789. Depuis cette époque, le principe que chacun, sans exception, doit l'impôt, suivant ce qu'il gagne et suivant ce qu'il possède, a été reconnu comme le vrai principe, que la révolution de 1789 est venue inaugurer dans le monde. On n'y peut rien ajouter qu'une nouvelle iniquité, aussi grande que celle qui fut abolie en 1789, ce serait d'exempter le travail pour frapper la propriété, ou de frapper celle-ci dans des proportions exorbitantes. C'est ce dont je vais traiter dans les chapitres suivants.

CHAPITRE III.

DE LA RÉPARTITION DE L'IMPÔT.

Que l'impôt doit être proportionnel et non progressif.

Je viens de faire voir, en remontant simplement à l'origine de l'impôt, que chacun doit contribuer aux dépenses publiques non pas également, mais proportionnellement, proportionnellement à ce qu'il gagne ou à ce qu'il possède, par la raison fort naturelle que l'on doit concourir aux frais de la protection sociale suivant la quantité de biens protégée. Ainsi, par exemple, si on suppose que la France donne 12 milliards de produit brut, et qu'il faille 1,200 millions pour faire face aux dépenses publiques (évaluations fort hypothétiques, je le déclare), il en résulterait que chacun devrait à l'État le dixième de ses revenus de tout genre. Celui qui a 1,000 fr. de revenu, soit de son travail, soit de son bien, devrait 100 francs de rétribution commune. Celui qui aurait 10,000 francs de revenus divers, propriété ou travail, devrait, sur le même pied du dixième, 1,000 francs. De même, celui qui aurait 100,000 francs de revenus divers, devrait 10,000 francs. Ils payeraient celui-ci cent fois, celui-là dix fois plus, parce que la protection sociale aurait garanti à l'un cent fois, à l'autre dix fois davantage. En reproduisant ici la comparaison que j'ai déjà faite de la société avec une Compagnie d'assurance mutuelle (comparaison la plus vraie, la plus complétement exacte qu'on puisse employer), je dis qu'on doit payer le risque en proportion de la somme de propriété assurée. Si on a fait assurer une maison valant 100,000 francs (la prime étant de 1 pour cent), on devra 1,000 francs à la Compagnie; si la maison assurée vaut un million, on devra 10,000 francs. Ces choses sont d'une telle évidence qu'elles ne semblent pas même devoir être discutées.

Mais la limite de la justice atteinte, certains financiers du temps ne savent pas s'y tenir. Ils ont voulu aller au delà, et ils ont prétendu que l'impôt devait être progressif, c'est-à-dire que la proportion, au lieu d'être du dixième pour tous, devra être, par exemple, du cinquième pour l'un, du tiers pour l'autre. Ainsi celui qui aura 1,000 francs de revenu, payant toujours 100 francs sur le pied du dixième, celui qui aura 10,000 francs devra payer 2,000 francs au lieu de 1,000, sur le pied du cinquième, et le troisième 33,000 au lieu de 10,000, sur le pied du tiers, ce qui fait pour le second double part de contribution, pour le troisième un peu plus du triple. C'est là ce qu'on appelle l'impôt progressif, ce qui veut dire qu'au lieu de proportionner l'impôt à l'étendue du revenu, et de suivre une proportion constante, on double, on triple la proportion, à mesure que le revenu est plus grand, à peu près comme ce marchand, qui, en voyant arriver un riche étranger à sa porte, se dit : Ce monsieur est riche, il payera plus cher. — Quand il s'agit de frivolités d'une faible valeur, on peut sourire de cette intention de faire payer différemment les mêmes choses, d'autant que ces riches étrangers traitent de gré à gré, et que le mal étant volontaire ne saurait aller bien loin. Mais que diriez-vous si ces acheteurs étaient forcés d'acheter, et point libres de dire non?

Supposez que, chez un marchand, vous achetiez cent livres d'une denrée, il est simple que vous payiez pour cent livres, et que, si vous en achetez mille livres, vous payiez pour mille. Trouveriez-vous naturel qu'on vous fît payer la livre plus cher si vous en prenez mille que si vous en prenez cent? En général, c'est le contraire qui a lieu, car le marchand tient compte du plus grand bénéfice que vous lui procurez. Eh bien, ici c'est tout différent; plus vous achetez, plus vous payez cher. Si vous vous adressez à une Compagnie de transports, et que vous demandiez à expédier mille tonnes, cent mille tonnes, vous payerez comme mille, comme cent mille, et généralement un peu moins par tonne quand vous expédierez davantage, parce que les frais diminuent plutôt qu'ils n'augmentent avec la quantité. Enfin si vous faites partie d'une Compagnie d'actionnaires, et qu'on vote une contribution extraordinaire de 10 francs par action, vous la payerez de 10 francs, que vous ayez cent actions, ou que vous en ayez mille. Comprendriez-vous que, si vous en aviez mille, vous la payassiez de 20 francs au lieu de 10? Vous trouveriez cette exigence insensée. Vous n'écouteriez même pas celui qui vous proposerait d'y accéder. Qu'est-ce donc que la société, sinon une Compagnie, où chacun a plus ou moins d'actions, et où il est juste que chacun paye en raison du nombre de celles qu'il possède, en raison de dix, de cent, de mille, mais toujours suivant la quotité imposée à toutes? Il serait aussi injuste de supporter un plus fort prélèvement quand on aurait peu d'actions, qu'injuste d'en payer un moindre quand on en aurait beaucoup. La règle pour tous, ni plus ni moins que la règle : autrement il n'y a plus que confusion, et la société agit comme ce marchand qui dit : Monsieur est riche, donc il payera davantage les mêmes choses ; ce qui, je le répète, fait sourire s'il s'agit de frivolités, ce qui n'a plus de bornes, ce qui devient un vrai pillage s'il s'agit de valeurs considérables. Vous allez voir, en effet, naître un arbitraire immense, incalculable, uniquement parce qu'on est sorti de la règle.

La considération qui décide à faire payer à l'un dans la proportion du dixième de son revenu, à l'autre dans la proportion du cinquième, à un troisième dans la proportion du tiers, quelle est-elle? Pas une autre que celle-ci : le premier n'a pas suffisamment pour vivre, le second a suffisamment, le troisième a trop. Oh! je comprends que vous disiez: celui-ci a 10,000 francs de revenu au lieu de 1,000, ou même 100,000 francs au lieu de 1,000, et il payera dix fois plus parce qu'il est dix fois plus riche, ou cent fois plus parce qu'il est cent fois plus riche. Mais pourquoi dire : S'il est dix fois plus riche, il payera non pas dix fois mais vingt fois davantage, et s'il est cent fois plus riche, au lieu de payer cent fois davantage, il payera trois cents, quatre cents fois davantage; et pourquoi? je vous le demande. Pourquoi? le voici.

Quand vous adoptez la proportion du dixième pour tous, celui qui a 1,000 francs de revenu payant 100 francs, il lui en reste 900. Celui qui a 10,000 francs payant 1,000 francs, il lui en reste 9,000; celui enfin qui a 100,000 francs payant 10,000 francs, il lui en reste 90,000. Or, vous dites du second : 9,000 francs c'est bien assez pour vivre, si on songe surtout à celui à qui il ne reste que

900 francs. Vous dites du troisième : 90,000 francs de revenu, oh! c'est exorbitant, en songeant à celui à qui il reste 9,000 francs, et bien plus exorbitant encore en songeant à celui à qui il ne reste que 900 francs. On peut donc prendre plus au second, plus encore au troisième. En conséquence, on demandera dans la proportion du cinquième au second, et il lui restera 8,000 francs pour vivre; c'est bien assez. On demandera dans la proportion du tiers au troisième, et il lui restera 66,000 francs, c'est non-seulement assez, mais trop! Quoi! 66,000 francs, quand au premier il ne reste que 900 francs, et on se plaindrait!

Je vous défie de trouver un autre raisonnement que celui-là, c'est que le premier a tout juste de quoi vivre avec 900 francs, le second assez avec 8,000, le troisième trop avec 66,000 ; ce qui revient à dire que vous n'avez plus d'autre règle que le jugement qu'il vous convient de porter sur la richesse, que vous êtes en pleine loi agraire, partageant les fortunes, retranchant à l'un pour donner à l'autre, en un mot, que vous avez mis la main sur la propriété. Sortis de la règle, qui est le mur de clôture, vous avez envahi le champ du voisin, pour en prendre ce qu'il vous plaît, beaucoup ou peu selon votre jugement. Poussez plus avant dans la voie où vous êtes entré, et où vous n'avez plus que cette règle : Ceci ne suffit pas pour vivre, ceci suffit, ceci est trop; poussez plus avant, et vous allez voir que vous serez conduit loin, bien loin. En effet, vous avez adopté la proportion du dixième pour l'un, du cinquième pour l'autre, du tiers pour le troisième, et il reste à l'un 900 francs sur 1,000, à l'autre 8,000 francs sur 10,000, au troisième 66,000 francs sur 100,000. Pourquoi, je vous prie, cette limite! Quoi! il y a un homme qui n'aura que 900 francs de revenu, et à côté en voilà un qui en garde 8,000, un autre 66,000! Mais 8,000 c'est plus qu'il ne faut si on considère celui qui n'a que 900, et 66,000 c'est au delà de toute raison. Et pourquoi pas une autre proportion? pourquoi pas le tiers pour le second, la moitié pour le troisième? Ainsi l'un ayant toujours, et invariablement, ses 900 francs, l'autre en conserverait 6,600 sur 10,000, le troisième 50,000 sur 100,000. Oserait-on dire que ces deux derniers sont à plaindre l'un avec 6,600 francs, l'autre avec 50,000? Mais à regarder les choses du point de vue de la véritable humanité, on n'aurait pas assez fait. A être complétement humain, il faudrait une autre progression, et on irait aux deux tiers pour le second, ce qui lui laisserait 3,300 francs, aux trois quarts pour le troisième, ce qui lui laisserait 25,000 francs, on irait jusque-là qu'on serait bien assez indulgent pour la richesse, car, après tout, il resterait encore un homme qui aurait 25,000 francs pour vivre, à

DE L'IMPOT.

côté d'un autre qui n'en aurait que 3,300, et d'un troisième qui n'en aurait que 900.

Je vous prie même de remarquer que si vous êtes conséquent, et que si vous élevez sans cesse la progression comme cela est juste, il deviendrait inutile d'être riche, car en continuant de ce pas, en allant des trois quarts aux quatre cinquièmes, aux cinq sixièmes, aux six septièmes, aux sept huitièmes, aux huit neuvièmes, aux neuf dixièmes, il ne servirait presque de rien par exemple d'avoir 150,000 francs de rente au lieu de 100,000, car, dans la proportion des quatre cinquièmes on ne garderait que 30,000 francs de revenu au lieu de 25,000. Il ne servirait de rien d'en avoir 200,000 au lieu de 150,000, car dans la proportion des cinq sixièmes, on aurait 33,000 francs au lieu de 30,000. Il ne servirait de rien d'en avoir 250,000 au lieu de 200,000, car dans la proportion des six septièmes, on aurait 35,700 francs au lieu de 33,000. Il finirait même par être dangereux d'être riche, car il y a telle progression, d'après laquelle arrivé à la proportion des quatre-vingt-dix-neuf centièmes, on garderait 10,000 francs pour vivre, avec un million de revenu. Le calcul prouve enfin qu'en appliquant une proportion toujours croissante, le dernier terme serait zéro.

Mais, dira-t-on, vous exagérez. On peut pousser la proportion dans une certaine mesure, mais ne pas marcher aussi vite que vous venez de le faire, et enfin pour obvier aux conséquences dernières du calcul, qui conduirait à zéro, on peut s'arrêter, et ne jamais prendre au delà de la moitié, car, effectivement, dans aucun système de progression proposé, on n'a dépassé la proportion de 50 pour cent du revenu. Et pourquoi s'arrêter, je vous le demande? Parce que vous êtes modéré. Et quelle règle suivez-vous dans votre modération? La règle qu'il faut ne pas trop prendre, que c'est trop de réduire à 3,300 francs l'homme qui a 10,000 francs de rente, à 25,000 celui qui en a 100,000; qu'on peut se contenter de prendre à l'un 2,000 francs et de lui en laisser 8,000, à l'autre 33,000 et de lui en laisser 66,000. Vous estimez ainsi les proportions que la richesse doit conserver dans notre société. Vous vous appelez d'un tel nom que je ne veux pas dire ici, mais que j'honore; vous êtes de tel parti que je ne veux pas désigner, mais dont je fais cas, et par ce motif vous êtes plus modéré. Je vous rends grâces. Mais les esprits sont bien divers, bien portés à la contradiction. Vous souvenez-vous de l'enchère ouverte pour les appointements des ministres? L'un propose 60,000 francs par an. — Non, c'est trop, dit l'autre, 48,000 francs suffisent. — C'est trop encore, dit un troisième; 36,000 francs sont bien assez. — Arrivés là, une sorte de pudeur saisit les enchérisseurs, et on s'arrête. On fera de même pour déterminer la progression de l'impôt, et l'Assemblée nationale fixera ce qu'on doit garder de la fortune que vous laissa votre père, après avoir travaillé toute sa vie. Mais prenez garde, j'entends des cris. Le peuple souffre, il s'agite, il se presse aux portes de l'Assemblée nationale; un général a mal compris ses ordres, la salle des séances est envahie, la république qui s'appelle sociale triomphe. Il faut un milliard sur-le-champ; force est donc de trouver une progression plus rapide, car il faut ce milliard, il le faut pour que le peuple n'essuie pas de nouvelles déceptions. Qui est-ce qui arrêtera ces triomphateurs? Rien, car la règle n'existe plus, vous l'avez détruite quand vous êtes entré dans cet ordre de considérations, que ceci n'est pas assez pour vivre, que ceci est assez, ou que ceci est trop. Il ne reste plus qu'un arbitraire dépendant du goût, des mœurs, des habitudes de ceux qui ont gagné la bataille, cette bataille où l'on se bat en mettant la baïonnette dans le fourreau. Il en résulte que je n'ai plus d'autre garantie que le nom que vous portez, que les engagements pris par vous dans un journal ou dans un discours, que votre caractère, que la justesse plus ou moins grande enfin de votre esprit. Souvenez-vous pourtant que la modération de ceux qui gouvernent ne fut jamais acceptée comme une garantie par personne, et par ceux qui se disent les défenseurs exclusifs de la liberté, moins encore que par qui que ce soit. — Vous êtes modérés, ont-ils coutume de répondre, et avec raison, à ceux qui leur demandent l'arbitraire, vous êtes modérés, tant mieux pour votre gloire. Mais vous l'êtes, et d'autres pourraient ne pas l'être, et ne le seraient certainement pas. Nous n'acceptons donc pas votre modération pour une garantie. Nous aimons mieux une règle, quelque dure qu'elle puisse être, mais une règle qui soit stable, fixe, et qui ne nous rende dépendants des vertus de personne.

Si je me suis fait comprendre, si on n'a pas oublié mes premiers raisonnements, si on se rappelle ce que j'ai dit, que la propriété était le fruit accumulé du travail, que si l'équité veut qu'on la respecte, l'intérêt social le veut encore davantage, car sans sécurité il n'y a pas de travail, sans travail il n'y a pas de prospérité publique, il y a le moyen âge ou l'Orient, si on a ces vérités présentes à l'esprit, on doit sentir que la propriété est aussi sacrée que la liberté, et qu'il faut des règles certaines pour l'une autant que pour l'autre, qu'en un mot il faut des principes. La porportionnalité est un principe, mais la progression n'est qu'un odieux arbitraire. Les frais de la protection sociale représentent un dixième du revenu total, eh bien, soit, le dixième pour tous. Je comprends ce principe, car on payera en raison de ce qu'on aura coûté à la société, en raison du service qu'on en aura reçu, comme dans une Compagnie dont le capital est divisé par actions, s'il faut un prélèvement par action, on payera le même prélèvement par chaque action, qu'on en ait cent, qu'on en ait mille, ou cent mille. Exiger le dixième du revenu pour l'un, le cinquième pour l'autre, le tiers pour un troisième, c'est du pur arbitraire, c'est de la spoliation, je le répète. Vous me prendrez plus ou moins suivant votre humeur, mais je dépends de vous, comme en Orient on dépend d'un pacha, et sur les grandes routes de la Calabre ou de la Catalogne, d'un chef de bande. Les chefs de bande ne sont pas toujours sans pitié. On en cite plusieurs en Italie et en Espagne, à qui de belles prisonnières avaient touché le cœur par leurs larmes, et qui leur rendaient leur argent, en respectant leur honneur et leur vie. Je n'ai cependant jamais entendu dire que les grandes routes, la nuit, en certains pays, fussent la véritable image de l'état social, et j'espère que de révolutions en révolutions nous n'en arriverons pas à ce degré d'intelligence des principes de justice et de liberté.

Ainsi l'impôt proportionnel, c'est-à-dire l'impôt proportionné à la part des frais que la société est supposée avoir faits pour vous, au service que vous en avez reçu, comme en matière d'assurances la prime est proportionnée à la somme assurée, rien de mieux; j'aperçois là un principe. Mais faire payer plus de ces frais à l'un qu'à l'autre, par cette unique raison qu'on juge qu'il est trop riche, qu'il a trop pour vivre, ce n'est pas un principe, c'est un arbitraire révoltant. Je comprends la bienfaisance, je comprends que la société n'exige rien de l'indigent reconnu, qu'on voit mendiant sur la route, ou souffrant de la faim dans son galetas, je suis cent fois de cet avis. Mais hors de là, il faut la règle pour tous ceux que la société n'a pas déclarés exempts de l'impôt à cause de leur misère. Je demande bonté, bonté parfaite pour le pauvre, et seulement justice pour le riche, mais justice enfin. C'est assurément une vertu d'aimer le pauvre, ce n'en est pas une de haïr le riche. J'ai écrit cela une fois quelque part, moi qui ne suis pas riche, je l'ai écrit de conviction, car il ne faut pas qu'après avoir vu la société opprimée jusqu'en 1789 par la domination des hautes classes, nous la voyions opprimée, à partir de 1848, par la domination contraire.

CHAPITRE IV.

DES DIVERSES FORMES DE L'IMPOT.

Que l'impôt, avec le temps, a pour tendance essentielle et utile de se diversifier à l'infini.

Il résulte de ce qui précède que l'impôt doit être proportionné à ce qu'on gagne ou à ce que l'on possède, suivant une proportion constante pour tous, sans acception de riche ou de pauvre : voilà le juste, voilà le vrai, voilà surtout le certain. Hors de là il n'y a rien que d'incertain, d'arbitraire, et de déréglé.

Si par exemple on parvenait à savoir très au juste ce que chacun retire ou de son travail ou de ses capitaux, tant mobiliers qu'immobiliers, on pourrait, en demandant le cinquième, ou le dixième, ou le vingtième de cette somme, suivant les besoins de l'État, arriver au plus équitable de tous les impôts. C'est, à quelques égards, cet impôt presque unique, que Vauban, l'Aristide de la monarchie, voulait établir sur la France, sous le nom de dîme royale, dans un livre respirant le plus haut bon sens et la plus pure vertu. Il laissait subsister toutefois les aides, ou droits sur les consommations, et certains revenus établis sur des services publics, comme les postes. Il fixait entre le dixième et le vingtième les termes extrêmes de cet impôt assis sur tous les revenus.

Cependant cet impôt est une pure chimère, car on ne connaît pas, on ne peut pas connaître d'une manière parfaitement exacte le revenu que chacun tire ou de ses biens ou de son travail. Les terres sont difficiles à évaluer. Veut-on un cadastre, ou registre descriptif des terres et propriétés bâties, il est long et coûteux à dresser, il cesse à chaque instant d'être vrai, car ces terres changent continuellement ou d'état ou de maître. Se passe-t-on de cadastre, la valeur des propriétés reste alors absolument inconnue. Quant aux revenus des capitaux mobiliers, ils sont la plupart du temps ignorés ou insaisissables. On peut bien en frapper quelques-uns, comme les rentes sur l'État et les créances hypothécaires, parce que leur existence est constatée tant au grand livre de la dette publique que chez les notaires. Mais outre qu'il y a injustice à frapper certains capitaux en laissant échapper les autres, on n'atteint pas son but, car c'est le propriétaire du revenu qu'on veut imposer, et il trouve, en exigeant un plus haut intérêt, le moyen de se soustraire à l'impôt, et de le faire payer à l'emprunteur. On n'a réussi de la sorte qu'à élever l'intérêt de l'argent, tant pour l'État que pour les particuliers. Quant aux produits du travail individuel, ils sont plus insaisissables encore, car qui peut dire ce que gagne un marchand, un avocat, un médecin, un banquier?

Cet impôt unique reposant sur les revenus exactement connus de chacun, est donc un pur idéal impossible à réaliser. Les Anglais l'ont essayé, mais ils sont si assurés de se tromper, qu'ils s'efforcent de corriger les inévitables erreurs de cet impôt en le rendant très-modique, puisqu'il est de trois pour cent, c'est-à-dire d'un trente-troisième du revenu, et ne l'emploient, sous la désignation d'*income-tax*, qu'à titre de supplément, dans les temps difficiles, en ayant soin d'exempter tous les petits revenus, comme qui dirait une sorte de souscription, demandée aux classes aisées, pour venir au secours du trésor en détresse.

Supposez cependant que cet impôt chimérique, basé sur le revenu vrai de chacun, fût possible, il aurait encore un inconvénient grave, ce serait de s'adresser directement aux personnes, de leur demander à certains jours de l'année, tous les mois, tous les trois mois, ou tous les six mois, le montant de leurs contributions, et de les prendre souvent au dépourvu, ce qui arrive particulièrement aux classes malaisées, ordinairement peu prévoyantes, et d'ajouter ainsi à l'incommodité naturelle de l'impôt, quel qu'il soit, celle d'une exigence se produisant tout à la fois à un jour déterminé. C'est l'inconvénient attaché à tout impôt *direct*, et on appelle de ce nom celui qui va chercher *directement* les personnes, pour leur demander, ou une part du revenu de leur bien, ou une part des profits de leur travail. Or les gouvernements, beaucoup plus attentifs qu'on ne le croit à ménager la sensibilité du contribuable, ont tenu grand compte de cet inconvénient, et pour ce motif ont repoussé l'impôt *direct* autant qu'il a dépendu d'eux, et plus ils ont eu affaire à un pays riche, plus ils ont eu recours à l'impôt *indirect*, que voici.

On peut, en effet, concevoir un autre impôt que cet impôt allant s'adresser nominativement aux personnes, pour leur demander une part de leurs revenus de tout genre; on peut en concevoir un qui frappant à leur passage toutes les choses qui se consomment, aliments, vêtements, objets de luxe, matières premières elles-mêmes, se confond ainsi avec le prix de ces choses, et vient s'y ajouter. Cet impôt sur les denrées ou marchandises, qu'on appelle *indirect*, pour le distinguer du précédent, a un avantage bien grand sur le premier, c'est de prendre sa véritable place, en se plaçant dans le prix même des choses, dont l'impôt doit faire évi-

DE L'IMPOT. 369

demment partie, car de même que la dépense des assurances contre les naufrages doit être comprise dans le prix des marchandises arrivées d'outre-mer, de même ce qu'il en coûte de protection sociale pour que les produits du travail humain s'accomplissent, doit devenir partie intégrante du prix de ces produits. Il en résulte ceci, par exemple, que l'impôt se trouvant confondu avec le prix de la marchandise sur le marché, s'acquitte successivement, insensiblement, au fur et à mesure de la consommation, de manière que le contribuable, qui généralement n'a pas de prévoyance, n'est pas obligé de songer à l'impôt, comme à son loyer ou à son fermage, et il arrive qu'en acquittant la dépense de tous les jours, il a en même temps acquitté sa part des charges publiques. De plus l'impôt est volontaire de sa part, en ce qu'il s'arrête dans sa dépense s'il ne croit pas pouvoir y suffire, et il ne paye dès lors des contributions que ce qu'il en veut payer, et en proportion des jouissances auxquelles il se livre. L'impôt est plus juste, car le riche qui consomme davantage des produits sociaux, paye en plus grande proportion ce qu'ils ont coûté à protéger, et celui qui par prévoyance, économie ou pauvreté s'en abstient, est dispensé de payer une part des dépenses publiques proportionnée à son abstention. Cet impôt dit *indirect* est donc insensible, infiniment réparti, prévoyant pour le contribuable qui ne l'est pas, et en général plus juste.

Toutefois il a trois inconvénients, le premier d'être difficile à percevoir, le second de nuire quelquefois à la production, le troisième de céder sous la charge, si on veut l'augmenter outre mesure.

Il est difficile à percevoir, parce que portant sur tous les objets de consommation, il est obligé de se diversifier comme eux, de les suivre dans leurs mouvements, dans leurs transformations, de les attendre à l'entrée des villes, au passage des frontières, d'aller chez les contribuables en constater l'existence dans leur propre demeure (ce qu'on appelle du nom odieux d'*exercice*), quelquefois même de prendre la forme du monopole, et de débiter les choses après les avoir fabriquées, pour être plus sûr de trouver sa place dans leur prix. Il devient ainsi dispendieux, vexatoire, contraire à la liberté du commerce.

Il nuit aussi à la production, lorsque, portant sur certaines matières premières, il élève le prix des produits nationaux, qu'on a intérêt à fabriquer au meilleur marché possible, pour les faire accepter à l'étranger. On est alors obligé de recourir à des procédés compliqués, de restituer au moment de la sortie des produits fabriqués les droits antérieurement perçus, ce qui donne lieu à mille fraudes.

Enfin à l'avantage même d'être volontaire, puisque le contribuable ne paye cet impôt dit *indirect* qu'en voulant acheter, se trouve attaché un dernier inconvénient, celui de céder sous une forte charge, car du renchérissement des objets de consommation, suite de l'élévation des droits, il résulte que l'on ne consomme plus autant, et que l'impôt accru par les tarifs, au lieu de produire davantage, produit moins, par le fléchissement de la consommation. Il arriverait même de là qu'un gouvernement qui aurait tout à coup de grandes dépenses à faire, ne pourrait pas en demander le moyen à l'impôt *indirect*.

Telles sont, avec leurs avantages et leurs inconvénients, les deux grandes formes de l'impôt, l'impôt *direct*, qui s'adresse nominativement aux personnes pour en exiger telle ou telle part du revenu de leurs propriétés ou de leur travail, et l'impôt *indirect*, qui, saisissant tous les objets nécessaires à l'homme, se confond avec leur prix ; le premier dur, forcé, mais certain, le second inaperçu, volontaire, se payant insensiblement, au moment où le contribuable a le goût et le moyen de consommer, mais par ce motif, difficile à percevoir, parfois dangereux au commerce, et incertain dans ses produits.

Savez-vous comment s'y prennent les gouvernements pour parer aux inconvénients de l'un et de l'autre ? ils varient à l'infini leurs perceptions, ils ont recours à des contributions qui participent de ces deux natures d'impôt, s'ingénient de mille manières pour saisir l'instant où l'argent est plus facile à trouver, à demander, à obtenir, emploient mille précautions ingénieuses pour être moins à charge au contribuable, cédant sous ce rapport à une prudence qui est excellente en elle-même, qui vaut la sensibilité, et qui est de tous les temps, parce que dans tous les temps, je le répète, on a songé à ménager les peuples, par intérêt autant que par humanité.

C'est ainsi que les deux catégories principales d'impôt, le *direct* et l'*indirect*, se sont diversifiées à l'infini. La première idée de tous les gouvernements est de recourir d'abord à l'impôt direct. Tant par famille et par troupeau dans l'état nomade, tant par terre et par famille dans l'état agricole, voilà la première manière de s'y prendre. C'est en effet ce qu'on trouve dans les sociétés les moins avancées. L'impôt indirect naît bientôt après; il naît sous forme de péage. Les marchands ont à passer avec leurs marchandises par tel port, pont, ou défilé : on leur fait payer un droit, qui est au début une sorte de rançon levée par le brigandage. Ils viennent débiter leurs marchandises dans tel marché fréquenté : le souverain du lieu leur fait payer un droit d'admission à ce marché. Avec le temps, ces impôts se civilisent en quelque façon; ils s'adoucissent quant à la forme, et, quant au fond, ils deviennent plus légers en se divisant.

Ainsi au lieu de réclamer une aussi forte part du produit annuel de la propriété, on profite de l'instant où elle change de possesseur, pour exiger un droit de mutation. On pense que le moment, où l'acheteur va être obligé d'en réunir toute la valeur dans ses mains, pour en acquitter le prix au vendeur, sera le mieux choisi pour leur demander à l'un ou à l'autre une part de cette valeur, 1 ou 2 pour cent, par exemple, mille ou deux mille francs sur cent mille. Ce sera celui des deux contractants qui aura le plus de penchant à traiter, qui supportera cette charge. Mais elle n'en sera pas moins réelle, quoique l'occasion soit bien choisie, car une terre dont le capital d'achat s'est élevé ne représente plus le même produit.

De même si le père ou l'oncle mourant lègue une terre, une maison, à un fils ou à un neveu, l'occasion est encore opportune pour prélever une redevance sur la transmission, car celui qui devient riche, ou du moins aisé, ne doit pas regarder autant à payer une somme, qui n'est après tout, si l'impôt est modéré, qu'une légère diminution de la richesse ou de l'aisance qui lui arrive. Si la succession n'est pas directe, si elle n'est pas du père au fils, mais de l'oncle au neveu, ou même d'un parent éloigné à un autre parent éloigné, il est concevable que le droit augmente, car moins la succession est naturelle, plus elle est une œuvre des conventions sociales qui protégent la propriété, plus elle doit à la société, c'est-à-dire au fisc qui la représente. Toutefois si par sa quotité l'impôt était une manière hypocrite de confisquer la propriété elle-même, il serait une vraie fourberie du gouvernement, qui serait puni par la fraude du contribuable. Tout collatéral qui verrait le quart ou le tiers de sa succession exposé à la confiscation après sa mort, dénaturerait ses biens, leur donnerait la forme immobilière et insaisissable, pour échapper aux exactions du fisc; et l'État serait puni comme il l'est toujours de toute exagération de tarif.

Cette nature de contribution, qu'on appelle droits de *mutations* et de *successions*, participe de l'impôt direct, par la propriété sur laquelle elle repose, et cependant est variable comme l'impôt indirect, dépend du mouvement des choses, hausse ou baisse avec la prospérité régnante, comme les droits sur les consommations. C'est un véritable droit indirect sur la propriété. On a imaginé aussi d'atteindre les transactions qui ne se font pas par acte notarié, en exigeant que le papier qui en renferme les stipulations, ou qui sert également dans les actes judiciaires, porte un timbre, qui ne s'appose que moyennant un droit. C'est l'impôt du timbre que l'État perçoit en faisant vendre à bureau ouvert ce qu'on appelle le *papier timbré*.

Enfin bien que la justice doive être gratuite dans tout pays libéralement constitué, cependant il est naturel d'exiger de ceux qui s'adressent à elle, certaines redevances sur les actes judiciaires, car d'une part, ayant recours à elle plus que d'autres, ils doivent quelque chose de plus à un service dont ils aggravent les charges, et d'autre part, au milieu des dépenses que des contendants obstinés font pour disputer une propriété, ils sont peu sensibles, comme celui qui vend ou achète, à une petite fraction de dépense ajoutée à celles qu'ils supportent pour acquérir ou conserver le capital lui-même.

De même que l'impôt frappé sur la propriété se diversifie à l'infini, et se percevant au moment des mutations ou contestations dont elle est l'objet, devient presque un impôt indirect, de même l'impôt qui se perçoit sur les profits du travail se diversifie de cent façons.

Ainsi, quelquefois il frappe sur les personnes par tête, sans tenir compte de leurs facultés, et alors il s'appelle *capitation*. Quelquefois il les frappe par tête en tenant compte de leurs ressources diverses, et on cherche à reconnaître ces ressources aux signes les plus vraisemblables. En France nous cherchons à atteindre les personnes par une capitation graduée qui s'appelle impôt *personnel et mobilier*. Chaque individu paye pour sa personne trois journées de travail, 3 francs, 4 francs 50 centimes, suivant les pays, et de plus une addition proportionnée à son loyer, signe ordinairement le plus sûr de l'aisance de chacun, de façon que le paysan payera 3 francs, l'habitant d'un hôtel à Paris 500 francs, 1,000 francs, 1,500 francs.

Pour être plus certain encore d'atteindre les personnes proportionnément à leurs facultés, on s'adresse à toutes celles qui exercent des professions industrielles, on les range en diverses classes, et on leur impose une patente qui s'élève depuis 30 francs jusqu'à 2,000 francs, quelquefois à davantage.

Nous avons un autre impôt gradué sur les fortunes, c'est l'impôt sur les portes et fenêtres, qui frappant les habitations d'après le nombre des ouvertures, les frappe suivant le luxe du logement.

Après ces impôts qui ont pour but d'atteindre les divers genres de revenus, en s'adressant soit aux propriétés, soit aux personnes, et qui ont la forme tantôt directe, tantôt indirecte, viennent les impôts véritablement *indirects*, portant sur les consommations. Ainsi tandis qu'on ose rarement frapper les aliments de première nécessité, tels que le pain, on hésite moins à frapper les liqueurs, qui tantôt se consomment honnêtement, à titre d'aliments, et dans le sein de la famille, tantôt et plus souvent se consomment à titre de débauche au sein des cabarets.

Y a-t-il, par exemple, une production de peu de valeur, comme le sel, dont le besoin est universel, que les consommateurs sont obligés de venir chercher à un seul endroit, les marais salants, les gouvernements frappés de l'universalité de l'usage, et de la facilité de saisir l'objet à son point de départ, établissent un impôt sur le sel. Ils l'ont fait dans tous les temps, dans tous les pays, plus ou moins durement suivant les époques de civilisation, mais ils l'ont tous fait. C'est une espèce de capitation, car tous les habitants d'un pays la payent également, mais une capitation rendue presque insensible parce qu'elle se cache dans une consommation.

Enfin le principe de l'impôt indirect étant de frapper les consommations ou les plus générales, ou les plus faciles à saisir, ou les moins intéressantes, dès que la feuille végétale, connue sous le nom de tabac, s'est introduite en Europe, on a songé à l'imposer. Utile aux marins contre le scorbut, aux militaires contre les souffrances du bivouac, elle n'est chez les habitants paisibles de nos cités qu'un vice, vice peu élégant, peu digne de faveur, mais digne d'encouragement dans l'intérêt des finances. Les gouvernements, ne s'imposant nulle gêne à l'égard d'une consommation qui est un vice, ont cherché le moyen le plus sûr de percevoir l'impôt, et ils ont imaginé de fabriquer eux-mêmes le tabac. C'est ce qu'on appelle le monopole du tabac. Dans les temps de raison, tout monopole était un sujet de reproche, car l'État ne doit rien fabriquer que les canons, la poudre, les vaisseaux de guerre, un tel soin ne pouvant être délégué à personne. Toutefois l'intérêt attaché à l'entière perception d'un impôt, qui en France rend 120 millions, a fait négliger le reproche adressé à ce monopole.

Certains services, comme les postes, ont fourni à tous les États, en les faisant payer un peu plus cher qu'ils ne coûtent, l'occasion d'un revenu.

Telles sont les diversités infinies des impôts dans les États modernes. Ils varient suivant les lieux, et suivant la forme que la richesse prend chez chaque nation.

Pareils aux eaux qui, en suivant certaines directions souterraines, se réunissent en certains endroits du sol, d'où elles jaillissent en sources abondantes, les impôts prennent des formes appropriées à chaque pays, et se révèlent d'eux-mêmes aux gouvernements qui savent observer la nature. En Angleterre, par exemple, pays insulaire, de vaste commerce, la richesse tout entière passe par le rivage. Dans cette même Angleterre, pays d'immense consommation, et où les boissons se fabriquent en grand dans quelques ateliers peu nombreux, l'*excise*, perçue au moyen d'une vérification chez quelques brasseurs, fournit avec les douanes presque tout le produit de l'impôt. Un simple supplément sur le revenu des personnes, sans aucune contribution foncière, procure le complément nécessaire. En Hollande, pays de commissionnaires maritimes, faisant pour tous les peuples le commerce des transports, des redevances sur le tonnage des vaisseaux, sur le passage à travers certains canaux ou ports, fournissent la principale source des revenus. En Lombardie, pays agricole, on songe à imposer tout produit de la terre qui se déplace, jusqu'au chariot de foin qui se rend de la ferme au marché. (Je parle ici de ce qui existait antérieurement à 1789, avant que la révolution française eût contribué à effacer le caractère propre à chaque pays.) Enfin en France, pays qui est à la fois agricole, industriel et commerçant, on voit se former une combinaison de ces divers impôts, et une des plus équitables qui existent dans le monde.

Les impôts ont ainsi le caractère des pays et des lieux : ils sont établis en général là où la richesse se montre. On peut et on doit successivement en rendre la forme plus juste et plus douce; mais il y a danger à vouloir supprimer ceux qu'un long usage a consacrés, et convertis en habitude, pour leur en substituer de nouveaux, dont la nature d'un pays longtemps observée n'avait pas suggéré l'idée. C'est chercher l'eau là où elle ne jaillit point. Il faut alors creuser profondément pour la trouver, et tenter de grands efforts pour l'amener à la surface du sol. Une autre remarque très-fondée, c'est que plus ils sont diversifiés, moins ils pèsent. On a reconnu en fait de gymnastique, qu'un homme qui serait accablé sous un poids réuni en un seul volume, le porte aisément s'il est réparti sur tout son corps. La même observation est applicable à l'impôt.

Ce sont des motifs de cette nature qui en général ont dirigé la conduite des gouvernements. On croit que dans tous les temps ils n'ont songé qu'à accabler les peuples, à les pressurer, à décharger le riche pour écraser le pauvre. C'est là une parfaite ignorance de l'histoire. Ils ont cherché à obtenir le plus d'argent avec le moins de souffrance possible, comme dans tous les pays l'homme, cherchant à utiliser la force des animaux domestiques, s'est appliqué à s'en servir de la manière la moins douloureuse pour eux, et qui leur permettait de déployer le plus de force. Ainsi il attelait le bœuf par la tête, le cheval par le poitrail. On voit que je n'aspire à flatter par ma comparaison ni gouvernements ni peuples. J'aspire à faire saisir la vérité. Les gouvernements, en un mot, ont été oppresseurs le moins qu'ils ont pu. Ils ont cherché à percevoir beaucoup en faisant souffrir peu, parce que chaque souffrance épargnée était, comme je l'ai déjà dit, une ressource économisée pour de nouvelles créations d'impôt. Ce n'était pas le fisc qui avait tort chez eux, c'était leur politique, tour à tour follement belliqueuse, ou follement somptueuse, et toujours imprévoyante. Le fisc faisait comme il pouvait, le moins mal qu'il pouvait, sans compter que souvent il était dirigé par des ministres pleins de sagesse comme Sully, ou de génie comme Colbert, ou d'humanité comme Turgot, lesquels s'efforçaient de rendre les hommes heureux en rendant les gouvernements prévoyants et sages.

CHAPITRE V.

DE LA DIFFUSION DE L'IMPÔT.

Que l'impôt se répartit à l'infini, et tend à se confondre avec le prix des choses, au point que chacun en supporte sa part, non en raison de ce qu'il paye à l'État, mais en raison de ce qu'il consomme.

N'ayant point ici pour but d'écrire un traité sur les finances, je n'ai retracé les principales formes de l'impôt que pour indiquer l'esprit dans lequel ont agi les divers gouvernements, et persistant dans le point de vue de mon sujet, je vais rechercher laquelle de ces formes est plus ou moins avantageuse au peuple, c'est-à-dire plus onéreuse au riche, plus légère au pauvre. Je n'hésite pas à déclarer que c'est la dernière qu'il faut sincèrement préférer, par habileté autant que par un genre de bonté qui est dans tous les cœurs honnêtes. Malheureusement il n'y a aucun impôt qui présente véritablement ce caractère. De même que pour nos sens trompés par les apparences, c'est le soleil qui tourne et non la terre, de même tel impôt paraît peser sur une classe, tel impôt sur une autre, sans qu'il en soit rien. L'impôt, en réalité le meilleur, même pour le pauvre, est celui qui convient le mieux à la fortune générale de l'État, fortune qui est celle du pauvre beaucoup plus que celle du riche, ce dont on n'est jamais assez convaincu. Quant à la manière dont l'impôt se répartit entre les diverses classes, ce qu'on peut avancer de plus vrai, c'est qu'il se répartit en proportion de ce que chacun consomme, par la raison, fort ignorée j'en conviens, et fort peu comprise, que l'impôt se répercute à l'infini, et de répercussions en répercussions devient en définitive partie intégrante du prix des choses. De la sorte celui qui achète le plus d'objets est celui qui paye le plus l'impôt. C'est ce que j'appelle la *diffusion* de l'impôt, d'une expression empruntée aux sciences physiques, qui appellent *diffusion* de la lumière ces réflexions innombrables, par suite desquelles la lumière ayant une fois pénétré dans un milieu obscur par la plus légère ouverture, s'y répand en tout sens, et de manière à atteindre tous les objets qu'elle rend visibles en les atteignant. Je n'ai aucun penchant pour les opinions singulières. Je n'aime que les opinions communes, tout comme en fait d'esprit je n'aime que le sens commun. Si celle-ci n'était que singulière, elle ne serait pas de mon goût, mais elle est rigoureusement vraie, et je vais l'exposer, pour tâcher de faire cesser beaucoup d'erreurs, fort nuisibles aux classes pauvres, qu'on a tant à cœur de servir.

L'impôt au premier aspect paraît payé, tandis qu'il n'est qu'avancé, par celui auquel on le demande, et qu'il est supporté en réalité par tous dans une proportion que je vais essayer d'indiquer.

Un manufacturier qui fabrique une étoffe, est obligé de se conduire de la manière suivante, ou de périr. Il paye l'impôt foncier sur sa fabrique, le droit de douane sur la laine, sur le coton ou le fer, selon qu'il travaille l'une de ces matières, le droit de douane sur les machines qu'il emploie, sur la houille qu'il brûle, le salaire de l'ouvrier qui, s'il est de 3 francs dans l'intérieur de Paris, sera de 2 francs en dehors de la ligne des octrois, parce qu'il faut rembourser sous forme de salaire les impôts qu'a supportés l'ouvrier sur toutes ses consommations. Ce même manufacturier paye sa patente proportionnée à l'importance de son industrie, son impôt personnel et mobilier proportionné à l'étendue des bâtiments qu'il occupe ; il paye enfin tous les autres impôts qui pèsent sur les matières qu'il consomme lui-même. Il joint ces divers déboursés aux frais de fabrication, et il en compose le prix de revient, prix auquel il est obligé de vendre le produit manufacturé dont il est le fabricant. Il est possible qu'il ne se rende pas compte à lui-même de tous les éléments qui concourent à former ce prix de revient, et tous les jours, en effet, nous voyons dans les enquêtes industrielles qu'il ne s'en rend pas un compte exact. Mais sciemment ou non, il n'en obéit pas moins à la nécessité de retrouver dans le prix de ses produits, tous ses déboursés, plus un certain bénéfice, n'importe lequel, mais un bénéfice quelconque. Supposez qu'il ait eu l'art d'attirer les acheteurs à lui, et que le goût de ces acheteurs, très-prononcé pour ses produits, lui procure un bénéfice supérieur à ceux qu'on obtient dans d'autres industries : qu'arrivera-t-il? A l'instant même des concurrents se présenteront pour réduire ces bénéfices. Ainsi, un père veut établir ses enfants. Il sait que dans la filature du lin, ou dans la fabrication du sucre, ou dans celle du fer, il s'est fait récemment des profits considérables; il forme pour ses enfants un établissement de ce genre, il augmente la masse du produit qui donnait des bénéfices supérieurs à ceux des autres industries, et finit bientôt par amener la réduction de ces bénéfices. Là où il y avait gain, il y a perte. L'heureux fabricant qui gagnait trop naguère, voit sa prospérité interrompue. Néanmoins il résiste un certain temps, il consent à fabriquer à perte, pour ne pas abandonner son industrie, et il se résigne passagèrement à ne pas retrouver tous ses frais, impôts et matières premières. Si la perte s'arrête, il persévère; si elle continue, il se retire, afin de ne pas se ruiner. En un mot, il ne persiste dans son industrie qu'autant que d'une manière continue il fait un petit bénéfice, si petit qu'il soit, mais un bénéfice, comprenant tous les déboursés que j'ai énumérés, avec une légère plus-value.

L'impôt avancé par lui doit donc se retrouver toujours dans le prix des marchandises qu'il a fabriquées, et l'acheteur paye cet impôt avec ces marchandises elles-mêmes. L'impôt contribue-t-il à en augmenter le prix au delà du goût de l'acheteur, celui-ci se calme et en demande un peu moins. Son goût est-il supérieur à la cherté, il persiste, et en payant il fait fabriquer en quantité proportionnée à ses désirs la marchandise qui lui a plu. En définitive, l'impôt est partie intégrante du prix des choses, et c'est le penchant de l'acheteur pour ces choses qui le détermine à en payer une part plus ou moins considérable.

En est-il ainsi pour les seuls produits manufacturés? Pas du tout. Le fermier qui sème du blé, qui élève des troupeaux, doit retrouver lui aussi dans le prix des denrées ou des moutons, non-seulement le fermage, la semence, les journées d'ouvriers influencées par les impôts que payent ces ouvriers eux-mêmes, mais son impôt foncier, son impôt personnel, sans quoi il abandonnerait son état de fermier, et de la sorte le pain, le vin, la viande arrivent au consommateur, chargés de frais de tout genre, dont l'impôt foncier forme une notable partie. Le fermier n'a donc fait, comme tous les autres producteurs, que l'avance de l'impôt, avance dans laquelle il doit rentrer ensuite, s'il veut continuer un métier qui autrement serait ruineux.

L'ouvrier qui est le plus dépendant des coopérateurs employés à la confection de tous les produits, est lui-même dans une position exactement semblable. Il faut qu'il retrouve forcément dans son salaire le prix des impôts qu'il a payés, car autrement il changerait de profession, ou bien il y mourrait de misère, et si ce n'était lui ce seraient ses successeurs qui abandonneraient une profession devenue impossible pour eux. La preuve qu'il en est ainsi, c'est qu'un ouvrier qui travaille dans l'intérieur de Paris, recevra un salaire très-supérieur à celui qui travaillera en dehors, par la seule raison que le premier aura à payer les octrois dont sera dispensé le second. Ainsi encore celui qui travaille à Paris est plus payé que celui qui travaille à Rouen ou à Nevers, la profession bien entendu étant semblable, et le rang dans la profession l'étant aussi.

Celui, par exemple, qui file le coton dans l'intérieur de la ville de Rouen recevra 2 francs, quand celui qui à la campagne se consacre au tissage dans sa petite chaumière, se contente de 30 sous, et s'en trouve même beaucoup plus heureux. Mais est-ce bénévolement que le fabricant paye l'un 40 sous, et l'autre 30 ? Non sans doute. Il a besoin de l'ouvrier dans l'intérieur de la ville, et il lui paye ses impôts en lui donnant 40 sous au lieu de 30. Un marchand de meubles a intérêt à faire fabriquer des meubles à Paris, parce que la renommée de goût acquise aux fabricants de cette grande capitale assure à leurs produits un prix beaucoup plus élevé. En même temps tout est plus cher à Paris à cause des impôts. Le marchand dont il est question, pour y attirer l'ouvrier, le paye 4 francs au lieu de 2.

Ainsi l'impôt répercuté à l'instant même vient prendre place dans le prix de chaque chose, prix qui est déterminé à la fois et par les charges dont on l'a augmenté, et par le besoin qu'en ont les consommateurs, s'il s'agit de choses nécessaires, ou par leur goût seulement, s'il s'agit de choses de pure jouissance. Mais si l'impôt les a trop fait renchérir, le besoin se restreignant, le goût se contenant, la consommation diminue, et le produit de l'impôt avec elle. En fin de compte, le penchant à se procurer chaque objet détermine son vrai prix, et par suite la participation de chacun de nous à l'impôt. C'est au fisc à ne pas charger certaines productions pour ne pas en éloigner l'acheteur, s'il y a intérêt à les étendre.

Ces répercussions sont encore plus nombreuses qu'on ne pourrait le rendre par la parole, car le pain va se trouver chargé de l'impôt qui a frappé la terre, des portions d'impôt qui ont frappé le vêtement du laboureur et le soc de la charrue ; le fer qui a servi à fabriquer ce soc de charrue va se trouver chargé de l'impôt foncier sur la forge, de l'impôt de douane sur la houille et sur les machines, de tous les impôts sur le pain et sur les vêtements. Le vêtement sera frappé à son tour des surenchérissements qui l'atteignent directement ou indirectement par les mille et mille répercussions que je viens de retracer. Plus même un produit sera compliqué, plus il sera produit de luxe, plus il aura passé par de nombreuses mains pour arriver à sa perfection, plus il sera coûteux enfin, et plus il aura reçu de ces renchérissements successifs, résultant des mille coups et contre-coups de l'impôt. Ainsi une voiture de grand prix, dans laquelle il entrera du bois, du fer, des cuirs, des glaces, des soieries, des vernis, qui aura employé des ouvriers de toute espèce, sera plus chargée de ces surenchérissements, provenant de tous les genres de contributions qui représentent la protection sociale. Si on pouvait en un mot soumettre tous les objets dont l'homme se nourrit, se vêtit, se pare, se délecte l'âme et le corps, à une analyse morale aussi parfaite que l'est l'analyse chimique, on retrouverait dans leur valeur vénale des portions plus ou moins considérables de tous les impôts, et on les y trouverait en parcelles infiniment divisées. En somme, la valeur d'une chose étant le composé de tous les genres de travail qui ont concouru à la produire, le travail de la protection sociale représenté par l'impôt doit être l'un des éléments essentiels qui sont entrés dans ce composé; dès lors celui qui consomme le plus de toutes choses, est celui qui paye la plus grande part des impôts, et par une loi des plus sages, des plus rassurantes de la Providence, de quelque façon que s'y prennent les gouvernements, le riche est après tout le plus soumis à l'impôt.

De cette théorie rigoureusement vraie faudrait-il conclure que tous les systèmes d'impôt sont indifférents? Dieu me préserve de soutenir une pareille hérésie. D'abord il y a l'égalité de l'impôt à laquelle on ne pourrait manquer sans produire, avec une injustice criante, de funestes effets. Remontez, par exemple, au temps où toute terre ne payait pas l'impôt : pour celle qui en était dispensée le blé revenait évidemment à meilleur marché, ce qui ne la privait pas de le vendre aussi cher que le blé provenant de la masse des terres imposées, et ce qui constituait la plus injuste des faveurs. Supposez un fabricant qui aurait un secret pour produire à meilleur marché, celui-là ferait un profit de plus, très-légitime s'il le devait à son génie, illégitime s'il le devait à une faveur. C'était le cas du propriétaire noble. Figurez-vous une localité moins imposée qu'une autre, celle-là aurait également la faveur très-injuste de produire à meilleur marché, quand les autres produisent plus cher, sans être privée de vendre au prix général. Supposez enfin un fabricant qui échapperait par la contrebande au droit sur la matière première, il y aurait encore pour lui une exception consistant à produire à meilleur marché, sans vendre moins cher que ceux qui ne jouiraient pas de l'exception. L'égalité de l'impôt, comme égalité des conditions de la production pour tous, est donc la première de toutes les lois.

Il reste d'autres considérations dont il faut se préoccuper, et qui font que les impôts sont loin d'être indifférents. S'il est vrai que l'impôt rejeté dans le prix des choses ne soit qu'avancé par celui qui le paye, l'avance n'en est pas moins une charge dont il doit être tenu grand compte, car elle peut ne pas rentrer assez vite, elle force souvent les valeurs à des mouvements détournés, et pèse directement sur celui qui la supporte, en attendant que les prix se soient gradués d'après le tarif. L'impôt, par cela seul qu'il se répercute sur toutes les productions, en rend certaines plus chères, et, sous ce rapport encore, il peut avoir des conséquences plus ou moins graves sur la production de celles qu'il fait renchérir. Enfin il peut coûter plus ou moins de vexations ou de dépenses par suite du mode de perception, et, par toutes ces raisons, il mérite une très-grande attention.

L'observation attentive des faits n'en donne pas

moins le résultat suivant, c'est que l'impôt, à l'instant où il est acquitté à titre de contribution foncière sur une terre ou sur une usine, à titre de droit de douanes sur une matière première passant aux frontières, à titre d'octroi sur une denrée passant aux portes d'une ville, frappe momentanément celui qui le paye, mais bientôt remboursé avec le prix des choses par l'acheteur, finit par ne retomber que sur l'acheteur même, en proportion de ses achats, et je ne puis mieux comparer ce qui se passe ici qu'à ce magnifique phénomène de la lumière, laquelle commence par tomber en ligne directe sur les objets, et s'appelle dans ce moment *lumière rayonnante*, puis se réfléchit des uns sur les autres, remplit l'atmosphère comme un fluide, atteint et rend visibles les objets mêmes qui ne sont pas exposés à son rayonnement direct, et, dans ces répercussions infinies, qui font que tout objet en a sa part, s'appelle alors *lumière diffuse*. C'est pour cela que j'ai appelé diffusion de l'impôt ce phénomène économique.

Et je vais tout de suite aux conséquences. On dit : il faut augmenter l'impôt sur la propriété parce qu'il frappe le riche, et diminuer l'impôt sur les consommations parce qu'il frappe le pauvre, ou en d'autres termes augmenter l'impôt *direct*, diminuer l'impôt *indirect*. Or en négligeant cette considération que la propriété foncière est dans les mains du pauvre en

France, vu que chaque paysan en a un morceau, en la supposant un moment plus concentrée qu'elle ne l'est, je poserai la question qui suit : Est-il vrai oui ou non que l'impôt sur la terre agira plus ou moins sur le prix du blé ou de la viande, selon qu'il sera plus ou moins élevé, par la raison que le fermier qui cultive les céréales ou élève des troupeaux sera obligé de recouvrer ses frais, et que l'impôt sera partie de ces frais? Eh bien, par l'impôt foncier vous faites renchérir le pain et la viande du peuple. Cela vaut-il mieux que de faire renchérir le vin qu'il boit au cabaret? On va frapper un impôt sur tel objet de luxe; on en diminue ainsi la production; les ouvriers qui le produisaient se rejettent sur d'autres professions, dont ils avilissent les salaires. Est-ce encore là un moyen de se rendre utile aux classes pauvres? Les manières d'agir sur l'impôt les plus en vogue aujourd'hui, supposent donc des vues très-courtes, et pourraient être bien funestes : c'est ce que je montrerai dans le chapitre suivant.

CHAPITRE VI.

DU BIEN ET DU MAL A PRODUIRE PAR L'IMPOT.

Que les modifications au système des impôts, les plus désirables dans l'intérêt des classes laborieuses, ne sont pas celles qui sont le plus généralement proposées.

On voit donc que le bien, le mal ne sont pas si faciles à faire ou à éviter qu'on le pense, et qu'en prenant la résolution de dégrever les impôts indirects, de grever les impôts directs, on n'a pas plus assuré l'amélioration du sort du pauvre, que l'aggravation du sort du riche.

Je ne sais pas un impôt, depuis que la révolution française a établi l'égalité entre tous les citoyens, depuis qu'elle a supprimé la distinction entre les terres nobles et les terres roturières, opéré autant que possible la péréquation entre toutes les parties du territoire, supprimé certaines formes de perception, aboli les exemptions, les faveurs exceptionnelles, je ne sais pas un impôt qui n'ait sa raison, et dont la suppression ne doive entraîner l'aggravation d'autres impôts fort onéreux pour la masse des contribuables.

On se plaint de l'impôt indirect, de celui qui frappe sur le peuple des villes, car c'est ce peuple qui est toujours préféré à l'autre, on voudrait supprimer ou réduire cet impôt, et assurément, si on peut le diminuer, je ne demande pas mieux. Mais déjà nous avons éprouvé, il y a dix-huit ans, que la diminution de l'impôt sur les boissons a profité à quelques cabaretiers plutôt qu'au vrai peuple. Quoi qu'il en soit, j'admets un nouvel essai en ce genre, si on y tient. Mais sur quel impôt reportera-t-on la charge? Sur l'impôt que paye le riche, dira-t-on. Je le veux bien; le riche s'y résignera volontiers, si ce sacrifice doit lui rendre la bienveillance des classes laborieuses faussement excitées contre lui. Mais comment ferez-vous pour trouver un remplacement? On ne peut guère compter sur la réduction des dépenses de l'État, quand pour le service seul de l'instruction publique, on demande 70 ou 80 millions de plus par an, quand on veut augmenter les établissements de bienfaisance, soutenir au dehors la cause de certains peuples, etc... Il faut donc d'autres ressources pour remplacer celles qu'on supprimera. Créera-t-on des impôts de luxe, un impôt sur les chevaux, par exemple? J'y consens pour ma part; mais les classes riches sont si peu riches en France, que les impôts de luxe, qui rendent 30

DE L'IMPOT.

millions en tout et pour tout en Angleterre, ne rendront pas 10 millions en France. Mais, dans l'obligation où l'on est chez nous de suppléer à ce que la richesse ne peut pas faire, faute d'être assez riche, et par suite d'encourager l'éducation des chevaux, on dépense dans les haras de deux à trois millions par an : ne sera-t-il pas singulier d'en dépenser trois d'un côté pour encourager l'éducation des chevaux, et de la décourager de l'autre, en cherchant à en percevoir un ou deux sur ces mêmes chevaux? Soit, je ne dispute pas; mais cinq ou six millions ne sont pas un dédommagement pour les cent ou deux cent millions de réduction à opérer dans le régime de nos impôts. On établira un impôt sur le revenu, soit encore. Mais si vous frappiez le riche, depuis celui qui a dix ou quinze mille francs de revenu, jusqu'à celui qui en a cent mille et au-dessus, vous n'obtiendriez pas quinze millions de produit. Il faut, pour obtenir un résultat digne d'attention, descendre au grand nombre, à la très-petite aisance, au petit marchand, à l'artisan même. Eh bien, les souffrances du patentable, qui en ce moment expire sous le fardeau de ses contributions, et auquel on est obligé de remettre une partie de la surcharge des 45 centimes, ne vous apprennent-elles pas que tout le monde est à la gêne, que la limite des facultés est partout atteinte, et que ce n'est qu'en s'abstenant de charger chaque contribuable plus qu'il ne l'est, qu'on peut lui rendre l'existence supportable. Le peuple souffre aujourd'hui comme nous ne l'avons jamais vu souffrir. Est-ce par suite de quelque malice des classes supérieures, qui voudraient lui refuser le boire et le manger? Assurément non, c'est parce que les riches, épouvantés, privés de leurs revenus, ne font pas travailler le marchand, le boutiquier, et que ceux-ci, tout aussi gênés, ne font pas travailler le peuple. Attaquer le haut, c'est donc du même coup attaquer le bas. Croyez-vous qu'en frappant l'homme à la tête, vous lui causiez moins de mal qu'en le frappant aux bras et aux pieds?

Enfin remplacerez-vous les impôts abolis, en surimposant la propriété? Mais la propriété foncière, en France, est infiniment divisée. Sur 11 millions de cotes foncières, il y en a 5 millions au-dessous de 5 francs, 1751 mille de 5 à 10 francs, 1500 mille de 10 à 20 francs, et 13 mille seulement au-dessus de 1,000 francs. La terre est donc, en France, dans la main du pauvre, bien plus que du riche. Toutefois cette considération n'est pas la plus importante, car après tout l'impôt est remboursé, avec le temps, à celui qui le paye. Mais une production dont on a augmenté les frais reste toujours fort en arrière de celles dont les frais n'ont pas été accrus, et quand vous augmenterez les frais de l'agriculture, c'est à son développement que vous aurez nui. Vous aurez nui et à la culture des céréales, et à l'éducation du bétail ; vous aurez fait que le pain sera plus cher, et surtout que la viande le sera davantage. Vous aurez donc atteint les objets essentiels. On s'étonne souvent, et avec exagération, de l'infériorité de l'agriculture française, par rapport à celle de tel autre pays, l'Angleterre notamment, et on ne veut pas en voir la raison. Il n'y a pas, en Angleterre, d'impôt foncier. Il a été racheté par M. Pitt à 20 millions près. L'agriculture française supporte 280 millions de contribution que ne supporte pas l'agriculture anglaise, sans compter la différence résultant au profit de celle-ci de lois protectrices, récemment abolies en Angleterre, et trop complétement abolies peut-être. On s'en prend à l'ignorance de notre paysan, qu'on dénigre beaucoup trop. Croit-on qu'il ne sache pas que sur une terre qui a donné du froment une année, on peut l'année suivante recueillir une nouvelle récolte, moyennant qu'elle soit d'une autre nature, et qu'on y emploie beaucoup d'engrais? Il est assez instruit pour savoir qu'en variant les cultures, en multipliant les engrais, on peut tous les ans, de toute terre, tirer une récolte, et renoncer aux jachères. Il sait cela, mais chargé de frais, il ne peut aisément se procurer de l'engrais, c'est-à-dire du bétail, c'est-à-dire de l'argent. La différence de produit entre un sol et un autre, consiste beaucoup moins dans la fertilité naturelle de la terre, que dans les capitaux. Vous trouverez, en Afrique et en Orient, des contrées magnifiques qui sont tout à fait improductives, et vous trouverez entre Rotterdam et Anvers, sur des sables stériles, la plus belle culture de l'univers, parce qu'il y a des capitaux en Hollande, et point en Orient et en Afrique. Allez dans les sables des Landes, dans les sables de la Prusse : y a-t-il quelque part un gros bourg, une ville, vous voyez tout autour la fécondité remplacer la stérilité. Trop imposer la terre, c'est frapper non pas tant l'agriculteur que l'agriculture elle-même, en augmentant les frais de celle-ci, bien que l'agriculteur se ressente aussi de l'amoindrissement de son industrie.

Maintenant voudriez-vous puiser à d'autres sources les impôts qu'on désire abolir? Où trouver ces sources? Ce ne serait pas en sur-imposant les produits étrangers, qui supportent des droits de douane calculés d'après l'intérêt de l'industrie et du commerce. Voulez-vous que je vous indique là une réforme urgente, à laquelle il faudrait songer bien plus qu'à celle qui tendrait à rendre le cabaret plus accessible? Votre grande navigation périt, faute de fret, c'est-à-dire de matière à transporter. Vous avez dans une période de trente années perdu peut-être un quart des bâtiments de quatre à cinq cents tonneaux, allant aux Antilles, en Amérique, au delà des deux caps. Pourquoi? parce que le sucre, entre autres, fourni en partie par l'agriculture de la métropole, ne l'est plus par les pays d'outre-mer, et que cette matière de grand encombrement manque à notre navigation. On pourrait s'en procurer d'autres, telles que le coton ou la houille, matière de très-grand encombrement, mais il faudrait la disputer aux Américains et aux Anglais, et ce serait commencer une affreuse guerre de tarifs, avec les Américains qui portent le coton, avec les Anglais qui portent la houille. En diminuant le droit sur le sucre, ce qui n'aurait aucun inconvénient pour nos relations commerciales, ce qui les étendrait au contraire, on augmenterait la consommation de cette denrée alimentaire, on donnerait du fret à 2 ou 300 bâtiments, et comme ce sont 3 ou 400 qu'il en faudrait recouvrer pour revenir à l'état désirable et regretté, il s'agirait pour relever notre marine de se résigner à perdre 15, 20 millions sur l'impôt du sucre, car, quoi qu'on en dise, il n'est pas certain que l'augmentation de la consommation rendît prochainement ce qu'on aurait perdu par le changement des tarifs.

Voilà le vrai point de vue duquel il faut considérer les impôts. Il n'est pas vrai que le pauvre paye plutôt ceux-ci que ceux-là, car, ainsi que je l'ai fait voir, l'impôt va se confondre bientôt avec le prix des choses, et c'est l'acheteur qui, en définitive, supporte les charges publiques en proportion de ses consommations. Mais la vérité c'est qu'en affectant le prix des choses, on favorise telle production de préférence à telle autre, et qu'il reste à savoir si dans l'intérêt de l'État, qui, je le répète, est celui du peuple plus que de toute autre partie de la nation, la production qu'on favorise est bien celle qui le mérite davantage. Eh bien, je demanderai si pour diminuer les boissons, il convient de faire augmenter le prix du pain ou de la viande, s'il convient de frapper les objets de luxe, dont la moindre production amène la misère à tel point qu'on est immédiatement obligé de donner des primes à la soierie, à l'ébénisterie, etc.; s'il conviendrait enfin de renoncer à telle ou telle réforme, qui, en ravivant notre marine, rétablirait cette grandeur navale sans laquelle il n'y a point de débouchés assurés. Quant à moi, j'en doute fort; mais enfin il est facile de reconnaître qu'il y a là des intérêts très-divers, très-compliqués, et que le bien n'est pas précisément où il paraît être au premier aspect.

Au surplus je suis frappé d'une considération, c'est qu'ici comme toujours, on songe exclusivement aux populations agglomérées dans les grandes villes, qu'on s'applique à les flatter, que même on les trompe en les flattant, car elles ne gagneraient pas à la diminution des impôts indirects tout ce qu'on leur promet, et que c'est à elles qu'on sacrifie cet ensemble d'intérêts divers, qui composent l'intérêt général tel que je viens de le décrire. Pour ma part, lorsque les circonstances le permettront, j'aimerais bien mieux diminuer l'impôt du sel, qui pèse principalement sur le peuple le plus intéressant, le plus nombreux, le plus souffrant, celui des campagnes. Et quoique les impôts diminués ne servent pas toujours à ceux qui jouissent en apparence de la diminution, quoique 2 francs par tête gagnés par les paysans ne fussent pas un bien réel, un bien comparable au mal que l'État en recevrait, et qu'ils en recevraient eux-mêmes par contre-coup, je serais assuré de leur procurer, à trois personnes par famille, un don de 6 francs par an. Ces 6 francs je ne suis pas sûr qu'ils en gardassent le bénéfice, mais comme en agriculture tout est lent, très-lent, que les prix ne sont pas prompts à se niveler, cette diminution de leurs dépenses leur profiterait peut-être pendant un certain temps. Et cependant une année de prospérité publique leur vaudrait beaucoup mieux qu'une pareille suppression d'impôt. Qu'est-ce, en effet, que 6 francs par an, même pour la plus pauvre famille de paysans, qui avec le travail du père, de la mère, d'un enfant, ne peut gagner moins de 4 à 500 francs, qui peut même gagner 6 ou 700 francs aux environs de Paris, qu'est-ce que 6 francs, comparés aux avantages d'une année de prospérité publique? Supposez que les denrées ne se vendent pas, que les propriétaires inquiets ou appauvris par les circonstances ne fassent pas travailler, et bien que les chômages ne soient pas le mal de l'agriculture, cette famille de paysans va perdre vingt, trente ou quarante journées de travail dans l'année, c'est-à-dire 30, 45 ou 60 francs, sur 400 ou 500 composant son revenu. J'ai vu cet été la stagnation du travail s'étendre de Paris dans la campagne environnante jusqu'à plusieurs lieues de distance, et les manouvriers consacrés à la terre, condamnés eux-mêmes par suite des circonstances à une sorte de chômage. Et qu'est-ce que la souffrance de ces derniers en comparaison de celle de l'ouvrier des manufactures, pour lequel le travail s'arrête tout à coup lorsqu'une crise commerciale commence? Deux mois, trois mois d'inaction forcée le jettent dans une misère profonde, auprès de laquelle la faculté de payer le vin du cabaret à un ou deux centimes meilleur marché est fort peu de chose. Détruisez l'équilibre des finances de l'État, supprimez une de leurs ressources indispensables, et bien que par quelque moyen de crédit vous puissiez parer un moment à l'insuffisance que vous aurez produite, cette insuffisance se fera bientôt sentir, et alors une crise financière, entraînant, comme cela est toujours arrivé, une crise commerciale, l'ouvrier qui aura gagné quelques francs par une complaisance passagère, ne perdrait-il qu'un mois de travail, aura reçu cent fois plus de mal qu'il n'aura reçu de bien par une suppression d'impôt. Ne voit-on pas aujourd'hui la conséquence des augmentations factices de salaire qu'on lui avait fait espérer? On lui avait promis dix heures de travail au lieu de onze, 4 francs de salaire au lieu de 3, et il en est à considérer comme un bienfait qu'on emploie deux de ses journées sur quatre, n'importe à quel prix. Ce n'est point la cause du riche que je plaide ici, mais celle du pauvre. Ce n'est pas au pauvre que je demande de payer bénévolement les impôts du riche, sous le prétexte que les choses en iront mieux, c'est de la nation tout entière, et en consultant son plus grand intérêt, que je veux obtenir le moyen de suffire aux charges publiques. Si le riche peut payer qu'il paye. Mais si l'impôt du luxe ne rend rien et atteint certaines industries dont vit le pauvre, si l'impôt sur la terre fait renchérir le pain, et accable l'agriculture, si une aggravation de la patente ruine le petit commerçant dont le concours est indispensable à l'ouvrier, si un impôt sur le sucre, par exemple, accable notre marine, déjà si affaiblie, et insuffisante pour nous assurer des débouchés, si tout cela est dans un tel équilibre, qu'on n'y peut toucher qu'avec la plus extrême précaution, si les choses sont ainsi disposées qu'une seule classe, celle des riches, jetée en pâture à la faim des masses ne les nourrirait pas un mois, que l'impôt dès lors ne peut être prélevé que sur le grand nombre, qu'il ne peut l'être qu'avec un soin extrême à ménager tous les genres de production, puisque après tout, c'est telle ou telle production qu'on affecte par l'impôt, plutôt que telle ou telle classe de contribuables, si toutes ces propositions sont incontestables, n'est-il pas démontré qu'on n'a pas le choix entre le riche et le pauvre, qu'il ne dépend pas des gouvernements de reporter à volonté les charges publiques de l'un sur l'autre, et que, dans cette situation, les considérations d'intérêt général doivent l'emporter sur toutes les autres, car l'intérêt général, il faut le répéter sans cesse, c'est l'intérêt du pauvre, mille et mille fois plus que l'intérêt du riche? N'est-il pas évident en effet que le riche, quoique fort gêné, quelquefois ruiné par les circonstances extraordinaires du moment, trouve encore à manger, et que le pauvre dans ces circonstances ne mange que le pain qu'on lui donne?

Diminuer l'impôt indirect pour augmenter l'impôt direct, n'est donc pas un moyen aussi assuré qu'on l'imagine d'améliorer le sort des classes pauvres aux dépens des classes riches. Ce résultat, on ne le peut trouver que dans un équilibre savant, maintenu avec courage. Si même on connaissait les vrais effets de l'impôt, on saurait que si en définitive l'impôt direct, comme l'impôt indirect, se résolvent en une augmentation du prix des choses, le premier est le plus incommode de tous, parce qu'il va chercher le contribuable, pour exiger, à tel jour, à telle heure, une somme que celui-ci n'a pas eu la précaution de mettre de côté, tandis que le second, confondu dans le prix de tout ce qui s'achète, se paye insensiblement, à mesure des consommations, et que le contribuable ne mange, ne boit pas une fois, ne porte pas un vêtement, qu'il ne soit forcé d'acquitter une partie de ses contributions, sans le vouloir et même sans le savoir. Aussi les populations, seulement en cédant à leur propre impulsion, n'hésitent-elles jamais à préférer l'un de ces impôts à l'autre. Dans presque toutes les grandes villes, en effet, on demande à convertir la contribution personnelle et mobilière en octrois. A Paris, notamment, on déclare irrécouvrables trois millions de francs sur les plus basses cotes de la contribution mobilière, et on les prend sur les octrois. Insupportable sous forme d'impôt direct, cette charge devient insensible sous forme d'impôt indirect. Les plus grandes villes de France suivent cet exemple. Et ce n'est pas d'aujourd'hui qu'il en est ainsi. Dans l'ancien régime, sous Louis XIV, la banlieue de Rouen était connue des financiers comme un phénomène de prospérité digne d'être imité partout. On y avait converti les tailles en impôts sur les consommations, et Vauban, le plus sage des réformateurs, la proposait comme modèle à Louis XIV, à cause du spectacle de bien-être qu'elle présentait, et qui contrastait avec les pays environnants ruinés par l'impôt direct.

L'impôt indirect est de plus l'impôt des pays avancés en civilisation, tandis que l'impôt direct est celui des pays barbares. La première chose qu'un gouvernement sait faire, c'est de demander à chaque homme, à chaque terre une certaine somme. Les Turcs, le bâton à la main, savent bien percevoir le miri. Mais les gouvernements habiles, dans les pays prospères, savent, avec un prélèvement sur la richesse qui passe, se procurer des revenus abondants; et, tandis que la Turquie vit du miri, l'Angleterre vit de l'excise et des douanes, après avoir aboli l'impôt foncier. Le miri est une espèce d'exaction qu'il faut payer, qu'on le puisse ou non; l'excise et les douanes sont une partie du prix des marchandises, qu'on paye quand on les achète, qu'on paye, il est vrai, car il n'y a aucun art de suffire avec rien aux dépenses d'un grand État, mais qu'on paye au moment où on le peut, et où on le veut, et qu'on proportionne à ses moyens en consommant plus ou moins. Il ne s'élève contre l'impôt indirect qu'une objection, c'est que, étant volontaire en quelque sorte, il fléchit sous la charge qu'on lui impose, et qu'un gouvernement qui voudrait l'augmenter à l'improviste pour des besoins urgents, le verrait diminuer tout à coup. Il se retirerait comme un être libre qu'on prétend violenter. Tandis que l'impôt direct est un esclave, à qui on peut prendre tout ce qu'il a. On peut, en effet, exiger de la terre et des personnes tout ce qu'on veut, sauf à être réduit à l'impossibilité de percevoir, et à l'obligation de vendre ou la terre ou les meubles. Mais l'impôt indirect, impôt des pays riches et libres, a dans le crédit un admirable auxiliaire. Dans les pays puissants où il est ordinairement le plus employé, on demande à l'avenir de secourir le présent, et l'emprunt dispense d'accabler la consommation, et de la faire fléchir en l'accablant. On prend ainsi l'argent à ceux qui l'ont, moyennant un intérêt au profit de ceux qui en font l'avance pour les autres. En un mot, pays pauvre, pays esclave, et impôt direct, avec le doublement, le triplement de l'impôt pour ressource extraordinaire, sont des faits toujours unis. Pays riche, pays libre, et impôt indirect, avec le crédit pour ressource extraordinaire et illimitée, sont encore des faits tout aussi constamment unis que les précédents.

La révolution, dans sa première innocence, partagea cette opinion que c'étaient des impôts affreux que les impôts indirects, qu'il fallait s'en passer, qu'on le pouvait facilement, qu'avec l'impôt foncier réparti plus également qu'il n'était alors, avec l'impôt personnel et mobilier gradué sur le luxe des logements, avec les portes et fenêtres, avec l'enregistrement, le timbre, les douanes réduites aux douanes extérieures, les postes, le revenu des domaines, on pourrait vivre. Elle le crut, car elle croyait vite, et agissait encore plus vite. Elle abolit donc les impôts sur les boissons, sur le sel, brûla les barrières, et bientôt passant de l'innocence à la fureur, poursuivant sur les agents de la vieille finance la vengeance d'anciennes douleurs, elle envoya à l'échafaud les fermiers généraux, parmi lesquels se trouvait l'illustre Lavoisier.

Mais tous les impôts conservés, même en y ajoutant du sang, ne procurèrent pas l'argent dont on avait besoin. Ils ne rendirent même à peu près rien, au milieu du désordre général. Heureusement on avait un moyen de suppléer à tout, c'était le papier-monnaie, papier à large base, car il reposait sur plusieurs milliards de superbes biens nationaux. Avec un décret on multipliait les éditions de ce papier, et on avait quelques milliards de ressources. On ne se donnait pas même la peine d'arrêter des budgets. A quoi bon compter, quand on n'avait plus à compter, grâce à la planche aux assignats ! Mais bientôt il fallut 400 francs de papier pour avoir une livre de pain, et le papier valut ce qu'il coûtait à créer, c'est-à-dire rien.

L'ordre ayant été rétabli par le restaurateur de la société française, rétabli en finances comme dans toutes les parties du gouvernement, l'argent ayant succédé au papier, la détresse demeurait grande encore. Les perceptions maintenues, qui comprenaient les contributions directes, l'enregistrement, les douanes, les postes, les forêts, et qui, le désordre durant, n'avaient rien produit, et, le désordre fini, produisirent tout au plus 500 millions, ne pouvaient suffire à la dépense, laquelle s'élevait en 1802 à 600 millions, et marchait vers 700. Le général Bonaparte ne savait comment s'y prendre. Le papier-monnaie était aussi discrédité que son compagnon l'échafaud. Bien que le général eût fort relevé le crédit, car il avait porté le 5 pour cent entre 60 et 70, taux auquel ce fonds est aujourd'hui, avec cette différence qu'il l'avait pris à 12, et que nous l'avons trouvé à 120, il n'aurait pu ouvrir un emprunt. C'était le moment de l'organisation des nouvelles administrations financières, et de la création d'une foule de charges de finances. Il demanda des cautionnements, et en consomma pour 25 ou 30 millions par an. Comme on croyait à la solidité des acquisitions de biens nationaux, lui durant, il put vendre quelques-uns de ces biens, et on en consomma pour 25 ou 30 millions également. Mais à la rupture de la paix d'Amiens, le général Bonaparte se trouvait sans ressource. Savez-vous comment il s'y prit? Il vendit la Louisiane aux Américains, pour 80 millions. La Louisiane dévorée, il fut tout aussi embarrassé. Lui, si exact, si ponctuel, se laissa aller à la ressource de l'arriéré, et se livra aux faiseurs d'affaires. Il perdit avec une Compagnie fameuse 140 millions, qu'il eut beaucoup de peine à recouvrer, et le jour même d'Austerlitz, il avait à Paris une affreuse crise financière, avec suspension des payements de la Banque.

Moyennant Austerlitz et une forte contribution de guerre sur l'Autriche, il pourvut au plus pressé. Pourtant le déficit existait toujours. Il éprouva une sorte de honte à rester dans un pareil état, ayant sous la main le moyen d'en sortir. Tous les départements consultés avaient déclaré l'impôt direct insupportable. L'enregistrement pesant sur la propriété comme l'impôt foncier, ne pouvait être augmenté. Les produits des douanes, des forêts, des postes ne pouvaient pas s'accroître par un décret. L'emprunt, le papier-monnaie étaient impossibles. En conséquence Napoléon prit le parti de rétablir une perception sur les boissons, modique dans la quotité, douce dans la forme, et en peu de temps ses finances refleurirent. Toutefois il y avait un service qui malgré ses efforts était encore fort négligé : c'était celui des routes. Le budget n'y pouvant suffire, on s'en était déchargé, et on y avait pourvu avec un impôt des barrières. Mais cet impôt donnait 14 millions quand il en aurait fallu 28, et comme il était nouveau, il était insupportable, car en matière d'impôt, ainsi qu'en beaucoup de choses qui ne sont pas destinées à plaire, le vieux est encore ce qui déplaît le moins. Il y avait une perception que tout le monde regardait comme très-facile à rétablir, comme très-naturelle, si on ne la rendait ni aussi pesante qu'autrefois quant à la somme, ni aussi vexatoire quant à la forme, c'était celle du sel. Généralement on la considérait comme très-préférable pour l'agriculture à l'impôt des barrières. Napoléon n'hésita pas. Certes il n'aimait guère la liberté, faute d'y croire, pour la France du moins. Mais il aimait le peuple, il tenait surtout à en être aimé. Il rétablit donc l'impôt du sel, à la suite de celui des boissons, et les routes furent remises dans le plus bel état, et ses finances se trouvèrent définitivement en équilibre.

Telle est l'histoire de la suppression des impôts indirects en France : la banqueroute d'abord, et l'obligation de les rétablir ensuite.

CHAPITRE VII.

CONCLUSION.

DU MAL DANS LE MONDE.

Qu'il y a dans la société une portion de mal que les gouvernements doivent s'attacher à réparer, et qu'il y en a une autre inhérente à la nature humaine, qu'aucune perfection imaginable dans les gouvernements ne saurait épargner aux hommes.

Il y a partout des hommes sincères, je le reconnais, et si parmi les philosophes socialistes, il y en a certains qui n'ont cherché qu'à se rendre populaires, et à placer dans leurs mains le dangereux instrument de la multitude, il en est d'autres que la vue des maux répandus dans la société a vivement touchés, et qui ont voulu y porter remède. Mais ce remède l'ont-ils trouvé ?

Il y a quelques riches, mais en petit nombre, un peu plus de gens aisés, mais pas beaucoup encore, enfin un nombre infini de gens qui n'ont que le strict nécessaire, et beaucoup qui ne l'ont même pas. Le peuple des campagnes, comme je l'ai déjà dit, se nourrit de seigle, de pommes de terre, de quelques légumes, d'un peu de lard, mange rarement de la viande, et travaille toute l'année par la pluie, le soleil ou la gelée. Le peuple des villes, moins constamment gêné, a des moments où son salaire double, et où il vit dans une sorte d'abondance; il a même quelques-uns des plaisirs du riche, un habit de drap noir, du linge blanc, les spectacles de la ville, et presque toujours de la viande. Mais à peine l'imprudente industrie qui se disputait ses bras en les payant cher, s'est-elle aperçue de l'excès de production, qu'elle s'arrête, cesse de l'employer, et il expie dans une misère affreuse et profonde, dans la faim en un mot, dont le paysan est exempt, les quelques beaux jours qu'il a passés. La classe du fabricant, du commerçant, placée au-dessus de la classe ouvrière, s'arrête aussi, voit tout ses gains disparaître. Le riche ne perçoit plus le loyer de ses capitaux, et souffre comme les autres, sans compter que même dans les temps de prospérité mille catastrophes viennent frapper tantôt ceux-ci, tantôt ceux-là, que l'industriel, le commerçant, le fabricant, cédant à une ambition imprudente, ont fait des faillites affreuses, qu'ils ont emporté dans leur chute, eux, leurs familles, beaucoup de serviteurs attachés à leur sort, commis, ouvriers, agents de tout genre, que le riche, qui leur avait prêté ses capitaux, est entraîné dans la chute, qu'enfin ce riche lui-même, sans catastrophes commerciales, livré à ses propres impulsions, dominé par ses vices ou trompé par de faux amis, tombe du faîte de l'opulence, et finit quelquefois par l'exil, la prison, le suicide ou la misère. Voilà le monde avec la propriété, la famille et la liberté.

Y voulez-vous opérer des changements, des changements qui l'améliorent suivant les évidentes lois de la nature humaine, oh! soyez le bienvenu, apportez-nous vos lumières, vos inventions : nous les discuterons. Nous qui pensons sans cesse à ces divers objets, nous nous sommes fatigués peut-être, ou habitués à la souffrance de nous-mêmes et des autres. Venez, vous qui peut-être moins résignés aux nécessités de ce monde, les appréciant moins, aurez trouvé quelque remède, venez, et discutons avec bonne foi. Mais voulez-vous changer les conditions essentielles de cet univers, voulez-vous pour que l'homme ne soit ni pauvre, ni riche, supprimer le stimulant qui le fait travailler; pour qu'il ne souffre pas, supprimer la liberté; pour qu'il n'ait pas les douleurs de la famille, supprimer là famille; nous vous dirons, si vous êtes de bonne foi, que vous n'avez pas connu la nature humaine; nous vous dirons si vous êtes des factieux, qui cherchez des soldats dans ceux qui souffrent impatiemment, nous vous dirons que vous êtes criminels.

Une première observation doit frapper tous les esprits, c'est que ce petit nombre de riches, ce nombre moins restreint, mais bien insuffisant encore de gens aisés, comparé à l'immense nombre de ceux qui n'ont que le nécessaire ou moins que le nécessaire, ôte toute idée de pouvoir améliorer le sort de ceux qui ont peu, par le partage des biens de ceux qui ont beaucoup. On ne procurerait à aucun le bien-être, et on aurait détruit chez tous l'ardeur à produire, qui a conduit la société de l'état où elle était dans le moyen âge, à l'état où elle est aujourd'hui. On ne niera pas, en effet, que le sort de l'espèce humaine ne se soit bien amélioré depuis deux ou trois siècles, même depuis cinquante ans, depuis trente, depuis vingt? Il y a quelques siècles les moyens de l'agriculture, ceux du commerce qui la supplée quand les saisons lui ont été contraires, étaient tellement insuffisants, que les disettes emportaient des milliers d'hommes. Des quantités innombrables de malheureux périssaient de faim sur les routes ou les places publiques. Nous avons traversé récemment une disette; il y a eu des souffrances, d'inévitables souffrances, mais le peuple des campagnes n'a nulle part manqué de pain, et celui des villes, par les moyens combinés du commerce, du gouvernement et de la bienfaisance des classes aisées, a eu le nécessaire. Dans cette année, l'ouvrier ne s'est pas vêtu à neuf, il ne s'est donné aucun plaisir, et tel dont la santé débile n'aurait pu se soutenir que par l'aisance, est mort plus tôt, plus inévitablement que dans une année prospère. Mais cette disette est-elle comparable à celle qui emportait des générations entières?

Le vivre est donc plus assuré. S'agit-il du logement? Voyez dans les vieux quartiers de quelques-unes de nos villes ces maisons construites en plâtras, revêtues de petites tuiles de bois, accumulées comme des fourmilières, humides, obscures, privées d'air, qui rappellent ces cités du moyen âge dont on retrouve encore l'image dans beaucoup d'anciens tableaux, dont la misère, la laideur, la confusion étaient surmontées par le clocher élancé de l'église gothique, car l'homme alors semblait n'avoir dans sa misère songé qu'à Dieu; rappelez-vous, dis-je, ces maisons dont on détruit encore des quartiers entiers à Rouen, et comparez-les aux maisons, petites sans doute, mais saines, construites en briques, revêtues en ardoises, qui les remplacent. N'y a-t-il pas eu une véritable amélioration sensible?

Regardez dans les champs, et vous verrez partout le toit en tuiles ou en ardoises remplacer le chaume, la construction en pierre remplacer la construction en terre. Regardez au vêtement de l'ouvrier, et vous verrez le drap foulé remplacer la bure, le soulier remplacer le sabot, et sur les épaules de la femme du peuple le fichu de laine remplacer un mouchoir de coton. C'est que, comme je l'ai déjà dit, la journée des champs qui valait, il y a quarante ans, 25 sous en vaut 40, celle des manufactures qui valait 2 francs en vaut 5, et que le fichu qui valait 50 francs en vaut 5 ou 6. Lisez enfin Vauban, lisez les écrivains du grand siècle, et voyez cette peinture des champs abandonnés, des paysans fugitifs, et dites si rien de pareil arrive aujourd'hui, même après les plus horribles guerres!

Et ne croyez pas que je veuille dire que le mal a disparu, qu'il n'y en a plus, moi qui vais au contraire vous prouver qu'il y en a une part, une part inévitable, toujours subsistante, et que cette part est la plus rude à supporter; ne croyez pas, dis-je, que je vous fasse ce tableau du mieux, pour engager ceux qui gouvernent les peuples à s'arrêter, à s'endormir, à s'imaginer qu'ils ont assez fait. Non, Dieu m'en préserve! Je veux seulement calmer le désespoir qui n'est jamais bon; je veux ensuite vous montrer qu'il y a une incontestable amélioration due à la marche du temps, due à l'ardeur avec laquelle tout le monde travaille, et contribue par son travail à la prospérité générale en même temps qu'à sa prospérité particulière. Ainsi, depuis soixante ans l'argent vaut 4 pour cent au lieu de 6, le vêtement vaut moitié moins, et la journée de l'ouvrier moitié plus. Pourquoi? parce qu'on a beaucoup travaillé, parce qu'il y a plus de blé, plus de toile, plus de drap, plus de matériaux de construction. Énervez le travail, et tout s'arrête. Or ces richesses répandues çà et là au sommet de la société, pour servir d'appât au travail, pour exciter son ardeur, ainsi réunies en quelques amas sensibles, le frappent, l'animent, lui font produire tout le bien qui s'est produit. Partagez au contraire ces richesses entre tous, elles n'ajouteront pas une miette au pain du pauvre. Manquant à l'homme comme récompense, comme stimulant, elles le laisseront découragé, inactif, et cette activité qui nous a amenés des misères atroces du moyen âge à la misère adoucie du temps présent, sera éteinte. Vous vous trompez donc sur les moyens. Ce n'est pas par une misérable distribution entre tous de ce qui sert à exciter l'activité humaine que vous réussirez, c'est bien plutôt en redoublant cette activité pour en doubler les produits. Donnons de meilleures lois à l'agriculture et au commerce, répartissons autrement, s'il est possible, les charges sociales, organisons la bienfaisance publique, excitons la bienfaisance particulière, contribuons tous pour notre part à faire ces choses, et nous obéirons aux lois de notre être, qui sont de viser sans cesse au perfectionnement. Le stationnement c'est la mort : la société doit être ce Juif-Errant qui marche, marche éternellement vers un bien inconnu.

Oui, marchons, mais en marchant évitons les abîmes, ne tournons pas le dos au but qu'il s'agit d'atteindre, et enfin n'ôtons pas à la société le courage de continuer sa route en la poussant au désespoir.

Maintenant, même dans l'état des choses, ne reste-t-il pas beaucoup de mal, et assez pour navrer le cœur des honnêtes gens? Oui sans doute. Eh bien! entre les systèmes nouvellement inventés, y en a-t-il un seul qui pourrait guérir ce mal, le convertir en bien? Est-ce le communisme, qui, en le supposant praticable, en supposant le genre humain disposé à se laisser dépouiller et enfermer au phalanstère, est-ce le communisme qui diminuerait de moitié, des trois quarts la somme du travail humain, en supprimant le motif qui pousse l'homme à travailler? Est-ce l'association du Luxembourg, inventée pour un million d'individus sur trente-six, qui consisterait à fournir à ce million le moyen de spéculer avec l'argent de trente-six, produirait ainsi que le communisme le refroidissement de l'activité humaine, introduirait l'anarchie dans l'industrie, et qui enfin, si elle réussissait, aurait pour effet d'attribuer un monopole à quelques classes d'ouvriers, et de faire payer à toutes les objets de leur consommation au double? Est-ce cette singulière *réciprocité*, qui aurait pour but de créer le bon marché, en réduisant par décret le prix des choses, et parce que l'or et l'argent ne se donnent qu'en échange de valeurs réelles, prétendrait leur substituer un papier qui se donnerait probablement à qui en voudrait, et vaudrait ce qui se donne pour rien? Est-ce le droit au travail, qui aboutirait tout simplement, ou à constituer l'État filateur, tisserand, bijoutier, fabricant de meubles, marchand de modes, ou à payer à 40 sous par jour, et aux dépens de la masse des contribuables, ceux qui font, défont et refont les révolutions? Serait-ce enfin en bouleversant les impôts, en ruinant les finances, en faisant renchérir le pain pour faire baisser le vin et l'eau-de-vie, qu'on pourrait supprimer les souffrances populaires? Huit mois de misère n'ont-ils pas répondu à ces vaines théories? Ne voit-on pas à travers l'impossibilité naturelle à ces projets leur secret à tous, le secret naïvement factieux, de flatter une classe très-peu nombreuse, aux dépens de l'universalité du peuple? Il y a vingt-quatre millions d'agriculteurs dont la vie se passe en privations, cinq ou six millions d'ouvriers, d'artisans dont la vie moins dure, semée de temps en temps d'abondances passagères, est exposée à des interruptions de travail désolantes, puis des hommes de tous les rangs que la fortune délaisse, beaucoup d'enfants de la bourgeoisie qui, pourvus quelquefois de grands talents, quelquefois aussi en manquant tout à fait, se pressent à l'entrée de toutes les carrières libérales, et pour remède on nous propose de satisfaire un million d'ouvriers des manufactures, tantôt de leur fournir un capital, tantôt de créer un monopole en leur faveur, tantôt de les payer à tant par jour, et si on sort un moment de cette classe privilégiée, si on étend un peu cette sollicitude bienfaisante, c'est pour dire aux locataires, aux fermiers, aux débiteurs, de ne pas payer ce qu'ils doivent. Et on appelle cela favoriser le peuple, améliorer le sort des masses, accomplir une révolution sociale!

Au milieu de cet étalage d'inventions nouvelles, qui donc a découvert le moyen de faire que le paysan mangeât du seigle au lieu de châtaignes, du froment au lieu de seigle, de la viande au lieu de lard? que l'ouvrier des villes n'essuyât jamais de chômage? que les fils de la bourgeoisie trouvassent tous des emplois conformes à leurs talents? Qui a découvert le moyen de doubler le prix de la journée? Personne, car ce secret n'est qu'aux mains de Dieu, et Dieu jusqu'ici n'a dispensé le bonheur qu'on poursuit par des moyens si étranges, qu'aux pays sages, bien gouvernés, respectant les lois de la nature et de la raison.

Nous avons vu avec le temps les maux de la société diminuer, le bien succéder au mal, et ce changement s'opérer plus vite depuis cinquante années, parce que la paix est venue joindre ses bienfaits à ceux de l'égalité civile proclamée par la révolution française. Nous avons vu le travail affranchi de beaucoup de chaînes, éclairé par la science, devenir plus actif, plus fécond, l'intérêt des capitaux descendre de 6 à 4, les objets de consommation diminuer de prix, le salaire de l'ouvrier s'accroître, et le goût de l'économie commencer chez lui. La voie du bien n'est-elle donc pas tracée? Et cette voie quelle est-elle? Un redoublement d'activité dans le travail agricole, commercial, industriel, qui amène la prospérité générale, et qui ne peut résulter que de la sagesse dans le gouvernement, de l'ordre dans l'État, de la paix entre toutes les classes de la société. N'y a-t-il aucun bien inaperçu, négligé jusqu'ici, à ajouter aux améliorations déjà réalisées? Sans doute il en existe. A ces malheureux chômages, qui sont la véritable plaie de l'industrie, n'y a-t-il aucun remède à apporter? Oui, je crois qu'il y en a. Sans faire du gouvernement un bijoutier ou un marchand de dentelles, on peut, en sachant réserver pour les moments de détresse industrielle les grands travaux de l'État, créer de l'emploi aux bras inoccupés. Enfin il est possible de pourvoir à la vieillesse de l'ouvrier infirme et malade. Oui, essayons ces changements, et la société se sera honorée en les essayant, ne dût-elle pas réussir complétement. Mais tout cela n'entraîne aucun bouleversement dans les éternelles lois de la société humaine, et ce ne sont pas les socialistes qui l'ont inventé. Enfin l'homme des champs, tant négligé parce qu'il n'est pas l'instrument des factions, ne faut-il rien faire pour lui? Oui; mais par quel moyen? En diminuant l'impôt foncier au lieu de diminuer l'impôt des boissons.

Qu'on entre avec nous dans cette voie, et nous serons tous d'accord. Mais même quand nous aurons fait de notre mieux, quand nous aurons réussi, il restera toujours à faire, et, de même qu'après tous les biens de la première révolution française actuellement réalisés, on vient, après quarante ans d'améliorations certaines, incontestables, nous assaillir d'un cri de malédiction, nous dire que l'humanité souffre, expire dans la douleur, et qu'elle va se soulever contre nous si nous ne la soulageons immédiatement, de même eussions-nous, dans cinquante ans, doublé les salaires par des moyens légitimes, diminué encore des trois quarts le prix des choses nécessaires à la vie, répandu le froment et la viande dans les campagnes, neutralisé le chômage dans les villes, comme nous avons déjà presque neutralisé les disettes dans l'agriculture, qu'on trouverait encore assez de maux pour fournir à des perturbateurs des prétextes suffisants de dire tout ce qu'ils disent aujourd'hui, car avec moitié plus de bien-être qu'en 1789, on invective cent fois plus contre la société qu'à cette époque. C'est qu'il y a toujours dans la condition sociale un fonds irréparable de mal, dont il faut tenir compte, et qu'il ne faut pas exagérer, si on ne veut pas pousser l'homme au désespoir, la société au suicide!

Le principal malheur du temps, veut-on savoir quel il est? C'est qu'on a trompé ce peuple sur la nature du mal qu'il éprouve. Tout ce qu'il ressent, tout ce que le riche ressent comme lui, et plus que lui souvent, la maladie, la fatigue, la privation, le désir contrarié, la déception après le désir satisfait, la vieillesse, la mort, toutes ces souffrances, on lui persuade qu'il pourrait ne pas les endurer, qu'elles pourraient lui être épargnées, que l'état social actuel en est la cause, cet état social fait pour les riches et par les riches, que tout le bonheur enfin dont il est privé, dont il croit qu'il pourrait jouir, on le lui refuse méchamment, afin d'en garder pour soi une plus grande part. Alors la colère se joint à la souffrance, il tue, se fait tuer, et il décuple ses maux. Ces riches qui ne lui veulent aucun mal, qui étaient prêts au contraire à l'employer, s'enfuient ou se cachent, dérobent leurs trésors, lui refusent le salaire, et il expire de faim et de rage à la porte de ces palais mornes, déserts, où il croit que réside la félicité, où il n'y a que tristesse au contraire, qu'effroi, que désespoir aussi, car en présence du pauvre qui se croit opprimé, le riche, se sentant opprimé à son tour, songe à se défendre, et comme il n'est pas moins brave que le pauvre, car l'éducation augmente le courage loin de le diminuer, il est prêt à rendre la mort à qui veut la porter dans sa demeure. Horrible confusion, semblable à celle où les soldats d'une même armée s'égorgent entre eux, trompés par la nuit et par un ennemi perfide, qui poussant dans les ténèbres le cri d'alarme les a portés à se précipiter les uns sur les autres. La nuit, ce sont vos sophismes ; l'ennemi perfide, c'est vous, vous qui attaquez l'ordre social sans le comprendre!

Certainement il y a du mal, beaucoup de mal, il faut en diminuer la somme. Il faut convertir ce pain noir en pain blanc, ces légumes arrosés d'un peu de lard en viande, ces haillons en un bon vêtement, cette chaumière fétide en une maison bien bâtie, cette ignorance brutale en douce intelligence des choses, cette stupide envie en une fraternité sincère, mais il faut en prendre le temps, et y procéder par des moyens éprouvés, ce qui n'exclut pas les moyens nouveaux. Il faut pourtant ne pas laisser ignorer à ce peuple, que même après avoir opéré tous ces changements, son cœur restera plein de douleurs quelquefois intolérables. N'est-il pas cent fois mieux que dans le moyen âge, au temps de la lèpre, des contagions, des disettes générales, cent fois mieux que sous Louis XIV, sous Louis XVI, sous Napoléon? Eh bien, entendez les cris de douleur qu'il pousse de toutes parts, entendez-les! supprimez même ces cris, et il restera encore un long et continuel gémissement. Mais ce gémissement quel est-il? C'est celui du cœur humain. Remontez dans les siècles, allez de la féodalité à l'empire romain, sous l'empire romain choisissez la félicité des Antonins, le long repos d'Auguste, allez en Grèce, visitez ses villes si opulentes, la brillante Athènes et la riche Corinthe, redescendez les temps, parcourez les deux hémisphères, de chez l'indolent Indien, de chez le laborieux Chinois, qu'un peu de riz alimente, revenez chez d'autres peuples, passez l'Océan, parcourez d'un pôle à l'autre ces Amériques, s'avançant comme deux grandes îles entre les deux océans, suivez dans ses courses ce sauvage qui, dans les Savanes, n'a d'autre risque à courir que d'atteindre ou de manquer le bison dont il mange la chair, et qui, plaçant sa patrie dans les os de ses ancêtres, qu'il porte avec lui enfermés dans des fourrures, a tant réduit les hasards de la vie; revenez sur les bâtiments de l'Américain ou de l'Anglais, admirez l'opulence assise sur les bords de la Tamise ou du Zuiderzée, venez voir enfin les pâtres de l'Oberland, observez en un mot l'universalité du genre humain, écoutez tous les cœurs : n'y a-t-il pas une douleur commune au fond de tous? Entre tant d'hommes si divers, lequel a ce qu'il désire? Lequel n'a pas quelque chose à regretter, quelque chose à craindre? Lequel n'a pas dans le cours de sa vie perdu son père, sa mère, sa femme, son enfant? Lequel n'a pas devant soi ou les peines de la vie qui commence, qui est pleine de labeurs, qui n'a pas encore donné les succès, ou les peines de la vie qui décline vers la mort, comme le soleil vers l'horizon, et aux désirs prêts à s'éteindre joint les vagues appréhensions de la fin qui s'approche, appréhensions amères chez l'être borné, seulement tristes chez l'esprit élevé, mais pour celui-ci mêlées de mille autres chagrins que l'être borné n'a pas? Si vous voulez vous en convaincre, laissez le pauvre qui grelotte, qui a faim, qui a soif; allez chez le riche qui n'a pas faim, qui n'a pas froid, qui couche sur la soie, marche sur la laine émaillée de mille couleurs. Il n'a pas froid, il n'a pas faim, c'est vrai. Il est repu, soit. Mais voyez son front soucieux : savez-vous ce qu'il fait? Il désire, il désire ardemment, plus ardemment que celui qui n'a pas mangé. Il désire avec douleur, quoi, direz-vous? Non pas du pain, non pas des mets délicats, non pas des champs fertiles et riants; il a de ces choses à n'en savoir que faire, car ces mets il les goûte à peine, ces champs il les néglige : mais il désire de nouveaux trésors, de la puissance qu'on lui dispute, peut-être l'honneur qu'un outrage lui a ravi. Ou bien tout ce qu'il avait, il va le perdre. Un coup de vent a précipité sa fortune dans l'Océan. Une fausse spéculation l'a détruite à la Bourse. La faveur publique l'a abandonné. Chagrins peu intéressants, direz-vous, mais chagrins enfin! En voici de plus dignes de votre intérêt. Il a perdu une fille chérie, une femme qu'il aimait. Croyez-vous qu'il aime moins parce qu'il est riche? L'observation de la nature humaine prouve qu'il souffre plus fortement, car son âme moins attirée au dehors par les souffrances physiques, est plus en dedans, et s'y agite, s'y tourmente davantage. Moins on souffre du corps, plus on souffre du cœur.

Cet heureux en apparence, vous ne voulez pas vous intéresser à lui, parce qu'il regrette de l'argent et du pouvoir. J'y consens. Mais le voilà qui commande des armées, qui exerce le noble métier des armes. Il meurt comme Epaminondas à Mantinée, après avoir vaincu à Leuctres; il meurt comme Gustave-Adolphe à Lutzen, après avoir vaincu à Leipzig; ou bien comme Gaston de Foix, à l'entrée même de sa carrière, il meurt à Ravenne au milieu du plus beau triomphe. Heureux guerrier, tu meurs, tu meurs jeune, tu es heureux de mourir, car tu meurs sur un lit de drapeaux. Mais ce vieux Charles-Quint, à qui tout a réussi, vainqueur de François Ier, dites-moi pourquoi il abdique et finit consumé de tristesse? Annibal, vainqueur vingt ans, le voilà vaincu à Zama, vaincu par qui? Par un jeune homme. Et ce jeune homme, ce Scipion, qui, au début de la vie, a eu cette grande gloire, gloire immortelle, qui n'a jamais été effacée, de vaincre Annibal, ce jeune homme, il passe le reste de sa vie à être jalousé, à déplorer d'avoir un mauvais fils, à se tenir éloigné de Rome en maudissant sa patrie. Et ces heureux que l'histoire appelle Louis XIV et Napoléon, ces heureux qui remplirent l'univers de dépit, l'un pendant cinquante ans, l'autre pendant vingt ans; le premier devenu vieux, de la tendresse de La Vallière passé à la triste domination de madame de Maintenon, des Dunes, de Rocroy à Malplaquet, de Turenne et de Condé à Villeroy, dit un jour à ce dernier : *Monsieur le maréchal, à notre âge on n'est plus heureux.* — L'autre de Rivoli, de Marengo, d'Austerlitz, de Friedland, passe à Leipzig et Waterloo, des Tuileries, de l'Escurial, de Schœnbrunn, de Potsdam, du Kremlin à Sainte-Hélène! Il meurt seul, sans une épouse, sans un fils, lié comme Prométhée sur son rocher. Et vous qui avez vu tomber Charles X et Louis-Philippe, tomber branche sur branche, trône sur trône, croyez-vous donc qu'il n'y ait pas de douleurs en haut, en bas, partout, et plus en haut qu'en bas! Inutile divagation, me direz-vous, à travers le champ des douleurs universelles! Je vous parle des douleurs de la bure, et vous me répondez par celles de la pourpre. Ah! votre vue serait bien courte, si vous ne voyiez pas que cette pourpre, cette bure sont un voile insignifiant jeté sur l'âme humaine, et que sous l'éclat éblouissant de l'une, sous la couleur terne de l'autre, il y a une terrible égalité de souffrance. Dieu mit dans tous ce même ressort de l'âme humaine, qui, pressé par le monde, résiste, plie, se relève, plie encore, ne cesse de gémir dans ces mouvements divers, mais agit toujours, et fait avancer l'humanité à travers une épreuve visible, vers un but invisible. Soit, me dira-t-on, l'auteur de tout cela est un tyran, et ce régime imposé à tous c'est l'égalité de la tyrannie.

Tyran, si l'on veut, mais la tyrannie est égale en tout cas, et s'il est un tyran, loin de nous diviser sous sa tyrannie, unissons-nous au contraire pour la surmonter. Cette tyrannie, si tyrannie il y a (je demande pardon d'un tel blasphème), se manifeste par la nature extérieure qu'il faut combattre, vaincre, soumettre à nos besoins, adapter à notre bien-être. Unissons-nous donc pour la vaincre, au lieu de nous égorger sur son sein. Au lieu de ravager ces moissons pour nous les disputer, unissons-nous pour les défendre, et en assurer la possession à celui qui les fit naître. Demandons-lui la part du pauvre, sans la lui arracher.

Mais ce prétendu tyran, auteur universel des choses, qui sait? vous ne l'avez peut-être pas compris. Cette douleur par lui imposée à tous, c'est une épreuve peut-être, épreuve inévitable, nécessaire, et suffisamment récompensée ailleurs. Arrêtons-nous un instant devant lui, et il se pourra que nous soyons plus justes à son égard, comme nous le sommes davantage pour l'ordre social après l'avoir examiné et compris.

Il faut trois angles à un triangle : ceci est inévitable, comme il est inévitable que l'espace soit étendu. Ce Dieu ne serait, il me semble, ni impuissant, ni méchant, parce qu'il aurait ou institué, ou admis ces conditions de la nature des choses. Si, pour lui, deux et deux font quatre, en est-il moins puissant, moins bon? Eh bien, ne se pourrait-il pas que ce fût une condition de même nature que celle de la douleur pour l'âme humaine? Qu'est-ce en effet que sentir? Est-ce éprouver une sensation indifférente, comme serait celle d'une couleur succédant à une autre, et ne causant à celui qui la voit aucun sentiment de plaisir ou de peine? Mais alors je ne remuerais pas, je resterais inactif. Je ne commence à sentir véritablement que si je suis affecté, agréablement ou désagréablement; alors il y a peine, mais plaisir aussi; il y a mouvement pour fuir la peine, pour atteindre le plaisir, il y a action, il y a vie. Dites-moi que mieux vaudrait ne pas être, ou être moins, et descendre, par exemple, de l'homme qui sent beaucoup à l'abeille qui ne sent qu'en proportion du mobile nécessaire à sa vie, de l'abeille au polype, au végétal, à la pierre, au néant. Je l'admets, mais c'est du suicide. Ou bien me direz-vous qu'il faut, au lieu de descendre, monter plus haut, s'élever là où l'on ne sent plus le mal, où l'on se repose dans le sein de Dieu. Je l'admets encore. Néanmoins je vous dirai : C'est trop tôt. La religion allant plus loin que la philosophie, la religion tirant des besoins de l'âme humaine une sublime conjecture, qui est un désir pour celui qui ne croit pas complétement, une certitude pour celui qui a la foi entière, la religion vous dit : Souffrez, souffrez avec humilité, patience, espérance, en regardant Dieu qui vous attend et vous récompensera. — Elle fait ainsi de toute douleur l'une des traverses du long voyage qui doit nous conduire à la félicité dernière. Et alors la douleur n'est plus qu'une des peines de ce voyage inévitable, et si elle fait souffrir, elle est suivie d'une consolation immédiate, qui est l'espérance. Aussi cette puissante religion qu'on appelle le Christianisme, exerce-t-elle sur le monde une domination continue, et elle le doit, entre autres motifs, à un avantage que seule elle a possédé entre les religions. Cet avantage, savez-vous quel il est? C'est d'avoir seule donné un sens à la douleur. L'esprit humain a eu plus d'une contestation avec elle sur ses dogmes, mais aucune sur sa morale, c'est-à-dire sur sa manière d'entendre le cœur humain. Le paganisme ne put pas résister au premier regard de Socrate ou de Cicéron, car cette religion consistant en légendes fabuleuses, gracieuse poésie plutôt que religion, histoire des passions, des amours, des plaisirs, des chagrins des dieux, n'était qu'une histoire de rois placée dans les cieux. Comme histoire elle n'était qu'une fausse chronique, comme morale un scandale. Mais celle qui vint et qui dit : Il n'y a qu'un Dieu, il a souffert lui-même, souffert pour vous; celle qui le montra sur une croix, subjugua les hommes, en répondant à leur raison par l'idée de l'unité de Dieu, en touchant leur cœur par la déification de la douleur. Et chose admirable, ce Dieu souffrant, présenté sur une croix dans les angoisses de la mort, a été mille fois plus adoré des hommes, que le Jupiter calme, serein, et si majestueusement beau de Phidias. Les arts l'ont rendu sublime, bien autrement sublime que le Jupiter des anciens. Et c'est là tout le secret de la différence qui existe entre l'art ancien et l'art moderne : le premier supérieur par la forme, le second par le sentiment; l'un doué d'un corps, l'autre d'une âme.

Aussi, tandis que le paganisme n'a pu supporter un moment l'examen de la raison humaine, le christianisme dure après que Descartes a posé le fondement de la certitude, après que Galilée a découvert le mouvement de la terre, après que Newton a découvert l'attraction, après que Voltaire et Rousseau ont renversé les trônes. Et tous les politiques sages, sans juger ses dogmes, qui n'ont qu'un juge, la foi, souhaitent qu'il dure.

Parlez donc au peuple comme la religion. Sans affaiblir en lui le juste sentiment de ses droits, sans flatter l'inertie ou la mauvaise volonté de ceux qui le gouvernent, dites-lui cependant qu'il y a pour tous une somme inévitable de douleur, qui est dans l'essence même de l'âme humaine, que le riche ne lui a pas envoyée, que Dieu seul mit en lui comme le ressort qui devait le tirer de l'inaction, pour le précipiter dans l'action, c'est-à-dire dans la vie. Dites-lui cela, si vous ne voulez doubler sa douleur et la changer en une fureur impie, qui se retournera contre lui, comme une arme placée dans une main imprudente détruit et ceux qu'elle frappe, et ceux qui s'en servent. Ce n'est pas l'indifférence aux maux du peuple que j'invoque, c'est la juste appréciation de ces maux, et le discernement, l'application des vrais remèdes.

FIN.

TABLE DES MATIÈRES.

Avant-propos. 1

LIVRE PREMIER.
DU DROIT DE PROPRIÉTÉ.

Chapitre Ier. — *Origine de la controverse actuelle.* — Comment il a pu se faire que la propriété fût mise en question dans notre siècle. 9

Chapitre II. — *De la méthode à suivre.* — Que l'observation de la nature humaine est la vraie méthode à suivre pour démontrer les droits de l'homme en société. 16

Chapitre III. — *De l'universalité de la propriété.* — Que la propriété est un fait constant, universel dans tous les temps et dans tous les pays. 22

Chapitre IV. — *Des facultés de l'homme.* — Que l'homme a dans ses facultés personnelles une première propriété incontestable, origine de toutes les autres. 32

Chapitre V. — *De l'emploi des facultés de l'homme ou du travail.* — Que de l'exercice des facultés de l'homme il naît une seconde propriété, qui a le travail pour origine, et que la société consacre dans l'intérêt universel. 38

Chapitre VI. — *De l'inégalité des biens.* — Que de l'inégalité des facultés de l'homme naît forcément l'inégalité des biens. . 49

Chapitre VII. — *De la transmission de la propriété.* — Que la propriété n'est complète que si elle est transmissible par don ou hérédité. 56

Chapitre VIII. — *Du don.* — Que le don est l'une des manières nécessaires d'user de la propriété. 59

TABLE DES MATIÈRES.

Chapitre IX. — *De l'hérédité.* — Que du don résulte pour le père la faculté de donner à ses enfants, pendant sa vie ou à sa mort. ... 62

Chapitre X. — *De l'influence de l'hérédité sur le travail.* — Que la faculté de transmettre la propriété du père au fils rend infinie l'ardeur au travail, et complète le système de la propriété. ... 68

Chapitre XI. — *Du riche.* — Que les agglomérations de biens résultant de la propriété tant personnelle qu'héréditaire, composent ce qu'on appelle la richesse, laquelle remplit dans la société plusieurs fonctions indispensables. ... 76

Chapitre XII. — *Du vrai fondement du droit de propriété.* — Qu'il résulte de tout ce qui précède, que le travail est le vrai fondement du droit de propriété. ... 95

Chapitre XIII. — *De la prescription.* — Que si la fraude et la violence sont quelquefois l'origine de la propriété, la transmission pendant quelques années, sous des lois régulières, lui rend le caractère respectable et sacré de la propriété fondée sur le travail. ... 103

Chapitre XIV. — *De l'envahissement des choses par l'extension de la propriété.* — Que l'univers, loin d'être envahi par l'extension croissante de la propriété, est au contraire chaque jour plus approprié aux besoins de l'homme, plus accessible à son travail, et que la propriété civilise le monde au lieu de l'usurper. 114

LIVRE DEUXIÈME.

DU COMMUNISME.

Chapitre 1er. — *Du principe général du communisme.* — Que la discussion du *communisme* est pour la propriété ce que les mathématiciens appellent la preuve par l'absurde. ... 147

Chapitre II. — *Des conditions inévitables du communisme.* — Que le communisme entraîne inévitablement, et sous tous les rapports, la vie en commun. ... 150

Chapitre III. — *Du communisme par rapport au travail.* — Que le communisme éteint toute ardeur pour le travail. ... 166

Chapitre IV. — *Du communisme par rapport à la liberté humaine.* — Que le communisme est la négation absolue de la liberté humaine. ... 171

CHAPITRE V. — *Du communisme par rapport à la famille.* — Que la propriété et la famille sont indissolublement unies, qu'en détruisant l'une le communisme détruit l'autre, et abolit les plus nobles sentiments de l'âme humaine. 180

CHAPITRE VI. — *Du cloître ou de la vie commune chez les chrétiens.* — Que le communisme est une imitation à contre-sens de la vie monastique, impliquant des contradictions qui la rendent impossible. 192

LIVRE TROISIÈME.

DU SOCIALISME.

CHAPITRE Ier. — *Du socialisme.* — Que les adversaires de la propriété, n'osant pas toujours la nier absolument, ont abouti, pour en corriger les effets, à divers systèmes, qui sont l'*association*, la *réciprocité*, le *droit au travail*. 203

CHAPITRE II. — *Des souffrances sociales.* — Quelles sont les véritables souffrances sociales auxquelles il serait désirable de pourvoir. 210

CHAPITRE III. — *De l'association et de son application aux diverses classes ouvrières.* — Que l'association est applicable seulement à quelques populations agglomérées, qu'elle a été imaginée pour elles seules et sous leur influence. 219

CHAPITRE IV. — *Du capital dans le système de l'association.* — Que le capital de l'association, s'il est fourni par l'État, est injustement dérobé à la masse des contribuables, et, s'il est retenu sur le salaire des ouvriers, est un emploi imprudent de leurs économies. 229

CHAPITRE V. — *De la direction des entreprises dans le système de l'association.* — Que la direction des entreprises, dans le système de l'association, est impossible, et tend à substituer au principe de l'intérêt personnel qui convient seul à l'industrie privée, le principe de l'intérêt général qui n'est applicable qu'au gouvernement des États. 246

CHAPITRE VI. — *Du travail à la tâche.* — Que, par l'abolition du marchandage, on a détruit le seul moyen pour les ouvriers de participer aux bénéfices du capital. 263

CHAPITRE VII. — *De la suppression de la concurrence.* — Que la concurrence est la source de toute amélioration dans le sort des classes pauvres, et que, la concurrence écartée, il ne resterait que le monopole au profit des ouvriers associés, au détriment de ceux qui ne le seraient pas. 275

CHAPITRE VIII. — *De la réciprocité.* — Que le bon marché ne saurait être produit par les lois, et que le numéraire ne pourrait être remplacé avec sécurité que par un papier aussi difficile à obtenir que le numéraire lui-même. 297

CHAPITRE IX. — *Du droit au travail.* — Que l'obligation imposée à la société de fournir du travail aux ouvriers qui en manquent ne saurait constituer un droit. 317

CHAPITRE X. — *Du caractère général des socialistes.* — Que les socialistes en réalité attaquent autant la propriété que les communistes eux-mêmes, et ne s'occupent que d'une petite partie du peuple, de celle qui est agglomérée dans les villes. 333

LIVRE QUATRIÈME.

DE L'IMPOT.

CHAPITRE Ier. — *De la manière d'atteindre la propriété par l'impôt.* — Qu'il n'est pas vrai que les gouvernements aient eu pour vue principale, dans tous les siècles, de décharger une classe aux dépens des autres, et qu'ils ont eu pour but essentiel de prendre l'argent où il était plus facile de le trouver. . . 341

CHAPITRE II. — *Du principe de l'impôt.* — Que l'impôt doit atteindre tous les genres de revenus, ceux de la propriété comme ceux du travail. 345

CHAPITRE III. — *De la répartition de l'impôt.* — Que l'impôt doit être proportionnel et non progressif. 352

CHAPITRE IV. — *Des diverses formes de l'impôt.* — Que l'impôt, avec le temps, a pour tendance essentielle et utile de se diversifier à l'infini. 365

CHAPITRE V. — *De la diffusion de l'impôt.* — Que l'impôt se répartit à l'infini, et tend à se confondre avec le prix des choses, au point que chacun en supporte sa part, non en raison de ce qu'il paye à l'État, mais en raison de ce qu'il consomme. . . . 381

CHAPITRE VI. — *Du bien et du mal à produire par l'impôt.* — Que les modifications au système des impôts, les plus désirables dans l'intérêt des classes laborieuses, ne sont pas celles qui sont le plus généralement proposées. 393

CHAPITRE VII. — CONCLUSION. — *Du mal dans le monde.* — Qu'il y a dans la société une portion de mal que les gouvernements doivent s'attacher à réparer, et qu'il y en a une autre inhérente à la nature humaine, qu'aucune perfection imaginable dans les gouvernements ne saurait épargner aux hommes. 412

FIN DE LA TABLE.

DISCOURS
DE
M. THIERS.

PARIS. — IMPRIMÉ PAR PLON FRÈRES
RUE DE VAUGIRARD, 36.

DISCOURS

DE

M. THIERS

SUR

LE RÉGIME COMMERCIAL

DE LA FRANCE

PRONONCÉS

A L'ASSEMBLÉE NATIONALE

les 27 et 28 juin 1851

PARIS

PAULIN, LHEUREUX ET Cie, ÉDITEURS

RUE RICHELIEU, 60

1851

PRÉFACE.

Je publie le discours que j'ai prononcé sur le régime commercial de la France, parce qu'il a été incomplétement et inexactement reproduit, non par la faute des sténographes, mais par celle du sujet, hérissé de calculs et de détails difficiles à saisir pendant une improvisation rapide. Ceux qui auront voulu me lire, même dans le *Moniteur*, ne peuvent avoir aucune idée de ce que j'ai dit, et je ne puis consentir, dans une matière aussi grave, à me laisser attribuer des calculs inexacts, des non-sens, des raisonnements inachevés, tout ce que contiennent enfin les versions qu'on a données du discours que j'ai prononcé. On va le lire dans son texte véritable, tel qu'il serait parvenu au public, si la fatigue que j'éprouvais m'avait permis de passer une nuit entière à revoir les épreuves du *Moniteur*.

PRÉFACE.

Je profite de cette occasion pour relever quelques observations qui ont été faites depuis, et qui, portées à la tribune, auraient été, moi présent, réduites à leur valeur.

Depuis vingt-cinq ans que je consacre ma vie aux affaires de mon pays, j'ai été exposé peut-être plus qu'un autre au dénigrement qui attend tous les hommes publics. Je crois, quoi qu'on en puisse dire, avoir à chaque époque combattu le mal le plus à craindre, et toujours porté mes efforts là où était le danger véritable. De 1830 à 1840 j'ai fait de mon mieux pour consolider la royauté constitutionnelle; de 1840 à 1848, j'ai fait de mon mieux encore pour l'amener à se renfermer dans les vraies limites où elle pouvait exister, se faire accepter, et durer. Depuis j'ai lutté sans relâche contre le débordement qui devait suivre une révolution démocratique. Dans toutes ces situations, appelé quelquefois contre mes penchants naturels au rôle de contradicteur du pouvoir, j'ai toujours soutenu, même au sein de l'opposition, les vraies maximes de gouvernement et de haute administration. J'ai défendu tour à tour la centralisation, l'armée, les droits de l'État en matière d'enseignement, le Trésor, l'impôt, la Banque, la circulation en argent contre la circulation en papier, les tarifs protecteurs de notre industrie, les lois de la propriété, tous les principes enfin, administratifs et sociaux, que l'expérience et le bon sens démontrent comme les seuls bons, les seuls applicables. Sur tous ces points je n'ai jamais rien cédé à l'esprit de système, d'opposition ou d'anarchie. De là quelques critiques, en m'accusant d'humeur révolutionnaire, parce que j'avais voulu renfermer dans certaines limites l'action de la royauté, m'ont accusé en même temps d'être un esprit fermé à toute idée de réforme. Je les remercie d'avoir relevé ces deux traits de ma vie publique. Oui j'ai voulu de la liberté comme on la pratique en Angleterre, et quant aux utopies administratives ou sociales de mon temps, il n'y en a pas une que je n'aie combattue, et contribué à éloigner, quand elle avait quelque chance d'être essayée. J'ai ainsi soulevé contre moi, outre les ennemis politiques qui m'étaient dus, les esprits chimériques de tous les partis, et il m'est arrivé d'être fort maltraité, même quand j'avais le bonheur de rendre quelque service, de l'être dans mon propre parti, par des hommes qui me devaient au moins des égards.

De toutes les chimères que j'ai eu à combattre, il n'y en a pas de plus vaine et de plus dangereuse que celle qui s'est appelée le *libre-échange*. Depuis quelques années elle a écrit, parlé, dogmatisé, professé, sans rencontrer de contradicteur. J'ai cru utile de l'arrêter une fois dans sa marche, et aussitôt j'ai été repris comme je l'avais mérité par les grands esprits que la science économique a produits. Ce n'est pas de cela qu'il s'agit, et je ne veux ici que relever certaines assertions pour en prouver la fausseté.

J'ai, dit-on, apporté des renseignements inexacts, des calculs erronés à la tribune. Lesquels? Dans une discussion qui a embrassé l'industrie tout entière, de la France et du monde, j'aurais pu assurément commettre quelques erreurs de détail, sans que le fond de mes raisonnements en fût moins solide et moins concluant. Mais, sous le rapport même des détails, qu'a-t-on pu contester dans tout ce que j'ai apporté à la tribune de faits, de calculs, ou de raisonnements?

J'ai prétendu, par exemple, qu'en Angleterre il

PRÉFACE.

y avait plus d'impôts de consommation et moins d'impôts directs qu'en France. Quelle grande hardiesse que celle-là! Ceux qui me la reprochent ignorent-ils que c'est là surtout la profonde différence qui distingue les deux pays, sous le rapport économique et financier? S'ils ne l'ignorent pas, mon observation subsiste dans toute sa force, et l'Angleterre en supprimant certains impôts de consommation, qui portaient sur des matières premières et sur des produits manufacturés, pour les remplacer par une augmentation d'impôt direct, n'a fait que nous imiter, et s'approcher du système français.

Mais je me suis trompé, dit-on, en prétendant que l'Angleterre n'avait que 100 millions d'impôt direct contre 900 millions d'impôt de consommation (douane et accise), et j'ai omis les taxes locales. D'abord je pourrais citer en France des taxes locales qui ne figurent pas au budget général, et qui ont le caractère d'impôt direct. Je les laisse de côté. Je parlais du budget de l'État, non des budgets locaux; je pouvais donc négliger ceux-ci, le budget général suffisant pour caractériser exactement les deux pays.

Toutefois, ajoutons les taxes locales. Laquelle prendre? celle des pauvres. Elle varie entre 5 et 6 millions sterling (125 à 150 millions de francs). Ce serait alors 250 millions d'impôt direct contre 900 millions d'impôt de consommation, qui auraient existé en Angleterre quand on a entrepris les nouvelles réformes, tandis qu'en France c'est 450 contre 450. Mais, dit-on, il y a d'autres taxes à ajouter à celle des pauvres. Pour combien en veut-on ajouter? Pour 100 ou 150 millions, ce serait 400 millions d'impôt direct contre 900 millions d'impôt de consommation, ce qui laisserait encore l'Angleterre bien loin de nous. Les Anglais donc lorsqu'ils ont songé à opérer la réforme dont il s'agit, et à créer l'income-tax, auraient eu 400 millions d'impôt direct contre 900 d'impôt de consommation, et je suis fondé à soutenir qu'ils n'ont fait que nous imiter, et qu'il leur reste beaucoup à faire pour nous atteindre, car avec l'income-tax ils n'auront encore que 540 millions contre 900 ! Mon raisonnement subsiste ainsi tout entier, et il n'y a dans la plus importante partie de la réforme anglaise qu'une pure imitation de la France. Cette vérité ne devrait pas être méconnue par les hommes d'ordre, qui mettent quelque prix à prouver qu'en France les impôts ne sont ni injustes ni absurdes.

Maintenant, ainsi que je l'ai dit, reste le libre échange comme unique nouveauté, le libre échange dont pour ma part je repousse absolument l'imitation.

Quel calcul erroné, ou quel fait inexact ai-je donc apporté à la tribune en discutant la situation de nos industries?

J'ai dit que tout était protégé en France, et que tout avait besoin de l'être, sans qu'il y eût infériorité véritable de notre part. Mais j'ai eu, dit-on, la hardiesse d'avancer que les vins mêmes étaient protégés. Comment, dans quelle situation l'ai-je avancé?

J'avais énoncé ce fait, qui est écrit dans nos tarifs, que tous les produits agricoles et manufacturés étaient protégés en France. Alors une voix m'a interrompu et m'a dit : Quoi, tous, même les vins!
— Oui, ai-je répondu, oui, même les vins ; et je devais répondre ainsi, puisque d'après nos tarifs il y a sur les vins étrangers un droit d'entrée de 35 et de 100 fr. par hectolitre. Je me suis hâté d'ajouter : Nos vins sont fiers de leur supériorité, et croient

pouvoir se passer de protection. Ceux de Bordeaux, qui n'ont pas d'analogues au monde, le peuvent assurément; mais ceux de la Provence et du Languedoc commettraient peut-être une imprudence, s'ils voulaient se passer de tout tarif contre les vins similaires d'Italie et d'Espagne. Pourtant, ai-je ajouté, nos vins peuvent plus qu'aucun autre de nos produits renoncer à toute protection. — Pouvais-je dire autre chose, et, je le demande, dans une aussi vaste discussion, ai-je un instant, un seul instant fait reposer mon argumentation sur ce fait? Pas une fois. Il y a donc peu de bonne foi à reprendre ce point, qui n'était de ma part qu'une réponse à qui m'interrompait, réponse inévitable tirée du tarif lui-même. Maintenant je pourrais ajouter ce que je tiens de commerçants en vin fort dignes de foi, que, dans telle année où la récolte des vins de la Provence et du Languedoc a manqué, et où les prix se sont fort élevés, on a vu arriver, malgré le droit protecteur, les vins d'Espagne, de manière à faire comprendre que leur concurrence n'était point à mépriser.

J'ai parlé des blés. C'est là le point le plus important de la discussion à laquelle je me suis livré. D'abord j'ai, dit-on, cité les blés de Séville, blés inconnus de tout le monde, blés inventés par moi. Premièrement je démens l'assertion. Je n'ai raisonné que sur les blés russes, dont le bas prix est le plus redoutable pour notre agriculture, et j'ai dit accessoirement que pourtant ils n'étaient pas les seuls à craindre, car il y en avait à Naples, en Espagne, rangés parmi les meilleurs que l'on connaisse, et qui pouvaient arriver à très-bon marché en France. Puis j'ai passé outre, et je n'ai raisonné que sur les blés d'Odessa. Il y a donc encore ici manière de contredire peu sincère, puisque je n'ai fait que citer pour mémoire, sans m'y arrêter, les blés d'Espagne. Au surplus, quant à ces derniers, je les ai si peu inventés qu'ils entrent quelquefois, mais rarement, à cause du tarif protecteur, comme les blés russes eux-mêmes. (Voir à ce sujet le tableau décennal de nos importations et de nos exportations.)

Sur quoi donc ai-je raisonné, longuement raisonné, j'en conviens? Sur les blés russes. Qu'y a-t-il à reprocher ici à mes calculs? Les Marseillais se sont montrés indignés, me dit-on. Indignés! où? à la Bourse de Marseille. Indignés, de quoi? de ce qu'on les prive de substituer leur commerce à l'agriculture française pour un cinquième ou un quart peut-être de notre alimentation, de s'enrichir ainsi au détriment de nos paysans ruinés? Cette indignation est naturelle, mais elle ne décide pas la question.

J'ai dit que l'on pouvait avoir à Marseille, en temps ordinaire (et j'ai soigneusement exclu les temps extraordinaires), les blés d'Odessa à 10 fr., qu'à ce prix le propriétaire russe avait lieu d'être satisfait. J'ai fait observer qu'il fallait ajouter le fret, qui en temps ordinaire était de 2 fr., et pour ne jamais prendre le chiffre le plus favorable à mon raisonnement, j'ai porté non pas à 12 fr., mais à 13 fr. et même à 14 fr., le prix auquel on pouvait se procurer le blé russe à Marseille.

D'après quoi l'ai-je affirmé? D'après un relevé fait chez les maisons les plus accréditées à Paris dans le commerce des blés, et que je nommerais s'il le fallait. J'ai ces relevés écrits, et je pourrais les produire. Mais ces maisons sont intéressées, dira-t-on! Les négociants marseillais ne le sont-ils pas? Au surplus, les douanes consultées m'ont fourni les mêmes chiffres.

J'affirme donc qu'en temps ordinaire le blé d'O-

PRÉFACE.

dessa peut être à Marseille à 13 ou 14 fr. J'ajouterai que des hommes très-instruits, connaissant bien les lieux, déclarent que le prix de 10 fr. est très-supérieur au prix ordinaire du blé dans la mer Noire. On l'a vu souvent à 8, à 7, à 6 francs (1).

On continue, et on dit que depuis un an ou deux le blé d'Odessa n'a jamais été coté à moins de 11 fr., et on accorde en même temps que le fret en temps ordinaire peut être de 2 fr. D'abord depuis deux ans je pourrais dire que la subite ouverture des ports anglais a créé une situation extraordinaire pour le producteur russe, qui ne s'était pas préparé encore à faire face à cette nouvelle exportation, tandis que je me suis toujours placé dans les situations ordinaires. Mais j'accorde 11 fr. si l'on veut : avec le fret qu'on avoue être de 2 fr., c'est 13 fr. Il reste, il est vrai, les commissions de commerce que j'ai, dit-on, négligées. A combien veut-on les porter? A 1, à 2 pour cent. A 2 pour cent, ce serait une somme de

(1) Pendant que je portais ces faits à la tribune, un personnage très-honorable, voué depuis longtemps aux études agricoles, M. Bergasse, lisait à l'Académie de Rouen, et sans me l'avoir communiquée, une note très-intéressante sur les blés de Russie, qu'on trouvera à la suite de cette préface.

26 centimes à ajouter. Quant au change il n'a d'importance que dans les circonstances extraordinaires que j'ai toujours exclues : d'ailleurs j'ai toujours dit 13 à 14 fr. Voici ensuite comment j'ai raisonné. Le blé, ai-je dit, est généralement à 19 ou 20 fr. à Marseille, et il faut ce prix dans le Midi pour que l'agriculture soit rémunérée. Donc si le blé d'Odessa peut arriver à 13 ou 14 fr., et s'il en faut 20 au cultivateur, c'est 7 ou 6 fr. que perdrait celui-ci. Notre agriculture serait ruinée! et j'ai ajouté que ce qui me le faisait croire, c'est qu'en Angleterre la chute du prix avait été de 56 à 40 schellings par quarter, après la libre entrée; et j'ai encore ajouté qu'il fallait bien qu'on espérât un semblable résultat, puisqu'on promettait le pain à beaucoup meilleur marché qu'il n'était aujourd'hui. Or le pain ne pouvait être à beaucoup meilleur marché, qu'à une condition, c'est que le blé subirait une baisse considérable.

Mais, dit-on encore, le prix du blé d'Odessa a été à 18 fr. en 1847, le fret est monté à 7 fr., ce qui fait 25 fr. J'ai donc présenté un faux calcul en parlant de 13 et 14 fr. l'hectolitre pour le prix du blé d'Odessa à Marseille. Il y a vraiment lieu d'être étonné d'une pareille manière de discuter des intérêts si graves. J'ai parlé de 13 à 14 fr., en excluant formellement les temps extraordinaires; par conséquent la citation de l'année 1847, qui est une année de disette, ne prouve rien contre moi. Mais veut-on d'ailleurs la réfutation péremptoire de cette ridicule citation? Les blés d'Odessa valaient à Marseille, fret payé, 25 fr. en 1847. C'est vrai. Ils ont même monté en janvier, février, mars, à 27 et 28 fr. Mais sait-on, dans les mêmes mois, quel était le prix en France? 37, 40 et 48 fr. Il est tout simple que le bruit seul de la disette, général alors sur le continent, que quelque chose de bien plus efficace que ce bruit, l'arrivée de milliers de bâtiments venant au nom de peuples affamés demander du blé, les fît doubler; mais ils doublaient aussi en France, et montaient au prix énorme de 48 fr. Il y a même des contrées où ils se sont élevés davantage.

Que reste-t-il donc de vrai? C'est qu'en tout temps il y a entre les blés russes et les blés français une différence considérable, qui est de 6 à 7 fr. en temps ordinaire, de 15 à 20 fr. en temps extraordinaire, et que la libre entrée devrait inévitablement avoir l'effet qu'elle a eu en Angleterre, de réduire de 30 pour cent peut-être le prix reconnu nécessaire à notre agriculture, de faire abandonner une partie de la culture des céréales, et de nous rendre pour un quart, pour un cinquième de notre alimentation, dépendants de l'étranger et des hasards de la mer?

On a, il est vrai, imaginé un moyen de nous rassurer. Les forces de la production russe sont, dit-on, limitées, très-limitées; c'est une chimère que de la craindre; elle ne peut pas aller bien loin, et voici comment on le sait. Un commissaire anglais est allé il y a quelque vingt ans, envoyé par M. Huskisson, s'assurer de l'étendue de la production des céréales en Russie. Elle ne peut pas s'élever au delà de 4 à 5 millions d'hectolitres. Les consuls anglais ont confirmé le fait. Ouvrons donc nos ports sans crainte; les Russes n'y pourront pas envoyer grand' chose; d'ailleurs les Anglais, eux aussi, ont besoin de blés; ils empêcheront que les blés de la mer Noire ne s'arrêtent à Marseille, en les attirant d'un trait à Londres. Marseille ne fera que les voir passer.

Qu'on me permette de le dire, cette supposition

vaut bien tout ce que les économistes ont jamais imaginé de plus solide.

Comment, un commissaire anglais a pu fixer, il y a quelque vingt années, l'étendue de la production de la Russie! Un commissaire anglais a pu savoir ce que les immenses terres qui s'étendent du Danube au Volga pouvaient donner de céréales! Mais d'abord voilà que la production russe, dont il avait fixé l'excédant disponible à 4 ou 5 millions, a pu, en 1847, trouver 12 millions d'hectolitres à envoyer hors de Russie. Comment donc a-t-elle fait pour tromper à ce point les pronostics de l'observateur employé par M. Huskisson?

Laissons ces puériles contradictions, et prenons les faits eux-mêmes.

En Russie il y a des terres immenses, couvertes d'une épaisse couche végétale, qu'on laisse de longues années sans les cultiver, sur lesquelles, sans aucune préparation préalable, il suffit d'un simple labour superficiellement donné pour obtenir les plus belles récoltes, et on prétend dire qu'un tel pays peut être limité dans sa production, par une déclaration partie de Londres. La supposition est ridicule. La Russie évidemment ne peut être limitée dans sa production que par les bras de sa population, et non par son sol, car son sol donnerait au besoin dix fois ce qu'il donne aujourd'hui. Malgré les prévisions du commissaire anglais, elle a passé en une année de 5 millions, excédant présumé, à 12 millions. Qu'est-ce qui l'a empêchée d'aller au delà? C'est que l'Europe ne s'adressant à elle qu'en temps de disette, et que la disette étant accidentelle de sa nature, ne devant pas durer, n'ayant pas duré heureusement en 1847, n'ayant pas même été alors une véritable disette, mais plutôt une cherté produite par une insuffisance qu'on s'était exagérée, la disette ne pouvait pas être un motif pour la population russe de diriger ses forces du côté de la production des céréales. Mais supposez que la France commît à la suite de l'Angleterre la folie d'abolir tous les tarifs, qu'arriverait-il infailliblement?

Le prix des blés français s'abaisserait aussitôt, peut-être de 30 pour cent, comme il est arrivé en Angleterre; celui des blés russes s'élèverait, et ainsi l'un descendrait, l'autre monterait jusqu'à ce qu'ils se fussent rencontrés. Dans la première année, comme il arrive en Angleterre aujourd'hui, les producteurs français livreraient leur blé au prix forcé qu'on leur aurait imposé par cette concurrence, et l'importation extérieure ne serait pas d'abord très-forte, car la production nationale, obligée de se placer quelque part, se donnerait n'importe à quel prix. Mais il arriverait bientôt ce qui arrive aujourd'hui, depuis que le blé est tombé en France en moyenne à 15 francs, prix auquel l'agriculture est ruinée; on abandonnerait peu à peu la culture des céréales sur un très-grand nombre de points, et on la remplacerait, comme on le fait depuis un an en France, par celle des plantes oléagineuses, ou, comme on le fait en Angleterre depuis deux, par les pâturages. Cela ne se fait encore que dans une mesure restreinte; pourquoi? Parce qu'on espère en France que les prix se relèveront. On espère en Angleterre (dans les campagnes il est vrai, non dans le monde politique) que la législation changera. Mais si la situation durait, la culture se transformerait définitivement, et les céréales russes ou autres, se développant peu à peu par le prix plus élevé qu'elles obtiendraient dans nos pays, les céréales françaises se restreignant par le bas prix constant auquel elles seraient réduites, celles-ci céderaient du terrain à celles-là, jusqu'à la limite où les prix se nivelleraient. Ainsi, par exemple, supposez le blé d'Odessa entré à Marseille à 14, à 15, à 16 fr. si l'on veut; il s'avancerait dans l'intérieur jusqu'à ce qu'il se fût chargé d'assez de frais de transport pour égaler le prix du blé français. Maintenant supposez les chemins de fer achevés, et l'introduction par les grandes artères devenue plus facile, il n'y aurait plus de cherté de transport que pour aller des grandes artères à l'intérieur. Quelle serait la portion de la production des céréales qui serait supprimée en France, et remplacée par on ne sait quelle autre production? on ne peut le dire. Serait-elle de 30, de 20, de 10 millions d'hectolitres? Personne ne le sait. Ne fût-elle que de dix millions, ce serait déjà un immense malheur pour un pays qui n'est pas sûr d'avoir toujours la mer ouverte à sa volonté. On ne niera pas que la Russie puisse donner 10 millions d'hectolitres en un an, puisqu'on admet qu'elle en a donné 12 une fois, en 1847, sans être préparée à une production extraordinaire. Eh bien,

PRÉFACE.

10 millions d'hectolitres à transporter exigent au moins un millier de bâtiments couvrant incessamment la mer pour approvisionner un pays. La France voudrait-elle se réduire à cet état, voilà la question dont on ne parviendra pas, quoi qu'on en dise, à obscurcir l'évidence.

Enfin, pour nous rassurer plus complétement, on dit que l'Angleterre absorberait les blés dont la Russie pourrait disposer, car les prenant à 56 schellings (environ 24 fr. l'hectolitre), elle les attirerait chez elle, vu qu'il faudrait, pour qu'ils trouvassent un tel prix en France, que les prix fussent remontés à 23 fr.

Il y a ici une méprise fort étrange, et qui prouve que les gens qui m'accusent d'inexactitude ignorent même les chiffres les plus vulgairement admis. 56 schellings le quarter étaient l'ancien prix anglais, celui qui était admis à l'époque où l'Angleterre n'avait pas encore le libre-échange. Depuis, il est tombé à 38 schellings, remonté à 40 (la moyenne bien entendu), et peut-être est-il aujourd'hui un peu plus élevé sur les doutes qu'on a conçus à l'égard de la récolte. Or à 40 schellings, c'est environ 16 à

b.

17 fr. l'hectolitre pour la moyenne, et 14 à 15 fr. pour les blés d'Odessa. Il y aurait donc chance à ce prix de voir les blés d'Odessa s'arrêter à Marseille, d'autant plus volontiers que le voyage est moins long.

Mais, ajoute-t-on, la Russie ne pourrait pas nourrir à la fois et la France et l'Angleterre. Toujours la même supposition, c'est que l'on peut fixer à Paris et à Londres les limites de la production russe! Eh bien! il y a la Baltique, qui a suffi à l'Angleterre cette année; il y a l'Amérique, qui lui verserait beaucoup plus qu'elle ne peut consommer, et il resterait la Russie méridionale pour la France, ce qui serait fort naturel, puisqu'il y a beaucoup plus près d'Odessa à Marseille que d'Odessa à Londres. Ce qui est certain, c'est que le phénomène ne s'opèrerait pas sur-le-champ. Ce qui se ferait tout de suite, ce serait la baisse du prix. Celle-là serait instantanée. Les cultivateurs résisteraient d'abord avant de changer leurs cultures comme ils le font en Angleterre, subissant la perte et dévorant leur souffrance dans l'espérance de voir leur état changer. Puis s'ils le voyaient durer, ils finiraient par abandonner successivement la culture des céréales dans les provinces où le prix aurait le plus baissé, et les cultivateurs étrangers les remplaceraient sur le marché français. La retraite de la culture française se ferait peu à peu, et l'invasion de la culture étrangère se ferait peu à peu aussi, de manière qu'après quelques années on se trouverait ayant 10 ou 20 millions d'hectolitres de blé de moins sur son sol, et les prenant à l'étranger. Que seraient devenues les cultures françaises ? On n'en sait rien ; mais une baisse ruineuse d'abord dans le prix des denrées agricoles, et puis le remplacement dans la consommation d'une partie du blé français par le blé étranger, et une grande étendue de terre réduite à changer d'emploi, sans en trouver peut-être, ou du moins sans en trouver un équivalent, voilà ce qui serait certain. Et quand on n'aurait arrêté par exemple que l'augmentation annuelle des cultures, qui est constante en temps ordinaire, le mal ne serait-il pas assez grand ?

Sur les laines on nous dit des choses non moins étranges. S'en rapportant à je ne sais quelle version inexacte de mon discours, on me fait dire ce que je n'ai pas dit. Je n'ai pas dit qu'un négociant français (que du reste je pourrais nommer) a acheté des laines d'Australie à 15 sous. J'ai dit qu'un négociant français a acheté des laines d'Australie, et le droit de 22 pour cent acquitté, toutes les commissions de commerce payées, avait trouvé 6 pour cent d'avantage à acheter des laines d'Australie, la laine française similaire étant supposée à 15 sous.

Voilà ce que j'ai dit et point autre chose. On prétend que le droit ayant été réduit en Angleterre, la laine anglaise n'avait pas baissé. C'est que cette réduction du droit a concouru, lorsqu'elle a été opérée, avec un développement immense des lainages dans toute l'Europe, et que la consommation a contre-balancé l'effet de la réduction du droit. Mais depuis, les laines de l'Amérique du Sud étant survenues sur le marché, les laines d'Australie ayant pris un immense développement, et s'étant fort améliorées, il est certain que si on introduisait sur-le-champ les laines étrangères qu'on peut avoir à 30 pour cent meilleur marché au moins, la baisse serait immédiate, instantanée. S'en fier à cet égard aux promesses de messieurs les libre-échangistes, me semblerait fort téméraire. Il en serait comme pour les blés. Les blés ne doivent pas baisser, suivant eux, quoique le pain doive être beaucoup meilleur marché : ils ne devaient pas baisser en Angleterre non plus, et cependant ils sont tombés de 56 à 40 schellings. Il se pourrait bien que pour les laines la chose ne se passât pas autrement.

Je n'en finirais pas de ces redressements de citations fausses ou tronquées, et je m'arrête pour répondre aux observations de M. Dollfus sur l'industrie du coton.

M. Dollfus dit : je suis compétent, car j'imprime sur étoffes; vous êtes un homme d'État... fort éloquent (veut-il bien ajouter)...; mais les détails vous échappent. — Voici, répondrai-je à M. Dollfus, ma manière de procéder. Il y a vingt-cinq ans que j'observe, non pas une industrie, mais toutes; que je suis leur marche, que je discute leurs prix de revient, et qu'entendant le débat contradictoire établi entre elles, l'écoutant avec impartialité, j'essaie de départager les hommes spéciaux, qui ne sont jamais d'accord entre eux, ni sur les faits, ni sur les chiffres, et qui sans un arbitre ne parviendraient jamais à s'entendre. Voilà comment je fais pour arriver à la vérité, et, si je m'en rapporte à la masse d'adhésions qui m'est parvenue depuis cette grave discussion, je crois en effet y être arrivé.

M. Dollfus a présenté un calcul sur la différence de prix de revient entre la filature anglaise et la filature française. Il est homme spécial assurément; eh bien, les filateurs de Rouen et d'Alsace, et parmi eux le propre frère de M. Jean Dollfus, M. Émile Dollfus, mon ami et collègue à l'Assemblée législative, trouvent les assertions de M. Jean Dollfus, les unes tout à fait inexactes, les autres à demi erronées, les autres même étranges, inexplicables de la part d'un homme pratique comme lui. M. Émile Dollfus l'a écrit dans une réponse imprimée à son frère. Les uns et les autres disent que M. Jean Dollfus est presque seul de son avis, qu'il a pour adhérents deux ou trois imprimeurs d'étoffe, qui voudraient, cela se conçoit, imprimer toutes les toiles blanches d'Angleterre, comme les Marseillais voudraient transporter tous les blés de Russie. Ils disent que M. Jean Dollfus se trompe en tout, et sur les chiffres et sur les faits. Qui faut-il donc que j'en croie, ou de tant d'hommes compétents en matière

PRÉFACE. xxv

de filature et de tissage, ou de M. Jean Dollfus qui est spécialement imprimeur, et très-accessoirement tisseur et filateur? Voici comment je m'y prends. Je me sers de mon bon sens, de l'expérience que j'ai acquise, non pas en filant, en tissant ou en imprimant du coton, mais en écoutant et en jugeant les intérêts contraires; je fais la part des faux raisonnements, des ardeurs de l'intérêt personnel, des exagérations de la dispute, et je tâche de démêler le vrai entre tous ces dires opposés.

M. Jean Dollfus a prétendu qu'il n'y avait que 5 1/2 pour cent de surplus de frais entre la filature française et la filature anglaise : le comité de l'industrie nationale a soutenu que c'était 40 pour cent. J'ai examiné, pesé les assertions, et j'ai trouvé 30 pour cent. J'ai dit que sur un produit brut de 800,000 francs, il y avait, en frais de production, environ 250,000 de plus du côté du filateur français. M. Jean Dollfus a trouvé 46,000 seulement, et le comité 296,000. Ai-je eu tort, ai-je eu raison?

Je viens d'examiner de nouveau ce calcul avec plusieurs hommes compétents, aussi compétents que M. Jean Dollfus, notamment M. Émile Dollfus son frère, et M. Loyer de Rouen, tous deux représentants. Ils le trouvent rigoureusement juste, et comme moi ils croient à 30 pour cent au moins.

M. Jean Dollfus doit savoir ce que c'est qu'un prix de revient. Ce prix, dans le même pays, varie suivant les établissements, d'après leur position plus ou moins avantageuse, d'après l'habileté plus ou moins grande de leur chef. Pour la houille, le fer, le coton, le drap, le sucre, on peut trouver en France, comme en Angleterre, des variations de 1 à 15 pour cent, et quelquefois davantage, dans le prix de revient d'établissements, placés dans le même pays, consacrés à la même industrie. Mais en moyenne je crois qu'entre les Anglais et les Français la vraie différence est de 30 pour cent, pour la filature du coton.

Maintenant que M. Dollfus me permette de répondre à un reproche que je suis étonné de rencontrer sous sa plume, qui, s'il était juste, me vaudrait un ridicule mérité, et bien mérité, mais qui repose sur un calcul dont M. Dollfus est seul l'auteur, et qu'il ne faut attribuer qu'à une distraction involontaire de sa part, je n'en doute point.

PRÉFACE.

La filature qui a été prise pour terme de comparaison, et qui est de 20,000 broches, produit, dit M. Dollfus, 250,000 kilogrammes de coton filé par an. Le kilogramme de ce coton vaut 1 fr. 10 cent. : le produit total est donc de 275,000 fr... M. Thiers, ajoute M. Dollfus, a trouvé 250,000 fr. de plus dans le prix de revient du côté du filateur français. Donc il ne reste que 25,000 fr. sur 275,000 pour toute la dépense du filateur anglais ; donc le filateur anglais produit presque pour rien, et M. Thiers, étant en si beau chemin, n'avait qu'à ajouter 2 ou 3 pour cent de différence, et il arrivait à prouver que les Anglais filent exactement pour rien.

Oui, M. Dollfus a raison, je serais le plus étrange des raisonneurs, si je raisonnais de la sorte. Mais il n'en est rien, et cette absurdité, je prie M. Dollfus de vouloir bien la prendre à son compte, car il l'a lui-même inventée.

Dans le débat engagé entre M. Dollfus et le comité de l'industrie nationale, M. Dollfus avait dit, après avoir évalué la différence de frais à 46,000 fr. seulement, avait dit (je cite textuellement) : *ce qui pour 300,000 kilogrammes de produits valant, à 2 fr. 80 c.*

le kilogramme, 840,000 fr., représente 5 1/2 pour cent.

Que M. Dollfus me permette de m'étonner qu'après avoir lui-même supposé 300,000 kilogrammes de coton par an, et un prix de 2 fr. 80 c., ce qui fait 840,000 fr. de produit total, il suppose aujourd'hui seulement 250,000 kilogrammes à 1 fr. 10 c. C'est sur 300,000 kilogrammes que j'avais raisonné d'après M. Dollfus lui-même, et sur un prix de 2 fr. 80 c. d'après M. Dollfus encore, et alors le produit étant de 840,000 fr., j'avais pu trouver que le fabricant anglais avait 250,000 fr. de frais de moins, ce qui lui laissait 590,000 fr. de dépense, somme qui n'équivaut point à *rien*, et qui ne ressemble pas à celle de 25,000 fr. Le calcul qu'on m'avait prêté est ridicule, j'en conviens, mais ce calcul appartient à M. Dollfus, et non à moi.

Maintenant est-il vrai qu'une filature de 20,000 broches puisse produire 300,000 kilogrammes? C'est M. Dollfus qui l'avait dit, et cela est généralement admis. Produit-elle du coton à 2 fr. 80 c.? Oui, quand on y ajoute le prix de la matière première, que M. Dollfus, je ne sais pourquoi, a retranché dans son calcul. Il est même vrai que ce prix est aujour-

PRÉFACE. xxix

d'hui de plus de 3 francs, ce qui ferait un produit total de 900,000 fr., sur lequel on peut bien trouver une différence de 250,000 fr. au profit des filateurs anglais.

En définitive est-ce 25, 30, 40 pour cent de différence, qu'il faut admettre entre le filateur anglais et le filateur français? Suivant les divers établissements qu'on prendra pour terme de comparaison, l'un de ces chiffres sera plus vrai que l'autre. Celui qui ne sera jamais vrai, celui que tous les hommes sensés jugent insoutenable, étonnant de la part d'un homme pratique, c'est le chiffre de 5 1/2 pour cent qu'a supposé M. Jean Dollfus, et auquel il est arrivé en atténuant, ou en omettant tout à fait, avec une distraction inconcevable, les différences de situation que voici :

1.° La différence dans la dépense de création et d'entretien des établissements, que M. Dollfus évalue à 15,000 fr. par an, et qui est de 30,000 au moins;

2° La différence dans le prix du combustible qui entraîne au moins 18,000 fr. de surplus de frais en France, tandis que M. Dollfus n'en suppose que 14,000;

3° La différence de prix dans le coton brut à Liverpool et au Havre, qui est de 20,000 fr. au moins, et que M. Dollfus néglige tout à fait;

4° Le surplus de frais pour transport du Havre à Mulhouse, qui est de 25,000 fr., et que M. Dollfus néglige encore;

5° La différence dans la somme de main-d'œuvre, qui est de 45,000 fr. d'après les uns, de 60,000 fr. d'après les autres, et dont M. Dollfus ne dit mot;

6° La différence dans l'intérêt des capitaux, qui est de 2 pour cent, et que M. Dollfus évalue à 1 pour cent;

7° Enfin le droit qui est de 66,000 fr. sur 300,000 kilogrammes de coton brut, droit que M. Dollfus suppose aboli, et qui ne l'est pas.

Ce sont là les atténuations ou les omissions que M. Dollfus a commises, qui le conduisent à supposer 5 1/2 de différence dans les frais de production entre le filateur anglais et le filateur français, qui ont conduit ses contradicteurs à supposer 40 pour cent, et qui conduisent les calculateurs modérés à admettre 25 ou 30 pour cent, comme la différence vraie.

M. Dollfus dit encore que je me suis trompé en supposant qu'en France il y a un ouvrier par 120 broches, et en Angleterre un par 400. Or, dit-il, tout est changé; il n'y a plus de métiers de 120 broches. Ils sont tous de 4 à 500.

Nouvelle distraction de M. Dollfus.

Raisonnant d'après les pièces du procès entre M. Dollfus et ses contradicteurs, j'avais pris les nombres qui se trouvent mentionnés dans ces pièces, et j'avais dit 120 et 400 broches, mais je n'avais pas altéré la proportion vraie, loin de là; j'étais plutôt resté en deçà. En effet, le métier aujourd'hui le plus répandu en France, si on prend toutes les provinces, et non une seule, est celui qui suppose un ouvrier par 300 broches. Les Anglais ont des métiers qui supposent un ouvrier par 600, et par 1,000 broches. Ils ont de plus le renvideur. La proportion est donc au moins la même. Mais, ajoute M. Dollfus, il faut en arriver à ce perfectionnement. Oui, d'accord; mais par la concurrence intérieure, et non par une invasion extérieure qui détruirait l'industrie au lieu de la stimuler.

En Algérie, ajoute M. Dollfus, un droit de 93 centimes par kilogramme sur les tissus de coton, qui suppose 19 p. 100 de protection, suffit pour nous couvrir. L'argument est doublement inexact. D'abord le droit qui varie suivant la qualité des tissus, est quelquefois de 30 pour 100, et plus habituellement de 25, ce qui est fort au-dessus des 5 et demi de M. Dollfus. Ensuite il y a une autre protection dont M. Dollfus ne parle point. La France a déjà un grand commerce avec l'Algérie. Elle a toutes sortes de choses à y envoyer pour son armée et pour ses colons. Les cotons sont une partie des cargaisons, et ils ne font que les compléter. Les Anglais n'ont rien à envoyer en Algérie, et s'ils faisaient des expéditions pour n'y expédier que des cotons, ils n'y trouveraient pas leur compte aussi bien que nos négociants. Ainsi un grand commerce et un droit de 25 p. 100, voilà ce qui nous permet de supporter la concurrence anglaise en Algérie.

M. Dollfus trouve à redire encore à un exemple que j'ai cité, celui d'un pays se déchargeant quelquefois sur le pays voisin de ses excédants de production, même à 30 et 40 pour 100 de perte, ce qui, suivant moi, exige des droits très-supérieurs à la différence supposée des frais de production.

D'après le comité de l'industrie nationale, j'avais cité les ventes faites en Suisse et en Allemagne en 1848. M. Dollfus conteste le fait. La contestation est puérile, tant il y a d'exemples de cette manière de rejeter sur les pays voisins les encombrements de production. En 1846 et 1847, pendant la disette des céréales, des maisons de Rouen ont vendu des tissus à des maisons d'Alsace, à 20 pour 100 de perte; elles ont vendu en 1848 des mêmes tissus, à 30 et 40 pour 100 de perte, aux mêmes maisons d'Alsace, qui les revendaient en Allemagne. Les Anglais, qui produisent cinq fois plus que nous, pourraient en une saison accabler la filature française, y eût-il un droit de 30 pour cent, car produisant à 25 ou 30 pour cent moins cher, à 20 si l'on veut, ils n'auraient que 10 à perdre pour franchir la limite du droit, et pour inonder notre marché.

M. Dollfus dit encore que l'Allemagne avec 5 pour 100 sur les filés se soutient. Erreur de fait matérielle: la filature disparaît à Éberfeld faute de protection.

Si nous abandonnions la protection des filés, des tissus de coton, il arriverait ce qui est arrivé en plus d'un lieu, il arriverait que nous serions réduits bientôt à imprimer les cotonnades anglaises, résultat qui plairait fort à M. Dollfus, je le comprends, mais que moi, fort impartial entre les industries rivales, je ne saurais trouver bon, car voici ce qui se passerait inévitablement. Battus dans les filés inférieurs d'abord, nous serions obligés d'abandonner les filés fins, car la fabrication des uns est impossible sans la fabrication des autres. (L'expérience le démontre.) Puis après avoir perdu la filature, nous perdrions le tissage, parce que les Anglais nous feraient bientôt payer les filés à un prix qui rendrait le tissage impossible. (Ceci est encore d'expérience reconnue.) Puis quand la filature et le tissage nous auraient échappé, réduits à imprimer l'étoffe d'autrui, nous dépendrions d'autrui pour la matière première de l'impression, et nous finirions peut-être par perdre l'impression elle-même.

Je ne suis ni filateur, ni tisserand, ni imprimeur d'étoffe ; mais j'ai l'habitude d'observer comment les choses se passent, je les observe sans les préoccupations de l'intérêt personnel, et je persiste à repousser ces dangereuses prétentions de telle ou telle industrie qui voudrait tout sacrifier à elle-même.

Les commerçants qui transportent le blé voudraient porter le blé du monde entier sur nos rivages, dût notre agriculture périr; les imprimeurs d'étoffes de coton voudraient imprimer toutes celles que tissent les Anglais, dussions-nous, pour 100 millions de toiles peintes que nous imprimerions de plus, perdre 500 millions de filature ou de tissage. Je ne me laisse pas toucher par de tels raisonnements, j'en demande pardon à mes compatriotes de Marseille indignés, et à M. Dollfus, que je crois un peu aveuglé dans cette question, surtout si je m'en rapporte à son propre frère, longtemps son associé, et l'un des hommes les plus éclairés que je connaisse.

Mais je maintiens ce que j'ai dit dans mon discours comme exact, vrai de tous points, et fondé sur la scrupuleuse observation des faits.

Je n'ai pas dit que tout fût parfait dans nos tarifs, si parfait qu'il n'y eût rien, absolument rien à changer. Il se peut qu'il se trouve çà et là telle prohibition de peu d'importance à supprimer, ou tel tarif qu'on pourrait abaisser sans grand péril. Cela se peut, mais je dis qu'aucun changement considérable ne saurait être fait sans danger, et que le fond du système protecteur était pour la France le seul vrai, que c'était celui qui avait fait sa grandeur, et pouvait seul la soutenir; celui qui avait fait longtemps la grandeur de l'Angleterre, celui enfin auquel les Américains et les Russes s'apprêtaient à demander leur propre grandeur industrielle.

On pourra disputer sur tel ou tel détail, car sur les détails les hommes du métier ont la plus grande peine à se mettre d'accord; mais on n'a point ébranlé, et on n'ébranlera point les vérités suivantes que j'ai mises en lumière.

L'Angleterre a tout dû à la protection.

Si elle consent à s'en passer aujourd'hui, c'est que supérieure dans quelques industries, ayant été amenée à produire certaines choses en quantité immense pour les produire à bon marché, elle a senti le besoin de se créer à tout prix des débouchés au dehors; pour se procurer ces débouchés, elle a exposé à la concurrence étrangère quelques produits de luxe, les toiles peintes, les soieries, par exemple, les unes couvertes par le bon marché, les autres par un tarif de 15 à 20 pour 100.

PRÉFACE.

Le danger d'agir ainsi n'était pas grand; l'Angleterre n'a fait une chose hardie que pour les céréales et la marine, et sur ces deux points le résultat est fort inquiétant jusqu'ici pour elle. Il peut dans l'avenir devenir dangereux pour son alimentation.

La France, au contraire, faisant de tout (ayant le mérite de l'universalité, tandis que l'Angleterre a celui de la spécialité), la France a des rivaux partout; elle a besoin de se couvrir partout; mais elle a dans son marché un premier débouché immense, qui la dispense de chercher au dehors, et à tout prix, ses moyens d'exister.

Si elle agissait autrement, elle verrait les blés d'Odessa, les laines de l'Australie, ruiner son agriculture; les fers, la houille, les cotons de l'Angleterre ruiner son industrie; les soieries unies d'Éberfeld et de Zurich atteindre fortement ses soieries unies d'Avignon ou de Nîmes, et elle ne gagnerait ni sur les vins, ni sur les soieries façonnées ce qu'elle aurait perdu sur tous ces objets.

Obligée de se défendre par des tarifs, la France s'impose volontairement une certaine cherté, mais cette cherté n'empêche pas qu'elle trouve à exporter pour 1,100 millions, somme énorme qui approche de l'exportation anglaise, et qui est due à la perfection de nos produits.

Les 1,100 millions de l'exportation française se composent de produits, même en vins, même en soieries, tous plus chers que leurs similaires à l'étranger, et recherchés uniquement à cause de leur supériorité.

Il faut ajouter enfin que cette cherté, qui n'empêche pas que nos produits trouvent un écoulement, ne rend pas plus chère la vie de nos ouvriers.

On en convient, car on reconnaît qu'à Paris, comme à Londres, l'étoffe à chemise, par exemple, revient au même prix. On ne peut le nier ni pour la viande, ni pour le pain.

Il résulte de ces vérités que notre existence moins en dehors que celle de l'Angleterre, est plus sûre, moins menacée, car nous ne dépendons pas pour le placement de nos produits d'un progrès des Américains dans la voie du bon marché, et pour notre alimentation d'un changement de force relative entre les puissances maritimes du globe.

Voilà les vérités fondamentales que j'ai tirées du

PRÉFACE.

chaos de ces discussions, vérités qu'on n'a pas obscurcies, et qu'on n'obscurcirait pas, opposât-on sur quelques points d'autres chiffres aux miens.

Il est vrai qu'on a dit que j'avais fait de la cherté une théorie, et de la guerre un système, système en vue duquel il fallait faire toute la législation. Je suis donc la cherté, et pour peu qu'on insiste, je serai peut-être comme autrefois, au dire de certains écrivains, la guerre... La cherté! la guerre! voilà les nouveaux, ou anciens griefs...

Non, je ne propose pas la cherté comme but, c'est là un pur mensonge. Je dis que la cherté doit tous les jours, autant qu'on le pourra, aussi vite qu'on le pourra, faire place au bon marché, et je l'ai prouvé en louant nos cotons d'avoir passé de 12 fr. le kilogramme à 3 fr.; nos fers de 52 fr. le quintal métrique à 22 fr. Mais j'ai dit que si de notre situation il résultait une certaine cherté, nous ne devions pas pour cela nous regarder comme battus, puisque la plus grande exportation après celle des Anglais était la nôtre, à nous qui n'avons plus, ou presque plus de colonies.

Enfin, quant à la guerre, je ne l'ai jamais proposée

comme le but, pour lequel les nations devaient tout disposer chez elles, même l'industrie. Mais ce que j'ai dit (et je répète cette audacieuse vérité), c'est que la guerre a lieu quelquefois dans le monde, et qu'il faut ne pas s'exposer à mourir de faim le jour où elle arriverait. La guerre!... a-t-on ouï dire qu'elle ait lieu quelquefois? en douterait-on? est-il impossible qu'elle reparaisse jamais? — Oui, oui, me dira-t-on, il y a un congrès qui s'assemble tous les ans quelque part, et qui affirme que, si on le veut, la guerre n'aura plus lieu. — J'en conviens. Eh bien, je renvoie à ce congrès, où l'on ne me rencontrera jamais comme contradicteur, les puissants raisonneurs qui me reprochent de vouloir faire toute la législation en vue de la guerre. Je répète que la guerre ayant lieu tous les vingt-cinq ou trente ans, un peuple qui a le sens commun ne s'expose pas à être affamé une fois par quart de siècle. Mais, dit-on encore, on continuerait à cultiver le blé en France comme en Angleterre, même après le libre-échange. — Je le reconnais, mais si on n'en produisait que de quoi nourrir les trois quarts de la population, que deviendrait le quatrième quart le jour où les relations seraient interrompues? Et si pour les quatre quarts le blé valait le double, comment ferait-on?

Mais, ajoutent quelques sages, vous combattez là des théories absolues; il y en a de plus modérées. Soit; qu'elles se produisent. Toutefois je ne tiens pas pour beaucoup plus modérées, celles qui, au lieu de tuer notre industrie en un mois, la tueraient en un an, celles qui à la mort substitueraient l'agonie. Au surplus, que des propositions soi-disant modérées naissent, et nous les examinerons; mais j'espère que, grâce au bon sens des pouvoirs publics, l'industrie du pays sera sauvée d'une expérience, qui, bonne peut-être en Angleterre, est en contradiction chez nous avec notre situation tout entière. L'imitation dans les arts et les lettres est la plus insupportable des choses : dans la législation et l'administration elle peut être tout aussi insupportable, et de plus désastreuse.

NOTE SUR LES BLÉS DE RUSSIE.

Un solennel débat vient de s'ouvrir, messieurs, entre les partisans du libre échange et ceux des droits protecteurs. Je n'ai point la prétention d'aborder aujourd'hui l'immense question qui les divise. Mais, puisque l'occasion s'en présente, permettez-moi de consigner ici, sous la forme d'une simple note, quelques détails propres peut-être à éclairer l'un des points du problème.

Tout le monde sait que la Russie exporte une grande quantité de blés. Les uns sont expédiés par les ports de la Baltique, les autres par les ports de la mer Noire. Les premiers sont recueillis dans l'ancienne Pologne, la Livonie, l'Esthonie et la Courlande. Ils donnent en général une farine très-blanche et peu riche en gluten. Ils ont l'inconvénient de renfermer, par suite de l'extrême humidité du climat, beaucoup d'eau de végétation. Aussi dans les années pluvieuses étaient-ils peu recherchés. On a obvié en partie à cet inconvénient en les soumettant immédiatement après le battage à une dessiccation préalable dans des étuves. Maintenant les blés de Rostock sont fort estimés, comme on peut le voir par les mercuriales du marché de Londres. L'agriculture s'est extrêmement perfectionnée dans la partie de la Russie où on les récolte. Mais la production ne peut pas y dépasser certaines limites. Aussi je ne pense pas que ce soit de ce côté que nos cultivateurs français aient à redouter une bien dangereuse concurrence; je le pense d'autant moins que ces blés peu riches en gluten, comme je l'ai dit, conviennent bien moins aux habitants du midi de la France qu'à ceux du nord. Or vous savez que c'est dans nos départements méridionaux que l'on a surtout besoin de recourir aux blés étrangers dans les années de disette.

Il n'en est pas de même des immenses possessions méridionales de la Russie, dont les produits nous parviennent par les ports de la mer Noire. Là se trouvent des steppes sans limites offrant jusqu'à un mètre de terre végétale, enrichie par la décomposition de myriades d'insectes de toute espèce et n'attendant que la main de l'homme pour produire d'énormes quantités de céréales. On peut juger par les résultats obtenus des défrichements de ceux qui restent à obtenir.

J'ai suivi avec quelque soin la marche du prix des

blés depuis 1825. J'ai remarqué que, jusqu'en 1847, il y avait eu constamment une différence en plus de 6 à 7 francs entre le prix de nos blés nationaux et celui des blés de la mer Noire, c'est-à-dire qu'au moment où en France le blé se vendait 20 francs l hectolitre, il n'était coté qu'à 13 ou 14 francs dans les entrepôts d'Ancône, de Marseille et d'Hambourg. On estimait à cette époque les frais de transport et les faux frais à 6 francs au moins par hectolitre, ce qui ne donnait pour prix de vente sur les lieux que 7 à 8 francs.

Je connaissais parfaitement la situation du cultivateur russe, et cette situation m'expliquait jusqu'à un certain point comment il pouvait vendre sans perte à 8 francs une céréale que nous ne pouvons vendre qu'avec perte à 15 francs dans les parties de notre sol les plus propres à une culture économique du froment, telles que la Lorraine et la Bretagne. Mais comme je savais que les blés de la Russie méridionale, avant d'être embarqués à Odessa ou à Sebastopol, avaient eu à supporter des frais de transport qui, eu égard au défaut de voies de communication, me semblaient devoir être fort considérables, je ne me rendais pas parfaitement compte de l'extrême modicité du prix de revient du blé dans les ports de la mer Noire.

Le hasard m'a servi en me mettant en rapport avec le représentant d'une maison puissante de Paris et de Marseille qui avait habité longtemps Odessa, qui s'y était marié et qui avait souvent parcouru l'Ukraine, la Volhynie, la Podolie et toute la Russie méridionale.

Voici ce que j'ai appris de lui.

Tout le monde connaît les conditions dans lesquelles se trouvent placés les propriétaires russes. Les serfs leur doivent le travail de quatre jours de la semaine et reçoivent en échange une nourriture bien inférieure à celle qui est donnée aux noirs de nos colonies.

Les terrains non cultivés sont tellement étendus dans ces provinces, et les bras y sont si rares, qu'on ne sème guère à la même place que tous les quinze ou vingt ans. On n'y pratique jamais qu'un seul labour très-superficiel. C'est celui qui précède l'ensemencement. On n'y emploie aucun engrais.

Ces circonstances, dont plusieurs m'étaient déjà connues, expliquent bien la différence de situation des propriétaires russes et des cultivateurs français. Mais restait la question des transports. Parmi les blés qu'on embarque à Odessa, il en est qui viennent de points éloignés de deux cents lieues. J'ai appris que ce transport ne coûtait presque rien aux propriétaires russes.

Leurs serfs ou *mougics* l'effectuent. Ils chargent les blés sur de petites charrettes, attelées de deux bœufs, dont les essieux sont en bois et les roues pleines, toutes pareilles par leur construction à celles des chariots que quelques-uns d'entre vous, messieurs, ont vus dans le pays basque. On leur remet une provision de farine dans un petit sac. Ils partent. Le voyage dure quelquefois plus d'un mois. Le soir, quand le *mougic* arrive au bord d'un ruisseau, il dételle ses bœufs, les laisse paître dans les steppes, prépare un peu de bouillie avec la farine qu'il a apportée, la fait cuire avec quelques herbes desséchées et se couche sur la terre. Le lendemain matin, il renouvelle ce frugal repas et se remet en marche. Arrivé à Odessa, il décharge sa charrette, vend ses bœufs pour la boucherie, sa charrette comme bois à brûler, et revient à pied dans son pays. Il ne met quelquefois que huit jours pour parcourir la distance qui lui a demandé un mois quand il conduisait son attelage.

Nous recevons par la mer Noire des blés tendres et des blés durs. Le blé dur, *triticum durum* de Desfontaine, a le grain très-petit, l'apparence cornée, ne contient point de son, mais une énorme quantité de gluten. On ne le recueille pas dans toutes les parties de la Russie méridionale, mais seulement sur les bords de la mer d'Azof, où sa culture remonte à la plus haute antiquité. C'est la nature du sol qui explique ce fait. Le terrain y est extrêmement riche en engrais provenant de la décomposition de substances animales. La partie de la mer d'Azof qui longe la

Crimée a reçu le nom de mer *Putride*. Placé dans d'autres conditions, le *triticum durum* perd de sa qualité. On le cultive sur certains points du Languedoc et de la Provence, mais il n'y offre pas, à beaucoup près, les mêmes proportions de matière azotée.

DISCOURS

SUR

LE RÉGIME COMMERCIAL
DE LA FRANCE.

Séance du vendredi 27 juin 1851.

Messieurs,

Quoique je ne partage sous aucun rapport l'opinion que vient d'apporter à cette tribune l'honorable M. Sainte-Beuve, je veux le remercier, en commençant, d'avoir soulevé une question aussi grave, aussi vaste, qui agite le monde entier, je n'hésite pas à le dire, et qui a droit d'intéresser la France autant qu'aucun des sujets dont on peut s'occuper aujourd'hui.

Pour ma part, j'ai entendu l'honorable M. Sainte-Beuve avec la plus grande attention ; je supplie l'Assemblée d'avoir pour moi, comme pour lui, beaucoup de patience, car cette question ne saurait être abordée utilement qu'en l'étant complétement; pour qu'elle soit éclaircie, il faut qu'elle soit approfondie : s'il en était autrement, il vaudrait mieux n'y pas toucher, l'écarter et attendre.

J'espère, messieurs, que vous m'accorderez l'attention nécessaire pour entrer dans les détails sans lesquels la question resterait vague, obscure dans vos esprits. Je tâcherai de la préciser, mais je ne puis pas faire qu'une question qui engage les intérêts du pays tout entier, et, je ne crains pas d'ajouter, depuis les exemples dont on cherche à s'autoriser, les intérêts du monde civilisé, je ne puis pas faire qu'une question pareille ne soit pas très-vaste, et n'exige pas beaucoup de temps pour être résolue d'une manière sérieuse.

Pour ma part, il y a trente ans que je m'occupe des affaires publiques de mon pays; je n'ai jamais varié sur cette question. L'expérience, le passage à travers les affaires, l'observation la plus scrupuleuse des faits, m'ont convaincu que la prospérité de la France tenait au système industriel et commercial qu'elle a constamment suivi.

M. Sainte-Beuve, dont j'honore l'esprit studieux et le caractère indépendant, a traité, qu'il me permette de le dire, très-rudement l'opinion contraire à la sienne.

J'aurai pour sa personne tous les égards qu'elle

mérite, mais je traiterai rudement, à mon tour, l'opinion qu'il soutient. (On rit.) Il a dit que la nôtre arrêtait la prospérité du pays; eh bien, je vais prouver que la sienne briserait cette prospérité comme un verre. Vous avez vu il y a trois ans un gouvernement tomber en quelques heures; vous verriez tomber en un instant la fortune du pays, si aucune des doctrines nouvelles venait jamais à prévaloir. (Marques d'approbation.)

J'ai à cet égard une conviction profonde, que rien n'a pu altérer, et que le grand spectacle auquel je viens d'assister à Londres n'a fait que rendre plus forte et plus complète.

Je vais commencer par un chiffre, un seul, que j'opposerai à celui par lequel M. Sainte-Beuve a fini. Il vous a dit, et je suis certain que vous avez dû en être émus, car je l'aurais été moi-même si je n'avais eu la réponse entre mes mains, il vous a dit : Vous languissez, et l'Angleterre, de 1830 à 1850, a passé de 38 millions de livres sterling d'exportation à 70 millions, c'est-à-dire qu'elle a presque doublé, pas tout à fait. Vous avez été frappés, je n'en doute pas, de la grandeur de ce résultat, et il y avait lieu de l'être; mais prenez garde que vous n'attribuiez à d'autres causes qu'aux causes véritables ce remarquable développement qui est dû évidemment à la paix, au repos, au calme dont a joui l'Angleterre.

La France aussi, de 1830 à 1848, a joui d'un repos profond : je vais vous montrer quel en a été l'effet. J'accepte cette manière de juger les deux systèmes, de les juger d'après le chiffre des augmentations survenues. L'Angleterre, dites-vous, a passé de 38 millions sterling à 70 millions! Elle n'a donc pas doublé. Eh bien, voici la marche des choses pour la France. En 1830, le chiffre des exportations était de 452 millions; en 1849, il a été de 1 milliard 32 millions : la France a donc plus que doublé. S'il faut juger les deux systèmes par cette preuve, vous êtes condamné. Ces chiffres sont pris aux douanes. Pendant que l'Angleterre, dans la même période de dix-huit ans, n'a pas doublé, nous avons plus que doublé: le système économique n'est donc pas si mauvais.

Entrons maintenant dans le détail de la question, et, d'abord, voyons cette grande expérience dont, permettez-moi de vous le dire, on parle trop tous les jours d'après les recueils faits par des écrivains qui ont peut-être quelque esprit, mais dont je conteste l'autorité comme exacts observateurs des faits.

Ce n'est pas seulement dans la théorie qu'on peut se tromper, quand on examine ces sujets avec une certaine ardeur de jeunesse, mais dans la constatation des faits eux-mêmes, car il faut encore plus de sûreté, plus de pénétration, plus d'étendue d'esprit, plus d'expérience surtout, pour bien observer les faits, qu'il n'en faut pour arrêter des principes théoriques.

Vous nous conseillez l'imitation de la grande expérience entreprise en Angleterre; je vous prouverai tout à l'heure que cette expérience ne saurait être répétée en France, non pas à cause de notre infériorité, mais à cause d'une situation qu'il faut connaître dans ses détails pour la bien juger. Mais je suppose que les circonstances fussent les mêmes, au moins faudrait-il attendre que le temps eût prononcé à l'égard de l'Angleterre avant de nous conseiller de l'imiter. Je n'hésite pas à l'affirmer : sur certains points, l'Angleterre n'a pas véritablement accepté l'expérience de la liberté du commerce, car sa supériorité sur ces points était incontestable, et sur ceux où il n'y avait pas supériorité, l'expérience est déjà ruineuse, et elle fait contester aujourd'hui par tous les hommes éclairés, non pas le génie de M. Peel, non pas les grands services que cet homme illustre a rendus à l'Angleterre, mais la prudence avec laquelle il a agi. Je n'ai pas vu un homme sensé, éclairé, en Angleterre, qui ne reconnût que, tout grand qu'ait été M. Peel... Je serais bien ingrat de m'exprimer, en parlant de M. Peel, d'une manière qui serait peu respectueuse pour lui, car à la tribune d'Angleterre, il a employé à mon égard des termes desquels je ne pourrais dire qu'une chose, c'est que je voudrais les avoir mérités.....

(Murmures approbatifs.) Je ne parlerai donc de M. Peel qu'avec le plus profond respect; mais il n'y a pas un homme sensé qui ne reconnaisse qu'il est allé bien vite, et qu'il a exposé son pays à de rudes épreuves par la hardiesse avec laquelle il en a changé le système commercial.

Cependant je comprends qu'on ait essayé en Angleterre; mais en France, à cause des différences de situation, je soutiens que l'expérience serait folle. Supposez que les circonstances fussent les mêmes, encore la prudence voudrait-elle que l'on attendît que le temps eût prononcé en Angleterre. Or le temps n'a pas encore prononcé dans ce grand pays.

Permettez-moi, sans entrer immédiatement dans l'examen approfondi de l'expérience qu'on fait en Angleterre et qu'on invoque toujours chez nous, de vous montrer tout de suite ce qui peut être imité, désastreusement imité à mon avis, mais enfin imité, parce que les faits s'y prêteraient, et de vous montrer ce qui ne peut pas même être tenté en France, parce que les faits ne s'y prêtent absolument pas.

En deux mots, voici l'expérience anglaise : En Angleterre il y a très-peu d'impôts directs, et il y a beaucoup d'impôts de consommation, soit ceux qu'on perçoit par les douanes sur les produits qui viennent du dehors, soit ceux qu'on perçoit sur les produits de l'intérieur par l'*accise*, qui répond à ce que nous appelons en France l'administration des contributions indirectes.

Deux chiffres vont vous faire sentir la différence profonde qui existe entre les deux budgets.

En Angleterre, par exemple, les douanes, comme vous l'a dit M. Sainte-Beuve, donnent 550 millions. (J'emploie les monnaies françaises pour me faire mieux entendre.) L'accise ou les contributions indirectes en donne 350, ce qui fait 900 millions qui portent sur les objets de consommation, tant ceux qui viennent du dehors que ceux qui sont produits au dedans. Voilà pour l'impôt de consommation; et l'impôt direct, savez-vous combien il rapporte en Angleterre? 100 millions!

M. Sainte-Beuve. — Et les taxes locales?

M. Thiers. — Ce qu'on appelle *assessed-tax*, ce qui répond chez nous aux contributions directes, c'est-à-dire l'impôt foncier, les portes et fenêtres et quelques impôts de luxe, composent un total d'à peu près 100 millions. Je viens de dire que les impôts qui portent sur les objets de consommation, les douanes, les contributions indirectes donnent 900 millions; c'est donc 100 millions contre 900 millions! Le timbre, les postes, et quelques impôts accessoires portent à 12 ou 1,300 millions le revenu anglais.

En France quelle est au contraire la proportion

entre les deux natures d'impôt? Les contributions directes représentent 450 millions; les contributions indirectes, c'est-à-dire les impôts de consommation provenant soit des douanes, soit des contributions indirectes, rapportent à peu près 450 millions. Le timbre, la poste, les forêts portent à 12 ou 1,300 millions environ, comme en Angleterre, le revenu de la France.

Voilà ce qui fait ressortir au plus haut point la différence des deux pays, et la différence de leur système d'impôts. En Angleterre, 100 millions de contributions directes, contre 900 millions de douanes et de contributions indirectes ; en France, 450 millions contre 450 millions. Cela seul vous fait sentir la profonde différence des deux pays. En Angleterre, presque tous les impôts portent sur les objets de consommation provenant tant du dehors que du dedans.

Pendant la guerre, qu'avait-on fait? On avait été obligé de peser fortement sur les objets de consommation. Quand la paix est venue, qu'a-t-il fallu décharger? Les impôts de consommation. Et savez-vous ce qu'on avait imposé en Angleterre? On avait imposé non-seulement les matières premières étrangères qui avaient leurs similaires en Angleterre, et qui, dès lors, à titre de protection, devaient être imposées; on avait imposé même les matières premières qui n'avaient pas leurs similaires en Angleterre, le bois de charpente, par exemple; car l'Angleterre n'a pas de bois, ou n'en a du moins que très-peu. On avait imposé même la soierie brute, qui n'a pas de similaire en Angleterre. On avait imposé le plâtre, et, à l'intérieur, le charbon anglais lui-même allant de port en port par cabotage, ou allant en Irlande. On avait imposé la brique, le verre, le cuir pour les souliers, la chandelle, le calicot fabriqué en Angleterre, et employé par le peuple pour se vêtir. On avait imposé le papier. Eh bien, lorsque la paix a permis de modifier ce système, qu'a-t-on fait? Ce qu'on faisait en France sous un autre rapport lorsqu'on diminuait la contribution foncière, lorsqu'on supprimait la loterie, lorsqu'on dégrevait les boissons.

Voilà la première partie de l'expérience due à M. Huskisson, et qui a été continuée depuis par lord Grey et par M. Peel lui-même.

Eh bien! en supprimant ces impôts successivement, à quoi s'est-on exposé? A un déficit considérable. On a eu raison de ne pas s'arrêter devant un pareil inconvénient, car les impôts qu'il s'agissait d'abolir, quoique nécessaires dans le passé, étaient déplorables; on a bien fait de les supprimer ou de les diminuer. On les a remplacés par l'impôt direct, l'*income-tax*. Mais en cela est-ce à nous à imiter l'Angleterre? C'est elle au contraire qui nous a imités, et elle est bien loin encore de nous avoir égalés sous ce rapport. En France, soit dans toutes les assemblées depuis 1789, soit au conseil d'État qui est chargé de veiller au système d'impôts des communes, on n'a jamais permis que les objets de consommation, excepté ceux qui sont depuis longtemps, et en tout pays, admis comme base d'impôt, tels que le vin, le tabac, le sel, on n'a jamais permis que le vêtement, que les matériaux de construction, que le verre, que le calicot, le cuir, que ce qui sert à vêtir l'homme, à le nourrir, fussent grevés d'aucune taxe. Le conseil d'État veille depuis 1789 à ce que de tels impôts ne s'établissent pas dans le pays, et les assemblées ne les ont jamais admis qu'à un titre, quand c'était pour imposer des produits étrangers au profit des produits français, tels que le fer, la houille, qui ont leurs similaires en France. Mais jamais, depuis 1789, le système des impôts de consommation qui portent non pas sur des objets étrangers qui ont leurs similaires dans le pays, mais sur des objets nationaux de première nécessité, jamais ce système n'a prévalu. Eh bien, savez-vous quelle est depuis longtemps la conduite de l'Angleterre? Ce que nous avons fait brusquement, violemment, en un jour par la révolution de 1789, l'Angleterre, grâce à son magnifique système de liberté, le fait peu à peu, successivement, pacifiquement, comme vous voulez que tous les progrès s'accomplissent.

En cela, je le répète, elle ne fait que réaliser chez

elle la révolution de 1789. Elle remplace la plupart des impôts de consommation par l'impôt direct; et quel impôt direct? L'*income-tax*, universellement réprouvé de l'autre côté du détroit, parce qu'au lieu d'être comme notre *income-tax*... qui est l'impôt foncier, l'impôt mobilier, l'impôt des portes et fenêtres, l'impôt des patentes, mais sans arbitraire dans la répartition, l'*income-tax* anglais est la représentation de tous ces impôts avec un arbitraire odieux, et c'est pourquoi on ne peut plus le supporter en Angleterre.

Voix nombreuses. — Très-bien! très-bien!

M. THIERS. — L'Angleterre, en remplaçant tous ces impôts, dont l'abolition successive avait amené un déficit qui était de 50 à 60 millions à l'avénement de M. Peel, qui s'est accru depuis par les nouveaux retranchements qu'il a faits, l'Angleterre est arrivée, avec l'*income-tax*, qui est de 140 millions, à se donner aujourd'hui 240 millions d'impôts directs contre 900 millions, et nous, nous sommes à 450 millions contre 450.

Ainsi, cette première partie de l'expérience qu'on nous propose comme modèle, cette partie la plus incontestablement bonne, celle qui n'est critiquée par personne en Angleterre, celle qui a consisté à remplacer les impôts de consommation par l'impôt direct, je vous répète qu'elle est accomplie en France. On nous a imités, et ce n'est pas à nous à imiter les autres, car on est encore loin d'avoir atteint le terme auquel nous sommes parvenus.

Mettez donc de côté cette partie-là! Oui, il faut glorifier M. Peel; oui, il faut glorifier M. Huskisson; mais il faut glorifier en France aussi, depuis 1789, tous les hommes qui ont établi la véritable égalité civile, l'égalité de l'impôt, qui est due à notre belle et honorable révolution. (Assentiment et agitation.)

Voix à gauche. — Arrangez-vous avec vos amis! (Oh! oh! — Rumeur.)

Une voix à droite. — Ne vous y trompez pas; ce n'est pas de la révolution de 1848 qu'il est question!

M. THIERS. — Je parle de la révolution de 1789, et j'espère que nous sommes tous d'accord sur celle-là. (*A gauche.* Oui! oui! — Rires.)

M. CHARRAS. — Parlez à droite.

M. THIERS. — Je pense mieux que vous de mon pays et de tous les partis, et je suis convaincu qu'on peut louer la révolution de 1789 sans rencontrer ni froideur ni désapprobation nulle part. (Marques d'approbation sur un grand nombre de bancs.) — (*S'adressant à gauche*). Laissez-moi cette illusion toute révolutionnaire, elle me plaît. (Hilarité générale.)

Donc la première, la plus incontestable partie de cette réforme anglaise qu'on admire tant, permettez-moi de le dire sans m'adresser à M. Sainte-Beuve qui est un cœur excellent, qu'on admire tant parce qu'elle se fait hors de France, la première partie de cette réforme anglaise est une imitation de la France. Quant à la seconde, le libre échange, oh! ceci n'est pas une imitation de la France, et j'espère que la France ne cherchera jamais à l'imiter. Nous ne sommes pas dans la voie du libre échange, et j'espère, je le répète, que la France n'y entrera jamais.

Quant à moi, je vais, non pas prendre l'industrie tout entière, cela serait pourtant bien instructif; je vais prendre quelques unes de nos principales industries, les examiner devant vous, vous montrer leur situation, et nous verrons si une expérience pourrait être tentée à leur égard avec quelque prudence et quelque bon sens. Je suis ici un ordre inverse à celui qu'a suivi M. Sainte-Beuve. Il a commencé par la théorie et terminé par les faits. Moi, je vais commencer par les faits, et je finirai par la théorie, car je demanderai, en finissant, la permission d'en faire un peu aussi.

Commençons donc par les faits.

Tout est protégé en France, oui : M. Sainte-Beuve m'accorde cela, mais il dit : « Tout n'est pas également protégé. » M. Sainte-Beuve s'est fort appliqué, quoique très-jeune encore, à l'étude de l'économie politique. Malheureusement pour moi, je m'y suis livré depuis beaucoup plus longtemps que lui. Eh bien, s'il avait cherché aussi souvent que moi les moyens d'établir les prix de revient, il aurait vu

que c'est la chose la plus difficile à fixer au monde qu'un prix de revient, et il aurait vu aussi qu'il est extrêmement difficile d'apprécier si une industrie est plus protégée qu'une autre. Cependant, autant qu'on peut arriver à une appréciation exacte en ce genre, je vais vous prouver, messieurs, que l'agriculture, par exemple, est à peu près la plus protégée de toutes les industries en France, et que du reste c'est aussi celle qui en a le plus besoin...
(M. Sainte-Beuve fait un geste de dénégation.)

Attendez! vous êtes un peu vif, mon collègue. (Rire général.)

En France, sont protégés les blés, le bétail, les pâturages, les bois, les plantes oléagineuses, toutes les cultures industrielles, et puis tous les genres d'industries manufacturières : la houille, le fer, le coton, les draps, même la soierie...

Voix à gauche. — Et le vin!

M. Thiers. — Le vin lui-même. (Chuchotements à gauche. — Rires.)

Je sais que les vins sont très-fiers et qu'ils affirment qu'ils pourraient se passer de protection. Je conviens que ceux de Bordeaux n'en auraient aucun besoin. Eh bien, moi qui, sans faux patriotisme, suis très-admirateur de la grandeur et de la supériorité de mon pays, moi qui dis avec vous que s'il a des rivaux il n'a pas de maîtres, moi qui oserais dire que je le crois supérieur à tous ses voisins... (Mouvement.) Ceci serait de la fatuité nationale, si je n'expliquais bientôt cette opinion de manière à la justifier... Moi qui ai cette faiblesse, ce tort, ce ridicule, si vous le voulez, de croire mon pays supérieur aux autres, je ne voudrais pas cependant que nos vins du midi, avec ce qui se prépare maintenant en Italie et en Espagne, acceptassent la concurrence sans aucune protection. Je connais ces pays-là, et j'affirme qu'il y aurait imprudence à le faire.

Tout est donc protégé en France.

Maintenant, prenons chacune des industries, l'une après l'autre.

Le blé!

M. Sainte-Beuve a dit : Le blé n'est pas protégé en comparaison des autres produits nationaux; il y a une échelle mobile, tandis que pour les fers il n'y a pas d'échelle mobile.

Je ne voudrais pas, messieurs, vous fatiguer par trop de détails. (Parlez! parlez!) Cependant, il faut que je vous fasse connaître l'action de l'échelle mobile.

On a voulu assurer à chaque pays producteur un prix qui, d'après l'expérience du passé, paraissait être ce qu'on appelle le prix rémunérateur.

Ainsi, on a pensé que dans le midi de la France il fallait un prix rémunérateur de 24 fr. par hectolitre, et cependant tous les baux formés supposent un prix moyen de 20 fr. l'hectolitre dans cette région, tandis que dans le nord de la France, au contraire, il suffit de 18 fr. Eh bien, le tarif nouveau sur les blés a été fait dans la supposition qu'il fallait 24 fr. : savez-vous en quoi consiste l'échelle mobile? Lorsque le prix baisse d'un franc, qu'il tombe à 23 fr., par exemple, le droit augmente de 2 fr., et ainsi de suite. Je vais montrer le résultat que cette combinaison peut avoir, celui qu'elle a aujourd'hui.

Dans la région à laquelle Marseille appartient, le prix du blé est tombé à 14 fr. 88 cent., soit 15 fr. La chute du prix a été de 24 à 15 fr., c'est-à-dire de 9 fr. Le droit étant double de la dépréciation, il est de 18 fr. par hectolitre.

Or, j'ai ici des états relevés sur les livres des maisons qui font le commerce des blés. Savez-vous à quel prix peut être rendu à Marseille l'hectolitre du blé d'Odessa, et le meilleur? A 13 fr.

Voilà donc une industrie qui a, pour la protéger, sur une valeur de 13 fr. un droit de 18 fr., c'est-à-dire près de 150 pour 100. Je vous parle d'après les tarifs eux-mêmes.

Maintenant, M. Sainte-Beuve me dit : Le fer n'a pas d'échelle mobile, et quand le fer fait de trop gros bénéfices, on lui laisse recueillir tous ces bénéfices. Pour le blé, au contraire, si le prix monte, on ne lui laisse pas recueillir tous les bénéfices qu'il aurait pu obtenir; car l'échelle mobile s'abaissant, laisse entrer les grains étrangers.

Vous vous révoltez de cela! mais je me révolterais du contraire, parce que bien qu'on veuille protéger les céréales, on ne veut cependant pas donner aux producteurs, quand il s'agit de l'alimentation du peuple, la faculté, après deux, trois ou quatre mauvaises récoltes, de maintenir un prix qui deviendrait un prix de famine.

Mais, me dites-vous, vous laissez exister un prix de famine pour le fer.

Je vais vous répondre pour les fers. Lorsque vous aurez, par exemple, une mauvaise récolte, puis une seconde, une troisième, est-ce que vous pourrez à l'instant même doubler, tripler la production du blé pour suppléer aux quantités de grains qui manquent? Non; c'est très-lentement que la culture du blé peut s'étendre. Savez-vous ce qui arrive, au contraire, pour le fer? Je vais vous le montrer les exemples en main.

A l'époque du très-grand développement des chemins de fer, il s'est opéré tout à coup une extension de production qui a étonné tout le monde, et à laquelle on ne voulait pas croire d'abord.

Il y avait 38 hauts fourneaux en 1844 : j'étais membre de la commission des douanes en 1847; nous avons travaillé à cette époque six mois de suite avec beaucoup de soins, avec beaucoup d'attention, et voici ce que nous avons reconnu : c'est que, tandis qu'il y avait 38 hauts fourneaux en 1844, on en avait créé en deux ans 61 de plus, et que la production avait tellement augmenté que, par l'effet seul de la concurrence intérieure, le prix s'était presque abaissé jusqu'au prix de l'Angleterre.

Ainsi, voilà la raison de procéder comme l'ont fait nos tarifs. Lorsqu'il s'agit, en effet, de produits manufacturés, s'il y a une année de cherté, on trouve par la concurrence intérieure, l'année d'après, le correctif. Mais pour les céréales, il n'en est pas de même : quand il y a eu deux, trois, quatre années mauvaises de suite, et cela s'est vu, car, d'après une expérience très-ancienne, il a été reconnu que les bonnes années et les mauvaises années s'enchaînent, quand il y a deux, trois, quatre mauvaises années de suite, vous arrivez à des prix de famine. Voilà, je le répète, la raison qui, dans tous les pays, lorsqu'il fallait protéger l'agriculture, a fait préférer l'échelle mobile au droit fixe.

Ainsi, en fait, le blé en France est protégé par un droit qui, aujourd'hui, est de 150 p. 100 de la valeur.

M. Sainte-Beuve, qui est très-fécond dans ses aperçus, ajoute : Le blé n'est pas protégé, mais il n'en a pas besoin. Abolissez vos tarifs, vous introduirez les blés étrangers en France, les blés d'Odessa, et cela ne fera rien du tout.

Je lui demande d'abord comment le peuple pourra obtenir le pain à si bon marché par l'introduction des blés d'Odessa, si cette introduction ne doit pas abaisser le prix du blé? Comment! quand il s'agit de faire adopter la mesure, vous parlez de l'intérêt du peuple! et quand ensuite vous voulez rassurer les producteurs sur l'effet de la mesure, vous dites : Cela ne fera rien du tout! Il faut s'entendre, cependant : ou cela ne fera rien du tout, ou cela fera quelque chose. (On rit.)

Je vais vous montrer, moi, que cela ferait beaucoup.

Les réformateurs anglais ont dit aussi, eux, que cela ne ferait rien du tout. Vous n'êtes pas le seul qui l'ait dit... Vous n'avez pas inventé ce raisonnement.

M. Sainte-Beuve. — Je ne l'ai pas dit.

M. Thiers. — Vous ne l'avez pas dit! Mon cher collègue, il vous arrive ce qui arrive souvent après un long discours, ce qui m'arrivera peut-être à moi-même : c'est que, dans le torrent d'idées et d'arguments qu'on produit, on peut bien en oublier quelques-uns. Vous l'avez si bien dit, que vous avez fait ce raisonnement : qu'en Angleterre, quoique le prix du blé fût supérieur à celui du blé en France, le blé d'Odessa n'y arrivait pas; et vous en avez conclu qu'il n'arriverait pas davantage en France. Donc vous avez soutenu, j'en appelle à la mémoire de tout le monde... (Oui! oui!) que la mesure ne produirait aucun résultat sensible.

D'ailleurs, répudiez ce raisonnement; soit. Je n'ai pas ici assez de documents pour faire des citations; et je craindrais d'ailleurs d'allonger le débat; mais je vous prouverai que tout le monde a dit cela en Angleterre. Quand on a voulu attirer à soi les propriétaires, les fermiers, tous les hommes prudents qui craignaient les résultats possibles, on leur a dit : Cela ne fera rien du tout.

Eh bien, voici ce qui s'est passé.

Vous nous avez parlé du prix des blés; il y a huit jours, j'étais à Londres, et c'est après une enquête assez difficile, c'est après avoir entendu des personnes très-éclairées et même des personnages officiels, que je suis arrivé à constater le véritable prix du blé en Angleterre. De même qu'en France, on dit qu'il faut 18 fr. dans le nord et 20 fr. dans le midi, pour que le cultivateur soit suffisamment rémunéré, à condition toutefois que le blé se vendra souvent davantage, voici, en Angleterre, d'après quelle base tous les baux ont été faits, et cela n'est contesté par personne, ni libre-échangistes, ni protectionistes : 56 schellings le quarter. Savez-vous à combien le blé était il y a un mois ou deux? A 38, 39, 40 schellings. Il est reconnu par tout le monde que l'agriculture a perdu plus de 30 p. 100. Ainsi, quand on dit que l'introduction des blés étrangers ne fera rien, on se trompe; voilà une première preuve du contraire. Aujourd'hui, en Angleterre, les blés d'Odessa, on peut les trouver à 34 ou 36 schellings; mais le prix de ce qu'on appelle la moyenne était à 38, à 39, à 40 schellings, il y a quelques semaines. En ce moment, grâce à un mouvement qui s'est produit sur les grains dans toute l'Europe, il a dû augmenter. Eh bien! tous les baux ont été faits sur le pied de 56 schellings. Vous dites que l'abolition du droit protecteur ne fera rien! Encore une fois, c'est là une première preuve qui vous confond, puisqu'en Angleterre, c'est déjà le tiers de la valeur du grain qui a disparu. Mon honorable ami M. Sainte-Beuve a souvent dit : Voilà un argument irréfragable.

Il n'y a pas de raisonnements irréfragables, mais il y a des faits irréfragables, et j'affirme que celui-ci l'est positivement, car il n'est contesté par personne : 56 schellings étaient le prix reconnu nécessaire en Angleterre; cela répondait à ce qu'on appelle en France 24 fr. l'hectolitre; et ce prix est tombé à 38 ou 40 schellings, c'est-à-dire à 16 ou 17 fr. l'hectolitre.

En Angleterre, messieurs, la question qui nous occupe a dû prendre une forme qui a contribué beaucoup à sa solution : c'est la forme aristocratique d'un côté, démocratique de l'autre, et voici pourquoi.

La terre est exclusivement possédée en Angleterre

par les grands propriétaires, exclusivement cultivée par ce que j'appellerai une bourgeoisie agricole, celle des fermiers, qui est très-riche, très-opulente, qui chasse avec ses maîtres, qui a des chevaux et qui forme une véritable classe moyenne.

Je comprends donc qu'en Angleterre, et croyez que je ne parle pas ici au point de vue d'un aristocrate... Je serais fort ridicule, moi, tel que vous me connaissez, si j'étais un aristocrate : je suis un homme d'ordre et point un aristocrate, vous allez le voir... Je comprends, dis-je, qu'en Angleterre la question ait pris la forme démocratique d'un côté, aristocratique de l'autre, car il y avait d'un côté toutes les classes populaires, et de l'autre les grands propriétaires et la riche bourgeoisie agricole des fermiers. Mais en France, vous savez ce qui en est. Quand vous ruinerez le cultivateur, est-ce le riche que vous ruinerez? J'ai ici la note des contributions directes, et je vais vous dire combien il y a de cotes de chaque valeur. Je dois toutefois vous faire remarquer que le même individu a souvent plusieurs cotes, et il serait impossible qu'il en fût autrement. Eh bien, voulez-vous savoir combien il y a de cotes de 5 francs? 5,444,000 cotes; puis, de 5 à 10 francs : 1,818,000 cotes; de 10 à 20 fr. : 1,614,000 cotes; de 20 à 30 fr. : 791,000 cotes, etc.

Vous le voyez donc, et vous le saviez par la simple observation des faits, sans recourir aux registres des contributions directes, le paysan est propriétaire en France, le peuple est propriétaire ; c'est un des plus beaux côtés de notre civilisation. (Très-bien ! très-bien !) Ce n'est pas en aristocrate, comme vous le voyez, que je parle. La terre n'appartient pas à quelques-uns dans ce pays, mais à tout le monde, et quand vous ruineriez la terre, vous ruineriez tout le monde. Je vous montrerai tout à l'heure quelle faute énorme vous commettriez sous le rapport national.

Maintenant, savez-vous à quel prix les blés pourraient arriver à Marseille ? Je ne vous donnerai pas beaucoup de détails, mais voici encore le compte pris sur les livres les plus authentiques du commerce.

Commençons d'abord par relever une espèce d'axiome de nos adversaires. Ils disent : il faut prendre les choses où elles coûtent le moins cher. Voilà le bel argument du *laissez-faire* et du *laissez-passer*, qui n'a jamais rien produit dans le monde, je n'aurai pas de peine à le prouver ! Il nous faudrait donc prendre les grains que nous mangeons sur les bords du Volga et du Danube, car je vous déclare qu'on peut en tirer le blé à bien meilleur marché qu'on ne peut se procurer la houille d'Angleterre par rapport à celle de la France. Dans cet espace immense, qui s'étend des bouches du Volga aux bouches du Danube, savez-vous à quel prix on peut avoir un ouvrier ?

J'en faisais le compte ces jours derniers à l'exposition de Londres avec des marchands russes. On peut avoir un ouvrier à dix ou douze sous par jour. Savez-vous à quel prix, dans ces mêmes pays, on peut produire le blé? On peut le produire à 5 fr. l'hectolitre. On a besoin de transporter ce blé à des distances immenses, cela est vrai; mais la famille qui l'a produit, avec les animaux qui ont servi à labourer la terre, le transportent sur un char, l'embarquent sur de grands fleuves, qui le conduisent à Odessa, où il revient à 8 fr.

Or, le propriétaire russe, quand le blé est à 8 fr., est-il malheureux? Il l'est moins que vous quand le blé est à 14 fr., prix actuel. A 10 fr., il est très-heureux, tellement heureux, qu'en vendant, il y a quelques années, son blé un peu au-dessus, il a trouvé moyen de se libérer auprès des banques, qui lui avaient prêté les capitaux d'exploitation; alors l'argent a afflué dans les forteresses de Saint-Pierre et de Saint-Paul, et l'empereur de Russie a pu prêter des fonds à toute l'Europe. (Mouvements divers.)

Je ne veux pas abuser de ce triste souvenir; je suppose le blé à 10 fr. à Odessa, prix ordinairement élevé : il ne s'agit pas, bien entendu, du prix extraordinaire qu'une disette sur le continent pourrait faire naître..... Le fret pour arriver à Marseille est de 2 fr.; dans les cas extraordinaires, il est de 3 fr.;

il peut coûter 4 fr. pour aller à Londres. Le prix du blé en entrepôt à Marseille est donc de 11 fr. pour les qualités inférieures, 13 et 14 fr. pour les qualités supérieures. Il y a encore les blés d'Espagne, de Naples, les plus beaux du monde, qui ne coûtent à Marseille que 13 et 14 francs.

Quel prix faut-il dans le midi pour que le cultivateur soit suffisamment rémunéré? Il faut 20 fr. Je ne parle pas du prix que le tarif voudrait assurer aux propriétaires, et qui est de 24 fr. ; je parle de ce qui est admis par tout le monde comme prix rémunérateur, je parle du prix de 20 fr. Eh bien, si vous pouvez avoir à Marseille des blés étrangers à 12, 13, 14 fr. au plus, et qu'il faille 20 fr. pour les blés français, que deviendrez-vous?

Oh! dit-on, il faut prendre la chose là où elle coûte le moins!... Voilà le grand argument de messieurs les économistes, de ces littérateurs d'une nouvelle espèce, inventeurs, je leur en demande pardon, de la moins divertissante des littératures... Ils pourront du reste se venger demain, et ils n'y manqueront pas; mais qu'ils me permettent de le leur dire, ils ont créé non pas une science, mais une littérature, et une littérature ennuyeuse (rire général et prolongé)... non pas que ce soit une chose ennuyeuse que le coton, le blé, le sucre, le fer, la houille : ce sont les éléments de la grandeur des nations. Mais ces sujets ne deviennent intéressants que quand on en parle d'après une exacte observation des faits. Quand, au contraire, on n'en fait qu'une matière à discours et à pamphlets, ils deviennent le sujet de la plus vaine, de la plus puérile, et quelquefois de la plus désastreuse des littératures. (Vive approbation sur un grand nombre de bancs.)

M. Sainte-Beuve. — Je demande la parole.

M. Thiers. — Ma foi, nous, vieux entêtés du système protectioniste, qu'on traite tous les jours comme des esprits étroits et bornés, nous parlons très-rarement; ces messieurs, eux, écrivent incessamment : il nous sera bien permis, une bonne fois, de dire ce que nous pensons de tant de découvertes de génie, destinées à produire une si grande prospérité. S'ils se plaignent, ils conviendront, au moins, que la représaille a été bien tardive.

Ces messieurs, donc, prétendent qu'il faut prendre le blé là où il coûte le moins. Il faut donc le prendre à Odessa, à Naples, à Séville, et je vous ai dit dans quelle situation se trouveraient dans ce cas les blés de notre pays.

Les hommes sensés qui honorent M. Peel, honorent en lui, savez-vous qui? Le chef d'une grande aristocratie qui a dit à cette aristocratie et à la royauté : Il faut faire des sacrifices. Je conçois cela en Angleterre, où l'aristocratie ne se soutient que par les concessions qu'elle consent très-habilement à faire. Oui, il faut savoir céder à propos : les aristocraties et les royautés ne se sauvent souvent qu'à ce prix ; et j'honore dans M. Huskisson, dans M. Peel, dans le duc de Wellington, une aristocratie qui a su faire des sacrifices.

M. BARTHÉLEMY SAINT-HILAIRE *et quelques-autres membres.* — Très-bien ! très-bien !

M. THIERS. — Mais, en France, est-ce le cas? avez-vous en France une aristocratie à laquelle on puisse demander des sacrifices?

Mais ce n'est pas évidemment de cela qu'il s'agit, et je n'hésite pas à le dire en face de la glorieuse et juste renommée de M. Peel, il y a eu dans la mesure à laquelle il a attaché son nom une témérité, qui à un certain point de vue peut passer pour une imprudence.

L'Angleterre, aujourd'hui, est obligée de prendre à l'étranger un tiers de sa consommation en blé, c'est-à-dire 30 millions d'hectolitres. Ces approvisionnements, se portant sur des navires de 200 à 300 tonneaux, exigent 8 à 10,000 bâtiments. Il est vrai que les mêmes bâtiments font plusieurs voyages, ce qui réduit le nombre à 2 ou 3,000 bâtiments parcourant sans cesse les mers. L'Angleterre, nous le savons, dit : « Je suis la maîtresse des mers. » Eh, mon Dieu ! il est bien vrai que si nous regardons dans l'histoire de ce siècle, tandis que la victoire, pendant un temps du moins, nous accompagne toujours sur le continent, tout est, je ne dirai pas honte sur les mers, car, au contraire, tout y est héroïsme, mais enfin tout y est malheur. Je sais bien que dans sa dernière lutte avec nous l'Angleterre l'a emporté; mais aussi on sait de quels redoutables navigateurs Napoléon avait prévu l'avenir, lorsque, abandonnant la Louisiane aux États-Unis, il disait à M. de Marbois : « Je serai peut-être vaincu, mais je prépare mes vengeurs. » (Très-bien! très-bien!)

Ces redoutables navigateurs, dont je vous montrerai tout à l'heure le génie maritime, et dont les Anglais se préoccupent beaucoup plus que M. Sainte-Beuve ne paraît le croire, car s'il est facile ici de raisonner sur cette rivalité, je vous assure qu'à Liverpool on en raisonne autrement; ces redoutables navigateurs, sans parler de nous, qui sommes restés quelque chose, après tout, dans le monde maritime, peuvent changer la face des choses. Alors que deviendra le pays qui sera obligé d'avoir 2 ou 3,000 bâtiments toujours sous voiles pour lui apporter son alimentation?

Ah! je sais bien ce qui arrivera alors! A présent, en Angleterre, on met beaucoup de terres en pâturages; on se hâtera de les remettre en céréales, oui, mais à quel prix! On donne aujourd'hui au peuple anglais le pain à un prix très-inférieur, je ne le méconnais pas; mais la guerre survenant, l'Angleterre restât-elle maîtresse du champ de bataille, les assurances seules feront monter le pain comme elles font monter le prix du sucre. Alors cette nation verra en quelques jours le pain doublé, triplé peut-être, pour elle : il y a là, quoi qu'on en dise, un avenir qu'aucune nation prudente ne devrait braver. (Très-bien! très-bien!)

Maintenant, que l'Angleterre reste la maîtresse des mers, comme elle aime à s'appeler... Eh! mon Dieu!, cette puissante et généreuse nation, qui ne trouve pas mauvais que nous parlions souvent d'Austerlitz et d'Iéna, parle, elle aussi, de Trafalgar, rien de plus simple... c'est un noble sentiment chez une nation que de se glorifier elle-même : si la vanité d'un individu est ridicule, la vanité d'une nation est un grand sentiment qui produit de grandes choses... (Très-bien! très-bien!) ...Que l'Angleterre s'appelle la maîtresse des mers, je le veux bien; elle a raison, elle est la maîtresse des mers, comme nous l'avons été un moment du continent.... Que s'appelant la maîtresse des mers, elle dise fièrement au monde : Je ne vous crains pas, j'ouvre mes ports, je fais cette grande expérience de consentir à me nourrir de blé venu des bords du Volga et du Mississipi.... qu'elle agisse et parle ainsi, c'est un acte de noble orgueil qui sera peut-être puni par le résultat, comme les plus grandes hardiesses le sont quelquefois. Mais nous, qui, pour avoir été un moment les maîtres du continent, n'avons pas été, que je sache, les maîtres des mers ; que, sous prétexte de céder à certaines idées soi-disant libérales, nous allions nous exposer à voir le tiers de notre consommation dépendre de la mer ! je dis que, si nous faisions cela, nous ne serions que des enfants ou des fous ! Je ne sais que ce nom qu'on pourrait nous donner dans le monde si nous agissions de la sorte. (Très-bien ! très-bien !) Voilà pour les blés.

Si mes forces et si la patience de l'Assemblée me le permettaient, je traiterais nos diverses industries avec autant de détail... (Parlez ! parlez !)

Mais je suis obligé de courir un peu, car il y aurait un livre à faire sur ce sujet, et on ne peut pas faire un livre à la tribune.

Je vais donc examiner les divers produits de l'agriculture, le bétail, par exemple.

Le bétail est protégé en France directement et, si j'ose le dire, indirectement. Il est protégé par le droit qui frappe à son entrée chaque tête de bétail, car il y a 50 fr. pour les bœufs, et 5 fr. pour les moutons; il est protégé encore par une autre taxe, c'est celle qui porte sur les laines étrangères.

Vous savez que la laine est un des principaux produits du bétail. Sans doute, la statistique est une chose incertaine encore ; pourtant elle a fait de grands progrès en France, de très-honorables progrès. On s'accorde, en général, à estimer la production française, agricole et manufacturière, à 12 milliards : c'est le chiffre que j'ai apporté moi-même dans la discussion du papier-monnaie; cependant j'ai le sentiment secret que c'est plus de 12 milliards, que c'est 13 ou 14 milliards peut-être.

Mais ce qui reste vrai dans les statistiques, c'est la relation des productions entre elles. Si les céréales, dans une production de 12 milliards, représentent à peu près 3 milliards 3 ou 400 millions, le bétail représente, soit par le produit de la viande abattue et du laitage, soit par le produit des cuirs, des laines, à peu près 1 milliard 400 millions; les pâturages, 600 millions. Ainsi le bétail comprend une production d'à peu près 2 milliards, qui est protégée par le droit de 50 fr. et de 5 fr. sur le bétail, et par le droit de 22 pour 100 sur les laines.

M. Sainte-Beuve nous a dit : En Angleterre, on a accordé la liberté du bétail, et cela n'a rien fait. C'est vrai; mais en voici la raison : c'est que le bétail d'Angleterre est d'une qualité supérieure au bétail de toute l'Europe, c'est que l'Angleterre est une île, et que les pays qui pourraient apporter du bétail dans des conditions avantageuses en Angleterre sont séparés d'elle par toute l'étendue de la France. Ces pays sont le Wurtemberg, la Suisse, le Piémont. Pour transporter des animaux vivants par mer, il faut surmonter de grandes difficultés, et l'on n'est pas encore parvenu à vaincre ces difficultés de manière qu'il y ait avantage à opérer de pareils transports. L'expérience de l'Angleterre ne prouve donc rien; mais en France, avec les chemins de fer qui permettent de communiquer à de grandes distances, qui sont particulièrement propres à transporter le bétail, je ne suis pas assuré que, si l'on faisait cesser la protection, on ne ressentît pas sur-le-champ dans les pays éleveurs une commotion très-fâcheuse. Je suis convaincu que la perte serait immense. (Marques nombreuses d'assentiment.)

J'ai entendu contester l'utilité de la protection de 50 fr., et l'on a beaucoup dit qu'il entrerait peut-être un peu de bétail dans le midi de la France par la Savoie, un peu en Alsace par le grand-duché de Baden, mais qu'il n'en viendrait pas dans la Normandie. Je crois qu'avec les chemins de fer cela changerait; mais il y a quelque chose que je n'ai jamais entendu contester, c'est que, si l'on supprimait le droit sur les laines, l'élève des troupeaux deviendrait impossible en Picardie. Cette détestable protection que vous méprisez tant, que vous trouvez si ridicule, elle a fait une chose que moi, je l'avoue, moi, esprit borné, ennemi des réformes.... (avant 1789, j'aurais été un grand réformiste; depuis 1789, je n'ai plus qu'un penchant, c'est d'être un homme d'ordre, suffisamment libéral, et réformiste peu, parce qu'une révolution a passé sur nos têtes)... eh bien, cette détestable protection a fait une chose que moi, entêté anti-réformiste, j'apprécie beaucoup.

Nous avions des laines très-médiocres; Napoléon eut l'idée d'introduire le mérinos : cela ne parut pas d'abord très-sérieux, comme le procédé de faire du sucre avec de la betterave. Cependant la paix est venue, la paix qui, presque toujours, fait tant fructifier les idées conçues pendant la guerre, quand elles sont grandes. Avec la paix est venue la protection, qui était nécessaire après la guerre, car la guerre était la plus forte des protections, en interdisant les rapports et les échanges entre les nations.

La protection est donc venue. On a développé dans la Picardie une admirable race de troupeaux qui donne la laine longue, la laine propre au peigne, celle qui sert à produire de beaux tissus, que nous faisons accepter à toute l'Europe. Tout à l'heure je parlerai de nos 400 millions de draps.

Voilà ce que la protection a produit. Cependant, malgré la qualité supérieure de cette laine, savez-vous ce qu'il faut aux cultivateurs en France pour qu'ils puissent élever un troupeau, et vous n'ignorez pas que sans troupeaux il n'y a pas d'engrais, et que sans engrais il n'y a pas de céréales? Eh bien, il leur faut 17 à 18 sous par livre de laine. Et si les producteurs de la Picardie m'entendaient, je suis convaincu qu'ils seraient mécontents du chiffre de 17 à 18 sous.

M. Legrand. — Ce n'est pas assez; il en faut 20.

M. Thiers. — Ce n'est pas assez?

M. Legrand. — Non. (On rit.)

M. Thiers. — Vous voyez bien que je ne me trompais pas. Eh bien, voici un fait dont j'apporterais la preuve si nous allions devant une commission, et j'espère que ce ne sera pas cette fois, car je regarderais la prise en considération de la proposition de M. Sainte-Beuve comme un désastre déjà pour nos industries, par l'effet moral qu'elle produirait ; mais si jamais, à propos d'une loi de douanes, car de temps en temps on est bien obligé d'en apporter quelqu'une, nous sommes appelés à former une commission, je ferai mes humbles efforts pour être de cette commission, et je fournirai des documents d'une clarté éclatante. En attendant voici un fait dont la preuve se trouve dans les livres de l'un des commerçants de nouveautés les plus honorables de Paris.

En prenant, il y a deux ans, à Londres, de la laine d'Australie, pas si belle que celle que nous faisons dans la Picardie, mais belle encore, assez belle pour être employée avec avantage; en payant le droit de 22 pour 100, le fret, la commission, le transport, le négociant dont il s'agit a encore trouvé 6 pour 100 de profit à prendre de la laine d'Australie comparativement avec de la laine de France payée au bas prix de 15 sous la livre. Cette laine d'Australie arrive en quantité immense en Angleterre. Les gens qui connaissent les faits commerciaux le savent bien. Voulez-vous que sur-le-champ, en abolissant le droit, la laine d'Australie détruise en entier en France l'intérêt qu'on a à élever des troupeaux? On me dit : Mais le droit, depuis qu'il existe, n'a pas fait élever le prix de la laine : c'est vrai, pas plus que le droit n'a fait élever le prix du fer, le prix de la houille. Mais si les droits protecteurs devaient empêcher les prix de baisser, nous les trouverions détestables. Oui, le droit sur la laine n'a pas empêché la laine de baisser en France; mais n'a-t-il rien fait d'ailleurs? Il a fait que le producteur français, pouvant élever encore des troupeaux, en a successivement augmenté le nombre, et le prix de la laine a baissé, parce qu'il y avait, indépendamment de la concurrence étrangère, une concurrence intérieure qui suffisait pour atteindre ce résultat. Il y a eu baisse du prix de la laine; mais on a pu avoir néanmoins le prix de 15, 17, 18 sous, qui rendait possible en France l'élève du bétail.

Votre raisonnement que le droit n'a pas fait élever le prix de la laine ne prouve donc rien ; car, s'il l'avait élevé, cela prouverait seulement que les droits protecteurs sont détestables.

Le droit a fait, je le répète, que, malgré la laine d'Australie, vous pouviez avoir des troupeaux en France. Or, vous le savez, sans troupeaux point d'agriculture: tout le monde en convient. Adressez-vous aux gens de bon sens, vous les verrez frémir à la seule idée de laisser disparaître le droit sur la laine.

Vous avez cité un habile fabricant de Reims. Dieu me préserve de discuter ici un individu. Je n'en ai ni le droit ni la volonté ; cependant j'ai entendu dire que cet individu n'avait pas à Reims beaucoup d'adhérents à son opinion. J'ai entendu dire que la chambre du commerce et le conseil du département avaient réclamé contre ses doctrines, et déclaré qu'elles étaient absolument fausses. D'ailleurs, serait-il bien étonnant qu'un homme qui emploie les laines, car il est fabricant de lainages, demandât l'abolition des droits sur la laine? Moi, je n'en suis pas étonné du tout. (Rire approbatif.) Seulement je voudrais l'appeler ici et lui poser cette question : « Vous ne voulez plus de la protection pour la laine : d'accord. Eh bien, voulez-vous que les lainages étrangers ne soient plus prohibés? C'est cette question que je demande à poser à M. Henriot et que je lui adresse du haut de la tribune. S'il y répond, vous nous apporterez sa réponse à la tribune aussi, et nous la discuterons.

M. Sainte-Beuve. — Elle est arrivée ce matin.

M. Thiers. — Adressez-vous à tous les drapiers, à tous les fabricants de lainages, demandez-leur s'ils veulent la liberté du commerce, même au prix de la suppression du droit de 22 pour 100 sur les laines : demandez-le-leur et vous verrez!

Eh bien, c'est là ce que j'appelle à mon tour raisonner en esprits étroits. Ceux-là raisonnent ainsi qui ne veulent pas reconnaître quelles sont les conditions de la production en France, et qui, comme M. Henriot, ne songeant qu'à leur industrie, ne voyant qu'elle, oublient toutes les autres...

Et, qu'on me permette de répondre à un fabricant que j'aime et que j'honore, M. Jean Dollfus, qu'on a cité ici. M. Dollfus, qui est un producteur de toiles peintes, et qui voudrait que les toiles blanches entrassent sans payer de droit, car telle est la question... (Hilarité prolongée.)

M. KESTNER. — Il appelle la concurrence des toiles peintes aussi.

M. THIERS. — D'abord, qu'il me soit permis de déclarer que je n'entends rien dire de désobligeant pour la personne de M. Dollfus. (Non! non! c'est entendu!)

Je le connais, je l'estime comme un des fabricants qui font le plus d'honneur à notre pays; mais s'il demande la concurrence des toiles peintes, grand miracle!... c'est comme l'Angleterre demandant la concurrence de la houille. Oui, il est vrai que, pour les tissus de grand luxe, nous ne redoutons aucune rivalité. Mais, si M. Dollfus, au lieu d'être un fabricant de tissus d'une rare beauté, qui sont recherchés par toute l'Europe, fabriquait des étoffes communes de coton, demanderait-il la concurrence? Voilà où est la question. Voilà ce que j'appelle raisonner en esprit étroit, lorsque chacun ne songeant qu'à son industrie particulière, s'embarrasse fort peu de savoir si un autre a besoin de protection. Ce système tant attaqué n'en a pas moins produit ce résultat, que, tandis que l'Angleterre n'a pas doublé ses exportations, la France a plus que doublé les siennes.

Je n'en dirai pas davantage sur les laines, et je traiterai rapidement ce qui concerne les autres produits agricoles. Je pourrais montrer que le bois est protégé par un tarif contre les bois de construction étrangers; et c'est pour cela que l'État a le droit de dire aux propriétaires de bois : Je vous protége, mais vous ne défricherez pas quand il vous plaira. — J'en demande pardon à M. le ministre des finances, je ne suis pas de son avis; je le blâme beaucoup d'avoir appuyé la liberté du défrichement; et la chambre a prouvé une grande sagesse de vues en repoussant le défrichement.

Oui, on protége les industries: mais, en les protégeant dans l'intérêt du pays, on leur demande, dans ce même intérêt, des sacrifices quelquefois fort onéreux. Il n'y a pas de plus grand sacrifice que de dire à une production : Vous ne disposerez pas de vos produits comme vous le voudrez; vous les donnerez à la marine, si la marine les réclame. — En effet, ce sont là les sacrifices qu'une politique prévoyante exige quelquefois.

C'est ce qui a fait dire à Montesquieu, dans un langage simple et profond que je pourrais citer ici, et qui est bien plus beau que le langage d'Adam Smith, esprit ingénieux, mais bien éloigné de la grandeur et de la force de Montesquieu...

Je veux vous citer ces belles paroles de Montesquieu, quoique je n'aime pas les citations à la tribune... (Rires et chuchotements.)

Oh! c'est un mot que je dis sans intention de critiquer mon honorable adversaire...

J'ai beaucoup lu de livres écrits par ces littérateurs que j'appelle des économistes (nouveaux rires); j'en ai beaucoup lu, mais je dois vous avouer une chose, il n'y en a qu'un qui m'ait remué, qui m'ait touché fortement, comme la vérité, exprimée en langage original, doit toucher un esprit qui a quelque élévation. Je veux parler de quelques chapitres de l'*Esprit des lois* consacrés à cette matière.

Eh bien! savez-vous pourquoi Montesquieu remue quand il parle économie politique? C'est parce que ce n'est pas un petit esprit critique, allant chercher dans les lois les mieux faites de quoi les mettre en contradiction avec elles-mêmes. Il prend les grands faits, le grand côté des choses.

Voici ce qu'il dit dans un petit chapitre de dix lignes :

« La liberté du commerce n'est pas la facultéa c-
» cordée aux négociants de faire ce qu'ils veulent ;
» ce serait bien plutôt la servitude du commerce.
» Ce qui gêne le commerçant ne gêne pas pour cela
» le commerce. C'est dans les pays de la liberté (il
» songeait à l'Angleterre en disant cela) que le né-
» gociant trouve des contradictions sans nombre. Il
» n'est jamais moins croisé par la loi que dans les
» pays de la servitude. L'Angleterre défend de faire
» sortir ses laines, et elle veut que le charbon soit
» transporté, par mer, dans sa capitale; elle ne
» permet point la sortie de ses chevaux, s'ils ne
» sont coupés. Les vaisseaux de ses colonies qui
» commercent en Europe doivent mouiller en An-
» gleterre. Elle gêne le négociant, mais c'est en fa-
» veur du commerce. »

Voilà le grand esprit, voilà les grandes vues politiques, voilà la véritable économie! Je ne vous parlerai pas des autres protections qui s'appliquent à toutes les cultures industrielles, telles que les plantes oléagineuses, le lin, le chanvre, la betterave : tant il y a que, sur 7 milliards dont se compose la production agricole en France, excepté le vin, qui pourrait se passer de la protection, je le reconnais, mais qui, à mon avis, courrait quelques chances dans le midi, s'il s'exposait au libre échange, les 7 milliards de la production agricole sont tous protégés par nos tarifs. Maintenant, pour compléter les 12 milliards de la production nationale, il reste un milliard de produits mixtes, et 4 milliards de produits industriels.

Permettez-moi, sans vouloir abuser de l'attention de l'Assemblée, de dire quelques mots sur vos principales industries, la houille, le fer, les cotons, les draps, etc. On dit : Mais la houille c'est le principe générateur de la force; sans houille il n'y a pas d'industrie; la houille est l'arme de la paix... Vous n'avez pas assez dit : oui, c'est l'arme de la paix, mais il fallait ajouter que c'est aussi l'arme de la guerre. La houille, elle est nécessaire en tout temps. Et ici se révèle tout le secret de la protection. Oui, vous payez la houille plus cher en France qu'en Angleterre, mais, comparativement, beaucoup moins cher que vous ne payez le blé, par rapport au blé russe et au blé napolitain. Vous vous résignez à cette nécessité pour avoir de la houille en France, pour en avoir sur votre sol, indépendamment de l'étranger, et cela, parce qu'elle est l'arme de la paix et de la guerre! Et cependant, savez-vous dans quelle proportion elle supporte la concurrence étrangère? Vous seriez effrayés, par exemple, si pour le blé vous acceptiez la concurrence de l'étranger pour un tiers de la consommation française. Eh bien, la houille française supporte plus du tiers, c'est-à-dire que, pour

51 millions d'hectolitres de houille française consommée en France, on consomme 30 millions d'hectolitres de houilles, soit anglaises, soit belges!

Voilà une protection, assurément bien modérée, et je crois qu'on peut dire qu'au delà il y aurait imprudence. Maintenant que vous en coûte-t-il? Sans doute, la houille française coûte plus cher que la houille anglaise; mais quelle est la cause de cette différence? Croyez-vous que ce soit l'infériorité de l'industrie houillère en France? Voici des faits que je connais bien et que je puis affirmer.

En moyenne, la houille en France, sur le carreau des mines, représente à peu près 60 à 70 centimes. Il y a des bassins qui la donnent à beaucoup meilleur marché; d'autres la produisent plus chèrement; même on peut dire (mais les moyennes sont toujours difficiles à établir) que la moyenne est en France de 60 centimes. Savez-vous quelle est la moyenne en Angleterre? elle est de 30 ou 40 centimes. A combien la houille revient-elle en France sur les lieux où on la consomme? Moyennement, à 2 fr., c'est-à-dire 200 centimes. Quelle est donc la principale cause de la différence de prix entre la houille anglaise et la houille française? La différence est dans les prix de transport. Savez-vous pour combien, dans les deux francs, on peut compter le prix de transport? pour 130 ou 140 centimes.

Maintenant, quand je disais, il y a quelques années : Attendez, attendez, vous arriverez à de meilleurs prix ; à quoi faisais-je allusion ? A ce que tout le monde a reconnu indispensable, au perfectionnement de la viabilité en France.

Par exemple, une houille à Saint-Étienne, qui coûte 50 cent. sur le carreau de la mine, savez-vous combien elle coûte à Mulhouse ? Elle coûte 2 fr. 40 cent., c'est-à-dire qu'elle supporte près de 2 fr. de frais de transport.

Faut-il donc vous en prendre à l'industrie houillère, quand elle n'est que pour 50, 60 ou 70 centimes dans le prix de 2 fr. à 2 fr. 50 cent. que coûte le combustible ? Elle a déjà fait de grands progrès vers la perfection qui lui appartient, et j'appelle perfection, l'art de descendre à ces grandes profondeurs, l'art de gouverner des ouvriers qui sont difficiles à gouverner, l'art enfin du mineur qui est très-compliqué.

En effet, l'industrie houillère a déjà diminué le prix de ses produits de plus d'un tiers, de 90 à 60 centimes. Mais quand, pour aller du nord à Paris, il en coûte 4 fr. de transport ; de l'Aveyron à Paris, 6 fr. ; de Saint-Étienne à Mulhouse, 2 fr., vous vous en prenez à l'industrie houillère ! Vous avez tort. Quand vous égorgeriez cette industrie, quand vous la forceriez à baisser son prix de 60 centimes à 40, qu'auriez-vous gagné ? 20 centimes. Ce ne serait pas une grande différence ; vos consommateurs vous en sauraient peu de gré, et vous auriez détruit vos établissements. Donc à qui la faute si l'industrie houillère ne peut arriver à donner ses produits aux prix anglais? La faute en est à la difficulté des transports.

Et sous ce rapport même vous avez réalisé des progrès notables : il ne faut pas calomnier notre temps, qui a beaucoup fait depuis dix-huit ans pour le perfectionnement de la viabilité, qui a tellement fait que la houille, qui valait en moyenne 4 fr., 3 fr. 1/2, vaut aujourd'hui 2 fr.

L'État lui a déjà procuré 1 fr., 1 fr. 50 c. d'amélioration de prix; il pourra lui en procurer encore. Voilà ce que j'appelle de la patience bien entendue, c'est d'attendre que l'État ait fait tout ce qui peut amener les produits nationaux chez les consommateurs à des prix auxquels ils ont le droit de les désirer et de les espérer.

Voix nombreuses. — Très-bien! très-bien!

M. THIERS. — Maintenant, savez-vous ce qui vous arriverait si, par impatience, vous vouliez avoir ces produits aux mêmes prix que le charbon anglais?

Aujourd'hui les houilles anglaises arrivent à Rouen, à Angers, à Bordeaux, à Marseille : faites le moindre changement à vos tarifs, elles seront à Paris, elles seront à Tours, elles seront à Orléans, et elles remonteront la Garonne, elles entreront dans vos provinces du midi : alors vos houillères seront perdues.

Il faut, messieurs, que vous sachiez que cette industrie a eu des efforts prodigieux à faire, car il n'y a peut-être rien de plus difficile, dans les arts humains, que l'art de descendre à ces immenses profondeurs de 15 à 1,800 pieds, c'est-à-dire à des profondeurs qui égalent dix fois la hauteur de la colonne de la place Vendôme. La plus grande difficulté que l'on a rencontrée dans cette industrie, ç'a été de former des populations de mineurs. Voilà d'abord des populations dont le travail serait anéanti. Puis, ayez une guerre, à qui demanderiez-vous de la houille? A la Belgique. Mais la Belgique pourrait-elle fournir à tous vos besoins? Non, malgré toute sa richesse. A quel prix, d'ailleurs, pourrait-elle vous donner la houille dans le midi, à Marseille, à Toulon? A 6 ou 7 francs l'hectolitre, alors que vous l'avez aujourd'hui à 2 fr. et demi.

Savez-vous ce qu'on a dépensé de houille pour notre marine, en temps de paix? 11 ou 12 millions de francs dans une année. Songez à ce que cela coûterait en temps de guerre; car la houille, je le répète, est aussi bien l'arme de la guerre que celle de la paix.

Cette protection dont vous vous plaignez n'est donc qu'un acte de haute prévoyance de la part de l'Etat, qui a voulu assurer au pays, et sans aucune dépendance de l'étranger, les moyens de faire mouvoir les machines de la paix comme celles de la guerre ! Un tel intérêt valait la peine de quelques sacrifices, et on n'a pas hésité à se les imposer. La raison de la protection, la voilà. (Vive approbation. — Très-bien ! très-bien !)

Maintenant, je ne dirai qu'un mot du fer. Le fer, ce paresseux qui s'endort, comme un aristocrate qu'il est (on rit), à l'abri des tarifs, vous allez voir ce qu'il a fait pour la France !

Que produisait-on en France il y a trente ans? Du fer au bois, et pas autre chose. Le fer au bois est un excellent fer, mais il est très-cher. Le bois, en effet, est, on peut le dire, l'ami du fer. La houille est loin de le valoir pour ce genre d'emploi, parce que la houille a un principe sulfureux qui rend le fer cassant et aigre. Le fer au bois était donc excellent, mais il était cher.

Quand les Anglais ont commencé à fabriquer le fer à la houille, il était bien meilleur marché qu'en France, par une raison fort simple, parce que la houille était moins cher que le bois, et que, d'ailleurs, il y avait au profit de l'Angleterre des avantages particuliers, c'est que la houille et le minerai de fer, bien souvent, étaient stratifiés ensemble. On trouvait le minerai et le combustible l'un à côté de l'autre. Les Anglais pouvaient donner ainsi à 30 fr. le fer dans nos ports. Et qu'en serait-il arrivé, si on ne se fût pas garanti par un tarif protecteur? C'est que les consommateurs qui n'avaient pas besoin d'un fer de première qualité pour beaucoup de travaux, eussent accordé la préférence au fer anglais, qui était suffisant pour certains usages, pour les charpentes, pour les ponts, pour tous les emplois enfin où il faut de la force sans avoir de choc à essuyer.

Eh bien, le fer à la houille valait peu; on l'aurait acheté 30 fr. Probablement vous n'auriez plus fabriqué de fer au bois que dans les Vosges, les Pyrénées, peut-être dans quelques parties reculées de la France, et tout le reste des fers, qui représentent une immense production de 400 millions de francs au moins, vous aurait échappé.

Qu'est-il arrivé, au contraire? Il s'est formé une admirable combinaison! Vous avez conservé le fer au bois pour les emplois qui exigent plus de douceur et de ténacité, et entre le fer au bois et le fer à la houille, on a produit un fer mixte, qui a quelques-unes des qualités du fer au bois, et toutes les qualités du fer à la houille.

Vous avez eu ainsi trois sortes de fer, et à quel prix?

Le fer valait au moins 60 fr. le quintal métrique. Eh bien, à mesure que le fer mixte a commencé, il n'a plus valu que 56 fr., et le fer à la houille, qui sert à faire les rails, a coûté 52 fr. Voilà les prix en 1826. Et aujourd'hui, où en est le prix du fer au bois? A 36 ou 38 fr. A 36 fr. le fabricant est mal rétribué, c'est vrai; mais à 38 fr. il peut continuer à produire sans se ruiner.

Le prix du fer mixte, qui était de 55 à 56 fr., est tombé à 27 fr.; et celui du fer à la houille, qui était de 52 fr., est tombé à 22 fr. A ces prix, les fers français sont-ils bien loin des fers anglais? Vous allez en juger. Le fer à la houille, qu'on vend 22 fr. à Paris, et qui vient de l'Aveyron, qui est égal, si ce n'est supérieur, au fer anglais similaire, savez-vous combien il se vend en Angleterre? 5 à 6 livres sterl. la tonne, ce qui fait 12 à 15 fr. le quintal métrique. Ainsi, à 5 et 6 livres sterl. la tonne, vous avez, à Londres, un fer dont le pareil coûte, à Paris, à peu près 22 fr. Maintenant pour ce fer français qui, vendu à Paris, coûte 22 fr., quels sont les frais de transport? 6 fr. pour venir de l'Aveyron à Paris. A quel prix revient-il au lieu de production? A 16 fr. Il n'y a pas de bénéfice à ce prix ou bien peu; mais enfin la production en est possible à 16 fr.

Voilà donc le fer à la houille français qui déjà approche beaucoup pour le prix du fer anglais, puisque le fer anglais coûte à Londres 12 ou 15 fr., et qu'il ne coûte pas plus de 16 fr. en France au lieu de production. Si, avec les frais de transport, il coûte à Paris 22 fr., est-ce la faute de l'industrie? Je ne dis pas que ce soit la faute de l'État, car l'État a fait des efforts immenses pour perfectionner la viabilité ; mais il n'a pu tout achever à la fois.

Vous voyez donc qu'on avance. Quand je disais en 1836... ce n'était pas dans un rapport écrit, mais à la tribune, dans la vivacité de la discussion... quand je disais : Dans six ans... peut-être me suis-je trop avancé; mais quand j'ai dit qu'on ferait de grands progrès en six ans, vous voyez qu'on en a fait, puisque vous n'êtes plus séparés des produits anglais que par un ou deux francs de distance pour les fers à la houille.

A cela on dit : Mais alors abaissez les tarifs.

Je vais vous montrer où est le danger de l'abaissement prématuré des tarifs, danger que vous ne voulez pas voir. La concurrence intérieure est si active, si ardente, quand on a créé l'ambition de produire, et on crée l'ambition de produire quand on crée l'intérêt de produire par un tarif élevé, l'ardeur est telle, que la concurrence nationale suffit pour faire baisser les prix. C'est elle en effet qui a amené de 52 fr. à 22 fr. les fers à la houille. Mais voici le danger d'abaisser les tarifs trop tôt, et trop considérablement, quand on est en communication avec un bassin de production immense comme le bassin anglais.

Savez-vous ce que l'Angleterre produit de tonnes de fer par an? Elle produit 1,500,000 tonnes, et nous n'en produisons que 400,000.

Ne jugez pas la différence de notre prospérité d'après ces deux chiffres ; si notre production est si inférieure en quantité, c'est que nous avons du bois de construction, c'est que nous employons la pierre dans beaucoup de choses, et que l'Angleterre remplace souvent le bois et la pierre par du fer. Ses constructions ne valent pas mieux que les nôtres, j'en suis convaincu, et cependant il faut dire qu'avec le fer elle fait des choses merveilleuses. Quoi qu'il en soit, la production de fer est de 1,500,000 tonnes en Angleterre, et de 400,000 en France.

Savez-vous ce qui arrive quand on est en communication avec un bassin de production aussi vaste ? C'est qu'au premier mouvement du commerce, le bassin le plus vaste se décharge aux dépens du bassin le moins étendu. Qu'avons-nous fait en 1848 ? Nous avons écrasé la Suisse et l'Allemagne du surplus de nos tissus d'Alsace dont nous ne savions que faire. Croyez-vous qu'il y eût conspiration là-dedans? pas du tout. Les libre-échangistes nous supposent assez sots pour prétendre que les nations conspirent les unes contre les autres pour se ruiner réciproquement, et là-dessus faisant appel à l'évidence, ils disent : Non, on ne conspire pas. — Je le reconnais ; mais ce n'est pas par conspiration qu'on agit de la sorte. Quand il y avait des marchandises en Alsace dont on ne savait que faire, et qu'on avait besoin d'argent, on les vendait à 30 et 40

p. 100 de perte; et on ne se croyait pas plus malheureux qu'en vendant à 60 fr. des rentes qui avaient valu 120 fr. On se résignait à cette perte pour faire de l'argent; que ce fût sur des marchandises ou sur des rentes qu'on perdît 30 ou 40 pour 100, le malheur était le même, et on le subissait par nécessité.

Il se manifeste en Angleterre des mouvements incroyables dans la production; on y voit souvent une témérité qui n'est pas aussi grande que celle des Américains, mais qui s'en approche. Eh bien, quand nous voyons que les Anglais travaillent 300 millions de kilogrammes de coton et nous 65 millions, qu'ils produisent 1,500,000 tonnes de fer, et nous 400,000, ne devons-nous pas être effrayés de ce qui arriverait dans le cas d'une crise commerciale chez eux? Ils se débarrasseraient à nos dépens, sur-le-champ, sans conspiration, en perdant 30, 35, 40 pour 100 des produits dont ils seraient encombrés. Voilà ce qui fait que ces sots qui ont inventé le système protecteur, ont pensé qu'une nation qui avait chez elle un grand marché, devait se le réserver.

Oh! quand on a un marché restreint comme celui des trois îles britanniques, qui composent pourtant un fort beau territoire, je le reconnais, mais enfin, un marché restreint par rapport à certains produits qui dépassent de beaucoup les besoins nationaux, je comprends qu'alors, à tout prix, on veuille chercher des marchés extérieurs; mais quand on a le beau marché qui s'appelle la France, il faut d'abord se le réserver, se l'assurer pour soi tout seul, et puis, quant à l'étranger, lui laisser place, comme on dit, *s'il en reste.* (Hilarité.)

Un mot sur le coton. Après cela, je vous délivrerai de ces énumérations de faits, et je passerai aux théories.

Que représentait en France le coton en 1786? Peut-être 20 ou 25 millions de production. Savez-vous ce qu'il représente aujourd'hui? 6 à 700 millions. Voilà le grand mal qu'on nous a fait en protégeant le coton! Il représentait 20 à 25 millions il y a cinquante ans, et il représente aujourd'hui 700 millions de travail! Quel malheur, en vérité!

Maintenant le coton, lui aussi, a-t-il été un paresseux qui s'est endormi à l'abri de la protection? Voici la marche des prix : il y a dix ans, on fabriquait en France 34 millions de kilogrammes de coton; on en fabrique aujourd'hui 65 millions. Et combien coûtent ces 65 millions? Juste ce que coûtaient les 34 millions, c'est-à-dire de 6 à 700 millions. Ainsi, aujourd'hui, on donne au peuple de France 65 millions de kilogrammes de coton manufacturé pour le même prix auquel on donnait 34 millions il y a dix ans, sous le seul aiguillon de la concurrence intérieure.

Voulez-vous remonter plus haut encore, et voir la succession des prix? Le kilogramme de coton filé, qui vaut aujourd'hui 3 fr. 20 c., valait, il y a dix ans, 6 fr., et à la fin de l'Empire, 12 fr. 60 c. Ainsi, en trente-six ans, on est descendu de quatre fois la valeur de la marchandise.

Je sais bien que, comparativement aux cotons anglais, il y a encore 10 ou 15 pour 100 de différence selon les uns, 30 ou 40 pour 100 suivant les autres. Quant à moi, j'ai essayé de faire à cet égard des prix de revient, et je suis porté à penser que nous sommes encore à une distance de 30 pour 100 des Anglais.

Vous croyez peut-être que c'est encore la faute de la protection, si nous sommes à cette distance de nos rivaux; car, tel est l'éternel argument des libre-échangistes! Ceci va nous conduire à une observation des plus importantes en cette matière. On dit : Oui, toutes vos industries produisent à des prix élevés; mais voici pourquoi : c'est qu'en vous protégeant réciproquement, vous finissez par vous rendre chers les uns les autres; cessez de vous protéger, vous serez tous alors dans les mêmes conditions, et la concurrence se fera à armes égales.

A armes égales! Ah! je voudrais bien qu'il en fût ainsi. Est-il donc vrai que les 20 pour 100, les 30 p. 100 que nos cotons coûtent de plus que les cotons anglais, soient dus à la protection?

Si cela était vrai, vous auriez gain de cause; mais c'est là où messieurs les libre-échangistes n'ont jamais voulu porter la discussion et le calcul avec quelque rigueur.

Messieurs, vous avez entendu cet argument si complaisant : Débarrassez l'agriculture de ce que vous lui coûtez par la protection, de ce que vous lui coûtez pour le fer, par exemple, l'agriculture sera bien heureuse alors d'accepter la liberté du commerce, et de recevoir les blés d'Odessa.

Vous allez voir combien ce raisonnement est puéril... Je l'appelle de son nom, j'en demande pardon à ceux qui l'ont imaginé. L'agriculture, si on ne considère que les céréales, représente à peu près 3 milliards de produits, d'après les statistiques les plus vraisemblables : si on embrasse tout, 7 milliards. Eh bien, combien l'agriculture emploie-t-elle de fer pour produire ces 3 ou ces 7 milliards? On produit 400,000 tonnes de fer en France. Tous ceux qui ont cherché à évaluer ce qui allait à l'agriculture, ont trouvé que c'était le quart : ce serait 100,000 tonnes. Je ne veux pas discuter avec vous; je vais supposer, ce que personne ne croit, que l'agriculture absorbe la moitié de la production du fer, c'est-à-dire 200,000 tonnes.

Maintenant, je vais prendre non pas le fer à la houille, dont elle emploie cependant quelque peu, mais le fer moyen, qui est à 27 fr. le quintal : 100,000 tonnes, c'est 27 millions; 200,000 tonnes, c'est 54 millions.

Que coûte de plus le fer français, en le comparant au fer anglais? Combien voulez-vous que je mette de surplus? Le fer anglais similaire du nôtre qui coûte 27 fr. le quintal, 270 fr. la tonne, coûterait au moins 20 fr. Ce serait donc 7 fr. de différence par quintal; ce serait 7 millions pour 100,000 tonnes, 14 millions pour 200,000 tonnes. Franchement, sur une production de 3 milliards, s'il s'agit des blés, et de 7 milliards, s'il s'agit de toute l'agriculture, croyez-vous que 7 ou 14 millions soient pour notre agriculture une cause d'infériorité par rapport à celle des Russes? C'est une chose ridicule à dire et à soutenir.

Après les blés voulez-vous que je prenne le coton? Oh! c'est encore la protection qui ruine ce malheureux coton! Il s'est élevé entre M. Dollfus et les filateurs de coton une grande contestation. M. Dollfus a dit aux filateurs de coton et aux tisserands : Au fond, il n'y a que 5 1/2 pour 100 de différence entre vous et les Anglais. Les autres ont répondu... je crois qu'ils ont un peu exagéré, qu'ils se sont faits plus malheureux qu'ils ne sont... ils ont répondu que la différence était de 10 pour 100. J'ai refait les calculs avec les gens les plus habiles; eh bien, je crois qu'on est près de la vérité... je n'affirme rien toutefois; car on ne peut être ici que dans une vérité approximative... je crois qu'on est près de la vérité en disant que la différence est de 30 pour 100.

Dans une fabrique de 20,000 broches, dont la production est à peu près de 800,000 fr. par an, le kilogramme de coton filé coûte 3 fr. 20 c. Eh bien, M. Dollfus a trouvé 46,000 fr. de frais de plus en France qu'en Angleterre (1).

Les fabricants qui lui ont répondu, ont prétendu qu'ils trouvaient une différence de 296,000 fr. dans les frais de production. Moi, je ne trouve que 250,000 fr. Peu importe. Je laisse le tableau de ces diverses évaluations, pour qu'il soit inséré au

(1)   *Filature de coton de 20,000 broches.*

	M. Dollfus.	L'association pour la défense du travail national.	M. Thiers.
Intérêt et amortissement du matériel.	15,000 fr.	37,700 fr.	30,000 fr. ⎤[1]
Entretien du matériel.	»	10,000	» ⎦
Combustible.	19,400	30,000	20,000
Fret.	»	27,000	27,000
Transport à l'usine.	»	25,000	25,000
Main d'œuvre.	»	45,000	45,000 [2]
Taux de l'intérêt de l'argent.	12,000	24,000	24,000
Droit du coton.	»	66,000	66,000
Frais et pertes divers.	»	31,300	13,000
Excédant de frais au détriment de la filature française.	46,400 fr.	296,000 fr.	250,000 fr.
Évaluation du produit.	840,000	700,000	800,000
Surcharge proportionnelle.	5 1/2 p. 0/0	40 p. 0/0	30 p. 0/0

[1] M. Thiers a réuni en un seul chiffre la différence de l'intérêt de l'amortissement et de l'entretien du matériel.
[2] Des fabricants de Rouen fort compétents évaluent cette différence à 60,000 fr.

Moniteur. Mais si je vous donnais tous les chiffres du tableau, vous verriez que la proportion entre les diverses causes d'augmentation demeure à peu près la même dans les deux cas. Eh bien, savez-vous pour combien les frais de construction, de machines, de combustible, qui sont plus grands en France qu'en Angleterre, figurent dans l'augmentation de dépense de 250,000 fr.? Pour 50,000 fr. Par conséquent, dans ces 30 pour 100 de plus que coûtent en France les cotons, quelle serait la différence provenant de la protection? La protection y entrerait pour 6 pour 100. Donc, si vous abaissiez la protection, de quoi dégrèveriez-vous l'industrie? De 6 pour 100. Quelle différence resterait-il entre les Anglais et les Français? 24 pour 100.

Mais, allez-vous me dire, vous êtes donc bien mal habiles!

Non. Voici en deux mots la différence, et les causes de cette différence : c'est que les Anglais fabriquent cinq fois plus de coton que nous; c'est qu'ils ont à Liverpool un marché immense où ils achètent les matières premières à meilleur marché, et ont le choix des qualités; c'est que, dans le fret, il y a une différence à leur profit qui est de 27,000 fr.; c'est qu'il en coûte plus pour transporter le coton au Havre, qu'il n'en coûte pour le transporter à Liverpool; c'est que, pour le transporter du Havre à Mulhouse, il en coûte encore un fret dont il faut tenir compte; c'est qu'en Angleterre un ouvrier conduit beaucoup plus de broches qu'il n'en conduit chez nous; c'est que les capitaux coûtent 2 pour 100 de moins en Angleterre qu'en France, si l'on s'en rapporte au cours des fonds publics.

Ainsi, quand vous auriez aboli l'impôt sur le fer, sur la houille, vous laisseriez encore entre nous et les étrangers, grâce à ces circonstances particulières, une différence de 24 pour 100, et nous serions écrasés dans la concurrence.

Voilà ce que vaut cet argument qui consiste à dire qu'en abolissant la protection pour tout le monde, on rendrait les armes égales!

Voulez-vous que j'applique cette observation à la marine? Je vous demande pardon de tous ces détails... (Parlez! parlez!)

On vous dit toujours : la Restauration a eu tort, elle a compromis notre marine par ses traités. (Mouvement à gauche.)

Messieurs, vous savez que je ne suis pas le nourrisson de la Restauration, et quand je la défends, on peut m'en croire. (On rit.) Je ne suis pas non plus son ennemi, mais enfin ma gloire n'est pas attachée à défendre la sienne.

Eh bien, la Restauration, on l'accuse d'avoir signé plusieurs traités de liberté de commerce, sans avoir pris les précautions convenables.

Voyez comme messieurs les libre-échangistes raisonnent singulièrement! L'expérience partielle de leur système, quand on l'a essayée, n'a pas réussi, alors ils accusent ceux qui l'ont faite, et obligés malheureusement de reconnaître que le pavillon français a été battu dans la libre concurrence, ils disent : Vous êtes entrés dans la lice sans avoir les armes égales; or, comme les bâtiments coûtent plus cher en France qu'aux États-Unis, la France ne pouvait pas soutenir la concurrence; on a été battu, c'est votre faute. —

Messieurs, voici des faits que nous avons constatés dans la commission des douanes, en 1847, en présence des représentants du Havre et de Nantes; voici des calculs que j'ai établis quand j'entendais dire que c'était la protection qui faisait renchérir toutes les matières, et qui rendait ainsi notre marine inférieure. J'ai employé deux mois à rechercher au Havre même la vérité, car j'étais convaincu qu'on soutenait une erreur; j'ai voulu voir les choses sur les lieux mêmes, et puis c'est après débat contradictoire que la commission des douanes a reconnu pour vraies les évaluations suivantes.

En 1847, un navire de 500 tonneaux coûtait 200,000 fr. Que représentait dans ce prix de 200,000 fr. la différence du prix du fer, du cuivre, du bois? 15,000 fr.

Pour ce capital de 15,000 fr. supposez un intérêt de 5 pour 100, supposez un amortissement de 5 pour 100, et c'est le plus considérable assurément, vous avez 10 pour 100. Sur 15,000 fr., combien cela fait-il? 1,500 fr. Combien ce même vaisseau coûtait-il d'entretien par an? 72,000 fr. pour l'équipage et toutes les dépenses.

Je vous le demande, qu'est-ce qu'une différence de 1,500 ou 2,000 fr. de frais sur une dépense totale de 72,000 fr.?

Maintenant, quelles étaient les bonnes et les mauvaises années de ce même bâtiment? Quand il avait eu ce qu'on appelle des retours, quand il avait eu du fret en revenant, comme il en avait eu en partant de France, le produit brut s'élevait à 200,000 fr. Quand il n'avait pas obtenu ces conditions avantageuses, c'est-à-dire dans les mauvaises années, le produit n'était que de 45,000 fr. Eh bien, entre un produit de 45,000 fr. et un produit de 200,000 fr., qui constituaient la bonne ou la mauvaise année, vous oseriez vous attacher à 1,500 fr. de frais, et attribuer à une différence pareille la cause de l'infériorité de notre marine! Allons, ce ne serait pas chose soutenable, et il faut cesser de dire que la cherté de construction est la cause de l'infériorité de notre marine marchande.

Messieurs, la cause véritable de cette infériorité, c'est que malheureusement vous avez voulu... non, ce n'est pas le mot, je le rétracte... c'est que vous avez eu la main forcée dans vos relations avec l'Angleterre et avec l'Amérique. En effet, vous pouvez bien, chez vous, imposer vos produits comme il vous plaît; vous pouvez bien, si cela vous convient, imposer chez vous la houille et le fer; mais si vous imposez les bâtiments américains en France, savez-vous ce qu'on fait? On impose les bâtiments français en Amérique. (C'est cela!) Nous avons joué à la guerre des tarifs avec les Américains : les Américains ont porté le droit de tonnage à un prix exorbitant. Nous ne pouvions plus entrer en Amérique ; il a bien fallu se rendre.

Pour ces produits qui s'appellent bâtiments, et qui vont dans les ports étrangers, qui sont obligés de payer à l'entrée et à sortie de ces ports, on vous rend ce que vous faites à l'instant même. Nous avons donc été obligés... qu'importe qu'on se nomme restauration, gouvernement de juillet, république, la condition est la même... nous avons été obligés d'accepter l'égalité de pavillon. Qu'en est-il résulté? C'est que les Américains, qui battent aujourd'hui les Anglais, je le prouverai tout à l'heure, quoi que vous en disiez, ont eu à eux seuls la plus grande matière de fret, le coton.

Voilà la vraie cause.

On avait dit que c'était parce que les Américains avaient de plus grands bâtiments et pouvaient avoir moins de matelots ; on avait dit que nous étions timides, on avait dit que nous avions tort de n'avoir que des bâtiments de 300 et 400 tonneaux. Le Havre a été sensible à ce reproche; il a fait, comme les Américains, des bâtiments de 1,000 tonneaux. La dépense de navigation était alors un peu moindre. Mais qu'arriva-t-il? Le Havre ne trouva pas de coton à transporter; il fit les frais de bâtiments de 1,000 tonneaux et ne trouva souvent du fret que pour 3 ou 400 tonneaux. Les Américains, propriétaires du coton, commençaient par remplir leurs bâtiments, et n'en remplissaient les nôtres que quand les leurs étaient pleins.

Voix nombreuses. C'est clair, quand il en restait!

M. Thiers. — Ce n'est donc pas la protection qui ruine notre industrie, qui la rend plus chère, car c'est 5, 6, 7, 8 pour 100 qu'elle ajoute à ses frais, tandis que la différence des circonstances locales entraîne certaines différences de prix, qui causent notre infériorité, infériorité partielle, temporaire, laquelle n'empêche pas, je vous le démontrerai bientôt, que, dans son ensemble, notre situation industrielle ne soit peut-être la plus belle de toutes.

Ainsi, en résumant cette partie de ma discussion qui consiste dans l'appréciation des faits, vous le voyez, messieurs, c'est parce qu'on ne peut pas se livrer à l'étranger pour des intérêts comme celui de l'alimentation d'un grand pays, c'est parce qu'on ne veut pas se livrer à l'étranger pour quelque chose d'aussi important que le combustible, le fer, les machines; c'est par ces motifs supérieurs et tous nationaux que la protection a été établie. C'est aussi pour l'intérêt des classes ouvrières; car qu'arrive-t-il lorsque vous rendez les conditions de la production impossibles pour le fabricant? Le fabricant liquide et il se retire. Sans doute, il est à plaindre, sa carrière est manquée; mais il a encore de quoi vivre, et après tout il peut changer de profession. Mais les malheureux ouvriers qui forgent le fer, qui descendent dans les mines, qui filent et tissent le coton, que deviennent-ils quand le fabricant est obligé d'abandonner la partie? Ils deviennent ce qu'est devenue la population française en 1786, lorsque, pour la première fois, on a tenté votre expérience! Alors il y avait une population malheureuse dans les rues de Rouen qui mourait de faim, qui faisait des émeutes, et qui maudissait les auteurs du traité de 1786.

La révolution de février, je lui rends cet hommage, a bien compris les vérités que j'expose ici. Loin de vouloir livrer notre industrie à la concurrence extérieure, elle n'a pas même voulu lui laisser subir la concurrence intérieure, et, pour prévenir celle-ci, elle a été jusqu'à imaginer des systèmes que j'ai combattus comme contraires à toute bonne organisation sociale. Mais repoussant la concurrence intérieure, elle ne pouvait pas être assez inconséquente pour admettre sans mesure et sans précaution la concurrence extérieure, car elle eût livré ainsi au hasard des combinaisons de l'étranger le sort des classes ouvrières en France!

Maintenant, j'entre dans la théorie; je ne m'étendrai pas très-longuement sur ce sujet, mais il faut bien combattre cette théorie vide, inféconde et stérile du *laisser-faire*, du *laisser-passer*.

On dit : Vous ne ferez plus de fer, vous ne ferez plus de coton; mais vous ferez des tissus de luxe, de la soie, du vin!...

Ah! je vais vous demander une chose : Est-ce que vous feriez venir des mûriers à Lille ou à Rouen? Est-ce que vous feriez de la soie à Lille ou à Rouen? Nous achèterions, dites-vous, la matière première. Sachez que, chez tous les peuples, l'industrie de la soie n'a réussi qu'autant qu'elle possédait à côté d'elle la matière première; et Lyon n'est si admirable, si considérable que parce qu'il a la soie auprès de lui. On a fait des essais dans le Nord, mais c'était pour amuser les savants, les oisifs (Hilarité générale); vous ne pourrez jamais transporter la soie dans le Nord.

Mais, dit-on encore, on ferait du vin! Ici l'argument ne peut pas être avancé sans provoquer la risée universelle. Comment, je ferais du vin à Lille, à Rouen! C'est ridicule. Il faut produire dans chaque province d'un État ce qu'on peut y produire, et disposer par les tarifs les choses de manière que chaque population fasse de toutes choses, le plus et le mieux, suivant les lieux qu'elle habite; et, en ce genre, il est permis d'enlever à ses voisins tout ce qu'on peut. C'est une lutte légitime, naturelle, qui a existé chez tous les peuples et dans tous les temps; dans le Midi, on prend si l'on peut l'industrie de la soie aux Italiens; dans la Normandie, l'industrie du coton aux Anglais; dans la Flandre, l'industrie de la houille aux Belges. On complète ainsi le travail national autant que le climat et les lieux le permettent, et cela n'est possible qu'avec la protection.

Vous nous citez les Anglais comme les ennemis de la protection. Ah! les habiles de l'autre côté du détroit doivent bien sourire de l'innocence de vos théories. (Hilarité générale.) Et par quoi les Anglais sont-ils donc si grands? C'est quand on jette les yeux sur l'histoire, non pas des yeux distraits, mais attentifs, qu'on est frappé de la puérilité, de l'infécondité de ce *laisser-faire,* de ce *laisser-passer.* Voyez donc si c'est avec ce *laisser-faire,* ce *laisser-passer,* que les Anglais sont devenus ce qu'ils sont. Je ne veux pas vous fatiguer, mais permettez-moi de citer quelques faits, et de vous donner bien en raccourci, bien vite, l'histoire de cette industrie anglaise que vous admirez tant, et si justement!

Que faisaient les Anglais au quinzième, au seizième siècle, sous Henri VIII, par exemple? Ils avaient des céréales, pas trop cependant, beaucoup plus de pâturages, du bétail, de la laine en quantité, car celle-ci constitue leur véritable origine industrielle; ils avaient du chanvre, du lin, comme plantes textiles, et puis c'était tout. La houille!... la houille qui fait aujourd'hui leur puissance, savez-vous ce que les Anglais en faisaient à cette époque? Le parlement en interdisait l'usage, parce que la fumée qui s'en échappe nuisait, disait-on, à l'agriculture. (Sourires.)

Voilà où en étaient les Anglais aux quinzième et seizième siècles.

Vous allez voir, en pratiquant le contraire du libre échange, ce qu'ils sont devenus.

Leurs laines, à qui les vendaient-ils? Aux Brabançons et aux Florentins. Les Brabançons les tissaient, les Florentins les foulaient et les coloraient, et ils en reportaient une partie aux Anglais, en échange des laines brutes. Les Anglais assistaient, non avec indifférence, à ce brillant spectacle. Un jour ils eurent le ridicule d'être jaloux, de vouloir, eux aussi, mettre la main à l'œuvre, et ce méchant Henri VIII, que je n'appellerais pas méchant s'il n'avait fait que cela (Rires d'approbation), partagea le ridicule de sa nation. Il commença par interdire, sous des peines terribles, la sortie de la matière première; puis il interdit, par des tarifs, par des prohibitions, l'introduction de la matière fabriquée. Il réserva ainsi à sa nation la matière première, et le privilége de la fabriquer; puis en cinquante ans les Anglais devinrent aussi grands fabricants d'étoffes de laine que les Brabançons; je ne dis pas que les Florentins, car on ne conjure pas la différence des climats, et ils ne devinrent pas aussi grands colorateurs d'étoffes que les Italiens, mais ils devinrent grands fabricants de drap.

Voilà leur premier ridicule; attendez les autres.

Il y avait un peuple admirable, admirable à sa façon, qui travaillait le coton avec une perfection extraordinaire, et qui, depuis la découverte de l'Amérique, depuis le passage du cap de Bonne-Espérance, commençait à remplir l'Europe de ses étoffes. L'Europe était émerveillée de ces étoffes, et dans son admiration, elle les appelait du nom du pays qui les avait produites; elle les appelait *indiennes*: c'étaient des mousselines, des toiles peintes.

Les Anglais dirent : On fait cela dans l'Inde beaucoup mieux qu'on ne pourrait le faire chez nous; c'est égal, il faut essayer de le fabriquer. Ils commencèrent, pour économiser le coton, par établir la chaîne avec du fil de lin, et par tramer avec du coton.

Le sage Guillaume, à son tour, lui qui était Hollandais, partisan du libre commerce (mais il était devenu Anglais, et il avait bien fait) [Sourires], le sage Guillaume interdit le coton étranger, et à l'abri de cette prohibition absolue, le coton fit des progrès rapides en Angleterre. Le coton, en effet, produisit de grandes merveilles en Angleterre, car c'est lui qui éveilla en ce pays le génie mécanique. On trouvait bien lent, bien gauche, qu'une femme se servît de son rouet pour filer le coton. On lui substitua des cylindres divisant le coton, le distribuant entre mille fuseaux appelés broches, et on arriva ainsi à faire exécuter par une personne l'œuvre de quatre cents.

Pendant que chez les Anglais s'accomplissait cette merveille, leur marine en opérait une autre, malheureusement à nos dépens; elle faisait la conquête de l'Inde. Ah! c'était bien le cas alors de dire : L'Inde est à nous, ce n'est plus la peine de fabriquer du coton. — Eh bien, le jour où, après les triomphes de notre Bailly de Suffren dans l'Inde, tristement compensés par les malheurs de M. de Grasse dans les Antilles, l'Inde devenait la propriété des Anglais, savez-vous ce qu'ils faisaient? Au lieu d'une prohibition absolue, ils mettaient un droit de 75 pour 100 sur les cotonnades de l'Inde, et ils continuaient à fabriquer du coton, quoique l'Inde leur appartînt. Et à quoi sont-ils arrivés aujourd'hui? Ils sont arrivés avec notre aide, car c'est nous qui leur avons appris à peindre les étoffes de coton, ils sont arrivés à envoyer dans l'Inde, qui leur appartient, d'énormes quantités de coton fabriqué, de ces étoffes qui s'appelaient indiennes, et qui maintenant s'appellent étoffes de Mulhouse.

Les Anglais ont eu un autre ridicule, ils ont voulu produire des étoffes de soie; alors ils ont établi la prohibition contre les soieries étrangères. Ils n'ont pas réussi, j'en conviens, et cependant, bien qu'ils n'aient pas complétement réussi, je vous assure que les fabricants de Lyon, dont la belle industrie attire l'admiration de l'Europe, sont importunés de voir les progrès que fait la soierie en Angleterre.

Eh bien, est-ce tout? L'industrie de la houille est bien grandement établie chez les Anglais, et cependant ils ont non-seulement empêché l'importation de la houille chez eux; mais, pour en priver les étrangers, ils ont empêché d'exporter la houille d'Angleterre. Cette dernière précaution devait faire croire qu'ils ne craignaient pas la houille étrangère. Ils n'en ont pas moins imposé cette même houille étrangère. Savez-vous comment ils ont agi pour les fers? Ils avaient à faire une chose bien simple, c'était de prendre le fer de Suède, qui était vis-à-vis de leur rivage, de la Suède, pays ami pour eux, qui soutenait la cause protestante, qui était leur allié; c'était bien simple de laisser leur navigation profiter de ce transport, car il n'y a pas de plus beau fret que le fer!

Qu'ont-ils fait pourtant? Tandis qu'ils achetaient les mines de Suède pour quarante et cinquante ans... (Il y a, en effet, des marchés pour certaines villes qui font la quincaillerie en Angleterre, en vertu desquels les produits des mines de Suède sont achetés pour quarante ans...) C'était bien le cas de laisser entrer le fer de Suède en Angleterre... Eh bien, savez-vous à quel prix ils portaient le droit, non pas du temps de Henri VIII, mais en 1819? Jusqu'à 50 et 60 fr. le quintal; tandis que nous, en France, nous n'avons jamais porté ce même droit au delà de 25 fr. Voilà comment les Anglais, qui assurent, dit-on, leur fortune avec le libre échange, ont dirigé leur politique commerciale.

Je pourrais énumérer toutes leurs industries. Ce n'est pas le libre échange et le *laisser-faire* qui les a fait naître et développées. Quand les Anglais ont créé des races d'animaux admirables, est-ce avec le libre échange? Ils ont prohibé les animaux étrangers; aussi, ont-ils produit les plus belles races de bétail qu'on puisse trouver. Ils voulaient avoir des chevaux : ils n'avaient que ces chevaux du Nord, que tout le monde a pu voir en voyageant sur les plages basses des mers septentrionales, et qu'on peut encore voir en Angleterre dans les établissements qui ne sont pas les mieux pourvus : c'était une race de chevaux grands, longs, efflanqués et sans vigueur. Quel moyen ont-ils employé? Ils avaient vis-à-vis de chez eux, en Normandie, une belle race, droite, grande, bien faite, mais qui manquait un peu d'ardeur. Ils s'en sont emparés, puis ils sont allés chercher des chevaux arabes; et non pas avec le *laisser-faire*, avec le *laisser-passer*, mais avec une activité énergique, ils ont créé la plus belle race de chevaux; après l'avoir créée, ils ont voulu longtemps la conserver pour eux, et ils frappaient d'un droit tous les animaux étrangers, et ils ne permettaient pas qu'un cheval entier sortît de chez eux!

Ils ont voulu davantage, car il faut aller jusqu'au bout pour vous faire bien connaître ce que c'est que la doctrine du *laisser-faire* et du *laisser-passer;* ils ont voulu avoir chez eux tous les climats; malgré les brumes de leur sol, ils ont voulu avoir toutes les fleurs, tous les végétaux, et ils les ont logés dans d'immenses espaces, sous le fer et sous le verre. Et savez-vous où ce ridicule les a conduits? Il les a conduits au Palais de cristal! (Mouvement.)

C'est le jardinier du duc de Devonshire, M. Paxton, qui en a donné l'idée. On ne savait comment loger les magnificences du genre humain, car l'exposition de Londres, c'est l'exposition des magnificences du genre humain, c'est le plus beau spectacle que la civilisation ait jamais présenté! (Marques d'approbation.)

On ne savait comment loger tout cela. Avec la pierre, il aurait fallu trois fois Saint-Pierre de Rome; avec le bois, on n'aurait peut-être pas atteint les proportions nécessaires, et couru en outre les chances de l'incendie. Eh bien, le jardinier du duc de Devonshire a dit aux Anglais: Vous logez sous le fer et le verre tous les climats, tous les végétaux, toutes les fleurs, vous avez donc de quoi loger les produits magnifiques de l'industrie humaine...— et ce ridicule de vouloir avoir tout chez eux a conduit les Anglais, à quoi? au palais de cristal, que vous admirez avec raison, car c'est une merveille. (Vive approbation.)

Une voix à droite. On l'avait demandé chez nous il y a deux ans.

M. PEUPIN. — Oui, c'est une idée française; on avait demandé en France l'exposition universelle.

M. THIERS. — Je ne retiendrai pas longtemps l'Assemblée, mais j'ai besoin encore de quelques développements pour traiter complétement mon sujet. (Parlez! parlez!) Je vous demande pardon de vous occuper si longuement, mais vous n'aurez jamais à approfondir un sujet plus important. Est-ce que c'est avec ce sot principe d'indifférence du *laisser-faire*, du *laisser-passer*, qu'on parvient à créer une industrie?

Si par exemple vous aviez étudié l'histoire de la soie en France, vous verriez par quel prodige d'activité et de persévérance on est arrivé à créer cette industrie. Les rois de France que Machiavel et Guichardin ont traités d'étourdis, pour être allés en Italie... (quand on ne veut pas regarder au plus profond des choses, on les juge quelquefois légèrement, quelque grand esprit que l'on soit)... savez-vous ce que ces rois allaient faire en Italie? Ils obéissaient à un instinct profond de la nation, qui voulait aller chercher dans le Midi les produits les plus beaux, produits qu'on était obligé d'acheter à grands frais, de seconde main, et souvent de médiocre qualité. François Ier et Henri IV faisaient planter des mûriers dans les jardins royaux, et donnaient des capitaux à ceux qui voulaient en cultiver.

Lorsque plus tard Louis XIV abattait la puissance espagnole, Colbert à côté de lui exécutait des conquêtes plus importantes, il introduisait les draps en France. Est-ce avec cette doctrine du *laisser-faire* et du *laisser-passer* qu'il favorisait l'industrie? Non, il appelait les hommes les plus capables, il leur donnait des terres, de l'argent, des titres de noblesse. Il donnait à Van Robaix la faculté de fabriquer exclusivement dans un espace déterminé, et personne ne pouvait faire du drap à côté de lui à Abbeville.

Quand on voulait enlever les dentelles aux Vénitiens et aux Anglais, on appelait une femme, on lui donnait des ouvriers, de l'argent et des priviléges, pour fabriquer, pendant un temps donné, à l'exclusion de tous autres, de la dentelle.

Quand on voulait prendre les glaces de Venise sous Colbert, on faisait venir des Vénitiens; on leur donnait de l'argent, des terres et des priviléges exclusifs.

Quand on a voulu les poteries de Bernard de

Palissy, et plus tard la porcelaine, c'est en plaçant dans des bâtiments royaux les inventeurs, en leur donnant des moyens de produire aux frais de la royauté, qu'ils produisaient ces belles choses; et sous la révolution et sous l'empire, on condamnait au feu les marchandises anglaises; on arrivait ainsi à se donner, au lieu de 20 millions de coton, 5 à 600 millions.

On se donnait du fer et des machines avec la protection, et non avec le *laisser-faire* et le *laisser-passer*, qui est l'indifférence, l'inaction, l'impuissance et la sottise... (Vive sensation.)

Les temps sont changés, dit-on; c'est vrai, ils sont changés, je le sais bien. On ne peut plus employer les mêmes moyens, je le reconnais. Je ne viens pas proposer d'employer, par exemple, la noblesse (Hilarité), et cependant, attendez...

M. Charamaule. — Elle ne se cote pas à la Bourse.

M. Thiers, *à la gauche*. — Croyez-le bien, je suis aussi démocrate que vous; mais dans ma démocratie, je tâche d'être un peu philosophe, de voir les hommes tels qu'ils sont, et de ne pas les prendre au sérieux quand ils disent que, parce que les mots ont changé, les choses ont changé aussi. J'ai récompensé avec la croix d'honneur, et je crois que j'ai bien fait, des fabricants qui avaient rendu de grands services à la France. Vous voyez donc que les mots changent plus que les choses, bien que les choses changent aussi dans une certaine mesure.

Je ne vous conseillerai pas d'aller aujourd'hui donner des capitaux à tel ou tel industriel, on l'a proposé; mais dans notre temps, avancer ou donner des capitaux aux industries, ce serait absurde. Oh! des rois qui étaient propriétaires de tout, qui traitaient la France comme leur jardin, jardin qu'ils cultivaient quelquefois très-bien... (Rires approbatifs.)

M. DE LA ROCHEJAQUELEIN. — Ils l'agrandissaient très-bien.

Une voix à gauche: On a chassé le jardinier.

M. THIERS. — Nous avons changé de jardinier, soit! (Nouveaux rires.)

Eh bien, ces rois, quand ils prenaient sur leurs plaisirs, quelquefois sur leurs désordres ou sur des créations insensées, pour faire prospérer l'industrie du drap, l'industrie de la dentelle, l'industrie des glaces, tout le monde les approuvait. Mais cela ne peut plus être. Je ne vous propose donc pas de donner de la noblesse, de donner des capitaux, et moins encore d'édicter des peines terribles, comme on l'a fait quelquefois.

Je ne veux pas qu'on brûle les marchandises étrangères, je ne veux pas même des prohibitions, à moins qu'elles ne soient indispensablement nécessaires. Mais ce qui est partout indispensable, ce qu'on fait partout, je vous le prouverai tout à l'heure en quelques mots, c'est d'intervenir, et d'intervenir en créant aux producteurs un grand intérêt à produire les choses. On peut bien, quand on sert dans les armées, se battre par patriotisme, mais on ne fabrique pas du coton, on ne fabrique pas du fer, on ne fabrique pas du lin par patriotisme : il faut y avoir un intérêt. C'est avec des tarifs qu'on crée un intérêt à produire les choses, et qu'on parvient alors à les faire naître dans un pays. C'est ainsi que les Anglais ont développé l'industrie chez eux; c'est ainsi qu'on la développe partout. Sans doute ces tarifs ne doivent pas être éternels, je le reconnais; ils ne doivent pas être excessifs, et c'est pour cela que depuis vingt ans nous discutons les tarifs de douane. Quelquefois la prohibition doit faire place à un droit protecteur élevé, quelquefois un droit protecteur élevé doit faire place à un droit moindre, j'accorde tout cela : mais il faut toujours qu'on crée un grand intérêt à produire les choses, et vous en avez sous les yeux un exemple tout récent. Vous alliez perdre une des plus belles industries, celle du lin. Ce produit s'échappait du pays, et ce n'était pas seulement les fileuses à la main qui allaient le perdre, c'était la France tout entière qui allait perdre 100 millions de produit; c'était le sol qui allait perdre une somme de 40 ou 50 millions de francs, en voyant disparaître la culture du lin et du chanvre.

Qu'avez-vous fait? L'empereur avait promis un

million à celui qui trouverait la machine à filer le lin. Le million n'étant plus là, j'ai encouragé M. Scrive, très-habile fabricant de Lille, à se rendre en Angleterre. Il y est allé reprendre la machine de Ph. de Gérard. Il a été obligé de la cacher dans du suif; après des difficultés de toute espèce, il est revenu à Lille. Il avait dépensé une fortune honorablement acquise à construire son établissement. On a été touché de ses efforts; on a vu que cette industrie allait nous échapper : on a accordé 5 p. 100 de protection. Savez-vous ce qu'on a fait ainsi? On a soutenu un peu M. Scrive. Quelques-uns l'ont imité, et comme les uns et les autres restaient dans un état de marasme, on est allé à 10, à 12 p. 100, même contre les Anglais jusqu'à 25; et en quelques années, en trois ou quatre ans, vous êtes arrivés à une production de 100 millions, qui a dédommagé la France de la perte de ses fileuses à la main. (Très-bien! très-bien!)

Les libre-échangistes... eh! mon Dieu, j'en ai vu beaucoup qui, lorsqu'ils s'apprêtaient à être députés, adoucissaient considérablement leur théorie... (Hilarité); j'en connais beaucoup aussi qui, lorsqu'ils auront à toucher aux tarifs, y regarderont de près... Il peut se succéder des gouvernements de telle ou telle forme; tant qu'il y aura de la liberté ici, et que les intérêts seront sérieusement représentés, je ne crains rien; et si je combats ces théories, ce n'est pas que je redoute prochainement des résolutions fatales à notre industrie, mais j'ai vu que les théories dangereuses négligées, dédaignées, qu'on laissait imprudemment passer, se changeaient quelquefois en tempêtes. J'ai acquis, depuis quelques années surtout, cette expérience qu'il ne faut pas laisser le mal s'aggraver, qu'il faut le combattre dès l'origine et en face, et que ce n'est qu'en le combattant ainsi qu'on l'arrête. (Très-bien! très-bien!)

Quant à moi, j'ai la conviction que je défends ici la véritable prospérité de mon pays; et si je fais tant d'efforts qui me paraissent inutiles dans les dispositions où je vois l'Assemblée, c'est que je ne les crois pas inutiles au dehors de cette enceinte. (Assentiment.) Il ne faut pas laisser dire que ce qui a porté si haut la grandeur commerciale de notre pays, est une ignoble coalition d'intérêts privés, que la vérité philosophique est contre nous, et qu'il faut pour se conformer à cette vérité renoncer plus ou moins prochainement à toute protection de l'industrie par les tarifs. Non, cela n'est pas, il ne faut pas le laisser dire. (Très-bien! très-bien!)

Maintenant, il faut parler un peu des nations étrangères, de l'Angleterre d'abord, puis après l'Angleterre de l'Amérique et de la Russie : elles le méritent, elles sont bien grandes et elles offrent de précieux exemples à étudier.

L'Angleterre, dit-on, abolit ses tarifs... J'ai rapporté de Londres un volume in-octavo qui est tout plein de tarifs très-élevés, quoique quelques-uns aient été fort abaissés ; mais c'est encore un gros livre que le livre des tarifs anglais, je vous en réponds... Messieurs, je ne vous retiendrai pas longtemp...

Voix très-nombreuses. Parlez ! parlez !

M. THIERS. — Parlons donc de cette expérience anglaise, qui a, dit-on, tant réussi, et qui opère de si grandes merveilles. Eh bien, voici ce qu'ont fait les Anglais. Ils étaient les plus forts pour certaines industries, et pour ces industries ils ont songé à braver la concurrence étrangère. C'est ici que vous allez juger de la profonde différence qui existe entre l'industrie anglaise et l'industrie française, genre de comparaison fort utile, fort instructif, qu'on peut faire surtout à Londres, dans le magnifique Palais de cristal où sont étalées les œuvres de toutes les nations. C'est nous qui sommes les premiers inventeurs des expositions ; les Anglais, qui souvent profitent de nos inventions et qui en profitent grandement, comme il est permis de profiter des inventions d'autrui, car il n'y a rien de plus beau que la lutte de ces deux grandes nations, aujourd'hui qu'elle est pacifique et loyale, il faut le dire, et qu'elle est accompagnée des meilleurs sentiments des uns pour les autres ; les Anglais, dis-je, ont profité de cette idée, ils l'ont grandement appliquée, et ils ont fait appel au genre humain pour qu'il leur envoyât ses produits.

Eh bien, voyons ce qu'on apprend à Londres, dans le Palais de cristal, sur les deux grands pays, je dirai même sur les quatre grands pays qui sont en lutte industrielle, car les Russes et les Américains, véritables Hercules au berceau, qui ont fait leurs débuts grandement, méritent de figurer dans cette comparaison. Voyons donc le caractère des industries de ces divers peuples, et le secret de la conduite des uns et des autres.

Savez-vous quel est le caractère vrai de l'industrie anglaise? C'est la spécialité, consistant à fabriquer certains produits avec une supériorité incontestable, et un bon marché que personne ne peut égaler. Elle fait de la houille, du fer, du coton, et même du drap à un prix tel qu'elle ne craint personne. Elle fait à bon marché parce qu'elle fait beaucoup; ce n'est pas à cause de tel ou tel avantage ou de telle supériorité naturelle, c'est à cause de la quantité même de ses produits qu'elle fabrique si bien et à si bas prix. Mais la conséquence de cet état de choses, c'est que son marché national, quoique fort vaste, ne pouvait plus suffire au débouché de ses produits. Alors les Anglais ont dit : Que pouvons-nous faire de mieux? C'est de tâcher de solliciter les autres nations par notre exemple à recevoir ces produits spéciaux que nous fabriquons si bien, si grandement, à si bon marché. Pour cela, il faut leur faire quelques sacrifices; nos voisins sont très-habiles dans les industries de luxe; livrons-leur quelques-unes de ces industries, et alors les Anglais nous ont livré les soieries, les toiles peintes, la ganterie. Après avoir fait cela, les fabricants de toiles peintes, notamment M. Cobden, homme très-distingué... très-distingué assurément... grand homme, cela viendra... (On rit.)

M. Cobden, homme d'un incontestable mérite, a dit : Mais, pour procurer des débouchés à ces produits spéciaux que vous fabriquez si bien, vous sacrifiez les fabricants des produits de luxe, dont je suis (car il était fabricant de toiles peintes), vous sacrifiez les toiles peintes, les soieries et beaucoup d'autres produits, soit; mais alors, liberté pour tout le monde!... et dès cet instant, par un sentiment naturel de justice, ceux qui tenaient le gouvernement, les grands seigneurs du pays, ont été forcés de proclamer la liberté du commerce des céréales. Il a fallu en finir par là. Cependant, après ce grand effort, M. Peel est tombé; il a été remplacé par les whigs. On a demandé comment avait été aboli l'acte de navigation. Oh! je vous déclare qu'on a été bien étonné de voir sortir du portefeuille du libre échange l'abolition de l'acte de navigation. Mais les whigs, qui succédaient à M. Peel, et qui avaient à prouver qu'ils restaient dans ce système du libre échange,

ont cherché quelque chose à réformer à leur tour ;
ils ont trouvé le fameux acte de navigation de
Cromwell qui restait encore debout, et ils l'ont
abattu ; et vous verrez bientôt les conséquences.

Voilà donc la succession des idées et des faits en
Angleterre ! On a dit : Il y a des produits que nous
faisons d'une manière remarquable, pour lesquels
nous n'avons rien à craindre ; ce sont les fers, la
houille, les cotons. Eh bien, nous allons livrer quelques produits manufacturés, comme la soie, comme
les toiles peintes, pour engager les autres nations à
accepter les produits que nous faisons le mieux ; et
cela exécuté, on a été entraîné, par un enchaînement
inévitable, à accorder la liberté du commerce pour
l'agriculture, et puis l'abolition même de l'acte de
navigation, pour que tous les intérêts payassent leur
tribut au même système.

Quel est le résultat ? Il a été jugé très-diversement, et on ne sait pas même encore aujourd'hui
quelles seront les dernières résolutions britanniques.
Mais, croyez-le bien, je ne veux pas venir ici prévoir l'avenir, l'avenir qui, dans notre siècle, arrive si vite ; je ne veux pas dire d'avance qu'une
chose sera, qu'une autre ne sera pas : c'est s'exposer
à des mécomptes ; je ne veux pas me compromettre
avec des prophéties, ni commettre à cette tribune
des témérités déplacées ; je n'en ai jamais commis
à la tribune ni ailleurs, je ne le crois pas. Mais en-

fin, quel a été le résultat? Mon Dieu, sur le fer, le coton, la houille, il est nul. Comment voulez-vous qu'il en fût autrement? Personne ne fait le fer, le coton, la houille à aussi bon marché que les Anglais. Ce n'est pas là, pour le libre échange, un argument qui pût prouver grand'chose. Ah! pour les soieries, pour les toiles peintes, pour la ganterie, il y a eu un résultat assez sensible. Ainsi pour les soieries, il y a eu une grande souffrance. Mais dans cette industrie, comme dans celles qu'on a exposées à la concurrence extérieure, le produit inférieur était garanti ou par le bon marché ou par des tarifs, et c'est là le secret de l'expérience anglaise! On a conservé un droit suffisamment protecteur de 15 p. 100 sur les soieries inférieures; on en a conservé un de 10 p. 100 sur quelques ouvrages de coton, et quant à celui de 15 p. 100 sur les soieries inférieures, on y a ajouté la faculté pour les agents de recourir au pesage qui, quelquefois, fait monter le droit à plus de 20 p. 100. C'est ainsi que, même avec le libre échange, les Anglais ont protégé d'un droit qui va quelquefois à 20 p. 100 les produits inférieurs, qui sont les plus considérables.

Grâce à cette combinaison, le produit inférieur, qui est toujours le plus important, à cause de sa quantité, a été sauvé, et il n'y a eu souffrance que pour le produit de luxe; mais celui-là, même avec un droit de 30 p. 100, n'en aurait pas couru moins de chances. Voici pourquoi : les Anglais sont trop riches pour être arrêtés par l'élévation des droits; et comme nos soieries de luxe sont les plus belles, on les aurait achetées même avec un droit de 30 p. 100.

Au fond, l'expérience pour les soieries, renfermée dans ces limites, ne pouvait pas donner un grand résultat; mais il y a autre chose qui se prépare. Les Anglais sont très-inquiets, à l'heure qu'il est, de la rivalité des soies unies qui se fabriquent à Eberfeld et à Zurich, et il se pourra, je n'affirme rien, il se pourra qu'ils soient obligés un jour de relever le tarif des soieries unies.

Pour les toiles de coton, qu'est-il arrivé? Là encore les produits inférieurs se sont trouvés garantis. Les toiles de coton en effet, qui, pour une grande partie, sont des toiles à très-bas prix, avec un tarif de protection de 10 p. 100, se trouvent suffisamment couvertes (1). Qu'est-ce qu'il y a de découvert? Ce sont les produits supérieurs. Nous faisons à Mulhouse, grâce à ce goût français dont je vous parlerai tout à l'heure, des produits admirables, qu'on irait acheter à quelque prix que ce fût, à

---

(1) J'ai commis ici une erreur, de nulle importance, je crois, dans mon argumentation, mais dont on s'est prévalu contre moi. Le tarif anglais contient la mention d'un droit de 10 pour 100 sur certains ouvrages de coton. Ce tarif ne s'applique point aux toiles peintes, je le reconnais. Mais mon raisonnement est-il pour cela moins concluant et moins juste? Pour les produits d'une importance considérable, les Anglais se sont exposés à la concurrence, ou couverts par le bon marché, ou couverts par un tarif qui défendait le gros de leur production. Ils étaient couverts par le bon marché à l'égard des tissus

moins qu'il n'y eût prohibition absolue. Or, dans tous les cas, les produits similaires, c'est-à-dire les produits fins, auraient eu à souffrir, et l'expérience a montré qu'il n'y avait pas à cela de grands inconvénients.

Ainsi, par exemple, l'Angleterre, qui consomme pour un milliard à 1,200 millions de coton, a reçu à peine pour une vingtaine de millions de nos cotons peints de Mulhouse; mais des plus fins, des plus beaux, des plus vantés par la mode. Elle n'a donc exposé que la tête; mais le corps, le fond est demeuré couvert, tandis qu'il ne l'eût pas été chez nous si nous avions tenté une semblable expérience.

Donc, ici, la réforme n'était que d'une médiocre importance, n'avait pas grande conséquence, et les Anglais achetaient, par un mince sacrifice, la chance de voir les autres nations les imiter pour les houilles, les fers et les cotons. Voilà tout le secret de l'expérience. (Très-bien! très-bien!)

Une voix. — La perfide Albion!

M. THIERS. — Permettez; les Anglais n'apportent pas ici de perfidie; il serait ridicule d'appeler cela

---

de coton, par un tarif de 15 pour 100 au moins à l'égard des soieries. Les toiles peintes de Mulhouse à cause du goût qui les distingue, les soieries façonnées de Lyon à cause de leur rare beauté, seraient entrées quel qu'eût été le tarif. Ils n'ont ainsi exposé, comme je l'ai dit, que la tête de chaque industrie, en garantissant le corps tout entier, et ils se sont donné, moyennant un léger sacrifice, la chance de faire prévaloir dans le monde une liberté commerciale qui devait assurer le placement des immenses produits dont ils sont surchargés.

de la perfidie. Non, ils ont très-bien calculé leurs tarifs, et ils ont vu jusqu'à quel point ils pouvaient accepter le libre échange. Mais où ils n'ont pas eu autant de prudence, c'est pour les céréales. Mais là c'était une question politique, une question de parti, et c'est par la raison politique qu'ils ont été obligés de céder à la coalition qu'ils avaient provoquée.

Aujourd'hui vous entendez dire beaucoup de choses sur l'état de la propriété en Angleterre. Les libre-échangistes de l'autre côté du détroit en prennent leur parti; ils disent : Les fermiers sont assez riches, les grands propriétaires le sont trop; les uns et les autres souffrent, tant pis pour eux; ils finiront par trouver quelques dédommagements, et puis, s'ils n'en trouvent pas, ils seront, les uns et les autres, un peu moins riches; le malheur ne sera pas bien grand. J'avoue que je ne puis pas tout à fait raisonner ainsi. L'Angleterre, qui jouit aujourd'hui d'un ordre admirable... et je ne souhaite pas malheur, Dieu m'en préserve, à cette grande nation qui est notre amie au fond; qui, malgré la différence de forme de gouvernement, est une nation vraiment libérale; qui, dans les grands événements dont le monde peut être un jour menacé, sera, si nous ne commettons pas de faute, sera notre alliée; qui aujourd'hui n'éprouve pour nous que les sentiments d'une rivalité loyale et généreuse... les deux tribunes en font foi..... qui, de moitié avec nous, tient le flambeau de la civilisation, et le tiendra longtemps avec nous pour le bonheur et le repos du monde.... (Bravo, bravo....) Ah! je suis loin, je le répète, de souhaiter malheur à cette grande nation; ce serait une impiété, une barbarie! Mais croyez-vous que sir Robert Peel ait fait une chose indifférente et de peu de conséquence en élevant cette question des céréales, qui a partagé deux classes profondément, qui les a rendues pour longtemps ennemies, les propriétaires et les fermiers? Les propriétaires, eux, sont plus sages, ils sont plus près de se résigner, quoiqu'ils souffrent cruellement. Et ne croyez pas que ce soit seulement une perte de 10 ou 15 p. 100 dont ils sont frappés. La grande propriété en Angleterre a des charges nombreuses, des charges de toute nature. Il y a les cadets, il faut bien faire quelque chose pour eux; il y a une sorte de dette publique de famille qui se transmet de génération en génération, et à laquelle il faut faire face : et, en effet, parmi ces grandes maisons qui ont fait la gloire et la grandeur de l'Angleterre, il y en a certaines qu'on a expropriées récemment, pour acquitter des dettes héréditaires qui n'avaient pas toujours une mauvaise origine, et provenaient souvent d'un goût excessif pour les arts, pour les grandes et magnifiques constructions, pour les créations philanthropiques...

Eh bien, ces familles n'ont peut-être pas la moitié de leurs revenus apparents, et elles sont dans la situation la plus difficile. Ces grandes familles qui, cependant, sont la sauvegarde de la liberté anglaise, car si l'aristocratie anglaise n'existait plus, le lest de ce grand vaisseau disparaîtrait, et le vaisseau sombrerait peut-être... (Rumeurs à gauche. — Approbation à droite.)

Je ne parle pas en aristocrate, messieurs, je parle en observateur des faits. (Mouvements en sens divers.)

C'est votre honneur, messieurs, de pouvoir entendre de ma bouche, sans vous trop irriter, ces paroles sur l'aristocratie anglaise; vous vous honorez en les écoutant, et je m'honore en les prononçant. (Très-bien!)

Eh bien, oui, l'aristocratie anglaise est l'auteur de la liberté de l'Angleterre; je la verrais périr ou s'appauvrir avec un extrême regret, et le peuple anglais en juge comme moi : quand il voit dans les rues de Londres ces beaux équipages, ces magnifiques chevaux, il ne crie pas contre eux, il dit : Cette richesse est la mienne, elle fait mon aisance, à moi. (Nouvelle approbation à droite. — Bruit à gauche.)

Soit, laissons-la. Mais les fermiers, cette bourgeoisie agricole qui cultive la terre, qui y est attachée comme à la glèbe, qui ne peut s'en séparer, que dire de sa situation?... On dit quelquefois, pour atténuer le mal : Les fermiers ne s'en vont pas, les propriétaires ne les renvoient pas, donc les choses ne sont pas dans un état aussi fâcheux qu'on le prétend. Mais on juge mal en jugeant ainsi sur les apparences. Les fermiers ne s'en vont pas, et les propriétaires ne les renvoient pas, parce qu'ils sont liés les uns aux autres par une misère commune. Les fermiers ne trouveraient pas d'autres propriétaires ni les propriétaires d'autres fermiers. Ils souffrent tous en commun, attendant on ne sait quelle issue à leurs souffrances. Mais il y a ainsi en présence, d'une part, une classe, celle des fermiers et des propriétaires qui ne peuvent exister avec le prix actuel des blés, et de l'autre, une classe tout aussi nombreuse, celle des industriels qui ne veulent pas renoncer au bas prix du pain qu'on leur a brusquement procuré. Croyez-vous que ce soit là une chose indifférente, et que ce ne soit pas, au contraire, la cause d'une vive et juste inquiétude? Allez en Angleterre, et vous verrez combien il y a là de causes de préoccupation. J'espère que les difficultés se résoudront, je le souhaite pour cette grande nation qui intéresse toute la civilisation; mais ce qui reste une témérité incontestable, c'est d'avoir exposé l'Angleterre à tirer de l'étranger, de l'étranger seul, le tiers de sa consommation.

Pour moi, il n'y a pas d'explication, il n'y a pas d'atténuations à ce résultat. Je conviens que peut-être la hardiesse réussira, que peut-être les Américains, s'ils entrent un jour en lutte, seront battus; mais, fussent-ils battus, ce qui est bien douteux dans l'avenir, fussent-ils battus, il y aura un terrible mécompte pour les Anglais : c'est qu'il arrivera chez eux pour le pain ce qui est arrivé pour le sucre chez toutes les nations, et qu'à la simple déclaration de guerre, par le changement des assurances, ils verront renaître un prix du pain bien supérieur à celui qu'ils n'ont pas voulu supporter, et qui était, en réalité, la moyenne des prix entre la paix et la guerre. Mais enfin, quel qu'en soit le résultat, l'expérience pour l'Angleterre était possible, car elle est une nation spéciale, faisant de certains produits grandement, largement, pouvant les donner aux autres au lieu de les recevoir d'eux, et elle a pu consentir, pour obtenir le placement de ces produits qu'elle fabriquait si bien, le sacrifice de quelques industries de luxe; et une fois entraînée, elle a fait sur les céréales une expérience dont aujourd'hui personne ne peut prévoir la fin, mais qui est très-audacieuse, et qu'on ne pourra apprécier qu'avec le temps. Ainsi, supposez une nation dans les mêmes conditions que l'Angleterre, pouvant essayer la même chose sans plus de péril, vous lui diriez, avant de tenter le même essai, d'attendre que le temps eût prononcé! Mais à l'égard d'une nation placée dans des conditions toutes différentes, ne pas même attendre que le temps ait prononcé, c'est, permettez-moi de vous le dire, une double folie!

Maintenant je suis naturellement conduit à vous dire quelques mots de l'industrie française. Savez-vous quels sont ses caractères? et leur simple énoncé va vous prouver tout de suite que nous ne pouvons pas faire ce qu'a fait l'Angleterre. Ses caractères, les voici : c'est l'universalité, la perfection, et une certaine cherté relative. Je viens de prononcer le mot perfection, et je ne crains pas de le prononcer, parce que les hommes éclairés qui ont examiné attentivement nos principaux produits ne le trouveront point déplacé. Certes, je ne voudrais pas me couvrir de ridicule aux yeux de l'Europe, en venant afficher un patriotisme qui est puéril quand on peut s'en moquer au delà des frontières. Les caractères de l'industrie française sont, je le répète, l'universalité, la perfection et une certaine cherté relative.

Permettez-moi de bien caractériser ces trois traits.

Universalité! oui, nous faisons de tout, et très-bien. L'Angleterre fabrique la houille, le coton, le fer avec une grandeur extraordinaire, avec un bon marché merveilleux; mais la soie, elle la fait médiocrement; les draps, elle est bien loin de les faire aussi bien que nous. Enfin, elle n'a pas le vin. Ce n'est pas sa faute. (On rit.) Elle s'est donné de beaux raisins sous verre, mais elle n'a pu se donner du vin. Maintenant comparez-vous à l'Allemagne? L'Allemagne n'a pas de soieries ou elle n'a que des soieries communes; elle fait des draps en Saxe, des draps remarquables, mais elle ne fait pas de machines comme vous et comme les Anglais; sous ce rapport elle commence seulement; elle n'a pas vos vins, elle en a quelques-uns sur le Rhin, mais pas comparables à la qualité et à la quantité des vôtres.

L'Italie a des soieries bien inférieures aux vôtres; elle produit de la draperie médiocre. Il en est de même de l'Espagne, car l'Italie et l'Espagne sont actuellement à peu près dans les mêmes conditions : mais ces pays n'ont pas ce que vous avez; ils ne produisent pas comme vous des cotons fort beaux, beaucoup de houille, beaucoup de fer.

Ainsi, si vous vous comparez aux autres nations, vous avez le complet, toujours le complet. Une nation est toujours pour ainsi dire d'une seule pièce, et en tout semblable à elle-même. M. Cuvier disait, dans son cours d'anatomie comparée : « Donnez-moi un os d'un animal quelconque, et je vous referai l'animal. » On pourrait dire d'une nation : « Donnez-moi un de ses tableaux, un de ses livres ou une de ses étoffes, et je vous referai la nation tout entière. »

En effet, ce caractère d'universalité qui est dans notre littérature, dans nos arts, nous le portons dans l'industrie, nous faisons tout avec une supériorité presque égale. On s'en tire avec nous, parce que notre supériorité blesse quelquefois, on s'en tire en disant : « La France a de l'esprit, elle a du goût. »

Messieurs, elle a mieux que cela : le goût est une

grande chose assurément, ce n'est rien moins que le génie des arts; mais la France a une profonde intelligence. Il a fallu, par exemple, dans la construction des machines, économiser le combustible : eh bien, la France a fait des machines à vapeur fixes, qui n'usent par heure et par force de cheval que 2 kilogrammes de charbon, tandis que les machines fixes anglaises en consomment 4.

Il a fallu adapter l'hélice aux bâtiments de guerre, et la placer au-dessous de la ligne de flottaison. C'est la France qui a fait en ce genre les principales découvertes. Seulement les Anglais, qui ont plus de capitaux, les ont mieux appliquées, et sur une plus grande échelle.

La France a donc une profonde intelligence; c'est ce qui m'a charmé à l'exposition de Londres, car j'ai éprouvé à ce spectacle la plus grande joie patriotique que j'aie éprouvée de ma vie. Il y a quarante ans, nos armées nous couvraient de gloire, et cela nous consolait des tristesses de la politique. Aujourd'hui, c'est notre industrie qui nous honore; c'est elle qui nous relève aux yeux de l'Europe, et qui lui fait dire que, malgré nos troubles, nous sommes restés la plus civilisée des nations. (Marques nombreuses d'approbation et applaudissements.)

Oui, nous faisons toutes choses; nos ouvriers si vifs, si bouillants, si ingouvernables, mettez-les dans un atelier, la lime à la main, ils exécutent avec une perfection, un soin admirables. Et la preuve, c'est que pour les instruments de précision, la grande horlogerie, les instruments d'astronomie, les instruments de navigation, il n'y a que nous de la main de qui on les reçoive avec une parfaite sécurité. Nos ouvriers, qui possèdent une rare intelligence, ont en outre, quand ils travaillent, une patience et un soin qui les rendent l'objet de l'admiration générale.

Ainsi, nous avons le mérite de l'universalité, nous faisons de tout : nous faisons des soieries d'une beauté inimitable; nous faisons les draps reconnus les plus parfaits qu'il y ait en Europe; mais en Allemagne, mais en Suisse, on fait des soieries inférieures, qui sous le rapport du bas prix pourraient être redoutables pour les nôtres. En Saxe, on commence à faire des draps qui, quoique inférieurs aux nôtres, sont déjà beaux, et à cause des laines saxonnes ont un avantage de prix qui rendrait leur concurrence dangereuse.

Nous travaillons admirablement les cotons, surtout pour l'application de la couleur; nous créons ainsi ces toiles peintes de Mulhouse, dont M. Dollfus voudrait faire une plus grande quantité, au risque de voir diminuer nos filés et nos tissus blancs; ces toiles sont les plus belles, elles sont supérieures à toutes les autres. Mais quand on arrive aux prix, on voit qu'elles sont plus chères à cause de leur perfection même. Là encore, et sous ce point de vue, nous pouvons avoir à craindre nos voisins, c'est-à-dire les Anglais.

Nous produisons du blé, et nous le produisons aussi bien que l'Angleterre; nous faisons de la farine et nous la faisons mieux que l'Angleterre, puisqu'elle achète toutes nos farines; et cependant si nos blés sont meilleur marché que ceux d'Angleterre, nous avons là-bas, en Russie, un concurrent qui pourrait les mettre en danger.

Vous voyez donc que nous produisons de tout avec une rare perfection; mais parce que nous produisons de tout, cela nous donne des rivaux partout; cela fait que, partout, pour chaque chose, nous avons un concurrent contre lequel il faut nous défendre. Nous avons l'universalité, mais, à cause de cette universalité même, nous avons l'obligation de nous défendre partout contre des rivaux qui pourraient nous mettre en péril. Ce sont les Russes pour les blés; ce sont les Suisses et les Allemands pour les soieries; ce sont les Saxons pour la draperie; ce sont les Anglais pour le coton, le fer et la houille. Cela indique la profonde différence des deux nations anglaise et française. Oui, la nation spéciale, qui fait certains produits en abondance et avec grande supériorité, et qui a besoin de trouver pour eux un placement extérieur, peut sacrifier quelques industries de luxe pour obtenir en échange le placement de ces produits surabondants. Mais celle qui fait tout, et qui le fait très-bien, a surtout besoin d'éviter la concurrence; elle devait se réserver son marché; elle se l'est réservé, et il est assez beau, assez vaste pour qu'elle n'ait rien à regretter.

Cependant résulte-t-il de cette situation, laquelle entraîne une certaine cherté relative (car il faut voir la liaison des choses, sous peine de ne les pas comprendre ; l'universalité entraîne la protection, la protection entraîne la cherté); résulte-t-il de cette situation que nous ne puissions pas avoir d'exportation? Nullement. Après les Anglais nous avons la plus belle exportation, à cause de la perfection même de nos produits. Oui, nous vendons cher ; mais nous sommes comme ces marchands qui vendant cher vendent cependant beaucoup plus que leurs voisins qui vendent moins cher, parce qu'ils offrent aux acheteurs de plus belles choses. Les Anglais ont pour 15 à 1,600 millions d'exportations. C'est beaucoup plus que nous. Mais quand on songe à notre existence maritime, quand on songe que nous n'avons pas l'Inde comme eux, quand on songe que nous n'avons presque plus de colonies, car nos colonies ne sont que très-peu de chose relativement aux colonies anglaises, quand on songe que nous n'avons que 3 millions de tonneaux de navigation, tandis que les Anglais en ont 12 millions, on doit encore trouver remarquable que nous arrivions à une exportation de 1,100 millions, c'est-à-dire que nous serrions les Anglais de si près. En effet, nous exportons 200 millions de soieries, 60 millions de toiles de coton, 50 millions de draperie, 120 millions de tissus de laine, et quelques centaines de millions en meubles, orfévrerie, peaux ouvrées, vins recherchés, belles farines, etc. Je ne puis pas faire une énumération complète de toutes nos exportations; mais tous ces produits de luxe qui font l'amour, l'admiration du monde, c'est nous qui les lui donnons.

Voilà notre industrie.

Pour la masse des choses, nous nous réservons notre marché, et il est assez beau pour qu'on ne soit pas trop malheureux de s'y enfermer. Nous trouvons ensuite dans la perfection de nos produits les moyens d'exporter une quantité de marchandises approchant assez près de la masse des exportations anglaises, qui sont les plus grandes du monde.

Maintenant cette cherté nous expose-t-elle (et c'est là le point capital) à rendre la vie de l'ouvrier, la vie du peuple plus chère chez nous? Oh! à cet égard, voici un document que je déposerai pour que le *Moniteur* veuille bien l'imprimer comme note à mon discours (1). Il serait trop long de vous en rapporter

---

(1) La livre anglaise pèse 14 onces. C'est un septième de moins que le demi-kilogramme.

Le schelling anglais se compose de 12 pence, lesquels valent 1 fr. 25 c. Donner au penny la valeur de 2 sous de France, c'est donc faire perdre 4 p. 100 de sa valeur à la monnaie anglaise.

tous les détails; mais, voulant pousser à bout cette grande question de la liberté des échanges, parce que j'en sais toute l'importance pour mon pays, je suis allé dans un grand nombre de boutiques à Londres avec des fabricants, des négociants habiles, de

Le yard correspond à 94 centimètres. Il faut donc ajouter 10 p. 100 au prix du yard pour avoir le prix du mètre.

PAIN.

L'ouvrier anglais de Londres, comme l'ouvrier français de Paris, se nourrit de pain de première qualité.

Ce pain coûte, les 2 livres. . . . . 35 centimes.
Ajouter un septième pour la différence du poids. 05
Ajouter 4 p. 100 pour la différence d'argent. 1 1/2

Prix du kilogramme de pain en Angleterre, 40 cent. 1/2, soit huit sous et un demi-centime.

Prix du kilogramme de pain en France, 25 cent., soit cinq sous.

Différence du prix du pain au kilogramme, 15 cent. 1/2, soit trois sous et un demi-centime.

VIANDE.

La viande choisie, en Angleterre, vaut, la livre 7 pence 1/2,
soit. . . . . 75 centimes.
Ajouter un septième pour la différence du poids. . . 11 —
Ajouter 4 p. 0/0 pour la différence d'argent. . . . . 3 —

Prix du demi-kilogramme de viande en Angleterre. . 89 centimes.
Prix du demi-kilogramme de viande en France. . . . 65 —

La viande, morceaux de choix et bas morceaux confondus, vaut, en Angleterre, la livre. . . . . 65 centimes.
Ajouter un septième pour la différence du poids. . . 9 —
Ajouter 4 p. 100 pour la différence d'argent. . . . . 3 —

Prix du demi-kilogramme en Angleterre. . . . . . . 77 centimes.
Prix du demi-kilogramme en France. . . . . 60 —

L'ouvrier consomme surtout les bas morceaux, qui, en Angleterre, valent, la livre. . . . . 40 centimes.
Ajouter un septième pour la différence du poids. . . 6 —
Ajouter 4 p. 100 pour la différence d'argent. . . . . 1 1/2 —

Prix du demi-kilogramme en Angleterre. . . . . . . 47 1/2 centimes.
Prix du demi-kilogramme en France. . . . . 35 —

très-bons calculateurs, pour critiquer mes calculs, s'ils n'étaient pas justes; puis j'ai fait le même travail dans les boutiques de Paris. Voici les prix exacts pour le pain, la viande et les vêtements.

Je crains de vous fatiguer par tous ces détails.

En achetant en gros, les ouvriers ont la première qualité de viande à 50 centimes le demi-kilogramme. On l'a au même prix, à Paris, à la vente à la criée du marché des Prouvaires.

PRIX DES ÉTOFFES DE COTON POUR CHEMISES.

L'étoffe de coton se fabrique, en France, à 30 p. 100 plus cher qu'en Angleterre quand il s'agit de tissu ordinaire et de tissage à la mécanique, c'est-à-dire quand l'action du prix des transports et des capitaux se fait seule sentir. Mais cette différence s'atténue à mesure que le travail manuel prend la place du travail mécanique. Elle disparaît dans les tissus fins dont le travail manuel fait presque toute la valeur.

Le tissu commun de coton, produit à si bon marché en Angleterre, se vend à Londres aussi cher qu'à Paris.

Voici l'explication de ce phénomène :

Le fabricant anglais a, pour le même capital, un atelier double de celui du manufacturier français. — Deux ou trois acheteurs prennent régulièrement tous ses produits dès qu'ils sont fabriqués. C'est par 400, par 500, par 1,000 pièces qu'ils se livrent. Ces premiers acheteurs revendent par 40 ou 50 pièces aux marchands en gros, qui revendent, à leur tour, par 1 ou 2 pièces aux marchands en détail. Chacun de ces intermédiaires fait un bénéfice d'autant plus élevé, qu'en Angleterre aucun commerçant n'accepte la vie modeste et chétive de nos boutiquiers.

De là le prix élevé pour le consommateur.

Une pièce de madapolam achetée à Londres, dans la Cité, coûte, le yard, 8 pence... 80 centimes.
Ajouter le dixième pour faire le mètre.......... 8 —
Ajouter 4 p. 100 pour la différence d'argent........ 3 —

Prix du mètre de madapolam à Londres......... 91 centimes.
Une pièce de madapolam achetée dans une maison de blanc, à Paris, coûte le mètre................. 90 —

C'est 1 p. 100 de moins.

Mais, en largeur, le madapolam français à 85 centimètres;

Le madapolam anglais en a 91.

De sorte qu'en définitive le tissu français, à largeur égale, coûte 5 p. 100

Voix nombreuses. — Non! non! Continuez!

Quelques membres. —A demain!

M. THIERS. — Je n'ai besoin que de quelques minutes; j'aime mieux finir. S'il fallait recommencer demain, je n'en aurais pas la force. (Parlez! parlez!)

J'ai pris la vie de l'ouvrier à Londres et à Paris. Dans les provinces, il peut y avoir une différence, mais la capitale est le meilleur étalon pour le rapport des valeurs. J'ai donc pris Londres et Paris.

Le prix du pain à Londres est de 8 sous le kilogramme, première qualité, celle que mange l'ouvrier de Londres comme celui de Paris. Ce pain à Paris vaut 5 sous, d'après le *Moniteur*. Voyez la différence. Nous avons une certaine cherté relative pour les

---

de plus que le tissu anglais; mais le tissu anglais est inférieur en qualité, et ainsi la différence de prix se compense.

D'ailleurs le madapolam ne se consomme pas sans recevoir une façon.

La chemise d'ouvrier la plus commune coûte, à Londres, 3 schellings, soit. . . . . 3 fr. 75 c.
Plus belle, 3 schellings 6 pence, soit. . . . . . , . . . 4   35
En France on vend des chemises d'ouvrier à raison de. . 3   »
Pour avoir des chemises solides et bien faites, la chemise coûterait :

3 mètres de calicot à 80 centimes. . . . 2 fr. 40 c. }
La façon. 1   25   } 3   65

Pour 4 fr. 35 c , prix d'une bonne chemise d'ouvrier, à Londres, on aurait une chemise de madapolam français à 90 centimes le mètre. On dirait alors :

3 mètres de madapolam à 90 centimes. . 2 fr. 70 c. }
La façon. 1   50   } 4   20

Mais on voit par l'étoffe employée que déjà la qualité est supérieure à celle des chemises portées par les ouvriers.

Il faut conclure de tout ceci que l'étoffe de coton mise à l'usage du consommateur est meilleur marché à Paris qu'à Londres.

objets manufacturés, mais la vie du peuple est meilleur marché en France.

Il y a trois qualités de viande :
La 1re qualité, à Londres. 16 sous le 1/2 kilogr.
— à Paris.... 13 —
La 2e qualité, à Londres. 15 1/2 —
— à Paris.... 12 —
La 3e qualité, à Londres. 9 1/2 —
— à Paris.... 7 —

C'est cette dernière que mange le peuple. J'ai acheté à Londres, avec un de nos collègues très-éclairé en cette matière, une pièce de madapolam, qui sert à faire les chemises les plus belles pour l'ouvrier de Londres comme pour celui de Paris. Eh bien, le mètre vaut 91 c. à Londres et 90 c. à Paris.

Seulement à Paris il y a un peu moins de largeur, mais il y a plus de beauté dans l'étoffe.

Avec la confection, cette chemise, à Londres, est de 3 fr. 75 c. à 4 fr. 35 c.; à Paris, plus belle et mieux faite, 3 fr. à 3 fr. 65 c.

Vous allez me demander, et c'est tout le secret : Comment l'étoffe de coton, qui, en Angleterre, revient à 30 p. 100 de moins qu'en France, peut-elle se vendre au peuple anglais aussi cher qu'au peuple français ?

Tout s'explique dans la nature des choses quand on y regarde bien. J'ai été moi-même très-inquiet de la réalité de ce fait; cependant je ne pouvais pas résister à la vérité. J'ai comparé ces deux étoffes, je les possède; si nous étions dans une commission, je les produirais; mais il serait ridicule de les produire à la tribune. (On rit.)

Comment donc se fait-il que le prix soit le même? Je vais vous le dire.

A quelles conditions les Anglais arrivent-ils à cette production à bon marché? Aux conditions de la grande production, comme quelquefois en agriculture on arrive au bon marché avec la grande culture. C'est en faisant beaucoup, c'est en faisant faire au même métier, trois ou quatre fois ce qu'il fait chez nous.

Qu'en résulte-t-il? Que le fabricant ne peut pas être à la fois manufacturier et commerçant.

En France, le fabricant de Roubaix ou de Lille vient à Paris pendant que ses ouvriers travaillent; il y vient chercher le débit de sa marchandise; il se divise en deux, il est fabricant et un peu commerçant; il n'y a pas d'intermédiaire entre lui et le débitant.

En Angleterre savez-vous combien il y a d'intermédiaires? Il y a trois ou quatre grands commerçants, qui achètent les tissus en masse, et qui les versent soit en Angleterre, soit dans tous les pays étrangers.

A côté de ces trois ou quatre grands commerçants, il y a les marchands en gros qui vendent ces tissus par trois ou quatre cents pièces, puis enfin le marchand en détail qui les vend par deux ou trois. Il en résulte qu'il faut placer entre la grande production et le consommateur deux ou trois intermédiaires, qui prennent tout le bénéfice. De sorte que la France, avec sa cherté, mais avec sa perfection qui lui permet encore d'exporter pour 1,100 millions de produits, la France ne fait pas payer le vêtement de l'ouvrier plus cher, et même le fait payer moins cher qu'en Angleterre.

Vous voyez donc que la situation des deux pays, considérée avec une attention sérieuse, avec discernement, conduit à ceci : Que si les Anglais peuvent être contents de leur sort, nous pouvons aussi être contents du nôtre. Permettez-moi d'ajouter enfin... et loin de moi la pensée de prédire à l'Angleterre de fâcheuses destinées... permettez-moi d'ajouter que, après avoir mis toute son existence en dehors, elle a besoin d'être au dehors bien puissante pour s'assurer son alimentation; elle a besoin d'être bien puissante pour trouver le placement du surplus de production qu'elle a créé aux conditions que j'ai fait connaître. Supposez un changement de situation dans le monde; supposez un changement de force relative dans les marines, que deviendrait cette nation, qui a mis toute son existence en dehors, que deviendra le placement de ses produits, et le transport chez elle des produits alimentaires? Je dis que, comme avenir, j'aime au moins autant, j'aime davantage l'existence qui est plus en dedans, que l'existence qui est plus en dehors. (Mouvement d'approbation.)

J'ajoute une dernière considération.

Savez-vous ce qui se passe en Amérique? il y a là des rivalités bien redoutables; il y a là des fabricants bien habiles. J'ai, avec des juges compétents, pris des produits américains, j'ai comparé et j'ai reconnu qu'en Amérique on commence à faire à 24 centimes des étoffes que les Anglais font à 29. Et comment les Américains peuvent-ils produire à ce prix? Ce n'est pas parce que la main-d'œuvre est à bon marché chez eux, car la main-d'œuvre est très-élevée en Amérique; c'est parce que la production y a lieu dans des proportions immenses. Les Anglais font de la grande production, mais les Américains aussi; ils pourront bien les battre dans cette carrière. On emploie en Angleterre des moteurs de 80 chevaux; les Américains élèvent des fabriques où on emploie des moteurs de 600 chevaux, et ils font cela par association et actions, et ils commencent ainsi à produire avec un bon marché extraordinaire, sans compter qu'ils ont le coton brut chez eux.

Oui, grâce à cette manière d'être qu'on affecte tant de mépriser, nous avons un grand marché assuré, c'est le nôtre. Nous n'avons pas une aussi grande exportation, mais nous pouvons lutter au dehors parce que nous avons dans nos produits une perfection qui en assure le placement fort étendu, une perfection qu'on ne nous ôtera pas, car personne ne nous ôtera nos qualités d'esprit. Nous ne dépendons ainsi, ni pour notre commerce extérieur, ni pour notre alimentation, d'aucun des accidents du dehors. Un changement dans le prix de production opéré à deux mille lieues de nous, ne nous fermera pas nos débouchés. Une nation dont la marine aurait tout à coup grandi, ne pourra pas nous affamer. Quoi qu'on en dise, enfin, je serais très-fier assurément d'être Anglais; je ne suis ni honteux, ni malheureux d'être Français. (Rires d'approbation.)

Encore un mot.

Voici deux jeunes nations qui entrent dans la carrière... Je ne vous demande plus qu'un instant pour rendre complète la comparaison que j'établis ici entre les divers pays dignes d'être observés. (Parlez! parlez!)

Voici deux jeunes nations, les Américains et les Russes, qui entrent dans la carrière, et qui y entrent, il faut le reconnaître, avec une grandeur frappante. Voyons leur exemple, voyons si ces jeunes peuples sont si amoureux de ces doctrines de libre échange, s'ils croient qu'elles conviennent à leur âge, qu'elles ont bon air dans la jeunesse. (On rit.) Vous allez voir ce que l'un et l'autre pensent du libre échange.

Combien ces deux nations sont différentes! On dirait que la Providence, dans son infinie variété, a voulu placer là, près du pôle, deux contrastes saisissants, deux nations immenses, pleines d'intelligence, pleines d'avenir... j'oserais presque dire de l'une d'elles, si ce n'était impie, malheureusement pleine d'avenir, et vous savez de laquelle je veux parler. (Oui! oui! — Légère agitation.)

Je dis là le mot d'un vieux libéral qui n'aime pas le désordre, mais qui aime la liberté. Eh bien, oui, toutes les deux ont malheureusement un avenir égal... (Léger murmure à gauche.)

Au surplus, Dieu arrangera tout cela! (Hilarité.)

M. BARTHÉLEMY SAINT-HILAIRE. — La République aussi arrangera cela!

M. THIERS. — Admirez la variété des vues providentielles! L'une a la forme démocratique, l'autre a la forme despotique, et toutes les deux, car la démocratie est ambitieuse aussi, toutes les deux menacent leur univers; elles menacent le continent qui est placé autour d'elles.

En voilà donc une qui grandit sous la forme démocratique, et l'autre sous la forme despotique! Dieu a placé ainsi en présence deux échantillons nationaux, tous deux bien grands, tous deux faisant déjà de bien grandes choses! Je me suis dit, moi, qui suis si peu libre-échangiste, je me suis dit : Si j'étais Américain, si j'étais Russe, que déciderais-je dans les conseils de mon pays? J'ai souvent hésité. Et, en effet, voyez quelle raison pour les Américains et pour les Russes d'être libre-échangistes! Les Américains, eux aussi, sont une nation spéciale dans les matières premières; ils produisent le coton brut, le blé, le tabac, en quantités immenses, avec un bon marché extraordinaire! Eh bien, pourquoi ne pas se borner alors au libre échange? Ils ne peuvent pas être affamés, car ils nourriraient le monde entier avec leur blé. Ils ont le coton brut, le coton brut qui est la plus grande matière de commerce du monde; ils commencent à avoir la laine. Je me suis dit : Si j'étais Américain, je ne me ferais pas manufacturier, je resterais agricole, et je serais à la fois agricole et maritime; car, avec le coton, la laine, le blé, j'aurais le plus vaste commerce.

Mais ce n'est pas tout, il y a ici une raison politique tout aussi grave que la raison commerciale. Savez-vous ce que font les Américains en développant l'industrie à New-York, à Boston, dans ces grandes villes? Ils développent ces populations agitées, qui sont le plus grand danger de la liberté. (C'est vrai!) Et quand ils développent l'agriculture, et qu'ils créent des agriculteurs dans l'intérieur, que font-ils, au contraire? Ils multiplient ces hommes de l'intérieur, dont la tranquille et fière indépendance assure depuis un demi-siècle la gloire, la solidité de la liberté américaine. (Très-bien!) Et si Washington, ce grand homme, revenait au monde, qu'est-ce qu'il conseillerait à son pays? Peut-être qu'il lui dirait : Restez agricole et maritime; votre liberté n'en sera que plus solide, elle durera davantage; vous serez plus puissants marins, et vous aurez le moyen de gagner largement votre vie.

Et les Russes, eux aussi, avec leur vaste production de céréales, ne peuvent pas être affamés. Les Russes aussi ont de belles laines, en quantité extraordinaire; eux aussi, avec leurs produits naturels, le fer, le chanvre, pourraient être de riches négociants, se ménager de magnifiques affaires, uniquement en échangeant leurs matières premières contre les produits manufacturés des autres pays. Ils ont d'ailleurs une raison politique bien plus puissante encore que celle des Américains, une raison qui sans doute a été pesée dans les conseils du gouvernement russe, et cette raison vous la devinez avant que je vous la dise. S'ils laissaient développer leur agriculture seulement, s'ils se faisaient davantage des producteurs de blé, de laine, de chanvre, de fer, ils favoriseraient les grands seigneurs, la grande propriété en Russie; tandis qu'en faisant le contraire, ils créent à Moscou une bourgeoisie industrielle, qui se place là à côté d'une noblesse très-indépendante, beaucoup plus indépendante que celle de Saint-Pétersbourg, et qui commence à raisonner plus qu'il ne convient sous les institutions russes. (On rit.)

Je vous parlais de Washington : oh! si Pierre-le-Grand reparaissait aujourd'hui dans son pays, il aurait à délibérer sur ses destinées. Qui sait? peut-être maintenant dirait-il : Il vaut mieux conserver un peuple de grands seigneurs et de paysans militaires, riche des grandeurs de l'agriculture, et ne pas voir naître à Moscou des bourgeois raisonneurs. Que font pourtant ces deux grands pays que je prends en ce moment pour exemple? Ils font, malgré les conseils de la politique, qui seraient ici petits et timides, parce que petits et timides seraient les conseils qui limiteraient la prospérité d'un pays... Ils disent : Faisons tout ce que nous pouvons faire nous-mêmes, ne privons notre pays d'aucune des industries qu'il pourrait cultiver! Les Américains disent : Comment! nous qui produisons le coton, nous le donnerions aux Anglais pour le fabriquer, et nous ne le fabriquerions pas nous-mêmes!

Ils raisonnent comme les Anglais raisonnaient, quand ils voyaient passer devant eux les lainages des Brabançons et des Florentins. Les Américains veulent fabriquer leur coton. Ils n'ont pas encore la soie; ils veulent néanmoins, prenant en Chine la matière première, tisser de la soie comme ils veulent fabriquer du drap. Voyez leurs tarifs : ils avaient

5 ou 10 centimes de droits, ils ont aujourd'hui 25, 30 p. 100 de protection.

Voilà cette nation libérale, nation jeune qui devrait aimer les doctrines nouvelles, et qui cependant les repousse, pour développer sa production en tout sens avec le vieux moyen du système protecteur!

Les Russes, dit-on, ont aboli les tarifs.

Les Russes, voici ce qu'ils ont fait :

Comme toutes les nations éclairées, là où la prohibition n'avait qu'un résultat ridicule, ils ont substitué aux prohibitions des protections de 50, de 60 p. 100.

J'ai fait à Londres des comparaisons attentives, et les protections qui restent en Russie sont encore, je le répète, de 50, de 60 p. 100.

Maintenant quelle est la pensée de la nation russe en agissant comme elle agit? D'abord observez cette nation puissante : elle a deux grands caractères, la finesse et la bravoure. Elle a une organisation délicate, une force singulière, une vaste ambition. Elle veut faire tout ce qu'elle peut faire, et elle a raison. En industrie elle produit de très-belles choses, des choses qui n'égalent pas les nôtres, mais qui, par le goût et la couleur, s'en rapprochent. Naturellement appelée à produire des soieries, dont la matière première peut se développer chez elle, et que du reste elle tisse déjà très-bien; tout aussi naturellement appelée à fabriquer du drap, dont elle possède en abondance la matière essentielle, elle veut même travailler le coton, qui lui manque absolument, et pour cela elle se couvre de tarifs de 50 et 60 p. 100. Elle le veut, et pourquoi? Parce qu'elle veut en faire le commerce avec la Chine. Elle consent à payer cher les cotonnades, afin d'apprendre à les produire, et de les transporter ensuite à Kiatka par ses caravanes, embrassant ainsi, comme les Américains, une partie de l'univers dans ses vastes relations, non pas au moyen de ses vaisseaux, mais au moyen de ses chameaux, que Buffon, vous le savez, a appelés le vaisseau du désert. Dans cette pensée elle a interdit chez elle l'entrée du thé par mer, afin de le tirer directement de Chine. Elle violente ainsi et la production et la navigation tout à la fois, parce qu'elle a à cœur, comme toutes les grandes nations, le principe qu'il faut faire par soi-même tout ce qu'on peut faire, qu'on se doit à soi-même et à la dignité de l'esprit humain de ne pas laisser faire aux autres ce qu'on peut faire soi-même. C'est là une lutte loyale : ce ne sont pas de ces atroces hostilités qui poussent les peuples les uns contre les autres, et les conduisent à s'entr'égorger; ce sont de nobles rivalités qui amènent un peuple à se dire : Je puis faire tel travail et j'aime mieux le faire moi-même que de l'abandonner à mes voisins. Mais, pour cela, il faut de la patience et du temps, car c'est un but qu'on n'atteint pas dès le premier jour.

Savez-vous ce qu'exprime la différence des tarifs? non pas cette sotte prétention de vouloir en tout temps, en tout pays, produire à des conditions impossibles ce que le climat et les lieux refusent de produire; mais elle exprime cette patience du génie, cette résignation qui consiste à faire péniblement, lentement, chèrement d'abord, ce que, plus tard, on est appelé à faire mieux, et enfin à faire avec perfection. C'est la condition que Dieu a imposée à tous les hommes en les mettant ici-bas, de tout produire avec effort.

Je dirai, en finissant, que le contraire serait impie. Tenez, jetez les yeux sur les zones tempérées, et voyez la petite place que nous occupons sur la surface du globe : il y a 15 à 16 degrés de latitude, 45 de longitude. Toute l'Europe... tournez une mappemonde dans vos mains... toute l'Europe n'est rien par rapport au reste du monde. Eh bien, qu'est-ce que Dieu lui avait donné? Des chênes, des sapins, des pâturages, à peine des céréales, du bétail fort en taille, médiocre en beauté, et au contraire il avait donné à la Chine la soie, à l'Inde le coton, au Thibet les plus belles races de mouton, à l'Arabie le cheval, à l'Amérique les métaux précieux et les bois les plus beaux, les plus admirables. En un mot il avait tout prodigué à ces autres parties du monde. Mais en Europe qu'y avait-il donc de supérieur?... Une seule chose, l'homme! L'homme!... (Vifs applaudissements. — Sensation prolongée.) Tout était inférieur en Europe, excepté l'homme, parce que les contrées tempérées sont les plus propres au développement de l'organisation humaine. Dans les pays froids, l'homme s'engourdit; dans les pays chauds, il s'endort dans la mollesse. Là seulement l'homme pouvait être grand, fier, ambitieux. Aussi est-il allé tout prendre dans ces contrées si bien dotées sous le rapport matériel : il a pris à la Chine la soie, à l'Inde le coton, au Thibet le mouton, à l'Arabie le cheval, à l'Amérique les métaux, les bois; avec toutes ces choses il a paré l'Europe, sa chère patrie : il en a fait le théâtre de la civilisation; et puis il en est reparti sur des machines puissantes pour aller conquérir et civiliser ces contrées lointaines où il n'était pas né, et auxquelles il avait tout ravi.

C'est donc la pensée de Dieu que vous insultez quand vous dites de ne rien faire, et de laisser aller le hasard.

Je proteste donc contre cette doctrine, et je conseille à mon pays de persévérer dans ses nobles et fécondes traditions. (Sensation profonde. — Applaudissements vifs et prolongés. — L'orateur, en descendant de la tribune, est entouré d'une foule de représentants des divers côtés, qui lui adressent les plus vives félicitations.)

Séance du samedi 28 juin 1851.

M. Thiers. — Messieurs, je vous promets de ne vous prendre que quelques minutes, et je tiendrai parole ; car si je voulais vous en prendre davantage, je ne le pourrais pas. Je suis dans un tel état d'épuisement, qu'il me sera à peine possible de relever quelques inexactitudes, quelques erreurs de fait de notre honorable collègue M. Sainte-Beuve.

D'abord je lui ferai remarquer qu'il n'y a rien qui me rende, à moi, les opinions d'un libre-échangiste plus suspectes que cette prétention d'assimiler la liberté commerciale à la liberté politique. Cela me prouve que l'on est conduit, très-innocemment, par le mot *liberté*. Il n'y a rien qui se ressemble moins que la liberté politique et la liberté commerciale.

J'ai dit hier, à cette occasion, à mon jeune collègue... et je lui demande pardon de l'appeler jeune : je voudrais bien mériter ce reproche qu'on m'adressait il y a vingt ans (On rit); mais comme il m'a accusé d'être dans les routiniers et les entêtés, je l'ai appelé jeune ; je n'aurai pas recours à d'autres représailles, et, je le répète, je voudrais bien les mériter.

M. Sainte-Beuve. — Je ne peux pourtant pas vous appeler vieux.

M. Thiers. — Vous aurez la politesse de ne pas le faire ; mais d'autres, moins polis que vous, le feront peut-être.

Enfin, hier, j'ai dit à M. Sainte-Beuve qu'on ne comprenait pas les grandes paroles de Montesquieu, quand on ne sentait pas que les pays les plus libres sont souvent les moins libéraux en matière de commerce, et que les pays au contraire les plus despotiques étaient souvent les plus libéraux sous ce rapport tout spécial. A ce sujet, Montesquieu a cité l'exemple le plus frappant de son temps : celui de l'Angleterre, et nous en avons un de notre temps dans l'Amérique, qui est assurément le pays le plus libéral sous le rapport politique, et qui ne l'est pas du tout sous le rapport commercial... Vous ne demandez pas mieux que l'Amérique, sans doute ; vous voudriez même que votre pays en fût là...

M. Perrinon. — Moins l'esclavage ! (Exclamations nombreuses et signes d'impatience.)

M. Thiers. — J'avoue que je ne suis pas aussi difficile que notre honorable collègue, et que, pour ma part, je crois la liberté de l'Amérique suffisante pour les pays même républicains. Je souhaite à tous ceux qui sont républicains, le deviennent, ou voudront le devenir, d'être aussi propres, aussi préparés à la liberté que l'Amérique. (Très-bien !)

Mais je vous ferai remarquer que l'Amérique n'a cessé de s'éloigner du système libéral en matière commerciale : tandis qu'elle passait du parti aristocratique à ce qu'on appelle le parti démocrate, tandis qu'elle passait des whigs aux hommes qui occupent aujourd'hui le pouvoir, l'Amérique s'est couverte de tarifs, et tous les ans elle y ajoute. Je repousse donc cette assimilation puérile, et qui me rend profondément suspecte l'opinion du libre échange chez beaucoup d'hommes, animés d'ailleurs d'excellentes intentions, mais qui sont innocemment conduits par le mot *liberté*.

Messieurs, il ne faut jamais se laisser conduire par les mots, il faut aller au fond des choses. On peut être une nation très-libérale ; mais plus on a le sentiment de la nationalité, plus on a de prévoyance, plus on songe à étendre le travail du pays, et à le rendre indépendant des accidents qui peuvent se produire à l'étranger.

Les considérations tirées de l'assimilation des deux libertés, politique et commerciale, étant mises de côté, je vais suivre l'orateur dans le reste de son argumentation.

L'honorable M. Sainte-Beuve a cru bien puissant cet argument qu'il a développé sur le prix du blé. Il nous a dit : « Vous craignez que les blés étrangers n'entrent en France si vous supprimez le tarif. Voyez l'Angleterre, le prix du blé y est plus élevé qu'en France, et cependant les blés d'Odessa n'y entrent pas. »

Messieurs, tout cela est inexact. Je vous fais cette simple objection : Comment, les blés se vendraient plus chers en Angleterre qu'en France, et cependant les prix de nos blés en Normandie, alors que l'importation est permise, ne seraient pas plus élevés que 14 ou 15 fr. ! Si les blés anglais étaient à 22 ou 23 fr., les blés de Normandie, par un équilibre tout naturel, n'auraient-ils pas dû s'approcher insensiblement de ce prix ?

Pourquoi cela n'a-t-il pas lieu ? Je vais vous le dire.

On est inexactement renseigné sur les faits. Je ne parle pas des prix de ces derniers jours : il est vrai que, dans ces derniers jours, depuis une certaine rumeur qui s'est répandue sur le continent au sujet de la récolte, les prix ont augmenté en France, et beaucoup plus en Angleterre. Mais le commerce ne savait pas encore ce fait.

M. SAINTE-BEUVE. — Ce que j'ai dit remonte à trois mois.

M. THIERS. — Ce que le commerce savait, c'était que les magasins de l'Angleterre étaient singulièrement remplis ; or, le commerce, qui est fort avisé, qui est averti sans cesse par des correspondances nombreuses, quand il sait que ce qu'on appelle le *stock* est considérable dans un pays, le commerce devient très-circonspect, et souvent même, quand il y aurait possibilité de bénéfice à faire des envois, il ne les fait pas. Voilà la règle de prudence qu'il suit habituellement.

Voulez-vous au surplus savoir le véritable prix des derniers mois? La moyenne, et on confond la moyenne avec la qualité inférieure, ce qui a produit l'erreur que je combats ici, la moyenne des blés était supérieure au prix d'Odessa ; elle était de 38, 39, et 40 schellings le *quarter*, tandis que le prix des blés d'Odessa était de 34 à 36 schellings. C'est le chiffre le plus élevé. Traduisez cela en hectolitres et en monnaie française, vous obtiendrez des prix de 14 à 15 fr. l'hectolitre. Quelle est la moyenne des prix en France? elle est de 14 à 15 fr. Quelle est la différence de prix entre Marseille et Londres, quand les blés viennent d'Odessa? Elle est, à cause du fret plus élevé, de 1 fr. et demi et quelquefois 2 fr. C'est ce qui explique comment les blés d'Odessa ne se précipitent pas en plus grande masse en Angleterre, puisqu'entre les prix de Marseille, de l'intérieur de la France, et de l'Angleterre, il y avait, dans ces derniers temps, une sorte d'équilibre. Votre argument donc, fondé sur des faits inexacts, et consistant à dire que les blés d'Odessa devraient se précipiter en Angleterre, le prix y étant plus élevé qu'en France, n'a aucune valeur. Il y a eu équilibre pendant tous ces temps derniers. Mais, je vous le demande maintenant, persuaderez-vous à quelqu'un de sérieux, qui ne joue pas sur les tarifs, et ne cherche pas dans des contradictions apparentes le moyen de mettre en défaut la législation du pays, à quelqu'un qui ne fait appel qu'au bon sens, lui persuaderez-vous que l'introduction des blés d'Odessa, qui peuvent revenir, à Marseille, à 13 ou 14 fr., quand le prix est ordinairement, dans le midi, de 19 à 20 fr., que cette introduction ne produirait aucun effet? Il n'y a pas un homme de sens qui puisse soutenir une telle proposition.

Je vous cite l'exemple de l'Angleterre. Vous vous plaignez qu'on ne vous réponde pas : c'est que vous ne saisissez pas toujours les réponses, et quand on vous les a faites, vous dites qu'elles n'ont pas eu lieu. (Mouvement à gauche.) Dieu me préserve de prétendre que ce soit la faute de votre intelligence, mais je dis que c'est la faute de vos préoccupations. Je vous ai cité ce fait frappant : en Angleterre, le prix moyen était de 56 schellings le quarter; c'est d'après ce prix que tous les baux avaient été faits. Il est tombé à 40 schellings. Vous invoquez toujours l'exemple de l'Angleterre : les terres, en Angleterre, ont perdu 30 p. 100 de revenu; et vous ne voulez pas que le même fait se passe en France!... Contestez-vous?... Qui donc alors vous autorise à invoquer l'exemple de l'Angleterre, et les faits qui s'y sont passés? Est-il vrai, oui ou non, que le prix fût à 56 schellings, et qu'il soit descendu à 40? Si ce phénomène vous semble digne d'être imité, vous devez espérer qu'il se produira en France, sans quoi vous n'auriez aucun motif, vous ne seriez pas fondé dans votre proposition. Maintenant, voyez dans quelle contradiction puérile vous tombez! Vous dites qu'on fera baisser le prix du pain, et en même temps que le prix du blé ne baissera pas. Je ne sais pas un moyen de faire baisser le prix du pain sans faire baisser le prix du blé. (Rires d'approbation.)

Vous dites que je traite mal mes adversaires. C'est après avoir été maltraité par des hommes qui n'y étaient guère fondés par leur autorité, que je leur réponds quelquefois rudement.

Quand on a l'exemple de l'Angleterre, où l'on a vu descendre le prix de 56 à 40 schellings, soutenir que les prix ne doivent pas changer en France par l'introduction des blés étrangers, ce serait une puérilité; cela ne saurait tomber sous le sens.

M. Sainte-Beuve. — La situation n'est en rien la même.

M. Thiers. — Je dis alors que l'on ôterait à la réforme tous ses motifs : si le prix du blé et du pain ne devait pas changer, ce ne serait pas la peine de la faire.

Plusieurs voix à droite. — C'est évident, c'est clair.

M. Thiers. — Maintenant, je crois que pour tout homme de sens... (Interruption au pied de la tribune.)

Les conversations au pied de la tribune m'empêchent de parler.

M. Sainte-Beuve parle de son amour de la vérité. Je reconnais cet amour chez lui, mais il est tout aussi grand chez moi. Il faut que j'aime cette vérité autant que je le fais, pour que, dans l'état d'épuisement où je me trouve, je vienne soutenir ici un quart d'heure, une demi-heure de discussion. Je supplie qu'on m'écoute avec attention.

Je dis qu'il ne tombe pas sous le sens que, lorsque des blés sont descendus de 56 schellings à 40 en Angleterre, le même phénomène ne doive pas se produire en France. Avant l'exemple anglais, tout homme de sens devait le croire; après l'exemple de l'Angleterre, un homme qui n'a pas de sens, qui n'a que de la mémoire, qui se rappelle ce qui s'est passé il y a huit jours, doit le croire; si on le contestait, la réforme, je le répète, n'aurait plus d'objet.

Maintenant passons aux tarifs de 20 p. 100 qu'offre M. Sainte-Beuve. D'abord, je crois que, dans la proposition de M. Sainte-Beuve, on a dit 10 à 20 p. 100. Aujourd'hui on dit 20 p. 100, parce qu'il faut vous séduire par une protection suffisante, et on ajoute : Quelle est l'industrie qui ne se croit pas suffisamment protégée par 20 p. 100 ?

Mais oui certainement, si 20 p. 100 signifiaient ce qu'ils paraissent signifier, on pourrait considérer ces 20 p. 100 comme une protection constamment suffisante; mais si vous aviez observé davantage la marche des choses, le mouvement des prix, les crises industrielles qui se passent entre grands pays placés les uns à côté des autres, vous verriez que c'est une digue... car un tarif n'est qu'une digue... que c'est une digue absolument insuffisante. Vous ne savez pas dans les grandes industries à quel point les prix varient quelquefois. Le fer, en Angleterre, coûtera alternativement 3, 4, 5, 6 livres sterling; il monte de 20, de 30, de 40, de 50 p. 100, et vous croyez que vous vous êtes garanti par un tarif de 20 p. 100? Mais il n'en est rien.

C'est comme les marées qui ne sont pas constamment égales, et qu'un coup de vent élève tout de suite de plusieurs pieds. Eh bien, suivant les crises industrielles, les valeurs varient avec une rapidité extraordinaire. Vous avez vu ce qui s'est passé en 1848 : nous étions surchargés de cotonnades, nous les avons rejetées sur l'Allemagne, sur la Suisse, où elles pouvaient entrer, et nous avons été heureux de nous en débarrasser à 30 et 40 p. 100 de perte. J'ai cité encore ce fait que quand on vendait à 60 francs des rentes qui avaient coûté 120 francs, il n'était pas étonnant qu'on fît de même pour se débarrasser des marchandises dont on était surchargé.

Les tarifs sont faits non-seulement pour vous procurer habituellement une protection suffisante, c'est-à-dire pour vous dédommager des inégalités accidentelles qui tiennent aux lieux, aux temps, à l'époque à laquelle on a commencé une industrie, à des circonstances qui le plus souvent sont passagères; mais pour vous garantir contre les révolutions industrielles qui ont lieu chez vos voisins. Quant aux inégalités de situation, elles sont faciles à comprendre.

Nous avons, par exemple, l'avantage de situation sur la soierie, parce que le marché est à Lyon : les Anglais ont l'avantage de situation sur le coton, parce que le marché est à Liverpool. On va à meilleur marché de New-York à Liverpool que de New-York au Havre, parce que l'on a plus de fret. Ensuite, on a le choix quant à la matière première, on peut prendre quand on veut du gros ou du fin. C'est un avantage immense que d'avoir un grand marché où on peut tout choisir ; cela est évalué par les grands fabricants à 7 ou 8 p. 100 de différence. Puis de ce marché il faut aller au Havre, et de là à Mulhouse. Vous avez les capitaux qui, en Angleterre et en France, représentent une différence d'intérêt de 2 p. 100.

Enfin, vous avez une différence énorme que vous ne voulez pas reconnaître, c'est que les Anglais produisent dans les fabriques une seule qualité, et que nous, nous en produisons quatre ou cinq à la fois. Or, quand on fait la même qualité, on la fait mieux, plus vite et à meilleur marché.

Un membre à gauche. — Faisons comme cela !

M. Thiers. — Mon Dieu ! je ne puis pas discuter avec des interruptions semblables au pied de la tribune.

Le tarif est établi pour compenser ces inégalités, les unes géographiques, les autres de temps, les autres de situation ; mais il est établi pour plus encore : il est établi pour vous garantir des conséquences des crises qui se passent à côté de vous. C'est là un des principaux avantages, l'une des principales sûretés. C'est bien assez d'être malheureux de son propre malheur, sans l'être encore du malheur de ses voisins. C'est assez de souffrir de ses crises, sans souffrir de celles qui affligent d'autres nations.

On nous accuse, grâce à nos révolutions fréquentes, d'être un peuple qui, politiquement, manque de bon sens. On est injuste, car la conduite que nous avons tenue depuis trois ans prouve autant de sens que de courage. Nous nous sommes gouvernés au milieu des révolutions, et nous n'avons pas versé à l'écueil du socialisme, placé si près de nous. (Murmures à gauche.)

Mais je vous loue de n'y avoir pas échoué... Le regrettez-vous? (Rires approbatifs à droite.)

Une voix à l'extrême gauche. Vous y viendrez.

M. Thiers. — J'espère que nous n'y viendrons pas; et si, moi, je l'espère pour la société, vous, vous devriez l'espérer pour la République, car si quelque chose rend suspecte en France cette belle et noble forme de gouvernement, c'est cet écueil placé devant elle. (Nombreuses marques d'approbation.)

M. SOUBIES. — Cet écueil n'est qu'un mot; quand on s'entendra, ce ne sera plus un écueil.

M. THIERS. — Si j'étais républicain de la veille, je tâcherais de rassurer ce côté (la droite), et de rassurer la France...

A droite. — Très-bien! très-bien! (Sourire à gauche.)

M. BOURZAT. — A la question!

M. THIERS. — J'y arrive... Et si, à côté de moi, un collègue malavisé me disait, à propos du mot *socialisme* : « Nous y viendrons ! » je lui répondrais : « Taisez-vous, vous perdez la République. » (Approbation à droite et sur les bancs inférieurs de la gauche.)

M. MONET. — Vous avez parfaitement raison; c'est très-vrai.

M. DAIN. — La République n'est pas solidaire d'une parole.

M. THIERS. — C'est vrai, je ne veux pas la rendre solidaire. Aussi je n'entends pas m'adresser aux vrais républicains, mais à des imprudents qui compromettent la République. (Approbation à droite. — Murmures à l'extrême gauche.)

Quant à la question, si vous ne m'aviez pas interrompu, je ne m'en serais pas éloigné un moment.

Messieurs, il est bien peu généreux d'interrompre un homme aussi affaibli que je le suis en ce moment par une longue discussion.

Je dis donc qu'en Europe, ne nous jugeant que par la chute successive des gouvernements, on ne nous regarde pas comme un peuple sensé en politique, et j'ajoute qu'on est injuste. Mais, en industrie, nous sommes parfaitement sensés. Il n'y a pas, depuis vingt ans, un commerce qui ait été plus mesuré, moins hasardeux que le nôtre. Il n'y en a pas un seul, chez lequel il y ait eu moins de ces crises industrielles. Il faut le dire, à l'honneur de notre pays, et l'on m'a interrompu quand j'allais le dire, oui, la France a été plus sage que beaucoup d'autres pays; elle a eu beaucoup moins de ces crises industrielles qui ont désolé la plupart des contrées industrielles du globe. Elle en a eu cependant, parce que, lorsque les affaires sont prospères, on se fait illusion; on a vendu pour 100, pour 200,000 fr. de produits l'année précédente, on a vu le marché rapidement vidé, on espère que l'année suivante on pourra en vendre pour 300,000 francs; on fabrique davantage, on fabrique trop, et l'on arrive à une de ces crises industrielles qui naissent de l'excès de la production. Mais, il faut le reconnaître, il y en a eu chez nous moins qu'ailleurs.

Mais il faut le dire aussi, et le dire sans injurier nos voisins, car ce serait une grossièreté inutile, ils ont été plus passionnés que nous en industrie; ils ne se sont pas arrêtés aux véritables limites, et beaucoup plus souvent, beaucoup plus considérablement, ils ont dépassé les bornes de la prudence dans l'étendue de la production. Eh bien, trois ou quatre fois depuis 25 ans, sans nos tarifs, nous aurions été inondés et ruinés.

Voilà ce que l'expérience démontre. Les tarifs, je le répète, ont un double but : c'est de garantir non-seulement un prix suffisant, et on entend par un prix suffisant, celui qui neutralise toutes les inégalités, toutes les infériorités passagères que vous devez braver, et en même temps de vous mettre à l'abri des crises qui se passent chez vos voisins.

Ah! sans doute, il est des industries qu'on ne peut pas imiter : il serait ridicule par exemple de vouloir imiter le café. Les fraudeurs l'imitent en faisant de la chicorée, mais les gouvernements ne font pas de ces choses-là. Oui, il y a des choses qu'on ne doit pas imiter : j'ai cité le café, je citerai encore le thé. Mais dans cette manière de prononcer les arrêts de la Providence, de déclarer que telle ou telle chose est impossible, il faut être très-réservé.

On disait il y a trente ans, qu'il était impossible de produire du sucre en France : on s'est moqué à ce sujet de Napoléon; on l'a poursuivi de nombreuses caricatures; les Anglais, si spirituels en ce genre, en ont fait que je ne puis pas rappeler à la tribune. On a trouvé parfaitement ridicule de vouloir faire du sucre avec autre chose que la canne à sucre; et c'est après sa mort seulement que Napoléon a été glorifié par le résultat. Il a été prouvé, et prouvé au profit de plusieurs puissances européennes, au profit de tout le continent, au profit de la Prusse, au profit même de la Russie, qui a trouvé dans la culture de la betterave, un avantage immense pour son agriculture, il a été prouvé que cet arrêt de la Providence si légèrement prononcé n'était qu'une impertinence de l'esprit de parti.

L'expérience apprend que la limite des sciences humaines est très-étendue, et que ceux qui la bornent à leur esprit, ne donnent ainsi que la mesure de leur esprit et non celle de l'esprit humain.

On disait aussi qu'on ne pouvait pas produire l'outremer; on disait que l'on ne pouvait pas remplacer l'indigo, et cependant on l'a remplacé. C'est la science moderne qui a produit ces miracles, et cette science, c'est la nôtre, à nous, Français; c'est elle qui a démenti toutes ces prédictions d'impuissance qu'on faisait sur notre pays, au nom de certaines maximes radicales.

Sans doute il ne faut pas imiter ce qu'on ne peut pas imiter; mais il faut aussi étendre et multiplier le travail autant que possible, et il n'y a qu'un moyen de l'étendre, ce sont les tarifs qui compensent pendant un temps l'inégalité de situation, en même temps qu'ils garantissent le pays contre les crises de ses voisins.

Vous vous trompez donc quand vous croyez qu'un tarif de 20 p. 100 serait une garantie suffisante, car souvent, ce n'est pas 20, mais 30, 40 et 50 p. 100 qu'il faudrait !

Voilà la vérité, voilà l'expérience.

Maintenant vous parlez des soieries en Angleterre, et vous dites qu'elles se contentent d'un droit de 15 p. 100. D'abord cela n'est pas exact. On a écrit dans les tarifs, 15 pour 100; en réalité tous les fabricants vous diront qu'avec la faculté du pesage le droit sur la soie arrive quelquefois à 20 p. 100.

De plus, les Anglais ont un avantage qui est énorme, c'est celui des soies de Chine, qui leur procurent un très-bas prix dans les matières premières, et avec lesquelles on parvient à fabriquer, non pas d'aussi belles soieries que les nôtres, mais des soieries ordinaires qui peuvent se vendre à très-bon marché.

C'est ainsi que voulant entrer dans le libre échange, ils ont consenti à faire quelques sacrifices; mais ils n'ont livré que les produits supérieurs et non pas les produits inférieurs, qui forment la masse. Ils ont dit : Nous allons livrer à la concurrence la soierie élevée, parce que c'est une soierie tellement de luxe, que cela n'a pas d'importance, mais nous ne toucherons pas aux soieries inférieures.

Mais M. Sainte-Beuve me dit : Vous ne répondez pas à cet argument, à savoir : qu'on a placé 400 à 500 millions de nos tissus au dehors, ce qui prouve que nos produits peuvent supporter la concurrence étrangère. — Ce reproche ne fait pas honneur, ou à vous ou à moi, monsieur Sainte-Beuve : à moi, qui ne me suis pas fait comprendre; à vous, qui ne m'avez pas compris. J'ai dit quelle était la raison du placement de ces produits. L'un des caractères de notre industrie, ai-je répété plus d'une fois, est la perfection. C'est à cause de leur beauté, non de leur bas prix, que ces 400 millions de tissus trouvent leur placement à l'étranger. Nous plaçons 200 millions de soieries, 50 millions de draps, 120 millions de lainages, 60 millions de toiles de coton. Eh bien! tous ces tissus que nous plaçons dans des marchés neutres, soutiennent la concurrence non à cause de leurs prix, mais de leur beauté, car les soieries autrichiennes, russes, par exemple, sont à meilleur marché que les nôtres. J'ai recueilli les chiffres les plus exacts à ce sujet; j'ai voulu comparer, je l'ai fait avec des hommes très-compétents; j'ai mis plusieurs jours à faire des calculs, à établir les prix de revient... Vous voulez bien dire mon discours brillant, je serais plus flatté que vous le dissiez consciencieux, car il est le résultat de longs travaux...

Oui, j'ai reconnu que les soieries russes étaient de 20 p. 100 meilleur marché que les nôtres. Les

Russes sont fiers, et à juste titre, de produire de si belles soieries; cependant les nôtres sont fort au-dessus, et sont achetées, quoique plus chères.

Le luxe est, aux yeux de certains hommes, une bien odieuse chose. Pour moi, il est un des signes de la civilisation. C'est ce qu'on en pensait à Florence et à Venise, qui n'étaient pourtant pas des monarchies. Là on ne méprisait pas le luxe, et on s'en est bien trouvé, car le goût, qui se forme en se livrant au luxe, a été pour quelque chose dans les créations immortelles de ces peuples, créations qui attirent encore les étrangers chez eux, et conservent à leurs descendants comme un reflet de leur ancienne splendeur.

Eh bien, ce luxe a ses règles, a ses caprices. Vous trouverez peut-être cette raison puérile; mais placez des hommes qui ne s'y connaissent pas devant deux tableaux; il leur paraîtra peut-être bien ridicule si l'on dit devant eux que celui-là est remarquable par le dessin, et cet autre par la couleur.

Quand il s'agit d'étoffes, la préférence peut être décidée par des raisons de cette nature. Les étoffes de France ont une supériorité qui est due à leur couleur, à leur dessin. On admire nos peintres, et on a raison; mais il y a des hommes que j'admire encore plus qu'eux : ce sont ces dessinateurs sans renommée et pleins de génie, ces dessinateurs de Lyon et de Mulhouse... (Très-bien!)

J'ai vu des cartons entiers de ces dessins exposés à Londres, et qui m'ont rempli d'admiration. Quand on a quelque sentiment de l'ornement, quand on a su apprécier une arabesque de Raphaël à Rome, on est confondu d'admiration pour le génie de ces artistes, qui font obscurément la fortune de la France. Du reste, ils en sont bien dédommagés!... (Vive approbation et applaudissements sur presque tous les bancs.)

M. Benjamin Raspail. — C'est la vile multitude! (Exclamations et murmures à droite.)

M. Thiers. — Voulez-vous que je vous dise, puisque vous avez rappelé ce mot dont les partis font un si odieux usage, et qu'on a bien mauvaise grâce de citer dans un moment où je tâche de défendre la prospérité de nos ouvriers, voulez-vous que je vous dise ce qu'a fait la vile multitude, elle a fait fuir les bons ouvriers. (C'est vrai! — Dénégations à l'extrême gauche.) Savez-vous ce qui se passe aujourd'hui? Nos fabricants, malgré leur supériorité, ont été épouvantés des progrès qui avaient été faits, je ne dirai pas en Angleterre, mais en Autriche, mais en Russie; et qui en a été la cause? savez-vous qui? ce sont ceux qui ont terrifié les bons ouvriers, et les ont obligés de porter leur industrie à l'étranger... (Oui! oui! — Très-bien! très-bien! — Murmures à l'extrême gauche.)

M. Malbois. — C'est incontestable; vous avez mille fois raison!

M. Thiers. — Messieurs, j'ai fait, je dois le dire, des efforts inouïs pour ôter tout caractère politique à cette discussion.

Voix nombreuses. — C'est vrai! c'est vrai!

M. Thiers. — Hier j'ai été jusqu'à, permettez-moi de dire le mot, jusqu'à caresser mes adversaires pour les amener à entendre pacifiquement la discussion des plus grands intérêts du pays, je l'ai fait pour le pays, pour cette Assemblée qui a besoin de s'honorer... en elle est la liberté, sachez-le bien... et elle a besoin de s'honorer... (Très-bien!) J'ai cru que c'était l'honorer que de lui faire discuter paisiblement ces grands intérêts. Je me serais regardé comme coupable si j'avais prononcé un mot qui pût blesser un côté de cette Assemblée, et, si je rappelle en ce moment un souvenir politique, c'est vous qui m'y avez obligé par des interruptions, je ne dis pas injurieuses, non, mais malveillantes. Je vous dis la vérité: en Russie, en Autriche, ce sont des ouvriers partis de Lyon, des ouvriers aimant le calme, redoutant les agitations, qui sont allés porter notre industrie au dehors.

M. Pelletier, *de sa place.* — C'est l'état de siége qui les a renvoyés. (Exclamations et rires ironiques à droite.)

M. le président. — N'interrompez pas!

M. Pelletier *descendant de son banc vers la tribune.* — Ils sont venus chez moi avant de partir... Je sais pourquoi... Je demande la parole.

A droite. — A l'ordre! à l'ordre!

M. le président. — Monsieur Pelletier, vous avez interrompu trois fois...

M. Pelletier, *au pied de la tribune.* — J'ai demandé la parole. (Agitation générale.)

M. le président. — Vous avez interrompu ; vous n'avez pas demandé la parole.

M. Pelletier. — Vous ne m'avez pas entendu ; je l'ai demandée. (A l'ordre! à l'ordre!)

Voix à droite. — Faites respecter l'orateur qui est à la tribune.

M. Thiers. — Comment donc! nous allons avoir dans quelques jours une déplorable arène ouverte, que moi je n'aurais pas ouverte s'il eût dépendu de moi, où nous pourrons assurément nous livrer à nos tristes passions, si nous le voulons; et quand il s'agit ici des plus respectables intérêts, nous ne saurions pas donner un instant le spectacle de l'esprit de paix et de concorde...

M. Pelletier. — C'est vous qui avez commencé à parler du socialisme. (A l'ordre!)

M. le président. — Je vous rappelle à l'ordre, monsieur Pelletier, pour votre nouvelle interruption; c'est la quatrième.

M. Thiers. — Je n'ai appelé personne socialiste.

M. PELLETIER. — Je m'honore de l'être.

A droite. — Taisez-vous, en attendant !

Cris nombreux. — En place ! en place !

(M. le président ordonne à MM. les huissiers de faire dégager les abords de la tribune.)

M. THIERS. — Je me reproche d'avoir cédé à l'aiguillon des interruptions. Oui, j'ai eu ma part de torts, c'est de me laisser atteindre par ces interruptions. Il faut les dédaigner, il faut discuter paisiblement les intérêts de notre pays. Dites ce que vous voudrez, injuriez-moi... (Réclamations bruyantes à gauche. — *A droite.* Très-bien ! très-bien ! — Continuez !)

M. PASCAL DUPRAT. — On ne vous a pas injurié !

M. THIERS. — Non !... non !... Je ne me plains plus !

Je reprends en demandant pardon à l'Assemblée d'être sorti, par ma susceptibilité peut-être, d'être sorti du sujet, d'un sujet qu'il faut traiter tel qu'il est, et qui est bien assez grand pour mériter exclusivement notre attention.

Eh bien, je vous disais : Non, ce n'est pas le bon marché de ces produits qui les fait accepter par les pays étrangers. Si j'avais ici le détail du chiffre de nos 1,100 millions d'exportation, je vous prouverais qu'il y a pour 8 à 900 millions de produits qui ont leurs similaires dans le monde, tous à meilleur marché.

Mais vos soieries façonnées, vos rubanneries même, et les hommes de Lyon qui sont ici peuvent le dire, vos soieries, vos rubanneries, dont le chiffre d'exportation s'élève à 200 millions, sont supérieures en cherté à toutes les soieries, à toutes les rubanneries rivales : c'est leur perfection qui les fait acheter.

Nos produits de Mulhouse, croyez-vous qu'ils soient à meilleur marché? Non, ils sont plus chers. Ils ont pour eux le goût, la perfection, et aussi la renommée, comme la soierie elle-même. Notre civilisation française a en effet deux choses pour elle, la supériorité et la renommée, car il ne suffit pas d'avoir la supériorité, il faut aussi passer pour l'avoir. Les arts ont leurs caprices, l'esprit a ses caprices, le luxe a aussi les siens. La perfection ne lui suffit pas, il lui faut la renommée. Les Russes feraient des soieries aussi perfectionnées que les nôtres, qu'on n'irait pas les chercher, parce que leur réputation ne serait pas aussi grande.

Ce n'est donc pas le bon marché qui nous fait placer au dehors 1,100 millions de produits, c'est leur beauté et leur réputation. Si nous acceptions pour toute la masse de nos produits la concurrence étrangère en ouvrant notre marché, le gros de nos produits serait écrasé. On le pense ainsi à Mulhouse parmi les hommes les plus expérimentés. Il n'y en a qu'un qui fasse exception, un très-honorable, je le sais. Mais il est dans son opinion isolé même dans sa famille. C'est un homme qui a fait une fortune très-légitimement acquise; qui occupe dans sa province un rang très-distingué. Mais tout le monde a ses singularités d'esprit : M. Sainte-Beuve le sait; et parmi les personnes qui pensent comme lui en politique, il en est peu qui le suivent sur la question qui nous occupe.

Eh bien, M. Dollfus a pensé autrement que tout le monde dans sa province, il est presque seul de son avis. Savez-vous ce que disent les autres? Ceci : Qu'est-ce qui nous permet de faire des tissus d'une très-grande finesse? C'est la possibilité d'en faire de très-inférieurs. Savez-vous ce qui permet de faire du fil très-fin? c'est la possibilité d'en pouvoir faire de médiocre; parce que les frais se répartissent, et que, si l'on ne faisait plus de tissus de qualités inférieures, on ne pourrait plus faire des tissus d'une grande finesse. Si donc on commettait la faute, dans l'espérance de vendre une plus grande quantité de beaux tissus, de sacrifier à l'étranger la masse de nos tissus communs, on perdrait bientôt les uns et les autres, comme en frappant la racine d'un arbre on en voit bientôt jaunir la tête.

Eh bien, cet argument, dont vous avez voulu tirer tant d'importance, auquel vous m'avez accusé de n'avoir pas répondu, cet argument, vous voyez combien il est puéril. J'y avais répondu hier.

J'avais dit que c'était la perfection de nos produits qui nous sauvait; oui, la perfection! Je vous ai dit qu'il y avait là une juste raison d'espérer que cette perfection nous sauverait dans l'avenir. Oui, l'Angleterre, peut-être, nous battra avec son bon marché; mais nous ne serons pas battus quant à la beauté de nos produits, si nous savons nous gouverner. Il y a des qualités qui, chez les peuples, se transmettent de génération en génération. Les Florentins sont restés, en Italie, les maîtres, comme manufacturiers et comme artistes, et si Venise a su conserver trois siècles de plus le sceptre du commerce, c'est qu'elle a su se gouverner. Eh bien, nous resterons les maîtres, je l'espère, nous conserverons le sceptre, sous le régime d'une protection bien entendue, tant que nous saurons protéger les arts, tant que la civilisation ne sera pas abaissée chez nous, tant que nous resterons une nation éclairée, fière d'elle-même, qui sait perpétuer son avenir en honorant son passé; nous conserverons cette supériorité surtout, si nous savons enfin à tous ces avantages joindre celui d'un bon gouvernement. (Assentiment marqué.)

Il y a un fait sur lequel je n'ai pas pu insister dans la séance d'hier, parce que j'étais très-fatigué, et surtout parce que je suis encore plus sensible à la fatigue de l'Assemblée qu'à la mienne.... C'est la Suisse! Il n'y a pas un exemple plus éclatant contre vos théories que celui de la Suisse. Là, dit-on, il n'y a pas de tarifs : il commence cependant à y en avoir; la Suisse vient de se donner des tarifs. Je ne veux pourtant rien exagérer, quoiqu'on exagère tout contre moi.

La Suisse s'est donné des tarifs, mais, j'en conviens, point encore dans une intention de protection. C'était peut-être bien dans cette intention que quelques hommes les ont voulus; mais, pour le plus grand nombre, c'était dans une intention toute financière. On a supprimé les impôts de canton à canton; et, comme il fallait bien les remplacer, on y a suppléé par un droit à la frontière. C'est un impôt général, une sorte de tarif déjà, mais un tarif très-insuffisant, je le reconnais. Et savez-vous ce qui a fait que les nouveaux gouvernants de la Suisse ont trouvé crédit pour faire convertir tous ces impôts locaux en un impôt général? C'est que la Suisse avait déjà le sentiment des difficultés auxquelles son industrie est exposée faute de protection. Voulez-vous que je vous les fasse connaître? Les voici. S'il y avait un pays où l'expérience de la liberté du commerce pût être tentée sans danger, c'était la Suisse; et vous allez voir pourquoi la liberté du commerce devait réussir là, si elle devait réussir quelque part.

La Suisse avait d'abord pour elle les distances, et vous avez dit vous-même que c'était la meilleure des protections. Il fallait que le produit rival traversât ou l'Allemagne ou la France, traversât en transit diverses lignes de douane, ce qui entraîne toute espèce de formalités et de frais. Il fallait donc franchir ces distances. La Suisse avait en outre un sol admirablement disposé pour l'économie de la production dans la force motrice, un sol couvert de chutes d'eau. Il y a, il est vrai, des machines à vapeur en Suisse. Mais il y en a infiniment moins que dans les autres pays, parce que les chutes d'eau sont une force motrice dont on fait un grand usage.

Il y avait un peuple d'une économie et d'une sobriété merveilleuses. On trouve, dans les cantons de Saint-Gall et d'Appenzell, des ouvriers en mousseline pour 10 ou 12 sous par jour. De plus, grâce à cet esprit d'économie, grâce à l'esprit financier et spéculateur des Suisses, il y avait dans ce pays une masse de capitaux telle, qu'à Bâle et à Genève l'argent était à beaucoup meilleur marché que chez nous. Je ne crois pas exagérer en portant le taux de l'intérêt de l'argent à 2 p. 100 de moins qu'il ne l'est en France.

Il y avait en outre un peuple qui s'habille d'étoffes fabriquées dans le pays, un peuple moitié pâtre et moitié industriel. Dans les longues nuits d'hiver, au milieu des neiges, on vit là pour rien, et l'on travaille avec une rare patience. Tout le monde en effet a remarqué que la main-d'œuvre est à très-bon marché partout où l'on réunit au travail agricole et pastoral le travail industriel.

On avait donc en Suisse les meilleures de toutes les protections : la distance, l'esprit d'économie, la sobriété, le bas prix de la main-d'œuvre, l'abondance des capitaux.

Que de conditions pour bien produire! On a commencé par filer, par tisser, et ensuite on a imprimé. Savez-vous ce qui arrive aujourd'hui? La filature a beaucoup diminué, le tissage de même; il ne reste plus que la peinture des toiles, et encore on ne peint en très-grande quantité que des toiles communes d'une certaine forme, qu'on livre aux Hollandais.

Il y a une espèce d'association entre les Suisses et les Hollandais, qui occupent, les uns les sources du Rhin, les autres son embouchure; les Hollandais sont les commerçants des Suisses, comme les Suisses sont les manufacturiers des Hollandais.

La Hollande porte dans l'Inde, à Java, dans ce qu'on appelle les Indes hollandaises, certaines toiles que les Suisses font à bon marché; cette fabrication est aujourd'hui la plus importante de celles qui restent à la Suisse.

Dans quels produits se réfugie donc l'industrie suisse? Dans les produits pour lesquels la main-d'œuvre est tout, la mousseline, qu'on enlèvera difficilement aux Suisses, parce qu'ils l'ont toujours faite, et qu'ils la font à un bon marché rare; parce que, dans la mousseline, il y a beaucoup de broderie, et que, dans la broderie, la main-d'œuvre est presque tout. Il leur reste encore l'horlogerie, qui, dans certains cantons, est une source de richesse, et où tout est main-d'œuvre. Il leur reste encore les soieries unies ; pourquoi ? Parce que, sur le versant des Alpes, vis-à-vis de l'Italie, ils sont à la source de la matière première, et aussi parce qu'ils ont des ouvriers très-patients. Nos ouvriers, il faut le dire, ont leur orgueil. Les ouvriers de Lyon, habitués qu'ils sont à ne faire que les soieries façonnées les plus riches, ne font pas volontiers des soieries unies ; ils s'y refusent ou s'y plient difficilement, et il en résulte une plus grande cherté. L'ouvrier suisse est plus modeste ; s'il y a des soies brutes de dernière qualité, il s'en empare, et il a la patience de les nettoyer ; il fabrique ainsi des unis qui se répandent partout.

En sorte que cette Suisse, que vous citez toujours, voici son état :

Elle avait plus qu'une autre toutes les conditions favorables pour réaliser la liberté du commerce.

Eh bien, la liberté du commerce lui a déjà fait perdre une grande partie de la filature et du tissage ; il ne lui reste que l'impression de certaines étoffes dont les Hollandais, par une rivalité toute naturelle avec les Anglais, se sont constitués les importateurs dans les Indes hollandaises, parce qu'ils aiment mieux leur donner des goûts suisses que des goûts anglais. Voilà la chose simplement rendue.

Il reste donc aux Suisses ces étoffes dont je vous parle, puis la soierie unie, la mousseline, la broderie, l'horlogerie, et aussi les machines. Ils font, en effet, des machines, parce que, dans les machines, la main-d'œuvre joue un rôle considérable. C'est par exemple ce qui fait que nos locomotives coûtent moins cher que les locomotives anglaises, en valant tout autant; car nous en plaçons en Russie, en Autriche, dans la Méditerranée. Eh bien, de même les Suisses, quoiqu'ils ne produisent pas le fer, ont réussi dans les machines, à cause du bas prix de la main-d'œuvre.

Ce peuple, qui avait de si heureuses conditions dans la distance, l'économie, les capitaux, la main-d'œuvre, voit disparaître une partie de son industrie, et il ne conserve que celle qui consiste surtout dans la main-d'œuvre. Vous voyez qu'il n'y a pas d'exemple plus concluant contre vous, et je suis convaincu que si vous acceptiez ce système, qu'on vous propose d'une manière aujourd'hui fort adoucie... sauf à vous le faire subir plus tard tout entier avec ses conséquences... si vous l'acceptiez, vous perdriez la filature; après avoir perdu la filature, un peu plus tard, vous perdriez le tissage, et quand vous n'auriez plus ainsi les matières premières de votre impression sur toile, vous verriez disparaître cette admirable industrie des tissus peints, qui est une de vos grandes sources de richesse.

Je sais bien que rien n'est parfait, que par conséquent il peut y avoir çà et là quelque changement à apporter à nos tarifs de douane, ce qui explique pourquoi depuis trente ans nous nous en occupons sans cesse... je ne dis donc pas qu'ils doivent rester immobiles, mais je dis que le système protecteur en lui-même est excellent, et qu'il ne faut pas le qualifier comme vous l'avez fait.

Je dis, permettez-moi de le répéter, que vous avez parlé en jeune homme quand vous avez légèrement qualifié le système qui a fait la prospérité de notre pays, le système qui a fait la grandeur de l'Angleterre, dont elle n'est sortie qu'en partie, par une entreprise encore douteuse. Ce système, deux jeunes nations appelées à un grand avenir dans le monde, la Russie et les États-Unis d'Amérique, l'ont adopté, sans se soucier de savoir si c'est de la liberté ou du servage, mais parce qu'ils y voyaient l'instrument de toute grandeur, de toute prospérité, c'est-à-dire de tout travail. (Vives marques d'approbation.)

FIN.

www.ingramcontent.com/pod-product-compliance
Lightning Source LLC
Chambersburg PA
CBHW071156230426
43668CB00009B/980